改革开放
40年
研究丛书

新时期
中国社会史学

HISTORY

社会史丛书

常建华——著

天津出版传媒集团
天津人民出版社

图书在版编目(CIP)数据

新时期中国社会史学 / 常建华著. --
天津：天津人民出版社, 2018.10
（社会史丛书. 改革开放四十年研究丛书）
ISBN 978-7-201-13960-9

Ⅰ. ①新… Ⅱ. ①常… Ⅲ. ①社会史学-学科发展-
概况-中国-现代 Ⅳ. ①K02-120.1

中国版本图书馆 CIP 数据核字(2018)第 186029 号

新时期中国社会史学
XINSHIQI ZHONGGUO SHEHUISHIXUE

出　　版	天津人民出版社
出 版 人	黄　沛
地　　址	天津市和平区西康路 35 号康岳大厦
邮政编码	300051
邮购电话	(022)23332469
网　　址	http://www.tjrmcbs.com
电子信箱	tjrmcbs@126.com

责任编辑	韩玉霞
特约编辑	李佩俊
封面设计	明轩文化 TEL:23674746 · 王　烨

印　　刷	高教社(天津)印务有限公司
经　　销	新华书店
开　　本	787 毫米×1092 毫米　1/16
印　　张	24
插　　页	2
字　　数	400 千字
版次印次	2018 年 10 月第 1 版　2018 年 10 月第 1 次印刷
定　　价	126.00 元

社会史学的足迹（代序）

作为现代史学的社会史研究，在中国诞生于20世纪初，至今已经百余年，其学术演变的历程大致可以划分为20世纪前50年，50至70年代的30年，80年代至今的近40年。海外的中国社会史研究虽不与中国同步，但是在这些阶段也有较大的变化。我们以时间为序探讨不同时期人们对于社会史的认识以及代表性的研究成果，介绍以中国的社会史研究为主，兼及海外的研究状况。

20世纪前期的中国社会史研究

中国现代史学的奠基之作，是梁启超的《新史学》。1901年他在《中国史叙论》中指出，新史学不是写"一人一家之谱牒"，而"必探索人间全体之运动进步，即国民全部之经历及其相互之关系"。翌年又以"新史学"为题，批评中国之旧史"知有朝廷而不知有国家"，二十四史为"二十四姓之家谱而已"，"知有个人而不知有群体"，因此他号召掀起"史界革命"。他认为，历史叙述人群进化现象，求其公理公例，指出社会科学皆与史学有直接关系。梁启超提倡历史学要研究国家、群体的进化，主张历史研究对象从朝廷移向人民群众，要借鉴其他社会科学，这些认识具有打破政治史一统天下，将人类社会各种活动进行专门化、综合性研究的创新意义。梁氏这种历史研究对象和方法迥异千古的新史学，也正是直到今天社会史研究所具有的基本特征。

梁启超之所以能够提出上述振聋发聩的看法，是受到海外西方史学观念的影响，然而其标榜新史学甚至还早于欧美。1911

年美国学者鲁滨逊也出版了名为《新史学》的著作，批评传统史学的种种弊病，主张把历史研究的范围扩大到包括人类既往的全部活动，并且将重点放在日常生活的主要方面；历史应该融会广义人类学、史前考古学、社会心理学、比较宗教学、政治经济学、社会学方面的知识，用综合的观点解释和分析历史事实；用进化的眼光考察历史变化，把人类历史看成是逐渐发展的过程等。梁启超的"新史学"比鲁滨逊早了大约十年。也就是说，20世纪初中国兴起的现代新史学观念比起西方并不落下风。

1917年俄国爆发十月革命，20年代初马克思主义广泛传播于中国。李大钊于1919年在《新青年》发表《我的马克思主义观》，翌年发表《唯物史观在现代史学上的价值》《马克思主义的历史哲学》，1924年出版《史学要论》，运用唯物史论改造旧中国传统史学，为中国马克思主义新史学奠基。五四运动前后，人们把历史唯物主义理解为社会学，视历史为社会发展史，从总体上探讨人类社会的起源和变迁，深受马克思主义社会形态演进理论和进化论的影响。

1927年国共分裂，国民党清党，第一次大革命失败。在共产国际和中国共产党内部，对于中国社会性质和中国革命的性质问题产生了激烈争论。1928年中共六大检讨革命失败的原因，认为中国社会是半殖民地半封建社会，帝国主义和封建主义是中国革命的对象。托派则认为中国已进入资本主义社会，资本家是革命的对象。1927年《新生命》在上海创刊，国民党理论家陶希圣著文，认为战国以来中国一直就是士大夫阶级统治的"前资本主义"社会。不同党派由选择中国革命道路引起对中国社会性质的争论，进而产生对中国历史发展过程的认识，形成中国社会史的论战。

这场论战为全面研究中国社会史提供了契机。社会史大论战讨论的问题主要有四个：亚细亚生产方式、中国历史上有没有奴隶社会阶段、什么是"封建社会"以及中国历史的断限和特征、什么是"商业资本主义"或"前资本主义社会"。概言之，实际上是中国社会性质和历史分期的探讨，属于社会形态史、社会发展史。这场论战把"社会史"作为历史研究的主流，尝试运用马克思主义理论建立社会史学。

1930年郭沫若出版《中国古代社会研究》，是马克思主义社会史的代表性著作，探讨了商周的社会性质和历史分期，开创了先秦社会史研究的新局面。20世纪30年代吕振羽出版了《史前期中国社会研究》《殷周时代的中国社会》，前书是第一部用唯物史观系统研究中国原始社会的专书；后书首次提出殷商为奴隶社会，西周是初期封建制，秦以后发展为专制主义封建制。后书影响久远。40年代留学法国回国的侯外庐，出版了《中国古典社会史论》《中国古代社会史》，在亚细亚生产方式、文明路径等理论问题上提出了独到见解。

社会史论战基本上属于以论代史的政论之争。陶希圣于1934年12月创办《食货》杂志，如其副题"中国社会史专攻"所示，是社会史专刊，希望推动学者搜集社会史料，进行深入的历史研究。1937年7月抗日战争爆发，《食货》因此停刊，其存在两年半发行61期，发表了340篇论文，探讨社会经济问题，陶希圣、鞠清远、杨中一、何兹全、武仙卿、全汉升借助《食货》探讨许多新问题，培养了不少学者，该刊在中国社会史学术史上占有重要位置。

20世纪50至70年代的社会史研究

50年代以后的中国，历史研究重点探讨"五朵金花"，即汉民族的形成、中国历史分期、封建土地所有制、农民战争和资本主义萌芽。后四个问题均同马克思主义社会史有关。中国历史分期问题有两方面的内容：一是指中国奴隶社会和封建社会的分期，沿袭社会史大论战，以解决社会形态的演进问题；二是指中国封建社会内部分期，为通史研究中涉及的问题。封建土地所有制的讨论实质,在于如何认识中国封建社会的基本性质。农民战争史的研究,是为了说明历史发展的动力,以解释封建社会历史发展的规律,印证中国革命的道路。资本主义萌芽问题争论的,是萌芽出现的时代及其定义、出现的经济部门、发展的程度及对阶级关系的影响、发展缓慢的原因。

上述讨论在一定程度上深化了对马克思主义的理解和对中国传统社会形态、性质及其发展的认识,也取得了一些学术成果。如对先秦社会性质的认识离不开讨论血缘组织,50年代张政烺、李学勤进行了可贵的探讨。在历史分期问题上,何兹全的《中国古代社会》(1991)系统提出魏晋封建说。再如农民战争史,基本上搞清了历代农民运动的状况,农民战争史与秘密宗教关系的讨论推动了秘密社会的研究。资本主义萌芽问题的讨论,促进了对明清社会变迁的认识,傅衣凌《明清时代商人及商业资本》(1956)、《明代江南市民经济试探》(1957)具有开创性。在土地所有制的讨论中,产生了一批实证性成果。亚细亚生产方式与中国封建社会长期延续问题,既互相区别又互相联系,关键点是东方社会的特点和封建社会长期性的关系。如认为地缘关系与血缘关系结合在一起的农村公社长期存在,既是东方的特征之一,也是封建社会长期延续的重要原因。八九十年代问世但实际是在六七十年代进行研究的几部著作,如俞伟超《中国古代公社组织的考察——论先秦两汉的单—僤—弹》(1988)、柯昌基《中国古代农村公社史》(1989)、徐扬杰《中国家族制度史》(1992)就是这方面的研究。侯外庐《中国封建社会史论》(1979)提出的很多问题具有启发性。

在诠释经典理论和以阶级斗争治史的潮流中,也有部分史学家保持历史主义的治史态度,充分占有史料并独立思考,从事创造性的社会史研究,如杨宽的《古史新探》(1965)、唐长孺《魏晋南北朝史论丛》(1955)及其《续编》(1959)等就是代表。

欧美社会史研究受法国年鉴学派的总体史思想影响很大,一般来说对于社会史有广义、狭义的理解：狭义的社会史以社会群体为主，在历史整体中理解社会群体；广义的社会史更重视社会结构，强调社会各系统之间的联系。总体的社会史是重视解释一般历史进程的综合性的史学体系，20世纪70年代成为西方中国史研究的主流，社会史也往往与政治史、军事史结合在一起。"社会史滥觞之后的各种专史都有所变化，社会史作为研究的视角和方法被广泛接受。"①

　　美国的中国史研究在二战后迅速发展，受汉学家费正清的影响，中国史研究重视社会结构与区域研究。斯坦福大学的人类学家施坚雅投身史学研究，对于区域研究贡献重大，影响深远，施坚雅的论文《中国农村的集市和社会结构》（1964），及其主编的《中华帝国晚期的城市》（1977），就是区域研究的著名成果。在哈佛大学，魏斐德《大门口的陌生人：1839—1861年间华南的社会动乱》（1966），探讨两次鸦片战争期间广州地区各阶层的活动。孔飞力《中华帝国晚期的叛乱及其敌人：1796—1864年的军事化与社会结构》（1980），研究19世纪中国地方政权普遍军事化的问题。另一个汉学研究中心华盛顿大学重视汉魏史的研究，1972年出版了中国留美学者瞿同祖的《汉代社会结构》，1980年刊行许倬云的《汉代农业》，前者宏观探讨社会构成，后者量化研究汉代佃农、自耕农的数量与农民日常生活的费用，很有价值。留美的中国学者何炳棣成就卓著，他的论文《扬州盐商：18世纪中国商业资本主义研究》（1954）、专著《1368—1953年中国人口研究》（1959）、专著《明清社会史论》（1962）影响深远，特别是《明清社会史论》继续美国学者艾博华《传统中国的社会流动》的研究，探讨明清时期科举制给士阶层带来的向上社会流动。许倬云对于春秋战国时期的社会流动也进行研究，于1962年出版了建立在统计分析基础之上的研究成果。张仲礼是研究绅士贡献突出的另

---

① 胡志宏：《西方中国古代史研究导论》第274页，郑州：大象出版社，2002年。

一位华裔学者,他的著作是《中国绅士》(1955)、《中国绅士的收入》(1962)。萧公权的《19世纪中国乡村的政治控制》(1960)研究了里甲、保甲、乡约制度的来源、演变。70年代末,美国两位年轻学者对于中国中世纪世家大族的研究引人注目,此即姜士彬的《中世纪中国的寡头政治》(1977),与伊沛霞的《早期中华帝国的贵族家庭:博陵崔氏个案研究》(1978),他们采用的个案研究方法是社会史研究领域重要的方法。

二战后,日本的中国史研究受到马克思主义史学影响,出现了一些新的观点。如谷川道雄《中国中世社会与共同体》(1976)提出的共同体理论,用以解释中国中世农民与地主以及与国家的关系。

20世纪80年代至21世纪初十年的社会史研究

改革开放新时期,中国社会史研究走上了振兴之路。历史学界的拨乱反正是以重新思考阶级问题为突破口的,1983年、1985年分别召开了"中国封建地主阶级研究学术讨论会"和"中外封建社会劳动者生产生活状况比较研究讨论会",突破了阶级分析是认识封建社会唯一方法的观念,把认识社会的目光指向多种社会关系、社会群体和社会生活。这时出现了一批阶级研究的成果,这些著作多是作者多年研究的总结,资料扎实,如朱绍侯《秦汉土地制度与阶级关系》(1985)和《魏晋南北朝土地制度与阶级关系》(1988)、张泽咸《唐代阶级结构研究》(1996)、王曾瑜《宋朝阶级结构》(1996)、韩大成《明代社会经济初探》(1986)、经君健《清代社会的贱民制度》(1993)等。

1986年是中国社会史研究的复兴之年,冯尔康、乔志强、王玉波相继撰文,倡导开展社会史研究。1986年10月在南开大学举行了"首届中国社会史研讨会",从学科的角度对社会史进行了讨论,把研究的视角指向人民大众的生活。新时期中国社会史研究在诸多方面取得了重要成果，主要体现在断代的社会史、社会群体及其结构、社会组织、地域社会、人口社会史、社会习尚和以社会为视角的其他研究方面。还历史以血肉的社会生活研究、揭示社会精神面貌的社会文化研究、置社会史于地理空间的区域社会研究，是当代中国社会史研究的三大特征。

新时期中国社会史学出版了一批成果。在综合性研究方面，有王子今《秦汉社会史论考》（2006）、侯旭东《北朝村民的生活世界——朝廷、州县与村里》（2005）、冯尔康《顾真斋文丛》（2003）与《中国社会史研究》（2010）、王家范《百年颠沛与千年往复》（2001）、李长莉等《中国近代社会生活史》（2015）、严昌洪《20世纪中国社会生活变迁史》等。特别是中国社科院历史所推出"中国古代社会生活史"书系（1996年至今），学术质量较高。21世纪以来，生活史更受重视，熊月之主编的"上海城市社会生活史丛书"，从2008年起陆续推出二十多种，内容丰富多彩。社会生活史的研究有向日常生活史转变的趋势，重要的著作有黄正健《走进日常：唐代生活考论》（2016）、宋立中《闲雅与浮华——明清江南日常生活与消费文化》（2010）等。

新时期社会史研究取得了诸多成就。社会群体方面，士大夫、商人、妇女研究产生了一批成果，对以年龄划分的社会群体如儿童、老人的研究有所开展，出现了唐力行《商人与中国近世社会》（1993）和章开沅、马敏、朱英主编《中国近代史上的官绅商学》（2000）等优秀作品。社会组织方面，家庭史得以开展，家族、宗族是最富成果的领域，南开大学中国社会史研究中心组织的"家庭、家族、宗族研究系列"（2005）、张国刚主编《中国家庭史》（2007），反映了这一领域的研究进展。秘密宗教结社与会党的研究多有力作，如蔡少卿《中国近代会党史研究》（1987）及马西沙、韩秉方《中国民间宗教史》（1992）等。会社的研究获得新的进展。历史人口学成为热点，人口流动、人口地理以及人口行为受人关注，郭松义《清代社会环境和人口行为》（2012）为代表性研究。民俗习尚反映了多方面的社会生活，也是社会心态的反映，新时期对于历史上风俗、民俗、礼俗的探讨注意到揭示其与民众意识、民间信仰、社会心理的联系性，如彭卫《汉代社会风尚研究》(1998)、李长莉《中国人的生活方式：从传统到近代》(2008)、郑振满与陈春声主编的《民间信仰与社会空间》(2003)，就是这方面的著作。婚姻、丧葬、岁时节日的研究较多，重要著作有张邦炜《宋代婚姻家族史论》(2003)、郭松义《伦理与生活——清代的婚姻关系》(2000)、王跃生《十八世纪中国婚姻家庭研究》(2000)与《清代中期婚姻冲突透析》(2003)。以社会为视角的其他研究，如医疗社会史、法制社会史、灾害社会史、水利社会史等引人注目，钱杭《库域型水利社会研究：萧山湘湖水利集团的兴与衰》(2009)、王建革《传统社会末期华北的生态与社会》(2009)、张小也《官、民与法：明清国家与基层社会》(2007)、余新忠《清代江南的瘟疫与社会》(2003)，是这些方面的代表性研究，邹逸麟主编"500年来环境变迁与社会应对丛书"(2008)则是综合性研究成果。近期社会文化史颇受关注。

　　社会史研究强调整体观，但是宏大叙事下的社会史很难把握历史的整体性，整体历史也只能在区域史中落实。社会史研究多采取地域社会史的研究视角。现在众多的社会史研究者树立了从地域社会入手的研究理念，认为地域是认识中国历史的有效途径。在地域社会的研究中，地域史的层次性问题已经引起注意。无论是乡村社会史还是城市社会史，都取得很大成绩。尤其是受人类学田野调查的影响，开展了村落社区的研究，形成历史人类学的学术特色。不同区域的社会史具有系列性的研究成果。中山大学历史人类学研究中心主编的"历史·田野丛书"，集中体现了这样的学术追求，其中赵世瑜《小历史与大历史：区域社会史的理念、方法与实践》(2006)、郑振满《乡族与国家：多元视野中的闽台传统社会》(2009)，反映了这些方面的社会史理论与实践的探讨。赵世瑜新著《在空间中理解时间:区域社会史的理念与方法》

（2017）强调人类学视角下区域社会的探讨。

中国台湾地区的社会史研究活跃。突出表现在医疗社会史方面，中华书局推出的"生命医疗史系列"（2012）收录了李建民《从医疗看中国史》、林富士《中国中古时期的宗教与医疗》、李贞德《性别、身体与医疗》、李尚仁《帝国与现代医学》，此外，梁其姿《面对疾病：传统中国社会的医疗观念与组织》（2012）属于标志性成果。此外，法制社会史成果也很突出，如柳立言《宋代的宗教、身分与司法》（2011）、赖惠敏《但问旗民：清代的法律与社会》（2007）。断代史领域都有专门的社会史研究，如许倬云、杜正胜研究先秦社会，邢义田、蒲慕州研究秦汉社会，毛汉光、陈弱水研究中古社会，萧启庆对元代士人与社会的深入研究，徐泓倡导明清社会风气与城市研究影响较大。宋明时期社会的集体研究较为突出，宋代家族研究产生了一批成果，如陶晋生《北宋士族：家族婚姻生活》（2001）、柳立言《宋代的家庭和法律》（2008）、黄宽重《宋代的家族与社会》（2009）等，明清则以研究物质文化或日常生活为特色，熊秉真主持的"近世中国的物质、消费与文化"（2003）计划、王汎森与李孝悌先后主持的"明清的社会与生活"（2001）、"明清的城市文化与生活"（2006）两项计划发挥了重要的推动作用。明清社会史的一批成果值得注意，如熊秉真《幼幼：传统中国的襁褓之道》（1995）、李孝悌《恋恋红尘：中国的城市、欲望与生活》（2007）、巫仁恕《品味奢华：晚明的消费社会与士大夫》（2007）与《优游坊厢：明清江南城市的休闲消费与空间变迁》（2013）等。

欧美的中国社会史研究标新立异。宋代社会史研究很活跃，罗伯特·海默斯《政治家与绅士：北宋和南宋时期江西抚州的社会精英》（1986），继续了西方绅士研究的传统，但是他不以中举与当官作为唯一标准，而是选出七类人物作为"抚州精英"，引发了何谓"地方精英"的持续性讨论。个案研究则有琳达·沃尔顿《宋代中国的亲属关系、婚姻和身份：宁波楼氏个案研究》

（1985）、戴仁柱《中国宋朝的宫廷与家族：明州史氏的政治成就与家族命运》（1986）等，关注婚姻、家族、身份及其构成的社会网络与社会流动问题。综合了性别史、身体史、生活史、医疗史乃至科技史的女性史研究尤其引人注目，江苏人民出版社推出的"海外中国研究丛书·女性系列"，收入了伊沛霞、费侠莉、白馥兰、曼素恩、高彦颐、贺萧等学者优秀的著作。城市史的研究也有佳作，美国学者韩书瑞著《北京寺庙与城市生活1400—1900》（2000）视角独特，呈现了城市认同的过程。近年来欧美社会史与新文化史紧密结合，深入日常生活领域，重视物质文化与科技的生活性，强调知识的传播，出版了一些新颖的著作，代表作有艾约博《以竹为生：一个四川手工造纸村的20世纪社会史》（2009）、高彦颐《砚台的社会生命：清初的工匠与学者》（2017）。英国学者柯律格的明代艺术社会史的研究别开生面，如《长物：早期现代中国的物质文化与社会状况》（1991）、《雅债：文徵明的社交性艺术》（2004）、《藩屏：明代中国的皇家艺术与权力》（2013）等。

日本学界的中国地域社会研究颇具特色。1981年名古屋大学教授森正夫发表《中国前近代史研究的地域视点——中国史研讨会（地域社会的视点——地域社会与领导者）基调报告》，倡导地域社会研究，指出由共同领导者统治下被整合的地域场所称作地域社会。地域社会论的提出，意在摆脱发展阶段论和阶级学说的理论困境，他受到了共同体论、乡绅论的启发，吸取了社会史、结构主义理论方法。地域社会研究在开发、移民与地域社会，国家与地域社会，市镇社会史，地域社会与宗族、信仰、救济等诸多方面，取得了不少具体的重要成果。如山田贤《移民的秩序：清代四川地域社会史研究》（1994）、岸本美绪《明清交替时期的江南社会：17世纪中国的秩序问题》（1999）、滨岛敦俊《总管信仰：近世江南农村社会与民间信仰》（2001）、三木聪《明清福建农村社会的研究》（2002）等。此外，川胜守《中国城郭都市社会史研究》（2004）也颇值得注意。近来日本的社会史研究更加多元化，宋史研究对于社会空间与信息交流感兴趣，不同时期的城市社会史、法制社会史的研究取向比较鲜明，新作如夫马进主编《中国诉讼社会史的研究》（2011）、山本英史编《中国近世的规范和秩序》（2014）等。

本书的内容构成与来源

本书内容出自笔者不同时期对于中国社会史理论与实践的探讨，既有民国以来现代学术史的追溯，更有改革开放以来大约每十年的学术研究综述。

本书主体的三章，依照时间顺序将中国社会史复兴后的研究按照三个十年划分而成，内容依据我写的以下学术评述而成。第一章第一节，出自《中国社会史研究十年》（《历史研究》1997年第1期），第二节出自《20世纪中国社会史研究》第三部分（周积明、宋德金主编《中国社会史论》，湖北教育出版社2000年）；第二章依据《跨世纪的中国社会史研究》（《中国社会历史评论》第8卷，天津古籍出版社2007年），其中第一节、第三节新增了小题目以划分内容；第三章第一节，为《开放与多元：新世纪中国社会史理论探讨与学科建设》（《南京社会科学》2017年第2期）一文的完整版，第二节、第三节出自《新世纪的中国社会史研究》（《中国社会历史评论》第18卷，天津古籍出版社2017年）。导论中的三节，所依据的书刊如下："中国社会史研究的酝酿"主要出自《中国社会史研究十年》（《历史研究》1997年第1期），"中国社会史研究四十年"为《改革开放40年以来的中国社会史研究》（《中国史研究动态》2018年第2期）的全本，保留了更多的有关近现代社会史的内容，"日常生活史的视野"为《中国日常生活史读本》导言（北京大学出版社2017年）。

至于代序《社会史学的足迹》主要内容的前三部分，系《中国社会史经典精读》（高等教育出版社2014年）前言增写而成。

每十年对于中国社会史研究状况的追踪，自然形成了本书的主体内容，可谓水到渠成。本书一时合成，然而经过了30年的观察与思考，甚至可以说写了二三十年。

由于本书的内容成于不同时期，行文风格未必完全一致，加之导论又系概括而成，个别内容略有一些重复；此外，文中出现的"近年来""目前"等时间的表述，均以该文发表时间为准。以上是需要读者谅解的。

目 录

第三章　壮大：新世纪的中国社会史研究 ……… 163

导　论

第一节　中国社会史研究的酝酿

随着1976年"四人帮"垮台以及1978年底以后的思想解放，史学界开始反思20世纪50年代以来特别是"文革"时期的历史研究，中国社会史研究走上了振兴之路。

一、阶级问题的重新思考

"文革"十年的历史学界只搞阶级斗争，从70年代末到80年代初历史研究的拨乱反正，也首先是以重新思考阶级问题为突破口的。学者们意识到，对封建社会的认识，不仅要知道地主与农民之间的生产关系、农民反抗地主的斗争，而且要对地主、农民及其他社会集团内部结构及生活状况有一个全面的了解。马克思主义论述封建社会的阶级，是同等级联系在一起的，不能只谈阶级不讲等级。在推动重新思考阶级问题方面，五六十年代就关注土地所有制问题的《历史研究》杂志社和南开大学历史系等单位发挥了重要作用。[1]1983年10月他们同云南大学历史系在昆明召开了"中国封建地主阶级研究学术讨论会"，[2]1985年5月他们又

---

[1] 这两个单位分别编有《中国历代土地制度讨论集》《中国封建社会土地所有制形式问题讨论集》，由三联书店分别于1957年、1962年出版。

[2] 宋元强、高世瑜所作会议综述载《历史研究》1984年第3期。会议论文收入三种论文集：南开大学历史系编《中国古代地主阶级论集》，天津：南开大学出版社，1984年；云南大学历史系编《中国地主阶级研究论文集》，昆明：云南大学出版社，1984年；《历史研究》编辑部编《中国封建地主阶级研究》，北京：中国社会科学出版社，1987年。

同天津师大历史系、中国世界中世纪史研究会，在天津召开了"中外封建社会劳动者生产生活状况比较研究讨论会"。①

这两次学术讨论会突破了阶级分析是认识封建社会惟一方法的观念，把认识社会的目光指向了多种社会关系、社会群体和社会生活，并运用了比较研究的方法，把中国历史放在世界史中考察。冯尔康提交第二个会议的论文《关于中国封建时代自耕农的若干考察》，把自耕农作为封建社会地主、佃农之外的一个社会集团进行研究，克服了探讨农民阶级关系主要讲主佃关系的偏颇。

从70年代末到80年代中期，出现了一批阶级研究的成果，这些著作多是作者多年研究的总结，资料扎实。

秦汉至南北朝时期。朱绍侯于1983年成书的《秦汉土地制度与阶级关系》（中州古籍出版社1985年）论述了自耕农、依附农民、奴隶和其他劳动者，并从户籍制度讨论了阶级关系。他又于1985年写成了该书的姊妹篇《魏晋南北朝土地制度与阶级关系》（中州古籍出版社1987年），认为该时期阶级关系复杂，统治阶级的特点是成为门阀士族，被统治阶级主要有三个较大的变化：一是佃客地位合法化，二是出现了各类介于自耕农与奴隶之间的中间阶级，三是奴隶制的回潮和奴隶的解放。

唐宋时期。张泽咸1984年写成《唐代阶级结构研究》（中州古籍出版社1996年），论述了户等制度。贵族官僚地主、庶民地主、地主兼并土地、乡村次户与下户、佃农与屯田兵民、乡村雇佣、农民与地主阶级关系、农民与商品市场的关系、奴婢、部曲、官户、杂户及其他。认为唐代阶级关系存在唐中叶后封建社会转型的过渡性的特点。李季平《唐代奴婢制度》（上海人民出版社1986年），据40年代的旧稿改写而成，论述唐代奴婢的类别和名色、来源、役使、地位与待遇、反抗斗争。王曾瑜长期从事阶级关系研究，所著《宋朝阶级结构》（河北教育出版社1996年）重点论述了乡村下户和客户

---

① 会议论文收入南开大学历史系等编：《中外封建社会劳动者状况比较研究论文集》，天津：南开大学出版社，1989年。

的农民阶级，皇室、官户、吏户、乡村上户、僧道户和幹人构成的地主阶级，以及坊郭户、商人、手工业者、奴婢和人力女使构成的非主体阶级，对各色人等有细致的探讨。

明清时期。韩大成1982年辑成论文集《明代社会经济初探》（人民出版社1986年），收有研究佃户、奴婢、富商巨贾、权贵的长篇论文，比较全面地探讨了这些社会类别的状况。经君健80年代初对清代等级的研究引人注目，著有《清代社会的贱民等级》（浙江人民出版社1993年），除了重点论述奴婢外，还从总体上划分了清代的社会等级。韦庆远《清代奴婢制度》（中国人民大学出版社1982年），根据档案和文献资料比较系统地研究了奴婢。叶显恩《明清徽州农村社会与佃仆制》（安徽人民出版社1983年），是全面探讨徽州佃仆制的专著，认为佃仆的身份属于农奴。

买办是近代社会产生的一类人，聂宝璋《中国买办阶级的发生》（中国社会科学出版社1979年），重点考察了19世纪末叶买办的经济状况。

二、走向社会生活的深处

重新思考阶级问题的同时，人们对以往的研究模式也进行了全面反思。80年代以前的中国社会史研究带有宏观社会史和通史的特点，依据的是马克思主义的"社会经济形态演进"[①]理论，是生产方式发展史，也具有经济社会史的特征。马克思主义社会理论主要表现在广义的宏观社会史方面，所建构的社会历史理论模式为"骨架"的社会史，没有具体"社会生活"的系统论述，它还需要补充作为"血肉"的狭义社会生活、生活方式的内容，这是中国理论界长期忽视的。80年代初，中国学术界开始重新思考社会史研究的问题，试图建立以社会生活、生活方式为主要内容的新社会史。这

---

① 卢俊忠：《"社会经济形态"不是"社会的经济形态"》，《理论月刊》1984年第5期。作者考察了德文原文，提出马克思使用的"社会经济形态"，并不是"社会的经济形态"，而应翻译为"经济的社会形态"。

种重新思考的大历史背景是改革开放形势下的思想解放，其动力主要来自史学界从中国历史实际出发对历史理论方法的反思、由于现实生活方式变化对马克思主义生活方式理论的探讨、国外社会史理论的传入和社会学等社会科学重建的三方互动。①

1986年是中国社会史研究的复兴之年。年初，《百科知识》第1期发表了冯尔康的论文《开展社会史的研究》，认为中华人民共和国成立以来前30年的史学，主要研究经济史和政治史，对社会史几乎没有接触，他正式明确提出："恢复、开展社会史的研究，已是当今史学界一个刻不容缓的课题。"指出："社会史的研究，能够给予历史研究以有血有肉的阐述，真正建立立体的史学、形象化的史学、科学的史学。"此文又经人大报刊复印资料转载，影响颇广。同年倡导开展社会史研究的还有乔志强和王玉波。乔志强认为社会史是"向史学纵深发展不可忽略的部分，应当引起我们足够的重视"②。王玉波则指出："为了加强史学的整体化、综合化的研究，为了充分发挥史学的社会功能，有必要开展社会史特别是中国社会史的研究。"由于中国社会史研究曾一度被社会发展史代替，他说："首先要为社会史正名。"③特别值得一提的是，1986年10月由南开大学历史系、《历史研究》杂志社、天津人民出版社发起，在天津举行了首届中国社会史研讨会，就中国社会史的研究对象、范畴、社会史与其他学科的关系、开展社会史研究的意义进行了热烈讨论，取得了把社会史作为史学专门史或流派对待的共识，强调了借鉴社会学、民俗学、民族学、人类学的理论与方式对开展社会史研究的重要性，把研究的视角指向人民大众的生活。④这届研讨会标志着中国社会史对20世纪二三十年代研究风格的复兴。

---

① 参见常建华《中国社会史研究十年》第一部分，《历史研究》1997年第1期。
② 乔志强：《中国社会史研究的对象和方法》，《光明日报》1986年8月13日。
③ 王玉波：《为社会史正名》，《光明日报》1986年9月10日。
④ 肖驷所作会议综述载《光明日报》1986年12月17日；宋德金的会议述评载《历史研究》1987年第1期。

此后，中国社会史研讨会每两年举办一次。1988年10月由南京大学主办第二届，除继续讨论社会史研究的理论与方法外，对士与知识分子也进行了重点讨论。① 1990年10月四川大学主办了第三届，讨论的重点是中国宗族、家庭的历史与现实，社会弊端的历史考察。② 1992年9月沈阳师院主办了第四届，会议主题是"社会史研究与中国农村"，研讨重点有三：社会结构与农村变迁，历史上的灾变与社会救济，社会史的理论体系、构架与功能。③ 1994年8月西北大学主办了第五届，会议主题是"地域社会与传统中国"。④ 1996年9月重庆师院主办了第六届，会议的中心议题是：区域社会比较研究、中国社会传统生活方式研究、社会史的研究对象与方法。⑤ 1998年8月由苏州大学主办的第七届研讨会，将"家庭·社区·大众心态变迁"作为主题。⑥ 上述研讨会自1994年西安会议起改为国际会议，加强了同海外学者的交流。此外，1995年8月中国社科院历史所和台湾联合报系文化基金会在北戴河联合举办了由海峡两岸学者参加的"传统社会与当代中国社会史"学术研讨会。⑦

出版界给予社会史研究极大重视，组织出版了多种丛书。天津人民出版社自1988年起推出"社会史丛书"，陆续出版10余种。浙江人民出版社自1989年起出版"中国社会史丛书"，分5批推出，共计20种。陕西人民教育出版社1992年推出"中国社会史

① 李良玉所作会议综述载《历史研究》1989年第4期；会议论文由《南京大学学报》1989年增刊发表。
② 宋德金、高世瑜所作会议综述载《历史研究》1991年第1期；会议论文收入赵清主编《社会问题的历史考察》，成都：成都出版社，1992年。
③ 岳庆平所作会议综述载《中国史研究动态》1993年第1期；会议论文收入张炳武主编《中国历史社会探奥》，沈阳：辽宁人民出版社，1994年。
④ 周天游、葛承雍所作会议综述载《历史研究》1995年第1期；会议论文收入周天游主编《地域社会与传统中国》，西安：西北大学出版社，1995年。
⑤ 李禹阶、代继华所作会议综述载《历史研究》1997年第2期。
⑥ 唐力行、吴建华、徐茂明所作会议综述载《历史研究》1999年第1期；会议论文收入唐力行主编《家庭·社区·大众心态国际研讨会论文集》，合肥：黄山书社，1999年。
⑦ 定宜庄所作会议综述载《中国史研究动态》1995年第11期。

文库"第1集6种。上海人民出版社1992年出版"近代中国社会史丛书",笔者见到4种。中国人民大学出版社1992年出版"中国近现代社会研究丛书",笔者见到2种。商务印书馆国际有限公司出版的"中国古代社会生活丛书",设计为5批共计50种,1995年以来已出版40种。此外,收入文化、风俗类丛书中的社会史著述也不少。

第二节　中国社会史研究四十年

　　1976年"文革"结束后,我国进入了改革开放的新时期,社会史学也发生了重大的变化,至今已经四十年。特别是1986年10月全国举行了首届中国社会史学术研讨会,标志着中国社会史研究的复兴,若以此为界标,新时期的中国社会史研究也有三十年之久,堪称"而立之学",有必要总结新时期中国社会史研究的学术史,把握其特色与趋势。这里想就近三四十年的中国社会史研究学术脉络、重要议题、成就与不足,做一概述。

　　一、改革开放以来中国社会史研究的学术脉络

　　我拟将改革开放四十年来的中国社会史研究的发展进程划分为四个阶段,每个阶段大致经历十年。

　　(一)酝酿:中国社会史研究的反思(1976.10—1986.9)

　　首先,社会生活史应运而生。马克思主义史学理论建构的宏观社会历史理论模式,形成了特有的社会史"骨架",需要补充生活的"血肉"。20世纪80年代初,中国学术界开始重新思考社会史研究的问题,试图建立以社会生活、生活方式为主要内容的新社会史,以补充由于既往研究的理论模式而缺乏的历史内容。中华人民共和国成立以来的历史研究领域是政治、经济、思想三大块,学术重心是阶级斗争史与农民战争史。《历史研究》杂志社、南开大学历史系以及云南大学历史系、天津师大历史

系等单位，分别于1983年8月和1985年5月召开了"中国封建地主阶级研究学术讨论会""中外封建社会劳动者生产生活状况比较研究讨论会"，试图突破僵化的阶级斗争决定论，把多种社会关系、社会群体和民众生活纳入视野。田居俭在为1985年会议论文集所作序言《略论中国史学研究方法的变迁》（《历史研究》1986年第2期）中，倡导开展"具体"层次的生活方式的研究。1985年9月，冯尔康率先发表《开展社会史的研究》（《百科知识》1986年第1期）一文，强调："恢复、开展社会史的研究，已是当今史学界一个刻不容缓的课题"，"社会史的研究，能够给予历史研究以有血有肉的阐述，真正建立立体的史学、形象化的史学、科学的史学"。哲学学者王玉波还将生活方式理论引入了史学研究，1984年5月2日《光明日报》发表了他的《要重视生活方式演变史的研究——读吕思勉史著有感》一文，重提历史学家吕思勉对社会生活的重视，呼吁人们开展生活方式演变史的研究。接着他发表《为社会史正名》（《光明日报》1986年9月10日）一文，区别社会史和社会发展史，认为"社会史是以人的社会生活的历史演变过程和规律为基本内容"，"社会史可以说就是生活方式演进史"，把社会发展史作为哲学范畴。

史学研究者认识到有必要吸收当代社会科学理论与方法开展历史研究，其中，社会学对社会史研究的借鉴作用尤其明显。乔志强借用社会学的概念和框架倡导社会史研究，在《中国社会史研究的对象和方法》（《光明日报》1986年8月13日）一文中，提出社会史主要研究社会构成、社会生活、社会职能。

其次，文化史的兴起也为社会史开辟了道路。马克思主义社会史具有经济社会史的特征。20世纪50年代以后社会经济史和农民战争史研究盛行，在研究普通大众的经济生活方面取得不少成绩，但反映普通民众精神生活的著述甚少。1985年李侃、田居俭向第十六届国际历史大会提交的《近五年（1980—1984）中国历史学概述》中指出，文化史研究的兴起，是中国史学界近几年出现的新气象，一些古代区域性的文化受到重视，一些长期致力于断代史和社会史研究的学者们，也开始注意研究各个历史时期的文化生活和文化成就。文化史的研究从1984年起进入高潮。文化史的研究涉及作为人民大众文化的生活方式，也引发对社会群体的探讨。

处于社会史与文化史交叉部分，属于社会文化范畴的还有风俗史。在民俗学重建的影响下，风俗史与文化史大约同时再掀研究热潮。严昌洪《关于社会风俗史的研究》(《江汉论坛》1984年第2期）认为："各个时代的社会风俗，作为社会意识诸形态的一种，就像一面镜子，从一个重要的侧面反映当时社会的风貌。"

再次，区域史为社会史扩展了地理空间。中国史学界在反思以往过分重视宏观社会形态史、忽略历史地理空间因素之际，受区域经济和区域文化研究的刺激，区域社会史研究兴起。区域史重视一地区的社会经济结构的变化，在80年代以前已有傅衣凌等学者研究。80年代初，叶显恩《明清徽州农村社会与佃仆制》一书表现出较强的区域社会史特色。由于社会经济史自50年代之后一直比较受重视，80年代初国家制定"六五""七五"社会科学规划时，把开展区域社会经济史研究作为重点方向，涉及的区域主要有广东、福建、苏松杭嘉湖、西北地区。

（二）发轫：中国社会史研究的复兴（1986.10—1996）

1986年10月，由南开大学历史系、《历史研究》杂志社、天津人民出版社发起的"首届中国社会史研讨会"在天津举行，标志着新时期中国社会史研究的复兴。当时学者们强调研究民众社会生活的重要性。冯尔康提交会议的论文《开展社会史研究》(《历史研究》1987年第1期）提出："中国社会史是研究历史上人们社会生活的运动体系"，它"以人们的群体生活与生活方式为研究对象，以社会结构、社会组织、人口、社区、物质与精神生活习俗为研究范畴，揭示它本身在历史上的发展变化及其在历史过程中的作用和地位"。冯尔康关于社会史研究的框架，还体现在《清人社

会生活》一书。冯尔康主持编
撰了《中国社会史研究概述》，
总结以往的学术史。学术界对
于社会生活的重视，还体现在
宋德金的《金代的社会生活》。
特别是中国社科院历史所承担
了1987年度国家社会科学基金
资助项目"中国古代社会生活
史"的十卷本断代史丛书，并于
1987年6月召开了专门会议，就
中国古代社会生活史的概念、范
围、研究方法和理论框架进行
了讨论。该课题组重要成员彭
卫出版了《汉代婚姻形态》这部
运用新方法进行跨学科研究的

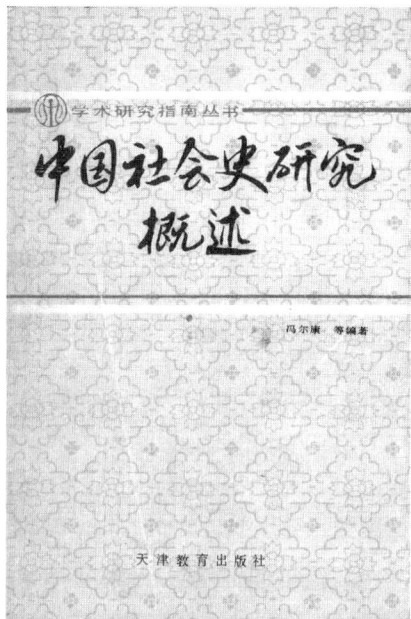

冯尔康等编著《中国社会史研究概述》

著作，乔志强主编了新框架的《中国近代社会史》。

1988年在南京大学举办了第二届中国社会史研讨会，蔡少卿、孙江《回顾与前瞻——关于社会史研究的几个问题》（《历史研究》1989年第4期）认为，社会史主要应研究社会结构及其变迁，其广义定义是再现人类社会过去的历史，其狭义定义可以是研究社会结构变迁时普通人的经历，并指出："由于社会的日常生活与经济状况、政治活动的密切关系，以及在社会结构中的重要性，人们有理由对其予以较多的关注。"蔡少卿主编《再现过去：社会史的理论视野》一书，翻译介绍国外社会史研究。

这一时期还举办了4届社会史研讨会，形成为年会制。第三届（1990年）由四川大学主办，讨论的重点是中国宗族、家庭的历史与现实，社会弊端的历史考察。第四届（1992年）由沈阳师院主办，会议主题是"社会史研究与中国农村"，研讨重点有三：社会结构与农村变迁，历史上的灾变与社会救济，社会史的理论体系、构架与功能。第五届（1994年）由西北大学主办，会议主题是"地域社会与传统中国"。第六届（1996年）由重庆师院主办，中心议题是：区域社会比较研究、中国社会传统生活方式研究、社会史的研究对象与方法。综上所述，这一时期人们关切的主要是社会史的理论体系、社会生活史、区域（地域）社会，也针对一些社会现实进行历史性的讨论，如社会问题、灾害救济、乡村社会等。第四届年会上，还成立了"中国社会史学会"，冯尔康出任会长。1996年7月开始编辑《社会史研究通讯》。

常建华主编《社会史研究通讯》第20期（2017）

此外，还有一些重要的社会史会议举行。1992年，中国社科院近代史所文化史研究室联合《社会学研究》编辑部举办了"社会文化史研讨会"，历史研究所和台湾联合报系文化基金会于1995年在北戴河联合举办了由海峡两岸学者参加的"传统社会与当代中国社会史"学术研讨会。

（三）成长：跨世纪的中国社会史研究（1997—2006）

这一时期对于中国社会史理论进行了更深入探讨，提出了一些新的研究领域。社会史学界在界定社会史上存在分歧，经过讨论逐渐缩小，趋于消解。

南开大学早于1986年成立社会史研究室，1999年重新组建为中心，并成为教育部人文社科重点研究基地，开始出版《中国社会历史评论》①。

跨学科研究日益受到重视。社会史与人类学结合，历史人类学成为最活跃的学术领域，2001年中山大学历史人类学研究中心成立，遂为教育部基地，创刊《历史人类学》，给社会史研究带来了新活力。由于重视地域社会史，地理学也深刻影响历史学，王振忠倡导历史社会地理学。

新的社会史理论探讨，也带来对社会史史料的新认识。冯尔康出版了《中国社会史概论》，提

《中国社会历史评论》第1卷

出社会史史料学的概念。郑振满则倡导民间历史文献，他在《民间历史文献与文化传承研究》（《东南学术》2004年增刊）中强调，广泛搜集和充分利用民间文献，是新史学发展的前提条件和必由之路。

这一时期社会史学会年会举行了5届。苏州大学1998年主办第七届，将"家庭·社区·大众心态变迁"作为主题；华中师大2000年主办第八届，主题为"经济发展与社会变迁"；上海师大2002年举办第九届，主题是"国家、地方、民众的互动与社会变迁"；厦门大学2004年举办第十届，以"礼仪、习俗与社会秩序"为主题；安徽大学2006年举办第十一届，主题是"地域中国：民间文献的社会史解读"。由上可知，社会史学界讨论的问题比较多元化，富有开放性。第十届年会上学会改选，倡导社会史研究的老一辈学者荣退，"文革"后的新一代学者成为学会的主导力量。

（四）壮大：新世纪的中国社会史研究（2007—2018）

---

① 此套丛刊1999年创刊，除第3卷（中华书局2001年）、第4、第5卷（商务印书馆2002年、2007年）之外，其余均由天津古籍出版社出版，本书不再逐一详注。

该时期由社会经济史研究发展演变出来的历史人类学与区域社会史研究蔚然成风,社会生活史、社会文化史的研究发生了向日常生活史的转变,在新历史认识论影响下,民间文献更加受到重视。民间文献、日常生活、历史人类学的交融,促进了社会史学科建设(参见常建华:《开放与多元:新世纪中国社会史理论探讨与学科建设》,《南京社会科学》2017年第2期)。中山大学历史人类学研究中心组织的"历史·田野丛书"自2006年以来推出10余种,并出版了《清水江文书》3辑。厦门大学民间历史文献研究中心,自2009年起每年举办一届论坛,已经举办8届,并出版"民间历史文献论丛",2013年起推出《族谱研究》《碑铭研究》《仪式文献研究》。安徽大学徽学研究中心2005年起出版了《徽州文书》5辑。上海师大中国近代社会研究中心于1997年起每年举办一届江南社会史国际学术前沿论坛,并于2009年创刊《江南社会历史评论》。上海社科院2008年推出"上海城市社会生活史丛书",2011年出齐,计有25种。首都师范大学历史学院中国近现代社会文化史研究中心重视社会生活史研究,出版了《社会生活探索》6辑,以及有关社会文化的访谈录、论丛等系列出版物。山西大学中国社会史研究中心2012年出版"田野·社会丛书"4种,编有辑刊《社会史研究》。南开大学中国社会史研究中心2008年推出《清嘉庆朝刑科题本社会史料辑刊》,2014年推出《清代宗族史料选辑》,出版资料丛刊多种,特别是2015年推出《中国近代铁路史资料选辑》(104册),自2011年起连续五年举办以中国日常生活史为主题的研讨会,涉及日常生活的多样性、生命与健康、地方社会、民生问题、物质文化等内容。

这一时期社会史年会举办了5届:中山大学2008年举办第12届,主题为"政治变动与日常生活";聊城大学2010年主办第13届,以"区域、跨区域与文化整合"为主题;山西大学2012年主办第14届,主题是"改革开放以来的中国社会史研究";江西师范大学2014年主办第15届,将"生命、生计与生态"作为主题;武汉大学、三峡大学2016年举办第16届，主题是"中国历史上的国计民生"。由此可见，这一时期社会史学界比较关心社会史研究的整体性与人本身，映照了对社会现实的思考。特别是第15届

郑振满、梁洪生教授在第15届中国社会史学会年会上

年会提出了颇具特色的"三生"研究模式。

从2005年起，中国社科院近代史所社会史研究中心牵头其他单位，利用社会史年会的间歇期单数年，举办"中国近代社会史国际学术研讨会"：青岛大学2005年举办了首届，以"近代中国的城市·乡村·民间文化"为主题；新疆大学2007年举办的第二届讨论"晚清以降的经济与社会"；贵州师范大学2009年举办的第三届以"近代中国的社会流动、社会控制与文化传播"为主题；苏州大学2011年举办的第四届讨论"近代中国的社会保障与区域社会"；湖北大学2013年举办的第五届讨论"社会文化与近代中国社会转型"；河北大学2015年举办的第六届讨论"华北城乡与近代区域社会"；杭州师范大学2017年举办的第七届，主题为"地方文献、区域社会与国家治理"。近代社会史研讨会还连续编辑出版了7辑"中国近代社会史研究集刊"。以此为基础，成立了中国社会史学会近代社会史专业委员会。

近代社会史研究成果颇多，如王先明主编的"20世纪前期中国乡村社会变迁丛书"5种、李金铮著《传统与变迁：近代华北乡村的经济与社会》。

此外，在当代中国研究所第四研究室（社会史研究室）等推动下，当代社会史研究得到长足发展，如李文主编《中华人民共和国

社会史（1949—2012）》、行龙等著《阅档读史——北方农村的集体化时代》等。

二、改革开放以来中国社会史研究的重要议题

这里侧重于社会史理论体系问题，分四个方面来谈。

（一）社会史的概念之争

从1986年中国社会史正式兴起后，对于什么是社会史，存在三大分歧，即社会史是历史学的专门史抑或通史，社会史究竟是历史学的一个分支学科还是一种新的视角，社会史学科体系建设及与社会学的关系问题。常建华《中国社会史研究十年》（《历史研究》1997年第1期）对此进行了学术梳理，重提中国社会史的研究对象与方法，建议借鉴费孝通对于"社会学"学科的定位，走综合的路线，一是研究全盘社会结构，二是从具体研究对象上求综合，从而把握当代社会史的社会生活、社会文化、区域社会三大研究特征。赵世瑜《再论社会史的概念问题》（《历史研究》1999年第2期）进一步将社会史表述为史学研究的一种新范式，并分三方面论述什么是社会史：作为历史研究范式的社会史、作为整体的社会史、属于历史学而非社会学的社会史，使得这一讨论更加明晰。

（二）整体性、碎片化、政治史与区域社会史

社会史有广义、狭义之分，学术研究有宏观与微观之别，具体理解上会见仁见智。新时期的社会史脱胎于宏观的社会经济形态模式，一些学者认为应在区域史中把握社会史的整体性，微观史学的个案研究可以有效地探讨事物整体。有些学者则认为国内的社会史研究出现零碎、细小的弊病，强调通过整体性来纠正。

杨念群提倡"中层理论"，以摆脱宏大叙事的纠缠，改变史学界"只拉车不看路"式工匠型治史方式，厘定与传统研究方法不同的规范性概念和解释思路。新社会史寻求以更微观的单位深描、诠释基层社会文化的可能性。杨念群《重提"政治史"研究》

（《历史研究》2004年第4期），强调"意识形态""社会动员形态"的研究。杨念群《"地方性知识""地方感"与"跨区域研究"的前景》（《天津社会科学》2004年第6期），质疑区域社会史多趋向于探讨"宗族"和"庙宇"功能的研究现状，认为应改变"村落研究取向"，从"跨区域研究"的角度使社会史研究趋于多元化。赵世瑜《社会史研究向何处去？》（《河北学刊》2005年第1期），强调要与传统史学对话，也主张反思政治史，把握好社会史与政治史关系。常建华《跨世纪的中国社会史研究》（《中国社会历史评论》第8卷，2007年），对于上述讨论阐发了自己的认识。

　　2012年《近代史研究》（第4、5期）组织"中国近代史研究中的'碎片化'问题笔谈"，涉及社会史的理论与方法问题。其中杨念群《"整体"与"区域"关系之惑——关于中国社会史、文化史研究现状的若干思考》，主张应摒弃"区域"与"整体"二元对立的刻板模式，转从"政治合法性"与"政治治理能力"的角度去观察和理解中国历史演变的轨迹和特征。此外，罗志田《非碎无以立通》、王笛《不必担忧"碎片化"》，在了解国外已经讨论过"碎片化"问题后而发的"经验之谈"，尤值得关注。

　　（三）历史人类学与民间历史文献学

　　在社会史研究中，历史人类学与民间历史文献学的研究风格值得关注，此类研究也是在区域社会史研究中显现的。这一学术流派的基本特征是强调从区域人群活动与相互关系把握社会，重视在田野调查中解读民间文献。其学术追求，或许即科大卫所著《明清社会和礼仪》所表达的：通过个案研究，对于统一的中国社会进行了详细的论证，重建了地方社会如何获取及认同自身特性的历史，以及地方社会如何接受并整合到一个大一统的文化的历史，展现了中国社会的独特性和复杂性。刘志伟、孙歌《在历史中寻找中国——关于区域史研究认识论的对话》强调，由跨区域的边界和人的流动去建立地区空间概念的历史人类学研究取向出发，区域就自然可以成为一个研究单位，他特别强调进行以人为主体的历史研究,区别于以国家为主体的历史学。赵世瑜所著的《小历史与大历史:区域社会史的理念、方法与实践》、主编的《大河上下:10世纪以来的北方城乡与民众生活》与《长城:社会史视野下的制度、族群与区域开发》,对此做了有益的尝试。

历史人类学通过田野调查与解读民间文献理解"人群"和"生活方式"。郑振满说:"每一种民间文献可能都和特定的人群和特定的生活方式有关。如果不把民间文献放在具体的社会环境中,不了解各种民间文献的作者和使用范围,也不能真正理解民间文献的历史意义。要做到这一点,就必须做田野,就需要历史人类学了。"(刘平,等:《区域研究·地方文献·学术路径——"地方文献与历史人类学研究论坛"纪要》,《中国社会历史评论》第10卷,2010年),王振忠《明清以来徽州村落社会史研究》,是使用田野调查发现民间文献的重要著作。

中古史也有地域社会史的实践,表现在两种文集:侯旭东《近观中古史——侯旭东自选集》与王凤翔《中古变革与地域社会论稿》。

(四)社会文化史与日常生活史

我国较早的社会文化史,比较强调揭示社会精神面貌。文化史的研究有一个从研究文化生活、文化成就向社会生活转移的过程。杨卫民《新时期社会生活史研究述略》(《焦作师范高等专科学校学报》2012年第1期)认为:"随着新时期的到来,历史学发展大的趋势是从政治经济史向社会生活、生态环境、生命史的转移,这不仅是史学研究本身的转移,还是当代文明和社会已经从欲望、本能、名利等转向生活、生命等本质的再认识上。角度的转换,意味着历史观的更新和研究方法的转变,一种新社会生活史观逐渐形成。"李长莉《中国近代生活史研究30年——热点与走向》(《河北学刊》2016年第1期)指出,中国近代生活史研究内容为风俗习尚、社会群体生活、城市生活与"公共空间"、消费生活、文化娱乐生活、生活史综合研究等，更多关注社会变动与生活变化之互动，更多注意生活与政治、经济、社会、文化等诸因素的相互关联和互动关系。不过，中国近代生活史研究的缺陷在于理论分析与理论创新不足。常建华《从社会生活到日常生活——中国社会史研究再出发》（《人民日报》2011年3月31日），提出社会生活史研究应当向日常生活史转变。新的社会生活史或者说日常生活史研究，很重要的一点是要借鉴"新文化史"或者说社会文化史。

刘永华主编《中国社会文化史读本》

刘永华主编《中国社会文化史读本》（北京大学出版社2011年）指出：社会文化史强调的是，在具体的研究实践中将社会史分析和文化史诠释结合在一起。在分析社会现象时，不能忽视相关人群对这些现象的理解或这些现象之于当事人的意义，在诠释文化现象时不能忽视这些现象背后的社会关系和权力关系。本书涵盖五个主要问题领域：国家认同，神明信仰，宗教仪式，历史记忆，感知、空间及其他。

三、改革开放以来中国社会史研究的成就与不足

新时期社会史研究取得大量学术成果，有一批通论、断代、区域性的社会史著述，在婚姻家庭、家族宗族研究上取得长足进展，士大夫、商人等社会群体的研究丰富多彩，城市、乡村的研究别开生面，民间信仰的研究精彩纷呈。限于篇幅，这里不能展开介绍，而采取以关乎学科建设和研究途径的方向性问题为主的思路，从以下三个方面来谈。

（一）从国家与社会到制度与生活

对于具有以皇朝接续为特征的中国史来说，探讨社会史，不应忽视社会群体之外的皇朝国家，国家与社会群体都是广阔社会结构的组成部分，国家与基层社会的关系也构成社会形态的重要特征。马克思主义的社会形态理论重视上层建筑与经济基础，蕴含着丰富的国家与社会关系的思想。特别是中国革命实践过程中毛泽东提出的旧中国四种权力系统"封建四权"——政权、神权、族权与夫权，兼顾了国家与社会，在此基础上，社会经济史家傅衣凌提出了中国社会存在着公、私两种社会权力，更直接地辨析出国家与社会的关系特征。20世纪三四十年代，社会学家费孝通与历史学家吴晗等讨论"皇权与绅权"，相当大程度上是在研究国家与社会的关系，以此认识中国的社会结构。这些理论对海内外的中国社会史研究有着深远的影响。

20世纪90年代，海外学者讨论市民社会、公共领域、国家与社会关系，也影响到国内学术界，先是政治学后是历史学。这一影响主要表现在近代史、明清史乃至整个中国史研究领域。国家与社会的关系，更多的表述为"社会与国家"，体现出自下而上从社会看国家的研究立场。在中国古代史研究领域，王宇信、徐义华《商代国家与社会》（《商代史》·卷4），牟发松主编《社会与国家关系视野下的汉唐历史变迁》，孟宪实、荣新江、李肖主编《秩序与生活：中古时期的吐鲁番社会》，刘后滨主编《日常秩序中的汉唐政治与社会》，以及杜常顺、杨振红主编《汉晋时期国家与社会论集》，都反映了编者对政治史与社会史结合的追求。明清史领域探讨国家与社会关系的成果较多，代表性的成果有郑振满《乡族与国家：多元视野中的闽台传统社会》，刘志伟《在国家与社会之间：明清广东地区里甲赋役制度与乡村社会》，梁治平《清代习惯法：社会与国家》，常建华《清代的国家与社会研究》，吴琦主编《明清地方力量与地方社会》，李治安主编"基层社会与国家权力研究丛书"9种。在近代史研究领域则有马敏《官商之间：社会剧变中的近代绅商》，朱英《转型时期的社会与国家——以近代中国商会为主体的历史透视》，马小泉《国家与社会：清末地方自治与宪政改革》，徐小群《民国时期的国家与社会：自由职业团体在上海的兴起：1912—1937》等。

值得注意的是，社会学学者李友梅《制度与生活视野下的中国社会变迁》（《解放日报》2008年12月18日）提出，"国家与社会"的分析框架与社会生活实践始终存在无法摆脱的张力，提出尝试构建"制度—生活"的分析框架，以"自主性"为观察对象，更有效地呈现和解读这一社会变迁过程。这一想法或许也适用于社会史研究。社会史学者也在研究实践中敏锐抓住了制度与生活的关系，如刘永华《明代匠籍制度下匠户的户籍与应役实态——兼论王朝制度与民众生活的关系》（《厦门大学学报》2014年第2期），杜丽红《制度与日常生活：近代北京的公共卫生》。可以预见，随着日常生活史、新制度史研究的展开，"制度与生活"的研究视角越来越受到重视。

（二）结构与生活的社会史

新时期社会史强调对于社会群体的研究，重视从群体关系的结构探讨社会。这有别于以往比较单纯重视生产关系而兼顾法权关系的探讨，而是从阶级关系向等级身份的研究转变，或者说将两者结合起来。

20世纪七八十年代之交到90年代中期，出现了一批阶级研究的成果，这些著作多是作者多年研究的总结。如田昌五、臧知非《周秦社会结构研究》，朱绍侯《秦汉土地制度与阶级关系》与《魏晋南北朝土地制度与阶级关系》，张泽咸《唐代阶级结构研究》，王曾瑜《宋朝阶级结构》，韩大成《明代社会经济初探》，聂宝璋《中国买办阶级的发生》；经君健发表《试论清代等级制度》（《中国社会科学》1980年第6期），还著有《清代社会的贱民等级》。

着眼于社会结构的研究，通贯性的研究主要有冯尔康主编

《中国社会结构的演变》，沈大德、吴廷嘉《黄土板结——中国传统社会结构探析》。不同时期社会结构探讨方面，有李天石《中国中古良贱身份制度研究》，吴琦《明清社会群体研究》，章开沅、马敏、朱英主编《中国近代史上的官绅商学》，李明伟《清末民初中国城市社会阶层研究（1897—1927）》等。

新时期社会史的重要特征是强调全方位研究普通民众的生活，社会史除了重视社会结构，同时重视社会生活。前述社会生活史研究著作之外，还有宋镇豪《商代社会生活与礼俗》（《商代史》·卷7），蔡锋《春秋时期贵族社会生活研究》，彭卫《汉代社会风尚研究》，秦新林《元代社会生活史》，李长莉等《中国近代社会生活史》。朱汉国等《20世纪的中国：走向现代化的历程·社会生活卷（1900—1949）》《20世纪的中国：走向现代化的历程·社会生活卷（1949—2000）》，论述了民国与20世纪下半叶的社会生活。

社会生活史研究在取得成绩的同时，也暴露出一些存在的问题，如研究比较平面化、泛化，重视事项而忽略人的作用。尝试日常生活史研究的著作也有问世，如有关唐代的3部书：黄正建《走进日常：唐代社会生活考论》、刘琴丽《唐代举子科考生活研究》、彭梅芳《中唐文人日常生活与创作关系研究》，明清的2部书：宋立中《闲雅与浮华——明清江南日常生活与消费文化》、赵园《家人父子：由人伦探访明清之际士大夫的生活世界》。上述5部书中，有3位作者出自文学界。

近年来出现了日常生活史的法学研究，如郭东旭等《宋代民间法律生活研究》，徐忠明《〈老乞大〉与〈朴通事〉：蒙元时期庶民的日常法律生活》，尤陈俊《法律知识的文字传播——明清日用类书与社会日常生活》。这3部书中，后2部的作者是法学学者。

（三）生命、生计、生态的"三生"结合

社会史的跨学科属性日益突出，在生态环境史、经济社会史、医疗社会史表现得比较明显，生命、生计、生态是中国社会面临的突出问题，三者密切关联。

新时期以来，自然灾害及其应对研究开展较早。李文海等人1985年以来长期从事中国近代灾荒研究，关注灾荒与人民生活的关系，出版了一系列著作。灾害与社会的关系研究也受到关注，王振忠《近600年来自然灾害与福州社会》，曹树基主编《明清以来的自然灾害及其社会应对机制》，郝平《大地震与明清山西乡村社会变迁》，以及李文海、夏明方主编《天有凶年：清代灾荒与中国社会》，马俊亚《被牺牲的"局部"：淮北社会生态变迁研究（1680—1949）》都是这方面的著作。

瘟疫随灾而起，讨论瘟疫与社会关系的也有，进而发展出医疗社会史。这方面的著作有余新忠《清代江南的瘟疫与社会：一项医疗社会史的研究》及《清代卫生防疫机制及其近代演变》，还有赖文、李永宸《岭南瘟疫史》，张大庆《中国近代疾病社会史（1912—1937）》，杨念群《再造"病人"——中西医冲突下的空间政治（1835—1985）》。与此相关，公共卫生的研究也展开，如路彩霞《清末京津公共卫生机制演进研究（1900—1911）》，范铁权《近代科学社团与中国的公共卫生事业》，朱慧颖《天津公共卫生建设研究（1990—1937）》，等等。

不过，医疗社会史关注的是疾病与社会的关系，而生命与常态的谋生问题即生计，则与生态密切关联。彭卫对于秦汉人身高的研究，体现了这种特色。

疾病、瘟疫以及灾害与生态环境也关系密切，同时环境与人的活动关联。研究生态环境与社会的关系是近年来的新方向。通论与综合研究方面，有王利华主编《中国历史上的环境与社会》，高凯《地理环境与中国古代社会变迁三论》，张建民与鲁西奇主编《历史时期长江中游地区人类活动与环境变迁专题研究》，曹树基、李玉尚《鼠疫：战争与和平——中国的环境与社会变迁（1230—1960年）》，以及王建革《江南环境史研究》。

断代研究方面。秦汉时期的研究有王子今《秦汉时期生态环境研究》。关于明清以来的研究最为丰富，冯贤亮《明清江南地区的环境变动与社会控制》，钞晓鸿《生态环境与明清社会经济》，赵珍《清代西北生态变迁研究》，张建民《明清长江流域山区资源开发与环境演变：以秦岭—大巴山区为中心》，均是这一领域的研究成果。王建革运用生态人类学和历史学方法，著有《农牧生态与传统蒙古社会》《传统社会末期华北的生态与社会》《水乡生态与江南社会（9—20世纪）》。邹逸麟主编"500年来环境变迁与社会应对丛书"5种。

水利与社会关系也成为热点。研究南北方水利社会史的专著都有，讨论浙江的有两部：钱杭《库域型水利社会研究——萧山湘湖水利集团的兴与衰》，冯贤亮《近世浙西的环境水利与社会》；论述山陕地区水利的也有两部专著：胡英泽《流动的土地：明清以来黄河小北干流区域社会研究》，张俊峰《水利社会的类型：明清以来洪洞水利与乡村社会变迁》。

在生态环境的研究中，涉及人的生计与生态的问题有王建革、张建民的著作。但生态环境史的著作往往见物不见人，而传统的生计问题研究也往往脱离生态环境，比较缺乏从生命形式认识问题。

生计是为了生存的谋生活动，不仅表现在士农工商的主要职业上，也体现在各行各业上，涉及生计的研究很多，专门研究则缺乏。周榆华《晚明文人以文治生研究》是难得的专著。衡量生计的是生活的经济负担，相比士商治生研究成果较受重视，农民的生计问题更加突出，刘五书《二十世纪二三十年代中原农民负担研究》、王印焕《1911—1937年冀鲁豫农民离村问题研究》，对民国初期的农民进行了专门研究。对于生计的认识，也反映在衣食住行物质的获取与消费水平上，这方面的研究较多，王利华《中古华北饮食文化的变迁》，赵兰香、朱奎泽《汉代河西屯戍吏卒衣食住行研究》，黄正建《唐代衣食住行研究》，张雁南《唐代消费经济研究》，何辉《宋代消费史：消费与一个王朝的盛衰》，黄敬斌《民生与家计：清初至民国时期江南居民的消费》，多涉及这些问题。值得注意的还有陈宝良对于明代社会变迁时生活质量的研究，讨论到明代社会各阶层的收入及其构成与家庭生计的关系，还讨论了物价波动与消费支出等问题。

　　一般来说，生命与生态既是人地关系，更是天人关系，体现在生存之道上，以往的生计研究多从经济的角度考虑，生计也可以作为日常生活与民生问题的探讨，在当下的学术背景下，生计的探讨还应当与生命、生态结合。生命、生计与生态的有机结合，是探讨历史变迁的重要途径。

　　综观三四十年来的中国社会史研究，焦点还是如何把握什么是"社会"。从社会史研究复兴伊始，在何谓"社会史"上就存在争议，大致有广义、狭义的不同认识，好在社会史研究同行并不纠缠于概念之争，而是搁置争议，抓住社会史的基本问题与学术前沿力行实践，从研究中体验、升华对于社会史的认识，从而使得学术共同体成长壮大。近年来有关历史研究的整体性与碎片化、宏观与微观的讨论较多，颇多涉及社会史研究。愚见以为，研究价值并不能以题目大小分高下，还是要考究其学术意义。学术史告诉我们，"大处着眼，小处着手"是经验之谈。学术研究从来以探索未知、追求真理为最终目的，也就是原创性，这对于社会史同样适用。面向未来，社会空间的扩展，社会史与新文化史联袂，跨学科的视野，或许是近期中国社会史研究的发展趋势。

第三节　日常生活史的视野

　　改革开放以来的中国，社会生活史悄然兴起，成为社会史研究繁荣的标志之一，近年来生活史的研究更加强调使用"日常生活"的概念，有着追求新境的努力。不可否认，生活史，特别是日常生活史，欧美有着更长时间的学术史，在此拟将日常生活史的研究做一较为全面的介绍。我们首先探讨欧美日常生活史的理论方法与实践，接着介绍海外学者对中国日常生活史的研究，最后介绍中国学者对日常生活史研究的探索。

一、欧美日常生活史研究的理论与实践

给予日常生活史研究以深刻影响的，必须提到诺贝特·埃利亚斯（Norbert Elias ）1937年出版的《文明的进程：文明的社会起源和心理起源的研究》①。该书探讨社会结构长期变化的问题，关注其在日常生活中的变化，提出了有关社会进程和发展的长期社会变化的理论，成了日常生活史研究的开拓性著作。

一般认为，20世纪70年代中期，日常生活史在德国兴起。1989年美国学者杰弗·埃利介绍联邦德国社会史发展的新方向。他认为过去10年联邦德国史学领域中最重要的新发展当属日常生活史的起步。阿尔夫·吕德克（Alf Lüdtke）是日常生活史的创始人之一，他强调："日常生活史意味着用一种不同的方法提出有关社会进程与结构的重大问题；日常生活史并非忽视政治问题，而是更彻底地提出公开的与私下的、人身的与政治的问题。"② 2002年阿尔斯·吕特克为日常生活史下的定义是："'日常生活史'这一概念指的是一种观点，而不是一种独特的研究对象。"常见的说法是"小人物的历史"与"下层历史"，而他则认为：对于日常生活性的强调应被理解为对于批评的批评，日常生活史是一种以行为为导向的视角，日常生活史已经成为大量研究项目与描述作品的一种维度，发

---

① 〔德〕诺贝特·埃利亚斯：《文明的进程：文明的社会起源和心理起源的研究》，Ⅰ，《西方国家世俗上层行为的变化》，王佩莉译，北京：生活·读书·新知三联书店（以下简称为三联书店），1998年；Ⅱ，《社会变迁、文明论纲》，袁志英译，北京：三联书店，1999年；又，该译者在上海译文出版社 2009年版《大学译丛》中，将该书副标题中的"社会起源"和"心理起源"，译为"社会发展"和"心理发展"。
② 〔美〕杰弗·埃利著：《劳工史、社会史、日常生活史：日常经历、文化与政治——西德社会史发展的新方向》，王丽芝编译，载《史学理论丛书》编辑部编《八十年代的西方史学》，北京：中国社会科学出版社，1990年，第141页。

现'横亘'在社会与统治背景下的日常生活性。[1]

德国学者所著的日常生活史颇具特色。汉斯-维尔纳·格茨（Hans-Werner Geortz）《欧洲中世纪生活》中文版序指出：从20世纪60年代起，对社会史问题的研究进一步完善了制度史，从而引发了一个根本性的革新，80年代以后这种革新表现得更为明显：从这时起，历史成为一个多层面的研究领域。"人的日常生活史，是上个世纪80年代以后开辟的一个较新的研究领域。日常生活史相当于这样一类历史科学，它对所有社会阶层人的生活，包括他们的'私人领域'都感兴趣，不仅是想要了解谁、什么对历史起了作用，而且还想知道历史是如何对人施加影响的，以及他是如何接受它的。"[2]该书的主要叙述结构，是探讨机制、生活空间、生活于其中的人和它们之间的关系。里夏德·范迪尔门（Richard van Dülmen）所著3卷本《欧洲近代生活》（1989年德文初版，2003年、2004年、2005年中文版），从文化的角度概述16—18世纪欧洲人的日常生活。3卷分别是《家与人》《村庄与城市》《宗教、巫术、启蒙运动》。

法国具有悠久的探讨生活史的传统，特别是20世纪20年代兴起的年鉴学派，他们重视历史学借鉴社会科学、重视历史人类学的研究风范，显示出研究生活史的特色与魅力。二战后的六七十年代，法国的几部著作为日常生活史领域做出开拓性的贡献。

菲力浦·阿利埃斯（Philippe Aries）的《儿童的世纪：旧制度下的儿童和家庭生活》，该书1962年初版，1973年再版时增加了菲利浦·阿利埃斯所写序言，阿利埃斯说他探讨了两大论题，一是认为中世纪人们缺乏儿童观念，第二个论题则展示儿童与家庭在工

---

[1] 〔德〕斯特凡·约尔丹主编：《历史科学基本概念辞典》，北京：北京大学出版社，2012年，第1—3页。
[2] 〔德〕汉斯-维尔纳·格茨著：《欧洲中世纪生活》，王亚平译，北京：东方出版社，2004年，第1—2页。对该书的介绍，参看译者王亚平《欧洲中世纪生活读后》，《世界历史研究》2003年第5期，第117—118页。

业化社会所占据的新地位。①该书正式建立在对于今昔儿童和家庭生活的深入观察之上，通过考察四个世纪的绘画和日记，以及游戏、礼仪、学校及其课程的演变来追溯儿童的历史，也被视为西方家庭史的第一本著作。菲利浦·阿利埃斯也是法国死亡观念史研究的开拓者，他著有《从中世纪到今天的西方死亡史漫谈》《人在死亡面前》《人在死亡面前的画面》（巴黎：瑟伊出版社1975年、1977年、1983年）等书。

死亡研究属于法国日常生活史的重要组成部分。如达尼埃尔·亚历山大–比东（Danièle Alexandre-Bidon）《中世纪有关死亡的生活（13—16世纪）》，论述了设想死亡、大转变、葬礼、在基督教领地上、死亡职业、丧事中的艺术家和工匠、生活在墓地里、冥间的日常生活等问题。②

1975年出版的《蒙塔尤：1294—1324年奥克西坦尼的一个山村》一书，系法国著名史学家埃马纽埃尔·勒华拉杜里（Emmanuel Le Roy Ladurie）所著，作者利用宗教裁判所法官到法国南部牧民小山村蒙塔尤审问异端村民的记录，以现代史学、人类学和社会学方法，阐释该山村居民日常生活、个人隐私以及种种矛盾、冲突等，再现了六百多年前该村落居民的生活、思想、习俗的全貌和14世纪法国的特点。③

费尔南·布罗代尔（Fernand Braudel）所著3卷本《15至18世纪的物质文明、经济和资本主义》诞生于1979年，其中第一卷《日常生活的结构》，分别描述15至18世纪世界范围内的人口、粮食、食品与饮料、居住与衣着、能源与冶金、技术革命、货币、城市。该书探讨西欧资本主义兴起，首先从日常生活的结构开始，将之作为"物质文

---

① 〔法〕菲力浦·阿利埃斯著：《儿童的世纪：旧制度下的儿童和家庭生活》，沈坚、朱晓罕译，北京：北京大学出版社，2013年。
② 〔法〕尼埃尔·亚历山大–比东著：《中世纪有关死亡的生活（13—16世纪）》，陈劼译，济南：山东画报出版社，2005年。
③ 〔法〕埃马纽埃尔·勒华拉杜里著：《蒙塔尤：1294—1324年奥克西坦尼的一个山村》，许明龙、马胜利译，北京：商务印书馆，1997年。

明"或"物质生活"。①

引人注目的是，菲利浦·阿利埃斯与另一位法国著名史学家乔治·杜比（GeorgesDuby）主编的5卷本《私人生活史》，于1985年出版，被誉为"革命性的成果"，是现今一部权威的人类私人生活史。乔治·杜比在《私人生活史》序中指出："私人生活领域，是一个免除干扰的、自省的、隐逸的领地。在这里，每个人都可以扔掉他在公共空间冒险时必备的武器和防范工具，可以放松，可以随意，可以身着'宽松的便服'，脱去在外面确保安全的那层招摇的硬壳。这个地方很随意，不拘礼节。这也是个秘密场所。人们拥有的最为珍贵的东西，被置放在最贴身的私人生活领地，只属于自己，与他人毫无关系，禁止泄露、炫耀，因为这与荣耀所要求的在公众场合的所谓面子格格不入。"②显然，"私人生活"的意义是一种相对于趋向民众的"公共生活"阐发的。该书第Ⅰ卷《古代人的私生活——从古罗马到拜占庭》，第Ⅱ卷《肖像——中世纪》，第Ⅲ卷《激情——文艺复兴》，第Ⅳ卷《演员与舞台——从大革命烽火到世界大战》，第Ⅴ卷《现代社会中的身份之谜》。

法国学者罗贝尔·福西耶（Robert Fossier）对于欧洲中世纪的研究成就卓著，这里再介绍他的两种著作。《这些中世纪的人：中世纪的日常生活》一书分为两大部分，第一部分从裸体的人、生命的各个阶段、自然、动物探讨了人和世界，第二部分从人和他人、认知、灵魂讨论了人类自身。结合生态探讨普通人的日常生活，是该书的最大特色。③《中世纪劳动史》一书也分为两大部分，第一部分劳动，论述了劳动的含义、劳动的类型、劳动手段；第二部分劳动者，研究的是关于人，伐木者与农民，矿

---

① 〔法〕费尔南·布罗代尔著：《15至18世纪的物质文明、经济和资本主义》第一卷，顾良、施康强译，北京：三联书店，1992年。
② 〔法〕菲利浦·阿利埃斯、乔治·杜比主编：《私人生活史》第Ⅰ册，李群等译，哈尔滨：北方文艺出版社，2009年，第6—7页。
③ 〔法〕罗贝尔·福西耶著：《这些中世纪的人：中世纪的日常生活》，周嫄译，上海：上海社会科学院出版社，2011年。

工与水手,作坊、手工场里的人与市场里的人,军人与文人。作者从"劳动"一词入手,到"体力劳动",再到"服务",逐步展开论述,涉及劳动工具、劳动规章制度、法律条款等一系列与劳动相关的因素。从中世纪初的视游手好闲为"神圣",到后来的以懒惰为耻,剖析了劳动演变的历史。①

法国的日常生活史研究成果出版繁盛,阿谢特出版社出版了大型丛书。中国学者许均教授主编"日常生活译丛",计划选择30种翻译,分别由山东画报出版社、上海人民出版社推出。山东画报出版社于2005年推出12种,上海人民出版社于2007年、2008年推出9种,列入书单的还有9种。许均在译丛总序《写在前面的话》中谈到策划出版该译丛的初衷:在我们看来,以往我们所阅读的西方历史,确实如乔治·杜比所说,大都是"公共舞台"的历史,也如葛兆光先生所说,是经过层层修饰的难见历史原貌底色的历史。而深入"私人生活空间",着眼于对"日常生活"的观察、想像和感觉的史料和文献非常少见。通过对这套丛书的译介,我们至少多了一份可能性,可以或多或少地看到被"大写的历史"或遮蔽、或过滤、或忽略、或排斥的"小写的历史"的某些真实侧面。

在意大利,日常生活史往往以微观史学出现,如卡洛·金兹伯格(Carlo Ginzburg)的名著《奶酪与蛆虫:一个16世纪磨坊主的精神世界》(1976),借助大量的教会审判材料,讲述16世纪意大利北部小镇蒙特瑞阿勒的一个小人物的生平,讨论了社会下层的世界观。②

此外,1979年问世的瑞典学者奥维·洛夫格伦(Orvar Lofgren)、乔森那·弗雷克曼(Lund University)《美好生活——中产阶级的生活史》一书,以中产阶级的生活方式为观察对象,透

① 〔法〕罗贝尔·福西耶著:《中世纪劳动史》,陈青瑶译,上海:上海人民出版社,2007年。
② 〔意〕卡洛·金兹伯格还著有《夜间的战斗——16、17世纪的巫术和农业崇拜》,朱歌姝译,上海:上海人民出版社,2005年。

过丰富鲜活的民俗材料，描述了1880年至1910年间瑞典中产阶级的生活图景。作者在《绪论》中揭示出当时欧洲对于日常生活史的重视："不管它们叫心态史、文明进程研究、文化社会学，还是历史人类学，这些研究方法都旨在关注日常生活史中的文化、思想，用历史的方法挑战今天习以为常的观念。"①美国华盛顿大学日本研究和历史学教授苏珊·B. 韩利（Susan B. Hanley）所著《近世日本的日常生活——暗藏的物质文化宝藏》，内容分8章，即德川时代日本人的身体健康水平，住房和家装，资源有效型文化，健康的生活方式，城市卫生与身体健康，人口模式与幸福生活，平稳过渡——从德川时代到明治时代，从比较的视角看身体健康。探讨了日本德川幕府时代人们的生活，其生活水准，衡量日本的经济、民生水平的标准等问题，作者通过房屋建筑、室内装修、餐饮、服饰乃至洗澡，即当时日本人的健康状况和物质文化的考察，来评价他们的生活水平。②

　　总之，近来国际社会史研究重视日常生活史，"许多研究描绘了日常生活的构成和变迁，从父母与子女的关系到与动物的关系，从食物习俗到娱乐、节庆和宴饮方式"③。

二、海外学者对中国日常生活史的研究

　　欧美学者也对中国日常生活史进行了断代史研究，较早的是法国学者谢和耐（Jacques Gernet）。他在1959年出版的《蒙元入侵前夜的中国日常生活》一书，是法国出版的有关各个国家日常生活丛书的一种，该书又有1962年美国纽约出版的英文版。作者探讨南宋末年（1227—1279）都城杭州地区下层社会民众的日常生活，包括城市，社会，衣、食、住，生命周期，四时节令与天地万象，消闲时

①〔瑞典〕奥维·洛夫格伦、乔森那·弗雷克曼著：《美好生活——中产阶级的生活史》，赵丙祥、罗杨等译，北京：北京大学出版社，2011年，第2页。
②〔美〕韩利著：《近世日本的日常生活》，张建译，北京：三联书店，2010年。
③〔英〕杰拉德·德兰迪、恩斯·伊辛主编：《历史社会学手册》，李恭忠译，北京：中国人民大学出版社，2009年，第663页。

光等问题,开创性地构建了一个日常生活史研究的框架。①英国学者鲁惟一(Michael Loewe),是西方最早从考古材料特别是汉简入手研究汉代社会和文化的学者,他关注汉代的日常生活,1968年于伦敦出版了英文著作《早期中华帝国汉的日常生活》,该书分15章论述了历史和地理情境、帝王与政府、官员、社会身份与职业、政府权力、军队、艺术与写作实践、文学与知识分子、宗教与神秘力量、首都长安、城市生活、交易与交流、乡村人民与工作、工匠、工作与技术,涵盖汉朝生活重要的方面,侧重于帝制中国特有的政治、经济、文化和社会结构。美国学者查尔斯·本(Benn C.)于2002年出版了英文著作《中国的黄金时代:唐朝的日常生活》,这是作者为夏威夷大学开设的课程"古代中国人的日常生活"编写的,属于教材。该书分19章论述了唐朝简史、社会阶级、城市与生活、房屋和庭院、服饰与卫生、食物与宴会、休闲娱乐、交通运输、犯罪与刑法、医学与健康、生命循环、死亡与来世。

此外还有一些专门性的研究。美国学者太史文(Stephen F. Teiser)1988年出版的《幽灵的节日——中国中世纪的信仰与生活》,探讨了鬼节前史、中国中世纪鬼节史片断、神话背景、作为巫的目连、鬼节的宇宙观、佛教与家庭等问题,说明中国社会生活形式与印度佛教传统之间的互动,揭示了鬼节的象征、仪式和神话遍播中古华夏大地的过程。②法国学者童丕1995年出版的《敦煌的借贷——中国中古时代的物质生活与社会》一书,探讨古代社会人们日常生活中经常性的借贷问题,主要论述粮食借贷、织物借贷以及借贷条件的演变。③美国学者韩森(Hansen.V.)1990年的著作《变迁之神:南宋时期的民间信仰》,着眼于民众与生活。④韩森《传统中国日常生

---

① 中文译本有刘东译:《蒙元入侵前夜的中国日常生活》,南京:江苏人民出版社,1995年。
② 〔美〕太史文著:《幽灵的节日——中国中世纪的信仰与生活》,候旭东译,杭州:浙江人民出版社,1999年。
③ 〔法〕童丕著:《敦煌的借贷——中国中古时代的物质生活与社会》,余欣、陈建伟译,北京:中华书局,2003年。
④ 〔美〕韩森著:《变迁之神:南宋时期的民间信仰》,包伟明译,杭州:浙江人民出版社,1999年。

活中的协商(中古契约研究)》1995年耶鲁大学出版社出版,内容分为官府勉强承认私契、官府承认契约、官府征收契税时期、蒙古统治时期及其以后的契约、买地券、阴间的法司、阴阳两界的法司等部分,抓住中国古代老百姓日常生活中的"协商与契约"这一中心主题,揭示了官府、百姓、鬼神三者之间错综复杂的关系以及这三者相互协商、讨价还价并在这种角力中共存的社会过程,展现了中古时代社会变革的某些侧面。①

从日常生活考察中国的妇女与性别史,是美国20世纪末生活史研究的重要特色。1993年伊沛霞(Patricia Ebrey)出版英文版《内闱——宋代的婚姻与妇女生活》,广泛考察婚姻塑造妇女生活的方式。②翌年,香港旅美学者高彦颐《闺塾师——明末清初江南的才女文化》出版,总和理想化理念、生活实践、女性的视角,从生活实践看明末清初的妇女。③1997年戴维斯加州大学历史系教授曼素恩(Mann Susan)《缀珍录:十八世纪及其前后的中国妇女》论述了18世纪及其前后(1683—1839)江南地区妇女的人生历程、写作、娱乐、工作、宗教活动。④

日常生活中的科技、医疗与身体等视角,也可以进入社会性别研究。美国学者费侠莉(Charlotte Furth)1997年出版的《繁盛之阴:中国医学史中的性(960—1665)》,从医学妇科入手探讨女性生活,在日常生活中把握中国医学史。⑤同年,英美学者白馥兰(Francesa Bray)出版《技术与性别:晚期帝制中国的权力

① 〔美〕韩森著:《传统中国日常生活中的协商(中古契约研究)》,鲁西奇译,南京:江苏人民出版社,2008年。
② 〔美〕伊沛霞著:《内闱——宋代的婚姻与妇女生活》,胡志宏译,南京:江苏人民出版社,2004年。
③ 〔美〕高彦颐著:《闺塾师——明末清初江南的才女文化》,李志生译,南京:江苏人民出版社,2005年。高彦颐还撰文论述了妇女的生活空间:《"空间"与"家"——论明末清初妇女的生活空间》,《近代中国妇女史研究》1995年第3期。
④ 〔美〕曼素恩著:《缀珍录:十八世纪及其前后的中国妇女》,定宜庄、颜宜葳译,南京:江苏人民出版社,2005年。
⑤ 〔美〕费侠莉著:《繁盛之阴:中国医学史中的性》,甄橙主译,吴朝霞主校,南京:江苏人民出版社,2006年。

经纬》一书,"导言"的副标题为"日常生活的结构:科技、妇女和文化史",将科技、妇女和文化史在日常生活中打通的决心显而易见。①作者认为传统社会的日常物品等有关过去时代的象征符号,破解的关键是身体性的,"身体的感受将把我们带回到它们所属的那个世界——构成普通民众生活的劳作、制造和消费的日常生活世界"②。

从文化消费、艺术社会史的视角,关注物质文化与日常生活的关系,也是欧美学界的特色之一。美国学者高居翰(James Cahill)1994年出版的《画家生涯:传统中国画家的生活与工作》一书,主要论述了画家的生计、画家画室、画家之手,详于对画家生计的探讨。③英国学者柯律格(Craig Clunas)2004年的著作《雅债:文徵明的社交性艺术》,探讨书画的礼物性质与社会交往,就文徵明的社交艺术深入研究,对于讨论文人的生存方式与艺术品的社会意义、生活意义,提供了一个研究范式。④旅美中国学者、波士顿大学教授白谦慎,以经历了明清易代之痛的遗民傅山为例,探讨了日常生活中的书法。⑤

美国的中国近现代史研究也发生了"文化"转向,"历史学家并

①〔美〕白馥兰著:《技术与性别:晚期帝制中国的权力经纬》,江湄、邓京力译,南京:江苏人民出版社,2006年。

②〔美〕白馥兰著:《技术与性别:晚期帝制中国的权力经纬》,第1页。

③〔美〕高居翰著:《画家生涯:传统中国画家的生活与工作》,杨贤宗等译,北京:三联书店,2012年。

④〔英〕柯律格著:《雅债:文徵明的社交性艺术》,刘宇珍等译,北京:三联书店,2012年,第Ⅹ、ⅩⅦ页。柯律格是研究物质文化消费的重要学者,他关于明代士大夫艺术品趣味、时尚与"雅""俗"社会阶层区隔意义的探讨,为人们探讨日常生活与物质文化的关系树立了楷模。见柯律格:《长物志研究:近代早期中国的物质文化与社会地位》(*Superfluous Things : Material Culture and Social Status in Early Modern China*, 1991);他还认为:"要认真对待'视觉文化'这一还在发展完善中的理论范式,研究该视觉文化的一部分,即明代社会生活中各类图像的总合,同时也研究明代社会中的'观看'及其视觉文化。"见柯律格著:《明代的图像与视觉性》,黄晓鹃译,北京:北京大学出版社,2011年,第11页。

⑤〔美〕白谦慎:《白谦慎书法论文选》,北京:荣宝斋出版社,2010年,收录了一组"日常生活中的书法"论文。又,这些论著主要收录在此前出版的两部专书中,一部是《傅山的交往和应酬:艺术社会史的一项个案研究》,上海:上海书画出版社,2003年;另一部是《傅山的世界:十七世纪中国书法的嬗变》,哈佛大学出版社,2003年英文版,北京:三联书店,2006年中文版。

不满足于停留在结构层次上看普通人的历史: 他们希望能够理解普通人生活的文化意义"①。城市社会文化备受关注, 将城市与日常生活史联系起来, 如叶文心(Wen—hsin Yeh)《时钟与院落: 上海中国银行的权威结构分析》, 葛以嘉(Joshua Goldstein)《从茶园到剧场: 作为社会文本的20世纪早期中国戏园》。②

以下两位旅美中国大陆学者研究近现代中国日常生活史的专著达到了很高的学术水准。佐治亚理工大学历史系教授卢汉超《霓虹灯外——20世纪初日常生活中的上海》(美国加州大学出版社1999年)③, 论述了近代上海的社会状况。得克萨斯A&M大学历史系教授王笛《茶馆: 成都的公共生活和微观世界1900—1950》(美国斯坦福大学出版社2008年)④, 内容主要分为三部分: 从闲茶、娱乐、群体讨论茶馆与社会, 从经营、公会、堂倌论述茶馆与经济, 从讲茶、混乱、秩序探讨茶馆与政治。目的在于揭示国家是怎样逐步深入和干涉人们日常生活的。

三 、中国学者对日常生活史研究的探索

20世纪20年代末到40年代, 生活史研究进入中国学者的视野。瞿宣颖(字兑之)从风俗的角度关心民众生活, 1928年在燕京大学历史学系开设"历代风俗制度"一课, 讲述"平民生活状况", 内容包括职业、衣食住、社会组织、思想习惯等。⑤同年他刊行了《汉代风俗制度史前编》这部史料集, "序例"中批评旧史学"忽视人民日用之常"。陈东原《中国妇女生活史》一书(商

---

① 董玥主编:《走出区域研究——西方中国近代史论集粹》, 北京: 社会科学文献出版社, 出版社, 2013年, 第6页。
② 董玥主编:《走出区域研究——西方中国近代史论集粹》, 北京: 社会科学文献出版社, 2013年。叶文心论文收入该书第265—290页, 葛以嘉论文收入该书第291—328页。
③〔美〕卢汉超著:《霓虹灯外——20世纪初日常生活中的上海》, 段炼等译, 上海: 上海古籍出版社, 2004年。
④〔美〕王笛著译:《茶馆: 成都的公共生活和微观世界 1900—1950)》, 北京: 社会科学文献出版社, 2010年。
⑤ 参见瞿兑之:《历代风俗研究导言》,《燕大月刊》第3卷第1、2期, 1928年11月。

务印书馆1928年）则按时代系统论述了女子婚姻、家庭、社会诸方面的生活，倡导改善妇女生活。郭沫若、傅安华、全汉升、黄现璠、吴晗分别探讨先秦社会生活、唐代社会生活、宋代夜生活、元代佃户生活、明代仕宦生活，①他们受到马克思主义的影响，如傅安华将阶级分析与日常生活结合起来，论述唐代剥削阶级、被剥削阶级男子与妇女的生活。②吕思勉40年代出版的先秦、秦汉、两晋南北朝的断代史中，专章论述人民生计、人民生活等。

20世纪50至70年代的中国大陆，主要讨论社会形态发展史。个别史家论述了生活史，如以实物资料和文献资料相结合研究秦汉史的著名学者陈直，关注普通人的日常生活，谢国桢70年代根据两汉典籍、石刻画像，探讨汉代社会的生活面貌。③韩国磐分析了唐代农民家庭的收入与支出并判断了生活状况。④吴晗在五六十年代发表了一些有关古人日常生活方面的普及性短文。⑤

随着1976年"文革"结束以及1978年底以后的思想解放，史学界开始反思50年代以来特别是"文革"时期的历史研究。首先是重新思考阶级问题，1985年5月，《历史研究》杂志社和南开大学历史系、天津师大历史系、中国世界中世纪史研究会举办"中外封建社会劳动者生产生活状况比较研究讨论会"，将"生活状

① 郭沫若：《〈周易〉时代的社会生活》，《东方杂志》第25卷第21、22号，1928年；傅安华：《唐代社会生活一斑》，《文化建设》1937年第2期（收入《傅安华史学论文集》，合肥：黄山书社，2010年）；全汉升：《宋代都市的夜生活》，《食货》第1卷第1期，1934年；黄现璠：《元代佃户之生活》，《师大月刊》第30期，1936年10月；吴晗：《〈金瓶梅〉的著作时代及其社会背景》，原载《文学季刊》第1卷第1期，1934年1月，收入《吴晗史学论著选集》第1卷，北京：人民出版社，1984年；吴晗：《晚明仕宦阶级的生活》，该文写于1934年1月22日，原载《大公报·史地周刊》第31期，收入《吴晗史学论著选集》第1卷，北京：人民出版社，1984年。

② 傅安华先在《华北日报·史学周刊》发表《唐代的两种女性生活》（1935年11月1日、28日）、《唐代男性生活之一斑》（1936年3月19日、26日），两文后合并为《唐代社会生活一斑》，于1937年发表。

③ 陈直：《汉代人民的日常生活》，《西北大学学报》1957年第4期；陈直：《汉代戍卒的日常生活》，收入《两汉经济史料论丛》，西安：陕西人民出版社，1958年；谢国桢：《两汉社会生活概述》，西安：陕西人民出版社，1985年。

④ 韩国磐：《唐天宝时农民生活之一瞥》，《厦门大学学报》1963年第4期。

⑤ 如《谈烟草》《古人的服装及其他》《宋元以来老百姓的称呼》《古人的坐、跪、拜》《从幞头说起》等，收入《吴晗史学论著选集》第3卷，北京：人民出版社，1988年。

况"纳入研究视野。田居俭在为会议论文集所作序言中提出，从以往的中国通史研究格局中解脱出来，从流行半个世纪的经济、政治、文化三足鼎立的史著框架中解脱出来，应从事各式各样专史和专题研究，比如在中国古代史研究方面，可以撰写一部尽收衣食住行、冠婚丧祭、饮射朝聘等风俗礼仪于笔端的《中国古代社会生活史》，也可以分别撰写中国古代衣冠、饮食、房舍、舟车、婚姻、家庭、丧葬、祭祀、朝聘、庆典等若干专题史。"因为生活方式是构成社会具体而重要的因素，它的演变，综合地体现着生产力、生产关系以及各种社会关系的变化；研究生活方式，有助于史学研究向纵深发展。"①在肯定马克思主义史学"抽象"层次的宏观社会形态史研究成绩的基础上，倡导开展"具体"层次的生活方式的研究。

　　人们对以往的研究模式也进行了全面反思。20世纪30年代以来中国的马克思主义的社会史，研究社会发展的一般构成，即社会经济形态，根据生产方式决定社会性质，带有强烈的宏观社会史和通史的特点。马克思指出："人们在自己生活的社会生产中发生一定的、必然的、不以他们的意志为转移的关系，即同他们的物质生产力的一定发展阶段相适合的生产关系。这些生产关系的总和构成社会的经济结构，即有法律的和政治的上层建筑竖立其上并有一定的社会意识形式与之相适应的现实基础。物质生活的生产方式制约着整个社会生活、政治生活和精神生活的过程……大体说来，亚细亚的、古代的、封建的和现代资产阶级的生产方式可以看作是社会经济形态演进的几个时代。"②生产方式是物质生活的生产方式，即生产力以及与之相适应的生产关系，生产方式发展史反映的是经济的社会形态。马克思所说的"物质生活的

---

① 田居俭、南开大学历史系等编：《中外封建社会劳动者状况比较研究论文集》，天津：南开大学出版社，1989年；又，该文以《略论中国史学研究方法的变迁》为题，首发于《历史研究》1986年第2期。
② 马克思：《〈政治经济学批判〉序言》，《马克思恩格斯选集》第2卷，北京：人民出版社，1972年，第82—83页。

生产方式制约着整个社会生活、政治生活和精神生活的过程"，给人们留下了尚需解释的余地：一是人的生活可以是包括物质生活、社会生活、政治生活、精神生活的广义的社会生活，也有与物质生活、政治生活、精神生活并列的狭义"社会生活"；二是与生产方式并存的应该还有生活方式，它由于社会生活有广义、狭义之分而同样可分别为广义的生活方式和狭义的生活方式。生产方式制约着生活方式。然而马克思主义理论中，并没有对具体"社会生活"和生活方式的系统论述。虽然恩格斯晚年概括出"两种生产"理论，认为历史中的决定因素是"直接生活的生产与再生产"，生产包括"生活资料即食物、衣服、住房以及为此所必需的工具的生产"与"人类自身的生产，即种的繁衍"。①不过恩格斯并未建构起"人类自身的生产"的理论模式，倒是后来的格奥尔格·卢卡奇（Georg Lukács）等"新马克思主义"学者的著作中发展出"日常生活"概念。马克思主义社会理论所建构的宏观社会历史的模式，是一种"骨架"的社会史，它还需要补充作为"血肉"的狭义社会生活、生活方式的内容。②

长期研究中国社会史、民族史的黄现璠，于1980年的遗稿中提出了开展"中国生活学"的主张，对构建"中国生活学"的现实意义、研究对象、定义、学科设置及研究方法都进行了探索。这既是他深入研究中国古代食衣住行生活后深思熟虑的结果，也是改革开放新时期下倡议"史界改革"的新思维意识所致。他认为："生活狭义上是指人于生存期间为了维生和繁衍所必需从事的不可或缺的生计活动，它的基本内容即为食衣住行生活。广义上指人的各种活动，包括日常生活行动、工作、休闲、社交等职业生活、个人生活、家庭生活和社会生活。"③他还将生活划为三类，即社会生活、职业生活、家庭生活（除此之外，还有精神生活与物质生活两大分

---

① 恩格斯：《家庭、私有制和国家的起源》，《马克思恩格斯选集》第4卷，第2页。
② 常建华：《中国社会史研究十年》，《历史研究》1997年第1期。
③ 黄现璠遗稿、甘文杰整理：《试论"中国生活学"的构建》，《广西社会科学》2007年第3期。

类法）。

从事哲学研究的王玉波重提历史学家吕思勉对社会生活的重视，呼吁人们开展生活方式演变史的研究。他认为由于中国社会史研究曾一度被社会发展史代替，应首先要为社会史正名。[①]冯尔康著文倡导"有血有肉"的社会史研究，[②]1986年10月由南开大学历史系、《历史研究》杂志社、天津人民出版社共同发起，举办了"首届中国社会史研讨会"，把研究的视角指向人民大众的生活，把历史的内容还给历史。[③]彭卫论述了开展社会生活史研究的方法。[④]1987年中国社科院历史所承担国家社科基金项目"中国古代社会生活史"，并进行社会生活史理论探讨。[⑤]常建华从生活史的角度论述了衣着、饮食、居住、娱乐生活、死亡、生活方式与民族关系等问题。[⑥]黄正建则指出社会史研究要考虑日常生活的社会性，并将它和社会整体结构的变化联系起来。[⑦]

一批社会生活史先后问世。断代性的有宋德金《金代的社会生活》（陕西人民出版社1988年）、冯尔康与常建华的《清人社会生活》（天津人民出版社1990年）等书。中国社科院历史所承担的国家社科项目"中国古代社会生活史"断代史丛书，共有夏商、西周、春秋战国、秦汉、魏晋南北朝、隋唐、宋辽金、元、明、清10卷，已由中国社会科学出版社陆续出版6卷，即宋镇豪《夏商社会生活史》（1994年）、朱大渭等《魏晋南北朝社会生活史》（1998年）、李斌城等《隋唐五代社会生活史》（1998年）、朱瑞熙等《辽宋西夏金社会生活史》（1998年）、史卫民《元代社会生活史》

① 王玉波：《要重视生活方式演变史的研究——读吕思勉史著有感》，《光明日报》1984年 5月2日；王玉波：《为社会史正名》，《光明日报》1986年9月10日。
② 冯尔康：《开展社会史的研究》，《百科知识》1986年第1期；冯尔康：《开展社会史研究》，《历史研究》1987年第1期。
③ 肖驷所作会议综述载《光明日报》1986年12月17日；宋德金的会议述评载《历史研究》1987年第1期；本刊评论员：《把历史的内容还给历史》，《历史研究》1987年第1期。
④ 彭卫：《略论社会生活史的研究方法》，《云南社会科学》1987年第3期。
⑤ 浦斯：《中国古代社会生活史讨论会简记》，《中国史研究动态》1987年第12期。
⑥ 常建华：《漫谈中国社会生活史的几个问题》，《历史教学》1991年第8期。
⑦ 黄正建：《社会史中的日常生活研究》，《社会史研究通讯》第1期，1996年8月。

（1996年）、陈宝良《明代社会生活史》（2004年）。以宋镇豪《夏商社会生活史》为例，全书共设八章，即：一、环境、居宅、邑聚；二、人口；三、婚姻；四、交通；五、饮食；六、服饰；七、医疗保健；八、宗教信仰。该书指出，总体框架的脉络关系表现为四大系列，首章为夏商社会氛围总观，第二至第四章属夏商社会构成运作范畴，第五、六章是夏商物质生活形态和生活方式表象，第七、八章为夏商社会精神生活面面观，内含积极和消极的社会调节功能。近现代的社会生活史也有所探讨。①专题性的有"中国古代社会生活丛书"，商务印书馆国际有限公司出版40种。还有对僧尼、士人社会生活的研究等。②江南的社会生活探讨较多。③

　　中国社会生活史往往作为社会史的基本内容。冯尔康认为社会史"是研究历史上社会结构与日常社会生活的运动体系，它以社会群体、社会组织、社会等级、阶级、社区、人口的社会构成，以及上述成分所形成的社会结构及其变动，构成社会结构的人群的日常生活行为及其观念为研究范畴，揭示其在历史上的发展变化及在历史进程中的作用和地位；它是历史学的一门专门史，并将其研究置于整体史范围之内，处理好两者的关系，以便促进历史学全面系统地说明历史进程和发展规律；它与社会学、文化人类学等学科有交叉的研究内容，具有多学科研究的性质与方法"。并指出群体生活联结了社会结构和日常生活，通领全部研究内容。④这个社会史概念大致上是将社会结构加上社会生活，而社会生活的主要内容是"构成社会结构的人群的日常生活行为及其观念"。

---

① 如薛君度、刘志琴主编：《近代中国社会生活与观念变迁》，北京：中国社会科学出版社，2001年；李长莉：《中国人的生活方式：从传统到近代》，成都：四川人民出版社，2008年；严昌洪：《20世纪中国社会生活变迁史》，北京：人民出版社，2007年。

② 郝春文：《唐后期五代宋初敦煌僧尼的社会生活》，北京：中国社会科学出版社，1998年；赵毅、刘晓东：《晚明基层士人社会生活谫论》，长春：吉林人民出版社，2006年。

③ 钱杭：《十七世纪江南社会生活》，杭州：浙江人民出版社，1996；陈江：《明中后期的江南社会与社会生活》，上海：上海社科院出版社，2006年。

④ 冯尔康：《社会史研究的探索精神与开放的研究领域》，载周积明、宋德金主编：《中国社会史论》，武汉：湖北教育出版社，2000年，第87页。

　　王玉波探讨了生活方式的范畴的内涵及研究它的价值所在，指出作为社会史研究对象的生活方式，是一个综合性的科学范畴，既包括浅层次需要的含有较多本能性、感性、经验性、自发性的日常生活活动方式如衣食住行等，也包括人的尊重与自由、发展、自我价值实现等内在深层次的需要，为满足这些需要在社会生活、职业活动、政治生活、文化生活领域进行高层次的活动。正是这些深层次的需要和高层次的生活活动，更能体现人的本质、人的理性和社会性、文化性。作为社会史研究对象的不是日常用语的那种生活方式，而是属于综合性的科学范畴的生活方式。生活方式主体有着个人、群体、（全）社会三个层次。"归根结底，是否把生活方式作为社会史的主要研究对象，是关系到社会史应否以社会主体的人为中心的问题。……如果认为社会史应以社会主体的人为中心，那么，理所当然地要把历史上的人即我们的前人是怎样活着的人，也就是他们的生活方式作为主要的研究对象。"①

　　另一哲学学者衣俊卿则认为，日常消费、交往、观念活动构成日常生活世界，属于经济基础与上层建筑构成的人类发达形态的社会结构的"潜基础结构"，对日常生活的研究有助于形成关于人类社会的总体图样。他为日常生活下了一个较为完整的定义："日常生活是以个人的家庭、天然共同体等直接环境为基本寓所，旨在维持个体生存和再生产的日常消费活动、日常交往活动和日常观念活动的总称，它是一个以重复性思维和重复性实践为基本存在方式，凭借传统、习惯、经验以及血缘和天然情感等文化因素而加以维系的自在的类本质对象化领域。"②

　　有的学者并不满意上述社会生活史研究现状，寻求有所突

----

① 王玉波：《中国传统生活方式》，载周积明、宋德金主编：《中国社会史论》，武汉：湖北教育出版社，2000年，第358页。

② 衣俊卿：《现代化与日常生活批判——人自身现代化的文化透视》，哈尔滨：黑龙江教育出版社，1994年，第20页，32—33页。

破。①黄正建认为:"日常生活史的研究并没有形成规模或形成学派,甚至没有引起人们的足够重视。虽然我们也有关于衣食住行的研究,但它们都是孤立的、个别的、零散的。学者们分别从政治、经济、民族、宗教、文化、风俗、文物、科技、历史地理等各种角度来研究它们,却恰恰很少将它们作为'日常生活'来研究。这些研究又大多以'物'为中心,其中没有'人'的'生活'痕迹。总之,中国的史学工作者还没有有意识地、自觉地从'日常生活史'的角度去研究衣食住行、婚丧嫁娶等现象。"②刘新成将日常生活史作为一个新的研究领域,指出日常生活史的若干研究特色:研究对象微观化,"目光向下",研究内容包罗万象,重建全面史,"他者"立场。③

在我看来,中国社会史研究需要从社会生活向日常生活转变,建立日常生活与历史变动的联系,挖掘日常生活领域的非日常生活因素,把握传统农业文明中的商业文明因素。④社会生活史就是以人的生活为核心联接社会各部分的历史。生活史研究的最大价值,应当是建立以人为中心的历史学。生活史立足于民众的日常活动,从生活方式上把握民众,民众生活镶嵌于社会组织、物质生活、岁时节日、生命周期、聚落形态中才能体现出来,并揭示民众生活与政权的关系以及历史变动带来的影响。注意社会分层,了解不同社会群体的生活也必不可少,重要的是阶级阶层、等级身份通过日常生活体现出来,这是生活史的特色,从而有别于探讨社会关系、社会结构为主的社会史。从上述立场出发,生活史在推进历史研究方面,有助于我们对社会生活新的理解。⑤针对新文化史在国内的传播,我强调日常

---

① 如卢汉超:《历史研究中的民众生活史研究问题》,载张仲礼等主编:《中国近代城市发展与社会经济》,上海:上海社会科学院出版社,1999年;雷颐:《"日常生活"与历史研究》,《史学理论研究》2000年第3期;朱和双、李金莲:《探寻逝去的生活方式——历史人类学散论》,《广西民族研究》2003年第4期;常利兵:《日常生活研究的理论与方法——对一种社会史研究的再思考》,《山西大学学报》2009年第2期;胡悦晗、谢永栋:《中国日常生活史研究述评》,《史林》2010年第5期。
② 黄正建:《关于唐代日常生活史研究现状的思考》,《中国社会科学院院报》2004年9月14日。
③ 刘新成:《日常生活史:一个新的研究领域》,《光明日报》2006年2月24日。
④ 常建华:《从社会生活到日常生活——中国社会史研究的再出发》,《人民日报》2011年3月31日。
⑤ 常建华:《中国社会生活史上生活的意义》,《历史教学》2012年第2期。

生活史应当成为中国社会文化史研究的基础，历史人类学应从日常生活史出发，中国的日常生活史应融入国际学术前沿。①

中国社会史学会年会组织了以"政治变动与日常生活"为主题的研讨会，注意到大历史与小历史、宏观与微观的结合。②南开大学中国社会史研究中心近期将日常生活史作为重点研究，从2011年起连续三年举行了"中国日常生活史的多样性""日常生活史视野下的生命与健康""中国史上的日常生活与地方社会"，这些都是推动日常生活史研究的学术研讨会。③

近年来，国内多种学科出现了一些日常生活色彩较浓的著作。历史学界如刘琴丽《唐代举子科考生活研究》（社科文献出版社2010年），探讨了唐代举子的经济生活、科考旅寓、家庭关系、精神生活以及社会交往等五个方面的内容。宋立中《闲雅与浮华：明清江南日常生活与消费文化》（中国社会科学出版社2010年），④探讨婚姻礼俗与社会变迁，消费文化与消费服务，休闲生活与雅俗冲突。文学研究的著作也值得注意，如彭梅芳《中唐文人日常生活与创作关系研究》（人民出版社2011年），尝试从中唐文人日常生活的角度，考察处于现实生活中的文人的生活心态、审美情趣以及在这些心态和情趣影响下的文学创作特点。该书引入文化哲学中的"日常生活"批判理论，结合中唐思想文化转型、文人贴近世俗生活并开始有意识

---

① 常建华：《日常生活与社会文化史——"新文化史"观照下的中国社会文化史研究》，《史学理论研究》2012年第1期；常建华：《历史人类学应从日常生活史出发》，《青海民族研究》2013年第4期；常建华：《社会史研究的最新发展趋势》，《安徽师范大学学报》2014年第1期。
② 罗艳春：《中国社会史学会第十二届年会综述》，载《中国社会历史评论》第11卷，天津：天津古籍出版社，2010年。
③ 部分会议论文收入《中国社会历史评论》第13、14卷，天津：天津古籍出版社，2012年、2013年。有关会议综述，请参看张传勇：《从习以为常发现历史："中国日常生活史的多样性"国际学术研讨会综述》，《民俗研究》2012年第2期；许三春：《"日常生活史视野下中国的生命与健康"国际学术研讨会纪要》，《中华医史杂志》2012年第5期；张瑞：《日常生活史视野下中国生命与健康国际学术研讨会综述》，《中国史研究动态》2013年第2期；张传勇：《置日常生活于社会空间——"中国史上的日常生活与地方社会"学术研讨会综述》，载《中国社会历史评论》第15卷，天津：天津古籍出版社，2014年。
④ 范莉莉：《宋立中著〈闲雅与浮华：明清江南日常生活与消费文化〉》，载《中国社会历史评论》第14卷，天津：天津古籍出版社，2013年。

地将琐碎的日常生活纳入文学表现领域的背景，揭示文人在"文化精英"身份掩盖下的、作为普通人的一面，探究文人日常生活、日常观念和文学观念、文学创作演进之间的相互关系。从文人的衣食住行等日常物质生活、琴棋书画等日常文化生活、日常工作及日常交往等日常生活基本层面中，抽取部分与文学联系较为紧密的方面进行阐述，力求以点带面，以小见大地探讨文人日常生活的定型、打破与重建给文学创作带来的影响。再如程继红《带湖与瓢泉——辛弃疾在信州日常生活研究》（齐鲁书社2007年）通过对个体作家日常生活的解读，追寻作家创作的心态，了解作品的"今典"，修复与重建作家的全面史。回归生活、视点下移、寻觅细节，被认为是这部著作最重要的特点，而这正是日常生活史方法最主要的几点内容。①周榆华《晚明文人以文治生研究》（广东高等教育出版社2011年），探讨文人如何撰写各种文体的文章以谋生的问题，将著文落实到日常生活层面理解，使得人们对于士人的生计方式有了更深入的认识。②

法学界则有尤陈俊《法律知识的文字传播——明清日用类书与社会日常生活》（上海人民出版社2013年），关注日用类书涉及的民间诉讼问题，认为以传授词状撰写之道为主要内容的讼学知识，在明清民间的流传颇为广泛，当时的普通百姓若想获得诉讼文书范本亦非难事，晚明时期更是如此。

进入21世纪，台湾研究明清史的学者，将日常生活作为重点研究对象。2001年1月正式开始执行王泛森与李孝悌主持的三年期"中研院"主题研究计划"明清的社会与生活"。该计划陆续举办"中国的城市生活——十四至二十世纪""中国日常生活的论述与实践""过眼繁华——明清江南的生活与文化"三次国际学术研讨会。作为主题计划"明清的社会与生活"的成果之一，2005年

---

① 汪超：《回归生活、视点下移的辛弃疾研究新尝试——读程继红教授〈带湖与瓢泉——辛弃疾在信州日常生活研究〉》，《宋代文学研究年鉴（2006—2007）》，武汉：武汉出版社，2009年。
② 刘佳：《"伤哉贫也"——读〈晚明文人以文治生研究〉》，《中国社会历史评论》第14卷，天津：天津古籍出版社，2013年。

台北联经出版事业公司推出李孝悌主编《中国的城市生活》，收录13篇文章，分别从历史、艺术史、文学史的角度，对明清及民国初年的衣、食、住、行、娱乐、商旅、节庆、欲望、品位、文物、街道、建筑等物质文化进行了广泛的、实证性的研究，使读者对16世纪初叶因商品经济勃兴而造成的社会风气及物质生活的改变，有了更丰富、更细致的了解。台湾《近代史研究所集刊》第50期也推出了"明清社会与生活"专号。2006年1月，李孝悌主持新的三年期主题计划"明清城市文化与生活"，内容包括明清江南城市中的"时尚、豪宅、情色、节庆、寺院、感官之娱、城市文学"，以及城市居民的"认同政治"与"工作习惯"变迁九个子计划；同年10月举办了"由帝制晚期到近代初期——江南的城市生活"国际学术研讨会。2007年12月举办了"进入中国城市：社会史与文化史的视野"国际学术研讨会。上述两项计划一定程度上受到新文化史、日常生活史的启发。[1]新世纪台湾的日常生活史研究，与物质文化研究的关联较为密切，邱彭生主张发挥二者的"辩证"效果，即"一方面讨论各项对象及其相关社会现象的物质文化演变内容，藉以增进对日常生活结构演变与意义建构的理解；另一方面则同时努力'发挥同理心'并带着批判性的现实关怀去探究日常生活的古今之变，进而凸显物质世界变动背后所黏着贴附的'新的生活方式与社会秩序'"[2]。上述研究的代表性成果是胡晓真、王鸿泰编《日常生活的论述与实践》（台湾允晨文化出版社2011年）。该书以生活为主题，包含天子至庶民、生活与规范、生活与知识、生活与文化四个子题，代表四个不同层次或面向的生活史探索。

台湾学者主编的两本以"生活与文化"为主题的论文集，展示了作为史学研究新方向的生活史成果，反映出生活史研究受到文化史影响的研究旨趣。蒲慕州主编《生活与文化》（中国大百科全

---

① 李孝悌：《明清的社会生活与城市文化》，《史学月刊》2006年第5期。
② 邱澎生：《物质文化与日常生活的辩证》，《新史学》17卷4期，2006年12月，第14页。

书出版社2005年)收录15篇有代表性的论文,邱仲麟主编《中国史新论:生活与文化分册》(联经出版事业公司2013年),收录台湾学者7篇论文、大陆学者2篇论文。台湾学者"重视生活情景背后的文化心态,设法从这一问题在时间中的发展看出文化性格的常与变,并且设法与该社会的整体结构取得联系"①。

台湾的明清日常生活史研究,在城市生活史、消费文化、旅游活动等方面表现突出。代表性的研究专著,以巫仁恕对于江南消费社会的探讨引人注目。巫仁恕《品味奢华——晚明的消费社会与士大夫》(联经出版事业公司2007年)提出明代江南消费社会说,还就研究消费文化的方法、女性的消费文化进行了探讨。②巫仁恕的新作《优游坊厢:明清江南城市的休闲消费与空间变迁》(台北近代史研究所2013年),以明代中叶至清中叶江南城市居民的休闲消费活动作为研究核心,尝试将"空间"的观念带入消费研究的领域,并且由城市空间出发,探讨明清城市中休闲消费活动如何改变了空间结构,进而分析现象背后所反映的社会关系与权力纠结。明代生活史的成果较为集中,③文化生活、民间生活也是台湾生活史研究中使用的概念。④

综上所述,日常生活史在欧美等地已经成为一个独立的学术研究领域,也可以视为社会史或文化史的重要组成部分,更是作

---

① 蒲慕州:《生活与文化》导言(台湾学者中国史研究论丛),北京:中国大百科全书出版社,2005年,第5页。

② 巫仁恕:《明清消费文化研究的新取径与新问题》,《新史学》第17卷第4期,2006年;巫仁恕:《奢侈的女人:明清时期江南妇女的消费文化》,台北:三民书局,2005年。学术界对此研究的评论有汪荣祖:《晚明消费革命之迷:巫仁恕〈品味奢华:晚明的消费社会与士大夫〉》,台湾《近代史研究所集刊》第58期,2007年;王雨濛:《晚明消费文化研究之新思路——评巫仁恕著〈品味奢华〉》,《中国社会历史评论》第13卷,天津:天津古籍出版社,2012年。

③ 如吴智和教授带领的明史研究小组探讨明代社会生活,他著有《明清时代饮茶生活》(台北:博远出版有限公司1990年)、《明人饮茶生活文化》(1996年);还有其他学者的著作,如朱倩如《明人的家居生活》(2003年);张嘉昕《明人的旅游生活》(2004年);詹怡娜《明代的旅馆事业》(2004年);林利隆《明人的舟游生活》(2005年)。

④ 王尔敏:《明清时代庶民文化生活》,长沙:岳麓书社,2002年;吴惠芳:《万宝全书:明清时期的民间生活实录》,台北:政治大学历史学系,2001年7月;吴惠芳:《明清以来民间生活知识的建构与传递》,台北:学生书局,2007年。

为方法论产生了重要的学术意义。美国学者伊格尔斯（George G. Iggers）认为："随着对于把历史作为是一种统一的、从一个社会–历史中心出发的进程这种观点的批判，历史研究和历史编纂学所赖以为基础的有关科学概念就受到了疑问。应该有另一种科学登场，它可以重建经验的质量方面的科学，以之代替把它的调查对象作为是客体并以抽象的理论在进行工作的那种科学。一种这样的科学就要求放弃'把自己的方法与逻辑强加于研究对象'的理论。替代这一点的是它应该试图去重建'生活的非正式逻辑'。"①基于这种转变而出现的日常生活史，具有自己的哲学基础，类似于"生活世界"的概念。针对人们大多把"生活世界"理解为直接存在于我们周围或者我们直接生活在其中的客观的日常生活世界，户晓辉认为这不仅隐含着对胡塞尔"生活世界"概念的误解，更在很大程度上遮蔽了这一概念给当代民间文学或民俗学研究可能带来的重要革新作用。他在胡塞尔的意义上把"生活世界"理解为非现成的、非物的、纯粹主（直）观的意义世界，认为民俗学真正惟一的研究对象正是这一生活世界。②

　　私人生活史与大历史的进程密切相关，可以上升至总体史。美国学者彭慕兰（Kenneth Pomeranz）指出："对于'总体史'——在相当程度上是一种日常生活史——的追求……把目光转向各种社会史主题似乎是很自然的，因为在这些主题的研究中，国家的概念用途不大……日常生活的其他方面也许更不容易衡量，但是它们也是全球史的重要内容，这要归功于年鉴学派的影响，同样也归功于诺伯特·埃利亚斯和米歇尔·福柯的影响……早在大众消费市场——更不必说全球传播媒介了——形成前，那些惯常认为地方气息很浓的私人生活史，都有着重要的世界史维度。"③日常生活史不仅解释

①〔美〕伊格尔斯：《二十世纪的历史科学——国际背景评述》（续四），《史学理论研究》1996年第1期。
②户晓辉：《民俗与生活世界》，《文化遗产》2008年第1期。
③〔美〕彭慕兰撰：《社会史与世界史：从日常生活到变化模式》，夏继果译，收入夏继果〔美〕杰里·H.本特利主编《全球史读本》，北京：北京大学出版社，2010年，第268、270、272、274页。

微观世界,也与宏观世界联系在一起。

欧美日常生活史学家尖锐批评社会科学史学"见物不见人"的特点,特别强调个人的作用。"日常生活史学家把历史沿革视为具体的个人或人群的行动结果,他们关注的重点不是整个社会的基本价值取向,而是每个人、每个群体的价值观以及这些人们公开或掩盖、实施或抑制其愿望的方式,最终说明社会压力与刺激怎样转化为人们的意图,需求焦虑与渴望,人们在改造世界的同时是怎样接受和利用这个世界的。"[①]他们还认为家庭成员、邻里乡亲、同事伙伴等"个人",对于人的行为具有更为巨大和直接的影响,因此人际交往远比"结构"更能说明社会发展的动力。在历史上,只有个体的人与人之间的交往和相互影响才是惟一的真实。日常生活史学家认为自己建构的社会模型比社会史学家所建构的更加均衡而丰满,日常生活史代表着"新主观主义"。

我国学术界正流行新文化史、日常生活史,就日常生活史的研究而言,融合、借鉴新文化史恰逢其时,可以产生直接进入学术前沿的学术潮流。如今的日常生活史,已与物质文化、社会性别、科技、医疗、身体、艺术诸史相融合,研究采用多种视角,成为跨学科的学问。面对海外日常生活史研究产生的一批优秀学术成果,后起的中国日常生活史应当将中外日常生活史的比较研究,作为自觉的行为。

[①] 刘新成:《日常生活史与西欧中世纪日常生活》,《史学理论研究》2004年第1期。

第一章

发轫：中国社会史研究的复兴

第一节　复兴的中国社会史研究

新时期的中国社会史研究，作为历史学的分支或流派，如果以1986年10月在南开大学举行的首届研讨会为标志的话，在其正式开展的头十年可谓是引人注目。从首届研讨会学者们就社会史的研究对象、范畴、社会史与其它学科的关系、开展社会史研究的意义进行热烈讨论起，便体现出诸说并存、百家争鸣的学术民主精神，此后不断有关于学科理论的文章问世，进行学术商榷，这十年是理论探索的十年；经过众多学者采用不同方法对不同学术问题进行探讨，形成各种学术风格，诞生了一批学术论著，这十年也是具体课题研究取得突出成绩的十年。

重新审视中国社会史研究首个十年的历程，有助于把握当代中国社会史研究的特征，从而进一步认识"中国社会史"是什么，理解社会史理论研讨中的不同意见。

一、社会生活研究：还历史以血肉

谈到新时期的中国社会史研究，不能不涉及从50年代到70年代三十年的中国历史学研究的特点，也不能不涉及二三十年代发生的中国社会史大论战。众所周知，社会大论战起因于1927年国共关系破裂及第一次大革命失败，共产国际和中国国内为此对中国社会性质和中国革命的性质问题进行争论，由此涉及对中国历史发展过程的认识。论战讨论了如下主要问题："一是亚细亚生产方式的问题；二是中国历史是否经过奴隶制阶段问题；三是所谓'封建社会'以及中国历史断限和特征问题；四是所谓'商业资本主义'问题；最后又从历史回到现实，认识近代中国是否半殖民地半封建社会性质问题。"[①]由此可知，论战讨论的"社会史"，是关于中国社会性质和历史分期的问题，属于社会形态史、社会发展史。中华人民共和国成立后，马克思主义史学因在中国学术界取得支配地位而迅速普及，当年在社会史论战中成长起来的史学家，成为史学界的领导，中国的历史研究沿着当年社会史大论战的轨迹继续发展。自50年代起，史学研究的重心有"五朵金花"之说，即汉民族的形成、中国历史分期、封建土地所有制、农民战争和资本主义萌芽。其中后四个问题均同社会史有关，分期、所有制、资本主义萌芽问题是由如何认识社会性质引发的，农民战争是印证中国革命道路和作为"中国历史发展真正动力"而成为显学的。此外，史学界还进行了中国封建社会长期延续问题的讨论，以求得对中国社会性质和特征的认识。上述研究中，农民起义和农民战争越来越受重视，同时阶级斗争的观点不断被强化，特别是"文革"十年中，中国历史几乎成为一部阶级斗争史，历史学被强烈地政治化。对于中国历史学的学术重心和特征，英国当代著名史学家杰弗里·巴勒克拉夫说："新中国历史研究的根本特征是优先考虑社会史和经济史。"他充分肯定通过马克思主义分析方法和社会——经济研究方法可以获得新的丰富的认识能力，但也看到了50年代以后中国史学界的不尽如人意之处，敏锐地指出："在某个时期提供了促进力量和鼓舞的思想在另一个时期却可能转化为教

---

① 侯外庐：《韧的追求》，北京：三联书店，1985年，第222页。

条。"①总之，社会史是50年代至70年代三十年中国历史研究的重要研究内容。

数十年来中国社会研究的理论模式是什么呢？著名历史学家侯外庐在30年代发表的《社会史导论》中说："在经济学和历史学中，研究社会发展的一般构成，是一个先决的课题。"1986年他在自己文集的《自序》中又就社会史研究先从经济学入手问题指出："'社会发展的一般构成'即指社会经济形态。"他认为："研究历史，首先要知道生产方式，根据生产方式来划分某一社会的经济构成，因为生产方式决定着社会性质。"②他总结自己的社会史研究是探讨社会形态发展史。侯外庐的概括，揭示了马克思主义史学理论的特征，首先在于研究社会经济形态及其变迁的发展史，也就是说，带有强烈的宏观社会史和通史的特点。

为了更准确地认识马克思主义社会史理论，我们有必要重新考察马克思主义历史理论的基本原理。马克思在《〈政治经济学批判〉序言》中对自己的理论进行了概括，他说："人们在自己生活的社会生产中发生一定的、必然的、不以他们的意志为转移的关系，即同他们的物质生产力的一定发展阶段相适合的生产关系。这些生产关系的总和构成社会的经济结构，即有法律的和政治的上层建筑竖立其上并有一定的社会意识形式与之相适应的现实基础。物质生活的生产方式制约着整个社会生活、政治生活和精神生活的过程。……大体说来，亚细亚的、古代的、封建的和现代资产阶级的生产方式可以看作是社会经济形态演进的几个时代。"③所以，马克思的"社会经济形态演进"史即生产方式发展史，生产方式是物质生活的生产方式，即生产力以及与之相适应的生产关系。我们知道，生产关系是社会关系的一种，因此马克思主义的社会发展具有经济社会史的特征。前引马克思所说的"物质生活的

---

① 巴勒克拉夫：《当代史学主要趋势》，上海：上海译文出版社，1987年，第222页。
② 侯外庐：《侯外庐史学论文选集》（上），北京：人民出版社，1987年，第229页。
③《马克思恩格斯选集》第2卷，北京：人民出版社，1972年，第82—83页。

生产方式制约着整个社会生活、政治生活和精神生活的过程"，给人们留下了尚需解释的余地：一是人的生活可以是包括物质生活、社会生活、政治生活、精神生活的广义的社会生活，也有与物质生活、政治生活、精神生活并列的狭义"社会生活"；二是与生产方式并存的应该还有生活方式，它由于社会生活有广义、狭义之分而同样可分别为广义的生活方式和狭义的生活方式。生产方式制约着生活方式，然而马克思主义理论中，并没有对具体"社会生活"和生活方式的系统论述。如此说来，马克思主义社会理论主要表现在广义的宏观社会史方面，所建构的宏观社会历史的理论模式，是一种"骨架"的社会史，它还需要补充作为"血肉"的狭义社会生活、生活方式的内容，而这方面恰恰是中国理论界长期忽视的。

80年代初，中国学术界开始重新思考社会史研究的问题，试图建立以社会生活、生活方式为主要内容的新社会史。这种重新思考的大历史背景是改革开放形势下的思想解放，其动力主要来自史学界从中国历史实际出发对史学理论方法的反思，由于现实生活方式变化对马克思主义生活方式理论的探讨，国外社会史理论传入和社会学等社会科学学科重建的三方互动。为了说明新时期社会史研究的兴起，我们侧重从这三方面的特点分别试作说明。

首先，就中国历史研究的主流而言，多数学者从历史实际出发，感到史学研究应该补充由于既往研究的理论模式而丧失的历史内容。中华人民共和国成立以来的历史研究领域是政治、经济、思想三大块，学术重心是阶级斗争史，农民战争史被过分抬高了。当历史学被极端歪曲的时候，也就容易使人看到它存在的问题了。冯尔康谈到他倡导社会史研究的出来时说："十年动乱之后，我最感到不满意的，是历史学界讲政治史（农民战争史）的现象，我觉得它不能涵盖历史的主要方面，把历史搞得像个小瘪三。……想到（历史上）人们的衣食住行、婚嫁丧葬、文体娱乐、岁时节日的风俗，必定影响历史的进程……我的同事也对历史研究状况表示不满，70、80年代之交提倡研究阶级关系史，以代替简单化、教条化的阶级斗争史。我在搞了一段阶级关系史之后，认为还应当深入到等级关系史中，要研究社会群体、社会组织、社会结构。"①

80年代初，史学界感到对封建社会的认识不仅要了解地主与农民之间的生产关系、农民反对地主阶级的斗争，而且要对地主、农民及其社会集团内部结构及生活状况有一个全面的了解。于是，《历史研究》杂志社、南开大学历史系以及云南大学历史系、天津师大历史系等单位，分别于1983年8月和1985年5月召开了"中国封建地主阶级研究学术讨论会""中外封建社会劳动者生产生活状况比较研究讨论会"。这样就突破了阶级斗争是剖析封建社会唯一方法的认识，把认识社会的目标指向多种社会关系、社会群体和民众生活。田居俭在为1985年会议论文集所作序言《略论中国史学研究方法的变迁》一文中提出，以往的马克思主义史学研究完成了"从具体上升到抽象"的阶段，而当前则应该把史学研究继续推向"从抽象上升到具体"的阶段，也就是"从以往的中国通史研究格局中解脱出来，从流行半个世纪的经济、政治、文化三足鼎立的史著框架中解脱出来，高屋建瓴，穷目局部，从事各式各样专史和专题研究，特别是那些过去很少有人问津的鼎足之下的边缘地带或空白区域的研究，使抽象的规定在思维行程中导致具体的再现。比如，在中国古代史研究方面，可以撰写一部尽收衣食住行、冠婚丧祭、饮射朝聘等风俗礼仪于笔端的《中国古代社会生活史》"，也可以分别撰写中国古代衣冠、饮食、房舍、舟车、婚姻、家庭、丧葬、祭祀，朝聘、庆典等若干专题史。"因为生活方式是构成社会具体而重要的因素，它的演变，综合地体现着生产力、生产关系以及各种社会关系的变化；研究生活方式，有助于史学研究向纵深发展。"②在肯定马克思主义史学"抽象"层次的宏观社会形态史研究成绩的基础上，倡导开展"具体"层次的生活方式的研究。

① 冯尔康：《治史习史杂谈》，《文史知识》1992年第11期。
② 田居俭：《略论中国史学研究方法的变迁》，《历史研究》1986年第2期；南开大学历史系等编：《中外封建社会劳动者状况比较研究论文集》，天津：南开大学出版社，1989年。

清人社会生活

社会史丛书

冯尔康　常建华　著

冯尔康、常建华著《清人社会生活》

1985年9月，冯尔康为南开大学历史系本科生开设了"中国古代社会史"选修课，讲稿的绪论部分以《开展社会史的研究》为题发表。他在文中提出："恢复、开展社会史的研究，已是当今史学界一个刻不容缓的课题。""社会史的研究，能够给予历史研究以有血有肉的阐述，真正建立立体的史学、形象化的史学、科学的史学。"试图以"血肉"的历史充实由阶级斗争建立起的"骨架"的历史。此后，他又提出，"中国社会史是研究历史上人们社会生活的运动体系"，它"以人们的群体生活与生活方式为研究对象，以社会结构、社会组织、人口、社区、物质与精神生活习俗为研究范畴，揭示它本身在历史上的发展变化及其在历史过程中的作用和地位"[1]。冯尔康关于社会史研究的框架和成果，还体现在与笔者合著的《清人社会生活》（天津人民出版社1990年）一书中。鉴于50年代以前对中国社会群体、社会生活已有一定的研究成果，冯尔康主持编撰了《中国社会史研究概述》（天津教育出版社1988年）一书，梳理了自张亮采《中国风俗史》以来的社会史研究史。

在1986年首届中国社会史研讨会上，关于中国社会史的研究对象，学者们的认识不尽一致，对社会生活概念的理解不尽相同，但一般都把社会生活作为研究对象，将目光投向社会的主体——人

---

[1] 冯尔康：《开展社会史研究》，《历史研究》1987年第1期。

民大众。如《历史研究》编辑部宋德金出版了《金代的社会生活》（陕西人民出版社1988年）。中国社科院历史所承担了1987年国家社会科学基金资助项目"中国古代社会生活史"的10卷本断代史丛书的撰写，并于1987年6月召开了专门会议，就中国古代社会生活史的概念、范围、研究方法和理论框架进行了讨论。该套丛书目前已由中国社会科学出版社出版了两卷，即宋镇豪的《夏商社会生活史》（1994年）、史卫民的《元代社会生活史》（1996年）。

其次，学术界对建构生活方式理论做了努力。"文革"的结束，标志着"四人帮"极端专制主义的告终，随着思想解放、改革开放的进程，人民群众在生活领域极大地增加了自由度，经济形势的好转和现代化事业的推进，使人们的生活方式发生了变化，现实生活促进了人们对"生活"的新认识，生活方式在人的社会活动中的地位迅速提高，学者也开始在理论上思考它。1986年10月人民出版社出版了王玉波等所著《生活方式》一书，作者在导言中说："近几年来，我国理论界和整个社会，对生活方式问题发生了越来越大的兴趣。对此人们往往说，这是生活水平提高的结果，是的，无疑这是一个极为重要的直接原因，但是根源不仅如此，更加深刻的原因在于，'四人帮'垮台以后，特别是党的十一届三中全会以来，广大人民群众越来越认识到自己应该而且能够主宰自己的生活，这样，自然而然地就把怎样生活——生活方式问题当成了思考的目标和探索的一个兴奋点。不言而喻，在'四人帮'搞封建专制那一套的年代，人们连起码的一点生活自由（如养花、钓鱼……）都没有，生活方式问题又有什么好考虑的呢？又怎么会提到理论研究的日程上来呢？"这段话反映了现实生活对生活方式理论的呼唤。

学术界对生活方式理论的注意，来自思想敏锐的哲学界，他们首先对马克思主义生活方式的问题进行了重新思考。这里仅举数例，以见一斑。比如1984年12月3日《光明日报》哲学版发表了钟国兴《生活方式与历史唯物主义》一文，认为："社会历史的发展是生产方式、生活方式、上层建筑相互作用的结果，生活方式是历史唯物主义中的一个重要组成部分,我们必须加以重视。"该文引起讨论,如黄绍辉著文《生活方式属于社会存在吗?》[1]与钟文商榷;姚永杭也撰文《马克思主义与生活方式研究》,指出马克思主义对生活方式的论述,为研究生活方式留下了广阔的天地。[2]哲学界的这些探讨,共同的认识是,马克思主义重视生产方式的同时,也重视生活方式,而生活方式是亟需深入研究的领域。

哲学界对生活方式的探讨也影响到史学界,特别是从事哲学研究的王玉波还将生活方式理论引入了史学研究。1984年5月2日《光明日报》发表了他的《要重视生活方式演变史的研究——读吕思勉史著有感》一文,重提历史学家吕思勉对社会生活的重视,呼吁人们开展生活方式演变史的研究。接着他在《为社会史正名》一文中,把社会史和社会发展史区别开,认为"社会史是以人的社会生活的历史演变过程和规律为基本内容","社会史可以说就是生活方式演进史",而把社会发展史作为哲学范畴。[3]

再次,改革开放后中国社会科学界发生了重要变化,社会学、民俗学、人类学、人口学等学科相继恢复,国外社会科学的著作和动态被大量介绍到国内,开阔了历史学者的理论视野。史学研究者更加认识到吸收当代社会科学理论与方法开展历史研究的必要,尤其是社会学对社会史研究的借鉴作用非常明显。前面提到的几位学者都曾从社会学和国外史学界的研究吸取了营养。乔志强则借用社会学的概念和框架倡导社会史研究,在《中国社会史研究的对象和方法》[4]一文中,提出社会史主要研究社会构成、社会生活、社会职能,并以此框架主编了《中国近代社会史》(人民出版社1992年)一书。新时期最早系统译介国外社会史学的学者大约是彭卫,同时他也倡导开展社会生活史研究,并从理论和方法上都做了较好的阐

---

① 《光明日报》1985年10月28日。
② 《学术界动态》第9期,1985年3月30日。
③ 《光明日报》1986年9月10日。
④ 《光明日报》1986年8月13日。

述。[1]彭卫所著的《汉代婚姻形态》(三秦出版社1988年)就是一部运用新方法进行跨学科研究的著作。蔡少卿先生主编的《再现过去：社会史的理论视野》(浙江人民出版社1988年)一书，翻译了国外社会史研究的众多重要论文，他还同孙江参照国外学者关于社会史内涵的观点著文，认为社会史主要应研究社会结构及其变迁，其广义定义是再现人类社会过去的历史，其狭义定义可以是研究社会结构变迁时普通人的经历。并指出："由于社会的日常生活与经济状况、政治活动的密切关系，以及在社会结构中的重要性，人们有理由对其予以较多的关注。"[2]在蔡少卿、乔志强的社会史定义中，社会生活也占有重要地位。

综上所述，尽管学者们对社会史的理解和表述不同，但由于学术大背景相同，所以都把普通群众的社会生活、生活方式作为社会史的主要内容，甚至可以说，新时期社会史研究的主流是人民大众的社会生活史。

二、社会文化研究：揭示社会精神面貌

如前所述，马克思主义社会史具有经济社会史的特征。50年代以后社会经济史和农民战争史研究盛行，在揭示普通人民大众的经济生活方面取得不少成绩，但反映普通民众精神生活的著述甚少，历史研究需要从社会文化的视角，揭示社会的精神面貌。关于此点，1985年李侃、田居俭向第十六届国际历史大会提交的论文《近五年(1980—1984)中国历史学概述》中写道："文化史研究的兴起，是中国史学界近几年出现的又一个新气象。1949年以后，中国史学界的兴趣从过去的考订个别史实和叙述王朝兴亡以及政治事件转向社会经济的研究，这在对历史作唯物主义的理解方面

---

[1] 彭卫、孟庆顺：《历史学的视野——当代史学方法概述》，西安：陕西人民出版社，1987年。该书后记所署日期为1986年11月，第4章为彭卫撰写。类似的内容又见于石谭：《社会史学研究和方法评析》，《西北大学学报》1986年第4期；彭卫：《社会史学研究的历程与趋向》，《史学月刊》1987年第5期。又，彭卫：《略论社会生活史的研究方法》，《云南社会科学》1987年第3期。
[2] 蔡少卿、孙江：《回顾与前瞻——关于社会史研究的几个问题》，《历史研究》1989年第4期。

取得了可喜的成绩。但是相对而言，历史学中的文化领域却没有受到应有的注意，这种现象，近年来开始有了变化。首先是一些古代区域性的文化受到了史学界的重视……而另一些长期致力于断代史和社会史研究的学者们，也开始注意研究各个历史时期的文化生活和文化成就。"①文化史的研究从1984年起进入高潮。文化史研究的理论基础是文化学的理论，而文化学是在文化人类学的研究基础上，理论性总结文化发生发展的一般规律的学科。学者认为，文化人类学是研究包括物质性、制度性和观念性文化在内的人类大众文化——生活方式的科学。②因此，文化史的研究必然把文化人类学的研究内容收入视野，探讨作为人民大众文化的生活方式。特别是文化人类学的一般分类中的制度文化，亦即社会文化，是生活方式的重要部分，正是新时期社会史主要探讨的领域。文化史研究的兴起和深入必然引发对社会史的探讨。

关于文化史与社会史的关系，刘志琴多有论述。她在《复兴社会史三议》中认为，社会史的复兴，是以文化史为前导，或者说文化史的发展必须要在社会史领域内深入。在《社会史的复兴与史学变革——兼论社会史和文化史的共生共荣》一文中她指出："社会史从一诞生，就与社会学、民俗学同根相连，互有补充。可以说回溯社会生活和民俗的历史，也就是进入社会史的领域。""文化史热的发展必将召唤社会史的复兴，从社会史领域探索民族文化心理的形成、发展和改造，这是观念变革最能动的深层结构，也是文化史研究进一步深化的总趋势。"赋予社会史以重要的文化使命。她又在《从社会史领域考察中国文化的历史个性》中提出："伦理价值通过物质生活和精神生活的双重作用积淀到民族文化心理的最深层，成为群体无意识的自发意识，这样的文化才真正具有在各种波澜曲折中得到稳定传承的内在机制。这就是中国文化

---

① 李侃、田居俭：《近五年（1980—1984）中国历史学概述》，载中国史学会编：《第十六届国际历史科学大会中国学者论文集》，北京：中华书局，1985年，第415页。
② 石奕龙：《文化人类学与文化学刍议》，《未定稿》1988年第18期。

的个性。"①事实上，文化史的研究有一个从研究文化生活、文化成就向社会生活转移的过程，或者说文化史研究的全方位整体探讨，必然会涉及社会史的研究。

基于社会史与文化史的交叉关系，自然产生了互相结合的社会文化史。李长莉于1990年发表了《社会文化史：历史研究新角度》一文，对社会文化史的研究对象作了分类，引入文化学的观点，将社会文化作为与物质文化、精神文化鼎足而立的领域，认为社会文化史是人与人之间、人与社会之间的生活方式及其观念的历史，从探讨人类社会生活来说，它与社会史的研究对象是重合的，均探讨社会组织、制度、教育、法律、风俗习惯、文化传播方式、娱乐消闲方式等内容。社会史与社会文化史也有区别，前者更注重社会结构和运动的客观性，而后者则主要研究历史上人们的社会生活方式与思想观念之间的相互关系，关注的是隐蔽在人们社会行为后面的精神因素。②为了推进社会文化史的研究。中国社科院近代史所文化史研究室于1992年联合《社会学研究》编辑部举行了一次"社会文化史研讨会"，该室正在编写《近代中国社会文化变迁录》。③

处于社会史与文化史交叉部分，属于社会文化范畴的还有风俗史。风俗史主要研究社会风尚和生活习惯，与风俗史近似的说法是民俗史、礼俗史等，这方面的研究20世纪初曾被重视过，80年代中期，在民俗学重建的影响下，与文化史大约同时再掀研究热潮，严昌洪、林牧、姚伟钧先后撰写专文提倡风俗史研究。④其中严昌洪认为："各个时代的社会风俗，作为社会意识诸形态的一种，就

① 以上三文分载《天津社会科学》1988年第1期，《史学理论》1988年第3期，《传统文化与现代化》1993年第5期。
② 该文收入赵清主编《社会问题的历史考察》，成都：成都出版社，1992年。
③ 见李长莉：《社会文化史：一门新生学科》，《社会学研究》1993年第1期。
④ 严昌洪：《关于社会风俗史的研究》，《江汉论坛》1984年第2期；林牧：《中国风俗史研究概论》，《人文杂志》1986年第4期；姚伟钧：《中国风俗史研究中的几个问题》，《社会科学家》1987年第2期。

像一面镜子,从一个重要的侧面反映当时社会的风貌。"并将所从事的风俗史研究领域定名为"社会风俗史",出版了《西俗东渐记——中国近代社会风俗的演变》(湖南出版社1991年)和《中国近代社会风俗史》(浙江人民出版社1992年)二书。风俗的研究受到普遍关注,有数种丛书问世,如林牧、韩养民先后任主编的"中国风俗丛书",由陕西人民出版社从1986年起分批出版,该丛书的内容主要是中国古代风俗;上海文艺出版社于1995年一次性推出"中国社会民俗丛书"10种。此外,反映社会文化史研究的丛书还有中国社会科学出版社陆续出版的"江湖文化丛书",第一批已出版5本书,其中陈宝良的《中国流氓史》(1993年)颇见功力。

社会文化研究的兴起,若从中国历史学研究重心的角度考察,也可以视为从社会经济史向社会文化史的转移,即由过分重视经济变为经济、文化并重,而在新时期,社会文化史在一定程度上代表着学术潮流。这种转移在我国社会经济史研究的重镇厦门大学表现得比较明显,傅衣凌先生治社会经济史的方法之一是从经济史角度剖析社会,从社会史角度研究经济,而他在80年代培养的学生,则逐渐转向社会文化史的研究。如先前研究赋役制度的陈支平,近著有《近500年来福建的家族社会与文化》(三联书店上海分店1991年)、《基督教与福建民间社会》(与李少明合著,厦门大学出版社1992年)。郑振满先前研究福建乡族经济,博士论文则为《明清福建家族组织与社会变迁》(湖南教育出版社1992年),并从家族组织的研究进一步转向民间宗教等;1993年他与加拿大麦吉尔大学人类学者丁荷生共同主持,成立了"兴化民俗文化研究中心";他从1989年起还参加了美国鲁斯基金会资助、由美国斯坦福大学武雅士教授与台北民族研究所庄英章教授主持的"闽台社会文化比较研究",将出版12册的资料集。类似的"转移"在不少从事社会经济史研究的学者身上都有程度不同的发生。

揭示社会精神面貌、认识社会特质的社会文化研究,必然要以集体现象的无意识本质为研究课题,探讨人类社会生活中形成的静态文化结构,涉及文化人类学。关于历史学与人类学的关系,著名人类学家李维·史陀(即列维·斯特劳斯)指出:"二者均以社会生活为研究的主题,以对人类更深刻的了解为共同的目标,在方法上除了各种研究技巧比率有所差异外,大致上也是相同的。"[1]因此,社会史应当借鉴人类学的理论与方法,从事跨学科研究。[2]在我国有人类学研究传统的厦门大学、中山大学,已有一些学者借鉴人类学方法从事华南社会史的研究。

三、区域社会研究:置社会史于地理空间

从空间上,以地理、行政区、市场等标准划分地区单位,将自然、社会、经济、政治、文化纳入一个完整的体系内作综合的历史探讨,这是区域史研究的方法。对于中国这样一个地域辽阔、自然环境差异大、各地区发展不平衡的国家来说,是将研究引向深入的一个切实可行的方法。80年代以来,中国史学界反思以往过分重视宏观社会形态史、忽略历史地理空间因素之际,受区域经济和区域文化研究的刺激,区域社会史研究异军突起。地方史志的编纂在中国历史编纂学中与国史、家史并重,具有古老的传统。80年代"科学春天"到来之时,各省市纷纷成立或重建社科院,并成立历史研究所,主要研究本地区的历史,他们和地方史志研究者构成了地方史的研究队伍,地方史的研究在向区域史研究方向转化。[3]区域史与叙述一地历史的地方史有所不同。有些学者认为:

"区域史属社会史的分支,研究对象是这一地区的社会经济,探讨其经济结构的变化,该地区的阶级、阶层、社团、秘密会社、市民运动、社会心理、生活方式、社会风貌、民俗、中外文明交汇和冲突以及城市化(包括市政、交通、文教兴革等问题)。"[4]

---

① 见其所著《史学与人类学》,《食货》(复刊)第12卷第12期。
② 参见贾宁:《关于历史学与人类学跨学科研究的探讨》,《史学理论》1988年第4期。
③ 朱金瑞:《区域性历史研究中的几个理论问题》,《中州学刊》1995年第3期。
④ 见万灵:《中国区域史研究理论和方法散论》,《南京师范大学学报》1992年第3期。

区域社会经济史在20世纪80年代以前已有学者研究，傅衣凌教授就特别注意地域性、细部研究和比较研究，对福建、徽州及江南地区的社会经济史多有探讨，形成了重视社会调查和使用民间文献，强调借助历史学之外人文、社会科学研究方法的学术风格，而要解决的基本课题则是中国传统社会结构问题。80年代初，此前已对徽州有相当研究的叶显恩所著《明清徽州农村社会与佃仆制》（安徽人民出版社1983年）一书，表现出较强的区域社会史特色。由于社会经济史自50年代之后一直比较受重视，80年代初国家制定"六五""七五"社会科学规划时，把开展区域社会经济史研究作为重点方向，涉及的主要区域有广东、福建、苏松杭嘉湖、西北地区，区域社会经济史在获准项目中占有很大比重。在推动区域社会经济史研究方面，还有1987年在广州举行的"国际清代区域社会经济暨第四届清史学术研讨会"，会后出版了叶显恩主编的《清代区域社会经济研究》（中华书局1992年）。区域社会经济史研究，为区域社会史（及社会文化史）研究的开展奠定了基础。"八五"期间社会科学规划项目中的区域研究已由社会经济史向社会史转移，重要的项目有华北和华南的农村社会研究，社会史的研究取向是明显的。如广州的学者先后承担"明清广东社会经济"和"近代华南农村社会"的项目，两项课题最重要的内容之一，是探讨16世纪以后珠江三角洲的社会历史变迁。"九五"规划更把区域社会比较列为课题指南的重点，是典型的区域社会史题目。

区域文化的研究，是80年代初开始的。中国不少大的区域自古以来就形成了文化特色，区域文化曾是考古学、民族学较多关照的视角，新时期的区域文化研究则更向着整体化的方向发展。区域文化中，很重要的组成部分是社会文化、区域文化与区域经济的探讨，为特定区域整体研究奠定了基础，也为区域社会研究提供了相关成果。

区域社会研究的开展，还同借鉴国外区域研究和当代人类学、社会学等学科理论方法以及不同学科学者的合作有一定关系。国外区域史研究中，德国地理学家克里斯托勒曾创立中地理论，认为以城市和市镇为中心，向周围地区提供服务，形成一个区域内的中地体系。从该理论还发展出美国学者施坚雅的区域系统分析理论，在国际学术界区域研究中极具影响力。施坚雅的三级市场理论是以中国乡村为基础的，他将清代以来中国区域社会划分成九大巨区。这些均为中国区域社会研究提供了理论模式。80年代，这些理论被介绍进中国，对于区域社会史研究有一定的启发、借鉴作用，如赵世瑜尝试以中地学说概括庙会发展规律。①从王笛的《跨出封闭的世界——长江上游区域社会研究（1644—1911）》（中华书局1993年）中，可以看到施坚雅理论的影响。80年代中期以来，区域社会研究借鉴人类学的理论方法、进行田野调查，引起较多学者的重视，最明显地体现在对华南社会史的研究上。这种借鉴还伴随着中国学者与海外学者的交流、合作而进行，特别是与人类学等不同学科的学者一起开展社会历史学的田野调查，进行不同学科之间的对话。从事珠江三角洲研究的中国学者注意到人类学、社会学和文化阐释学的理论方法在社会历史研究中的应用，如陈春声强调小社区的研究和田野调查。②郑振满也和美国、加拿大及台港地区学者多次合作，将田野调查和文献资料结合，把人类学理论置于历史过程中检视，对人类学"祭祀圈"重新探讨。中国社会史学会1994年西安年会和1996年重庆年会，将区域社会及其比较研究作为会议主题讨论，以推动区域社会史研究。四川、闽粤地区之外，徽州、长江三角洲、江西以及华北等地的区域社会史研究也有一定的进展。

新时期区域社会研究中，对于市镇的探讨引人注目。80年代

---

① 赵世瑜：《明清时期华北庙会研究》，《历史研究》1992年第5期。
② 陈春声：《珠江三角洲社会经济史研究中的国际合作》，《中国史研究动态》1990年第10期；《中国社会史研究必须重视田野调查》，《历史研究》1993年第2期。

前，在资本主义萌芽问题的讨论中，市镇曾受到关注，80年代的市镇问题则在新形势下被重新提出。著名社会学、人类学家费孝通呼吁开展小城镇研究以适应现代化。历史学的市镇研究除了重视传统的经济问题外，还把视野扩展到整体探讨，取得了重要成果，其代表作是樊树志《明清江南市镇探微》（复旦大学出版社1990年），陈学文《明清时期杭嘉湖市镇史研究》（群言出版社1993年）。除了特定地区的研究外，断代性市镇研究则有傅宗文《宋代草市镇研究》（福建人民出版社1989年）。小城镇研究也引起日本学者的关注，名古屋大学历史学教授森正夫在中国学者协助下，同该校地理学者合作，出版了《江南三角洲市镇研究》（名古屋大学出版社1992年）。

城市研究也取得很大成绩。随着现代化建设中城市建设、城市文明发展和城市化的需要以及史学自身的变革，城市研究深受人们重视。传统的城市史是作为地方史存在的，往往把地方历史作为通史的缩影处理，强调重大事件和政治、经济。新的城市史研究强调城市的特点，把城市作为整体的特殊区域来探讨它的结构与功能，注重城市人群。在古代城市研究方面，传统视角主要在考古发掘、历史地理、地方史方面。20世纪80年代以来，随着古都研究和城市经济的探讨，城市研究呈现出活跃的势头。城市研究方法从城市位置考订、设计规划、类型区别，发展到对城市诸方面进行综合探讨，城市的发展与变迁、城市社会已引起学者注意，城市管理、市民构成、市民运动、行会组织、城乡关系、城市风俗与文化的研究有了一定开展。①周宝珠的《宋代开封研究》是古代城市研究的重要著作。

在近代城市方面，国家"七五"社会科学规划中把上海、天津、重庆、武汉列为重点项目，有力推动了近代城市研究的开展。自1988年以来，以上述城市为主要举办单位，召开了若干次城市

---

① 参阅申言：《中国古代城市研究概说》，《中国史研究动态》1989年第 2期；曲英杰对古代城市研究的系列综述，分别载《中国史研究动态》1985年第7期、1990年第9期、1996年第2期。

史讨论会。天津社科院历史所等单位还于1988年创办了《城市史研究》刊物，主要发表中国近代城市研究的论文。以上述城市为中心的近代城市史研究取得了一系列成果，四个城市的课题已相继完成。如同城市学在国外常常列入社会学、城市史列入社会史一样，新的近代城市研究更加体现出社会史的色彩，把城市看作一个有机社会主体，把城市化视为特定环境和历史条件下发生的一个广泛社会运动过程。刘海岩在梳理了城市研究的学术史后指出："城市史应当把城市的行为和城市环境的关系作为研究的中心，既要研究城市的行为方式，又要研究城市环境的形成和结构，以及城市人的行为与环境的相互作用。"①并认为近代城市史研究的发展趋向是近代区域城市研究、近代城市社会研究、近代不同类型的城市研究以及近代城市的比较研究，其中后两者是从方法论的角度强调类型学和比较的重要性，而前两者是从研究内容上讲的，重视的是区域和社会，反映出强化社会史研究的趋势，它说明了新时期社会史研究特征的一个侧面。

区域社会史在年鉴学派的研究中已有所涉及，在70年代的欧美学术界发展到兴盛时期，一些大学甚至设立区域研究系，提倡区域研究，目的是综合各种研究法，以实现社会科学的科际整合；通过不同学科学者通力合作，培养具有新问题意识的学生。在日本，战后中国史研究受到马克思主义史学的深刻影响，历史演进中的发展阶段论和社会结构中的阶级学说盛行。1981年森正夫提出了地域社会论，指出把意识作为研究对象的重要性，认为人们在共同秩序下，由共同领导人领导被整合的地域场所是地域社会。②地域社会论提出后取代了"乡绅论"成为明清史研究的主流，并对中国史研究产生重大影响。中国的区域社会研究流行较晚，但已成为国际区域历史学研究的一部分。

---

① 刘海岩：《近代中国城市史研究的回顾与展望》，《历史研究》1992年第3期。
② 森正夫：《中国前近代史研究的地域视点——中国史研讨会〈地域社会的视点——地域社会和领导者〉基调报告》，《名古屋大学文学部研究论文集》83，史学28，1982年。

四、社会史理论讨论的三个问题

十年来，国内就社会史学科建设而发表的文章至少有60篇，此外尚有20余篇会议综述多少涉及这一问题。在有关社会史学科建设的论述中，存在的意见分歧主要集中在以下三方面，笔者尝试在总结当代社会史研究特征的基础上，略陈己见。

第一个分歧，社会史是历史学的专门史抑或通史。自1986年倡导社会史研究以来，绝大多数学者认为社会史主要以社会生活、生活方式为研究对象，是历史学的专史或分支，也认为它与其它学科在研究内容上有局部重叠，也是具有边缘、交叉性质的学科。但是也有些学者认为社会史不是历史学的专门史，而是通史，是综合史。陈旭麓指出："真正能够反映一个过去了的时代全部面貌的应该是通史，而通史总是社会史。马克思主义研究社会，所注重的是人们在生产中形成的与一定生产力发展程度相适应的生产关系的总和。由此延伸出来的以经济活动为基础的种种人际关系都应当成为社会史研究的对象。"就中国近代史研究来说，观察和分析的入口是社会结构、社会生活、社会意识三方面。[1]张静如则认为："社会史是一门综合性学科，是历史学中层次最高的部分，是立于各类专史之上的学科。社会是由一定的经济基础和上层建筑构成的整体，是动态的具有复杂相互关系的人群结构。研究社会，必须考察社会的政治、经济、文化状况，考察社会组织、社会阶层、社会关系、社会意识形态、社会心理、社会生活方式、人们的思维方式，等等。总之，研究社会，就要研究物质的和精神的社会生活诸方面。所以研究社会史，也就是研究社会生活诸方面之史的演化和变革。这样，社会史的对象，应该说是社会整体发展的全过程，其研究范围极为广泛。"[2]

不难看出，陈旭麓、张静如的理论出发点是马克思主义社会形

---

① 陈旭麓：《略论中国近代社会史研究》，《华东师范大学学报》1989年第5期。
② 张静如：《以社会史为基础深化党史研究》，《历史研究》1991年第1期。

态模式，但是又加上了社会生活、社会意识以及把阶级关系扩展为更广阔的社会关系。他们的看法直接体现在自己的著作中。陈旭麓的《近代中国社会的新陈代谢》（上海人民出版社1992年）在纵向论述中国近代社会演变过程中，融进了对社会结构、社会生活和社会意识的说明。而张静如的《北洋军阀统治时期中国社会之变迁》（中国人民大学出版社1992年）一书，分为社会经济、政治、教育与文化、社会阶级与阶层、社会组织、家庭、社会习俗、社会意识8章，可以看出，与传统历史构架相比，前4章是原有的，后4章则是近十年人们强调的新领域，大体属于狭义的社会史范围。

　　因此我认为，专史与通史的分歧之点，如果从研究对象考察，其实并无实质性分歧，专史说不过是强调在社会形态骨架外研究其"血肉"，而通史说则要把专史的"血肉"填在通史的骨架中，殊途而同归，均强调的是"血肉"，只是摆放的位置有所区别。专史说并非只研究生活方式而不要政治、经济、文化，冯尔康在《三论开展社会史研究》①一文中补充说："社会史渗透到政治史、经济史、文化史等领域，凡是这些专史中属于人们社会关系的内容，也就是社会史的内容"；"社会史不应停留在了解人们生活的现象上，还需要深一层研究人们社会生活所表现出来的心理状态和思想意识"。专史说同样主张研究综合史，只是采取的方法有所不同。其实，一个时代有一个时代的学术潮流，专史说可能更反映了新时期社会史研究的特征。当然，作为社会史学科的理论来说，专史说和通史说可以并存，反映出学者对社会史的狭义理解和广义理解。了解中国马克思主义史学的发展和80年代社会史兴起的背景之后，是很能理解这种不同看法的。就国际史学界而言，社会史同样存在广义和狭义的理解，如德国学者科卡明确把社会史区分为狭义和广义两种，前者是"社会史"，后者为"社会的历史"，社会史一方面被确定为局部范围的

---

① 《南京大学学报》1989年社会史专辑。

历史,另一方面被确定为对一般历史的社会史解说。①这或许反映了社会史研究对象的特点。中国社会史学界的分歧,类似国际学术界。早在1986年彭卫就曾指出:"在广义和狭义的社会史概念中,狭义的社会史是较为恰当的界说。这是因为,作为特定意义的社会史,研究的应是社会行为以及他们之间相互作用并对整个社会产生影响的过程,从而有别于其它领域的历史。混淆这一点,也就泯灭了社会史自身特征,使社会史变成了人类发展史,这显然是不妥的。"②这种看法既妥善处理了社会史的学术定位,也符合十年来中国社会史研究的特点。

第二个分歧,社会史究竟是历史学的一个分支学科,还是一种新的视角。与绝大多数人主张社会史是历史学的专史或分支的看法不同,赵世瑜指出:"社会史根本不是历史学中的一个分支,而是一种运用新方法、从新角度加以解释的新面孔史学。"③此后常宗虎也有类似主张,认为社会史只是一种审视历史的新视角、新态度和新方法。作为方法的社会史,主要是全面审视法、跨学科研究法、结构分析法以及新史料、新手段和技术的运用。社会史方法具有整体性、全面性、开放性三大特色。④对于这些主张,持专史说者有所辩解,王先明同常宗虎商榷,认为广义上,历史概念涵盖了社会,社会却无法包括历史;狭义上,人类的活动在政治、经济、文化之外,还有诸项难以包含的"社会"内容,可以构成一个相对独立的历史学之下的"社会史学"。⑤

事实上,作为方法的社会史,虽然否定社会史是历史学的分支学科,但事实上仍然是一种有别于大的历史学和小的经济史、政治

① 孙立新:《于尔根·科卡:德国的批判史学与社会史研究》,《史学理论》1992年第 3期;又,国内对社会史学的定义较为全面而准确的,似为覃光利等人主编的《文化学辞典》,中央民族学院出版社 1988年,详见第427—429页。
② 见作者前引书。
③ 赵世瑜:《社会史研究呼唤理论》,《历史研究》1993年第2期。
④ 常宗虎:《社会史浅论》,《历史研究》1995年第1期。
⑤ 王先明:《中国社会史学的历史命运》,《天津社会科学》1995年第5期。

史等专门史的史学中的一种。由于强调研究对象的广泛性，也就在相当程度上认同于广义的社会史，或者说，广义的社会史也强调方法论（还有整体史），同作为方法的社会史无实质的严格界限。这样不管作为方法的社会史承认与否，它自然也成为历史学中的分支或流派。这种社会史以方法来界定学科，便产生一个如何认识新方法的问题。概括地说，持"方法论"的学者最主要的方法是两点：一是跨学科的方法，二是总体史的分析方法。关于第一点，方法说是作为"新社会史学"出现的，但带来的问题是它不能同"新史学"区分开。因为强调新方法正是以社会科学化为特征的新史学的特征，把社会史仅仅界定为新视角、新态度、新方法，反映不出"社会史学"的特点，存在着泛化的问题。如常宗虎指出的新研究方法，同样适用于政治史、经济史等学科，当然也适用于社会史，成为"新史学"的特征。只强调新视角、新方法，区别不出社会史作为新史学分支同新史学的差别。

关于第二点，方法说强调社会史的整体性，强调写总体史。"整体性"和"总体史"这两个词汇是年鉴学派提出和重视的，以后在霍布斯鲍姆1971年发表的著名论文《从社会史到社会的历史》一文中被发扬光大，以至成为很多学者建构涵盖人类全部历史之史的理论基础。然而，这样宏伟的历史追求尽管激动人心，至今却没有真正实现，也难以实现。这种目标仅仅是一种追求而已。实际上年鉴学派倡导的历史整体性和总体史一般只是体现在区域史的研究中。著名史学评论家伊格尔斯说，年鉴学派的倡导者吕西安·费弗尔的《腓力二世时期的弗朗什·孔泰地区》（1924年）一书，"这是在《年鉴杂志》创刊17年之前试图在认真分析基础之上——不仅分析政治的，而且分析经济的、宗教的和艺术的史料的基础之上——编写一个地区的第一部总体历史的伟大作品"[1]。这种把"一定地区内社会、经济和政治结构之与思想行为之间紧密结合"的

---

[1] 〔美〕伊格尔斯：《二十世纪的历史科学》（续一），《史学理论》1995年第2期，第149页。

著作,受惠于"地理学、经济学和人类学在法国历史编纂学中的紧密结合",使得年鉴学派强调"跨学科的特性"。①在年鉴学派第二代的代表作——布罗代尔的《腓力二世时代的地中海与地中海世界》中,历史的整体性和总体性得到了更好的贯彻,作者把这一时空范畴内的地理、生态、气候、经济、社会、思想、政治诸因素糅合起来进行综合探讨,以反映这个时代的作为一个整体的地区社会生活的面貌。该书同样也是一部区域史。

区域史有利于跨学科方法的运用,容易实现对历史的整体性和总体史的追求。现在国内对历史整体性和总体史的理解偏重于通史、断代史的整体性和历史哲学的高度,而忽略了它主要体现于区域史的特点。历史哲学和通史的整体性或总体观,也只是社会史研究中的一定层次,如果以此出发批评当今社会史的研究琐碎,一定程度上说是不太恰当的。后者也是一种视角,而且是更能实际贯彻"总体史"的一种视角。国内主张社会史是专史的学者同样也强调社会史的整体性,如王玉波就从加强史学的整体化、综合化角度,论述了社会史的学术价值,他指出:"由于社会史的综合性,所以社会史以社会生活的历史演变为中心和中介,把历史科学形成一个纵横交错的网络式的整体系统。社会史的综合性也有助于促进史学和其它学科协作、应用和借鉴其它学科的研究成果和研究方法,使史学不断创新和发展。"②因此,从新视角和新方法的角度是不能否定社会史作为学科存在的。在社会史学科建设中开拓新领域还是运用新方法同样重要,不能把研究对象和方法截然分开,新时期的社会史无论在研究对象还是方法上都带着不同于传统史学的面貌,二者从来没有真正分开过。"方法说"的意义或许是提醒人们对于社会史学科下定义时,必须在研究对象之外加上方法论的说明,以区别于旧史学。

第三个分歧,社会史学科体系建设及与社会学的关系问题。社

---

① 〔美〕伊格尔斯:《二十世纪的历史科学》(续二),《史学理论》1995年第3期,第155页。
② 王玉波:《为社会史正名》,《光明日报》1986年9月10日。

会学与社会史在研究对象上极为相似，历史学借鉴社会学的理论方法是社会史学者的共识，其重要性是不言而喻的。对于社会学同社会史的关系，王先明认为："社会史作为独立的历史学的一个分支，日益受到社会学的影响。它是建立在历史学与社会学的交叉点的一门边缘学科。因此在探讨社会史的许多问题时，我们不能不同时使用历史学和社会学中比较成熟的概念、范畴、一般理论。我们应该力求从历史学和社会学的结合部寻找我们研究的突破点。"①作者把社会史学作为社会学与历史学的交叉，可知是多么重视社会学对于社会史的影响，几年后他又指出，大量借用社会学的理论、概念、范畴、方法，使旧有的史学理论陷入"失范"状态。②前后论述似有矛盾之处，或可视为作者观点的修正。就社会学同社会史的关系而言，霍布斯鲍姆曾"十分怀疑把社会史看作社会学向过去的投影，就像把经济史看作是经济理论还原一样，因为这些学科目前并不能给我们提供有用的模式或分析框架来研究长时段'历史的'社会经济变革"③。即社会史应有属于自己的模式和分析框架。对于社会史研究中社会学泛滥的观点，常宗虎则认为："近代社会史研究中绝大多数的论著根本不存在过分社会学化的问题。"④

　　王先明近年来多次呼吁建立社会史理论体系。他认为，"新的理论范式是中国近代社会史研究课题那串'多米诺骨牌'的首张"，"如果没有一定的理论规范，即不甚完善的理论体系，具体的社会史研究就根本无从入手"⑤。又说，当前"社会史研究不成熟之处在于忽视对于学科体系和基本规范的理论研究"⑥。认为只有

---

① 王先明：《论社会史研究的对象》，《河北学刊》1990年第2期。
② 王先明：《中国社会史学的历史命运》，《天津社会科学》1995年第5期。
③ 蔡少卿主编：《再现过去：社会史的理论视野》，杭州：浙江人民出版社，1988年，第7页。
④ 常宗虎：《也论中国近代史的理论研究——与王先明同志商榷》，《历史教学》1995年第9期。
⑤ 王先明：《中国近代社会史研究的理论思考——兼论历史学的社会化》，《近代史研究》1993年第4期。
⑥ 王先明：《中国社会史学的历史命运》，《天津社会科学》1995年第5期。

先建立体系然后才能开展研究。常宗虎不同意这样的观点,指出:
"没有哪一门学科在提出研究对象的同时就能勾勒出学科的理论
框架。"①

我认为,由于社会学与社会史学在研究对象上有相当大的一
致性,都需要从整体上把握社会面貌,特别是社会学讲社会原理,
社会史在建立体系和理论框架方面,很值得借鉴。事实上,目前有
关社会史的理论文章,没有一篇不受到社会学理论的影响。社会学
理论框架对于写作社会史概论、断代社会史、社会史通史最有参考
价值,近年出版的几部断代社会史都程度不同地打上了社会学的
烙印。然而,社会史研究不在于套用社会学的理论模式,而在于从
中国社会历史事实和过程中总结出与理论的契合点,以建立起中国
社会史理论体系。因此,先建立理论体系再搞具体研究,不免失之
偏颇。社会学由于"社会"的特殊性和难确定性,甚至导致人们怀
疑它有无自己系统的理论,能否作为一门学科存在。在这方面,社
会史也颇类似社会学。不过有的社会学者指出,社会学的一些"基
本内容方面还是一致的。例如,都讲社会化、社会交往、社会群体
和社会组织、社会分层和社会流动,社区、社会控制和管理,社会
变迁和社会现代等等。在这些内容中就蕴含着从社会关系到社会
群体和社会组织,到社区,直到整个社会的分析过程,存在一条理
论主线"②。这可能也是社会学一直作为一门学科而不是方法存在
的原因。社会史的状况也与社会学的上述情况类似,社会史的研
究对象及理论体系不妨借鉴上述社会学理论体系建设的做法。

以上已经涉及社会学在社会史研究中的运用问题,然而社会
学的理论与方法又不是社会史研究的唯一理论基础和方法,恐怕
也不能说社会史是社会学和历史学结合的产物。由于社会学理论
只是一般原理,而社会历史复杂多变,新时期的社会史又重在探
讨民众日常生活,揭示其文化特点,这样社会学就显得有些力不从

---

① 常宗虎:《也论中国近代史的理论研究——与王先明同志商榷》,《历史教学》1995年第9期。
② 刘应杰:《论社会学的理论主线》,《郑州大学学报》1992年第2期。

心。而最适合该类研究的方法，则是社会或文化人类学，以之可以诠释人们生活及行为中的仪式和符号。当然，地理学、计量学、经济学、政治学等学科对社会史都有重要的借鉴意义。如果说倡导社会史研究之初，因为借鉴社会学有利于建立社会史大的研究框架和圈占学术领地，而对其有所强调的话，那么，现在更应该多借鉴以社会或文化人类学为主的多学科研究方法，才更有利于研究的深入。

五、重提中国社会史的研究对象与方法

社会史，不论作广义理解、狭义理解还是视为一种方法，在国际学术界均有陈说而无定论，所以有人认为社会史的"最杰出的研究家们总是明智地用更多的时间来研究它，而不是为它下定义"。我认为我国目前对社会史的不同定义均可存在，都可以以自己的学术主张选择研究取向，而不必纠缠于概念之争，更不必以自己理解的定义来否定别人研究的学术价值，以促进学术发展。

如果我们把社会史作为学术流派或一个学术领域看待的话，它究竟如何建立学科体系和开展研究呢？费孝通教授1937年在其论著《乡土中国》后记中对社会学学科建设的看法及研究思路具有重要的启发作用和指导意义。他讲道，社会学在社会科学中是最年轻的一门，早年的学者孔德、斯宾塞视其为研究社会现象的科学，相当于现在的"社会科学"统称，而到后来社会学降到了和政治学、经济学、法律学等社会科学并列的一门学问。由于现代社会科学的不断分化，社会学能不能成为一门特殊的社会科学其实还是一个没有解决的问题，讥笑社会学的朋友曾为它造下了个"剩余社会科学"的绰号。随着专门性社会学的产生，社会学这名词在潮流表面上是热闹了，但是实际上却连"剩余社会科学"的绰号都不够资格了，所剩的几乎等于零。

鉴于社会学面临的此种局面，费孝通提出，"社会学也许只有走综合的路线"。具体来说，综合的路线分为两条，"一是从各制度的关系上去探讨"，即"以全盘社会结构的格式作为研究对象，这对象并不能是概然性的，必须是具体的社区，因为联系着各个社会制度的是人们的生活，人们的生活有时空的坐落，这就是社区"。"另一条路线却不是从具体的研究对象上求综合，而是从社会现象的共相上着手。社会制度是从社会活动的功能上分出来的单位：政治、经济、宗教等是指这些活动所满足人们不同的需要。政治活动和经济活动，如果抽去了它们的功能来看，原是相同的，都是人和人的相互行为。这些行为又可以从它们的形式上去分类，好像合作，冲突，调和，分离等不同的过程。""总结起来说，现代社会学还没有达到一个为所有被称为社会学者共同接受的明白领域。但从发展的趋势上看去，可以说的是社会学很不容易和政治学、经济学等在一个平面上去分得一个独立的范围。它只有从另外一个层次上去得到一个研究社会现象的综合立场。我在这里指出了两条路线，指向两个方向。很有可能是再从两个方向分成两门学问；把社区分析让给新兴的社会人类学，而由'社会学'去发挥社会行为形式的研究。"

费孝通教授既有深厚的现代人类学、社会学的理论素养，又立足"乡土中国"从事具体的应用研究，他的上述见解实乃经验之谈。对照社会史学科广义、狭义的不同理解，研究对象的不确定性，社会史也应该走综合的路线，这同国际社会史学界倡导的整体性、总体史精神是一致的。费老指出的两条综合路线，第一条体现在社会史的区域社会史研究中，而第二条则需要社会史学者探索，因为如果把费老所说的方法应用到历史学，实际即成为历史社会学。历史学研究的特征是对研究对象要有历史过程以及历史背景的说明，这与社会学不同，社会学并不能解决历史学的这种要求。不过从社会学的角度研究社会制度和社会行为确是社会史研究的重要内容。

就中国社会史研究的现状来说，我们看到它具有社会生活、社会文化、区域社会三大内容。区域社会研究属于社区分析一类，而社会生活、社会文化既可置于社区的时空中研究，也可作为社会现象、社会行为、社会制度来探讨，可归结到费孝通所说的第二条路线。

事实上，社会生活、社会文化的研究也是当今世界流行的"新社会史"的内容。台湾著名社会史家杜正胜在总结了两岸社会史研究历程后认为，80年代以前的大陆社会史研究处于"教条主义的困境"，而台湾史学研究则面临"社会科学的贫乏"①，从而提出解决的途径，即所谓"什么是新社会史"的问题。他指出："现在我们所讲的'新社会史'即是汲取以前历史研究的成果，增益人民生活、礼俗、信仰和心态的部分。"新的研究领域可以分为物质、社会、精神三个层面，皆脱离不了人群，以人民生活为主体才是历史研究的重心，新社会史的终极目的在于掌握该社会的特质，即民族社会之文化特色。"新社会史虽然标榜全史，但不是百科全书，也不要求无所不包；相反的，它应有适度的范围和重心。它既以人群为主要对象，当探求各个社会、各个时代，该人群利用资源方法，他们能创造的生活情境，所追求的生活方式，所企盼的人生意义，以及安顿生老病死等（凡作为人必定要面临的）问题的手段。大抵上，可以囊括在'生活礼俗'四字之内，所以'全史'的意义毋宁是探求这些问题间的关系，并且提出一个贯通各问题的概念，以说明某一社会与文化的特质，那是整体而且是联系的。"②他所认为的新社会史的内容，实际也正符合大陆所重视的生活方式、社会文化的研究内容。

中国社会史目前的研究重心，同国际社会史的潮流也是一致的。伊格尔斯1993年在评述20世纪晚期近20年间的历史理论和历史编纂学时指出，联邦德国的历史学表现出"社会史从一种社会结构与进程的历史向生活与文化的历史"扩展，这也表现在其它国家，"在美国、法国和意大利，特别是在英国，正如我们将要

---

① 杜正胜：《中国社会史研究的探索——特从理论、方法与资料、课题论》，载中兴大学历史系《第三届史学史国际研讨会论文集》，台北：青峰出版社，1991年。
② 杜正胜：《什么是新社会史》，《新史学》第3卷第4期，1992年12月。

看到的社会史也日益从结构转向人们的生活世界"①。年鉴学派70年代以后的第三代学者,在注重生活世界的同时,尤注意于社会意识即心态史学的探讨。其定义如阿尔蒂塞所说:"意象(偶象、神话、思想和观念)体系(具有其自身的逻辑和结构)存在于某一特定的社会,并起着历史作用。"乔治·迪比认为:"当今人文学科所面临的主要任务之一,是在相互关连的不可分割的各种活动构成的整体中,一方面确定经济条件的影响,另一方面确定习惯和包括禁忌、戒律在内的道德规范这类事物的影响。"②80年代以来的改革开放,使得国际学术研究状况呈现在中国学者面前,中国学者已在一定程度上借鉴了当代国际社会科学理论与方法,当代中国社会史研究的特征表明,中国学者的学术追求同国际社会史研究的发展趋向是大体一致的。

综上所述,新时期十年的中国社会史研究,具有重在探讨社会生活、社会文化、区域社会的特征,只有把握这些特征,才能更好地理解社会史理论讨论中的不同观点,进而有助于认识中国社会史的研究对象和方法,恰如其分地评价中国社会史研究的整体水平,并选择未来研究的路径。回顾十年来中国社会史的研究历程,瞻望21世纪,中国社会史研究前途如何呢? 我想借用杜正胜的话作为结束语:"一种新的学风形成的基础不在于简洁明确的宣示,也不在动人心弦的博辨,而在于具备历史宏观又经得起细部推敲的著作,法国安那史学之所以成功应是最好的证明。我们所期盼的是源源不断的具体问题的研究,'什么是新社会史'这种问题,应该不须再浪费笔墨阐述了。坐而言,不如起而行,以新著作说明新作风,作品一旦累积到相当程度,什么是新社会史自然迎刃而解。"③我们相信,经过十年的努力和

---

① 〔美〕伊格尔斯:《二十世纪的历史科学》(续三),《史学理论研究》1995年第4期。
② 〔美〕乔治·迪比:《社会史与意识形态》,载〔法〕勒戈夫、皮埃尔·诺拉主编的《史学研究的新问题新方法对象》,北京:社会科学文献出版社,1988年,第247页。
① 杜正胜:《什么是新社会史》,《新史学》3卷4期,1992年12月。

累积，在不久的将来，中国社会史研究领域一定会有一批新的优秀著作问世。

第二节　具体问题研究的成果

20世纪80年代特别是1986年以来，中国社会史研究成果卓著，以下试以专著为主分几大领域予以介绍。

一、断代史、通史研究

断代社会生活史研究取得了突出的成绩。中国社科院历史所承担的国家社科项目"中国古代社会生活史"10卷本断代史丛书，由中国社会科学出版社陆续出版，已出版的有宋镇豪《夏商社会生活史》（1994年）、朱大渭等《魏晋南北朝社会生活史》（1998年）、李斌城等《隋唐五代社会生活史》（1998年）、朱瑞熙等《辽宋西夏金社会生活》（1998年）、史卫民《元代社会生活史》（1996年），学术水准较高。社会生活方面还有一些其他重要成果，林剑鸣主编《秦汉社会文明》（西北大学出版社1985年），除论述农业、手工业物质文明之外，主要内容是城市风貌、衣食住行、迷信祭祀、婚丧习俗及精神风貌。黄正建著有《唐代衣食住行研究》（首都师范大学出版社1998年）一书。宋德金《金代的社会生活》（陕西人民出版社1988年），论述了各阶级、阶层的社会地位及生活，饮食与衣着，住所与交通工具，婚丧礼俗，宗教信仰，学校教育与伦理道德，文娱与体育，岁时风俗及其他。秦新林《元代社会生活史》（河南大学1997年），分18章论述了元代的人口、阶级与民族、户籍与户等、村庄与里甲、士人、商人、饮食、服饰、城市与民居、交通、婚姻、丧葬、学校与教育、医药与养生、文娱、风俗与观念宗教。冯尔康、常建华《清人社会生活》（天津人民出版社1990年）一书，内容包括清代社会等级、公开社团与秘密宗教及结社、宗族、家庭、衣食住行、婚姻丧祭、娱乐、人口与社会救济以及少数民族社会生活等。

还有学者从社会性质、社会形态的角度探讨了中国古代不同时期的社会历史。晁福林《夏商西周的社会变迁》（北京师范大学出版社1996年），就政治、经济、生活、结构、制度、文化等发展变化进行了论述。田昌五、臧知非《周秦社会结构研究》（西北大学出版社1996年），重点探讨了春秋战国时期的国家形态、政体、土地制度、农工商经济等。朱瑞熙《宋代社会研究》（中州书画社1983年），论述了宋代的社会经济、阶级结构、土地占有制度、租佃制度、政治和军事制度、教育制度、封建家族组织、妇女的社会地位、理学与哲学、人民群众的阶级斗争等，以期探讨宋代在封建社会历史上所占的重要地位。

近代社会史有几部不同风格的著作。乔志强主编《中国近代社会史》（人民出版社1992年），分社会构成、社会生活、社会功能3编8章横断论述。陈旭麓《近代中国社会的新陈代谢》（上海人民出版社1992年），分20章纵向论述了近代中国社会的演变。李文海《世纪之交的晚清社会》（中国人民大学出版社1995年）是一部论文集，内容分为社会风习、社会心理、社会思潮、社会生活、社会灾荒五个方面，研究很有深度。刘志琴主编《近代中国社会文化变迁录》（浙江人民出版社1998年）是3卷本的编年体史书，论述了1840年至1921年的近代社会文化，分别由李长莉、闵杰、罗检秋执笔。

现代社会史有张静如等主编的两部著作。《北洋军阀统治时期中国社会之变迁》（中国人民大学出版社1992年）一书，分为社会经济、教育与文化、社会阶级与阶层、社会组织、家庭、社会习俗、社会意识等8章。《国民政府统治时期中国社会之变迁》（中国人民大学出版社1993年），从社会生活诸方面考察了1928年至1949年即国民政府统治时期中国社会的演化。周俊旗、汪丹著有《民国初年的动荡：转型期的中国社会》（天津人民出版社1995年）一书。

通史方面，龚书铎主编，曹文柱、朱汉国副主编的《中国社会通史》（山西教育出版社1996年），分先秦、秦汉魏晋南北朝、隋唐五代、宋元、明代、清前期、晚清、民国等8卷，总计400万字，该书的主要内容是社会结构、社会运行、社会变迁。李泉、王云、江心力编著《中国古代社会史通论》（天津人民出版社1996年）一书，分总论、社会群体、社会层级、社会生活、社会调控、社会问题诸篇。沈大德、吴廷嘉的《黄土板结——中国传统社会结构探

龚书铎主编《中国社会通史》

析》（浙江人民出版社1994年），探讨的则是小农经济、宗法家族制、专制皇权、礼文化所形成的超强聚合社会机制。

二、社会群体及其结构

全面探讨社会结构的是冯尔康主编《中国社会结构的演变》（河南人民出版社1994年）一书，系统考察了殷商至近代中国的社会结构及其变迁。书中对社会结构进行了勾勒，重点介绍了殷商、秦汉、明清、近代四个变化较大的时期，同时较深入地研究了家庭、宗族、民间宗教、职业、少数民族、社区、皇族、士人、兵士等社会群体、社会组织、社会身份的状态和演变，并根据古代社会的特点，强调社会等级结构的重要性。葛承雍《中国古代等级社会》（陕西人民出版社1992年），从衣食住行、婚丧家族、财产法律、官制礼仪等方面论述了等级社会结构。李治安、孙立群《社会层级志》（上海人民出版社1998年），按不同历史时期论述了中国古代、近代的各种社会层级。

分类论述社会群体的著作众多。与80年代以前重视主佃关系形成明显对比的是，知识群体在新时期最受重视。"士为四民之首"，在传统社会结构中地位十分重要，他们是知识层和官僚层，在地方上具有很大的影响力，绝不能简单地归之于地主阶级或统治阶级。刘泽华主编《士人与社会》（先秦卷、秦汉魏晋南北朝卷，天津人民出版社1988年、1992年），"先秦卷"强调士是从事精神产品的一个知识层，士对社会生活的影响主要是通过理论思维来实现的。"秦汉魏晋南北朝卷"多侧面地论述了士人。阎步克《士大夫政治演生史稿》（北京大学出版社1996年）对早期士大夫的理论分析有独到之处。郭绍林《唐代士大夫与佛教》（河南大学出版社1987年）探讨了士大夫和佛教的关系及二者之间的相互影响。

在近代知识分子研究中，李长莉《先觉者的悲剧》（学林出版社1993年）研究了洋务知识分子的产生、角色、思想观念、困境、内心矛盾与贡献。王先明《近代绅士：一个封建阶层的历史命运》（天津人民出版社1997年）比较全面地分析了近代绅士。贺跃夫《晚清士绅与近代社会变迁：兼与日本士族比较》（广东人民出版社1994年）则是难得的比较研究的著作。近代留学生对社会影响甚大，李喜所《近代留学生与中外文化》（天津人民出版社1992年）、王奇生《近代中国留学生的历程》（人民出版社1992年）、桑兵《晚清学堂学生与社会变迁》（学林出版社1995年），从不同角度探讨了学生与社会的关系。许纪霖《智者的尊严：知识分子与近代化》（学林出版社1992年），考察了中国近代知识分子的群体人格。杨念群《儒学地域化的近代形态》（三联书店1997年），分析了知识分子的不同地域背景和地域特点。杨国强《百年嬗蜕——中国近代的士与社会》（上海三联书店1997年），分专题探讨近代士人，有著名知识分子的个案分析。李良玉《动荡时代的知识分子》（浙江人民出版社1990年），论述了知识分子同当时社会思潮的关系。

商人的研究也成绩可观。张海鹏、张海瀛主编《中国十大商帮》（黄山书社1993年），主要论述了明清时代山西、陕西、宁波、山东、广东、福建、洞庭、江右、龙游、徽州等地的地域性商人。探讨徽商的有王世华《富甲一方的徽商》（浙江人民出版社1997年）一书。唐力行《商人与中国近世社会》（浙江人民出版社1993年），探讨了16世纪到20世纪前叶商人阶层发展的脉络和商人与社会诸层面的关系，重点论述了商人组织、商人与资本主义萌芽、商

唐力行著《商人与中国近世社会》

人与社区生活、商人文化、近世商人的整合与资产阶级的兴起、商人在近世社会中的角色等，注重商人的社会性，内容新颖。马敏《官商之间：社会剧变中的近代绅商》（天津人民出版社1995年），探讨了近代亦官亦商的绅商阶层的形成、类型、社会属性、社会功能、政治参与，以期认识近代社会的转型，其分析借鉴了"市民社会"的理论。1997年华中理工大学出版社出版了严昌洪主编的"东方商旅丛书"，计有唐力行《商人与文化的双重变奏：徽商与宗族社会的历史考察》、严昌洪《在商业革命的大潮中：中国近代商事习惯的变迁》、朱英《商业革命中的文化变迁：近代上海商人与"海派"文化》3种。近代与商人相关的还有资产阶级的形成问题，黄逸峰、姜铎等《旧中国民族资产阶级》（江苏古籍出版社1990年），是较早系统探讨这一问题的著作，而朱英《中国早期资产阶级概论》（河南大学出版社1992年）、马敏《过渡形态：中国早期资产阶级构成之谜》（中国社会科学出版社1994年），则是两部研究早期资产阶级的专著。

农民的研究虽是传统课题，但出现了一些具有新视野和新观点的著作。孙达人《中国农民变迁论》（中央编译出版社1996年），从农民变迁的角度探讨了中国历史的发展周期。冯尔康、常建华主编《中国历史上的农民》（台北1998年）收录7篇论文：冯尔康《中国古代农民的构成及其变化》、刘泽华《专制权力支配下的小农》、朱凤瀚《先秦时代的农民》、蔡美彪《略谈宋元时期农民地位的演变》、郭松义《18—19世纪的中国农业生产和农民》、陈振江《近代华北社会变迁与农民群体意识》、魏宏运《华北农民之源流及其在30年代的群体活动》。秦晖、苏文《田园诗与狂想曲：关中模式与前近代社会的再认识》（中央编译出版社1996年），是一部理解农民并用理性批判态度去认识农民的著作，全书的基点是"关中无地主""关中无佃农""关中有封建"的模式，分析了农民的社会经济行为、政治关系和组织形式。张鸣《乡土心路八十年：中国近代化过程中农民意识的变迁》（上海三联书店1997年）论述了农民对外部世界变化的意识反应。

吏员、幕友是服务于官府又非官员的公务、秘书人员，属于政治制度和社会史都探讨的群体。赵世瑜《吏与中国传统社会》（浙江人民出版社1994年），重点考察了吏集团在社会政治结构中的地位，详于宋代以后。郭润涛《官府、幕友和书生："绍兴师爷"研究》（中国社会科学出版社1996年），探讨了师爷这一社会群体的职业特点和生活状况。探讨师爷的还有王振忠《绍兴师爷》（福建人民出版社1994年）、李乔《中国的师爷》（商务印书馆1995年）等书。

游民群体的研究是近年来展开的，陈宝良《中国流氓史》（中国社会科学出版社1993年），论述了游民群体中的不良分子这一阶层在历史上的演变。游民中的乞丐位于社会最底层，对他们的研究，有几部专著问世。王光照《中国古代乞丐风俗》（陕西人民出版社1994年），论述了乞丐的心态、组织和众生相。岑大利、高永健《中国古代乞丐》（商务印书馆1995年），论述了乞丐的产生和流变、构成、生活与行乞方式、丐帮组织、风气，以及与节日、宗教、社会、国家的关系。曲彦斌《乞丐史》（上海文艺出版社1995年）也分专题论述了乞丐。

女性是以性别区分的社会群体。刘士圣《中国古代妇女史》（青岛出版社1991年），探讨了妇女地位以及杰出女性、妇女政策、婚姻和后妃制度等。武舟《中国妓女生活史》（湖南文艺出版社1990年），是继王书奴《中国娼妓史》后又一部全面系统论述历代娼妓生活的专著。高世瑜《中国古代妇女生活》（商务印书馆1996年），论述了妇女生育、劳动、教育、婚恋、交际、文娱、妆饰等。断代方面，郑慧生《上古华夏妇女与婚姻》（河南人民出版社1988年），重点探讨了原始社会、夏、商、周时期妇女在不同婚姻制度中的地位及其变化。高世瑜《唐代妇女》（三秦出版社1988年），论述了唐代妇女各个阶层的状况，在政治、文学、艺术等方面做出的业绩，婚姻、娱乐、妆饰等生活，揭示了唐代妇女在中国古代社会中的特殊地位和独特风貌。王冬芳《满族崛起中的女性》（辽宁民族出版社1996年），分类论述了满族历史上的妇女。近代妇女方面，刘巨才《中国近代妇女运动史》（中国妇女出版社1989年），分期研究了近代妇女运动。吕美颐、郑永福《中国妇女运动（1840—1921）》（河南人民出版社1990年），更突出了性别与妇女运动的关系。郑永福、吕美颐《近代中国妇女生活》（河南人民出版社1993年），论述了天足、服饰、婚嫁、宗教、城市妇女、农妇、女工等。马更存也著有《中国近代妇女史》（青岛出版社1995年）。

以年龄划分的社会群体研究薄弱，有些著作涉及儿童、老年问题。谢元鲁、王定璋《中国古代敬老养老风俗》（陕西人民出版社1994年），重点论述了历朝对老人的优待、特殊庆典、致仕、退休官吏的生活、养老的救济机构等。刘咏聪《中国古代的育儿》（商务印书馆1997年），探讨了古代育儿的程序及内容，皇族、士大夫及平民阶层的育儿情况。

三、社会组织

家庭。王玉波从不同侧面探讨了中国家庭史，著有《中国家长制家庭制度史》（天津社会科学院出版社1989年）、《中国家庭的起源与演变》（河北科技出版社1992年）、《中国古代的家》（商务印书馆1995年）等。通论家庭问题的还有岳庆平《中国的家与国》（吉林文史出版社1990年）、阎爱民《中国古代的家教》（商务印书馆1997年）等。有几部重要著作研究了不同时期的家庭。谢维扬的《周代家庭形态》（中国社会科学出版社1990年），借鉴人类学亲属研究的理论，从世系问题入手，然后依次考察婚姻、亲属称谓、世系集团等，最后论述了家庭关系，通过家庭研究，揭示出血缘关系在周代社会生活中的地位和影响。杨际平、郭锋、张和平《5—10世纪敦煌的家庭与家族关系》（岳麓书社1997年），使用了大量敦煌文书，深入细致地探讨了魏晋南北朝隋唐时期敦煌的家庭结构、家庭功能、家庭关系与社会生活、家庭政治功能与聚族活动密切相关的敦煌边民的文化心态。傅建成《社会的缩影——民国时期华北农村家庭研究》（西北大学出版社1993年）深入分析了家庭成立过程中的择偶方式、婚姻规则、婚龄，以及家庭结构、家庭功能和家庭物质生活贫困化等问题。

家族、宗族是最富研究成果的领域。通史性质的有徐扬杰的《中国家族制度史》（人民出版社1992年），注重对宗族进行阶级分析和批判，以及把握宗族同特定历史背景的关系，旨在揭示东方农村社会的特点。冯尔康等《中国宗族社会》（浙江人民出版社1994年），强调从宗族形态本身探讨，注意分析不同历史时期宗族的特点以及历史合理性。冯尔康另有《中国古代的宗族与祠堂》（商务印书馆1996年）一书。常建华所撰《宗族志》（上海人民出版社1998年），兼顾宗族制度的结构形态和功能形态，全面而系统地论述了中国宗族制度的基本内容：祖先祭祀与家庙祠堂、宗族结构与组织、族谱、族产、族学、族规，并论述了宗族制度的演变。钱杭《中国宗族制度新探》（香港中华书局1994年），对汉人宗族的范畴、规模、宗法制度、谱牒、家庙和祠堂、现代化与汉人宗族，提出了诸多新见解。

断代性的研究主要集中在先秦和明清两个历史时期。先秦的探讨有两个视角：一是宗法制度，钱宗范《周代宗法制度研究》（广西师范大学出版社1989年）、钱杭《周代宗法制度史研究》（学林出版社1991年）各有侧重，前者围绕族权主要探讨了不同阶层的宗法制度，后者重点论述了周代宗法发展过程中的关节点，以及各地区、各诸侯国宗法表现出来的相异点。二是家族形态，朱凤瀚《商周家族形态》（天津古籍出版社1990年），通过对典籍、古文字、田野考古资料的综合分析，借鉴现代人类学的理论，对商周社会诸类型的家族组织形式作了断代的细致考察，归纳其特征，并探求商周家族形态的进程及规律性。

明清研究方面有6部著作问世。朱勇《清代宗族法》（湖南教育出版社1987年），探讨了宗族私法及与国家的关系。张研《清代族田与基层社会结构》（中国人民大学出版社1991年），对清代族田的历史渊源、发展概况、管理与经营、土地增殖与租入分配有详细论述，并探讨了族田与基层社会结构的关系。陈支平《近五百年来福建的家族社会与文化》（三联书店上海分店1991年），展现了宗族形态的多方面内容。他还探讨了福建族谱的特点，著有《福建族谱》（福建人民出版社1996年）一书。陈氏的研究内容基本上是清代的。郑振满《明清福建家族组织与社会变迁》（湖南教育出版社1992年），重点探讨了继承式、依附式、合同式三种类型的宗族组织，以及宗族组织在福建不同地区的发展，此外对家庭结构、宗族组织的社会变迁的研究也占有相当篇幅。吴仁安《明清时期上海地区的著姓望族》（上海人民出版社1997年），着重介绍了明清以来20个著姓望族以及300个家族的门祚，阐述了望族形成的条件、发展变化及其社会影响。此外，田余庆《东晋门阀政治》（北京大学出版社1989年）探讨了士族的政治作用。

方北辰《魏晋南北朝江东世家大族述论》(台北文津出版社1991年)探讨了江东世族问题。陈爽《世家大族与北朝政治》(中国社会科学出版社1998年)研讨了北朝世族。孔永松、李小平《客家宗族社会》(福建教育出版社1995年),探讨了客家宗族的形成与发展、结构、功能与裂变。钱宗范、梁颖等著《广西各民族宗法制度研究》(广西师范大学出版社1997年),主要探讨了汉、壮、瑶、苗、侗、仫佬、毛南、回、京、彝、仡佬、水诸族的宗法制度。费成康主编《中国的家法族规》(上海社会科学院出版社1998年),论述了家法族规的演变、制订、范围、惩处、执罚、奖励、特性、历史作用和现代意义。彭文宇著有《闽台家族社会》(台北幼师文化事业1998年)一书。

秘密宗教结社与会党的研究成果显著。秘密宗教方面,喻松青《明清白莲教研究》(四川人民出版社1987年),收入了有关白莲教、黄天道、清茶门教、天理教、长生教、八卦教、《破邪详辩》以及秘密宗教中的女性、孝亲观等12篇论文,注意民间宗教在政治、思想方面的特点和倾向,强调民间秘密宗教因源于白莲教而具有共同性,且受佛教影响较大。马西沙《清代八卦教》(中国人民大学出版社1989年),深入探讨了八卦教的起源和演变,以及其他民间组织和起事的关系,还揭示了八卦教的信仰与风习对华北地区底层社会产生的影响。该书重视民间秘密宗教各派的差异,强调道教对民间秘密宗教的影响。林国平《林兆恩与三一教》(福建人民出版社1992年)探讨了明代福建的三一教。马西沙还同韩秉方共著百万字的《中国民间宗教史》(上海人民出版社1992年),全面系统地论述了汉末到清代的民间宗教历史。

会党方面。蔡少卿的《中国近代会党史研究》(中华书局1987年)收入了15篇论文,论述了从清代到现代的会党,多有创见。其中《近代中国的秘密社会及其历史演变》一文反映了作者对会党的整体看法,侧重于社会史的分析。他还主编了《民国时期的土匪》(中国人民大学出版社1993年),倡导对土匪的研究。周育民、邵雍

《中国帮会史》（上海人民出版社1993年），全面系统论述了从天地会创立到新中国成立后对帮会取缔的历史。会党中以天地会影响最大，研究也最为集中。秦宝琦《清前期天地会研究》（中国人民大学出版社1988年）依据大量档案史料，探讨了天地会的阶级结构、组织发展、地区分布、政治思想、伦理道德及社会功能等，主张天地会是成立于乾隆二十六年（1761年）的下层群众互济互助组织。他又在《洪门真史》（福建人民出版社1995年）中特别探讨了近代的天地会。与秦宝琦针锋相对的学者是赫治清、胡珠生，分别著有《天地会起源研究》（社会科学文献出版社1996年）、《清代洪门史》（辽宁人民出版社1996年），进一步论证了天地会是成立于康熙年间反清复明政治组织的观点。赫著综合各种资料对天地会创立的时间、诞生地与创始人、创立宗旨及历史渊源进行了辩正；胡著重点分析了天地会内部文件会簿。此外，赵清《袍哥与土匪》（天津人民出版社1990年），论述了四川哥老会从清代成立到1949年被取缔的历史。苏智良《上海黑社会》（浙江人民出版社1991年），探讨了近现代上海的青帮和红帮。乔培华《天门会研究》（河南人民出版社1993年），研究了民国以来红枪会在河南的分支天门会。民间秘密宗教和秘密帮会共同构成秘密社会，从这个角度研究的著作有连立昌《福建秘密社会》（福建人民出版社1989年）、蔡少卿《中国秘密社会》（浙江人民出版社1989年）、秦宝琦《中国地下社会》（学苑出版社1994年）、蔡少卿主编《中国秘密社会概观》（江苏人民出版社1998年）等。

会社的研究获得新的进展。通史性著作有陈宝良《中国的社与会》（浙江人民出版社1996年），论述了政治、经济、军事、文化四种不同类型的会社，并探讨了社与会的组织结构。断代性研究方面，宁可、郝春文合作或分撰系列论文，研究了敦煌社邑组织活动及其与寺院的关系，并考察了汉至唐及唐以后社邑发展的脉络。他们对社邑文书做了细致的录校和研究，著有《敦煌社邑文书辑校》（江苏古籍出版社1997年）一书。王日根《乡土之链：

明清会馆与社会变迁》（天津人民出版社1996年），论述了明清会馆的演进、兴盛背景与内部运作、社会功能、文化内涵。桑兵《清末新知识界的社团与活动》（三联书店1995年），首先分述了兴汉会、保皇会、留日学生社团、中国教育会、军国民教育会，然后概述了20世纪初国内新知识界社团，并对孙中山与国内留日学界的关系进行了探讨。

　　近代商会问题是80年代以来开始研究的领域。由于天津、苏州、上海的商会档案被保存下来，特别是天津、苏州商会档案的公布，为研究者提供了极大的便利，商会的研究出版了一系列著作。徐鼎新《上海总商会史（1902—1929）》（上海社会科学院出版社1991年），重点论述了上海商会组织的发展、经济活动和政治活动。虞和平《商会与中国早期现代化（1902）》（上海人民出版社1993年），上编论述了商会与资产阶级自身现代化，下编探讨了商会在早期现代化中的作用。马敏、朱英《传统与近代的二重变奏：晚清苏州商会个案研究》（巴蜀书社1993年），论述了清末苏州商会的产生发展过程、组织结构、功能和性质，以及经济和政治作用。朱英《转型时期的社会与国家》（华中师范大学出版社1997年）运用"市民社会"理论，从商会探讨了社会和国家的关系。

　　四、地域社会

　　城市史研究进展显著。古代方面，周宝珠《宋代东京研究》（河南大学出版社1992年），陈高华、史卫民《元上都》（吉林教育出版社1988年），陈高华《元大都》（北京出版社1984年），韩大成《明代城市研究》（中国人民大学出版社1991年），罗一星《明清佛山经济与社会变迁》（广东人民出版社1994年）等著作，都有一定篇幅论述城市社会。至于近代的几部颇受好评的城市史，如隗瀛涛主编《近代重庆城市史》（四川大学出版社1991年）、张仲礼主编《近代上海城市研究》（上海人民出版社 1990年）、罗澍伟主编《近代天津城市史》（中国社会科学出版社1993

年）、皮明麻主编《近代武汉城市史》（中国社会科学出版社1993年）都有或多或少的社会史内容。

还有一些著作是专门的城市社会史。湖南出版社自1993年起陆续推出“中国古代城市生活长卷丛书”，由黄新建、李春棠、史卫民、陈宝良、赵世瑜分撰的唐、宋、元、明、清各卷构成，全面系统论述了古代城市的日常生活。吴刚《中国古代的城市生活》（商务印书馆1997年），论述了城市生活的起源和发展，闲逸、安适、享乐的城市生活特征，城市日常生活与习俗，城市的阴暗面。不少学者研究了一个城市的社会史，北京社科院历史所编《北京城市生活》（开明书店1997年），分辽金、元、明、清、近代等5章，系统论述了历史上北京城区居民生活的演变，内容包括北京城区社会结构、人口、民族、家庭、居民的物质与精神生活。王振忠《近600年来自然灾害与福州社会》（福建人民出版社1996年），论述了自然灾害与福州城市生活史。乐正《近代上海人社会心态（1860—1918）》（上海人民出版社1991年），考察了清末城市化过程中市民意识的变化，描绘了作为商业社会和移民社会中的“上海人”意识。尚克强、刘海岩主编《天津租界社会研究》（天津人民出版社1996年）是一部近代租界社会史。从现代化角度研究上海城市社会的有两部著作，即张仲礼主编《东南沿海城市与中国近代化》（上海人民出版社1996年）和忻平《从上海发现历史：现代化进程中的上海人及其社会生活（1927—1937）》（上海人民出版社1996年）。

乡村社会与村落社区。雷家宏《中国古代乡里生活》（商务印书馆1997年），论述了乡里结构、社会关系和乡村文化。马新《两汉乡村社会史》（齐鲁书社1997年），剖析了两汉时期乡村社会的内部结构，展现了当时乡村生产生活的风貌。齐涛《魏晋隋唐乡村社会研究》（山东人民出版社1995年），主要探讨了乡村形态的变化与乡村经济。张乐天《告别理想——人民公社制度研究》（东方出版中心1998年），探讨了中华人民共和国成立后农村基层社会的状况。村落方面，王铭铭《社区的历程：溪村汉人家族的个案研究》（天津人民出版社1997年）以社区的历史叙述框架，描绘了福建溪村的家族组织与社会过程，由于作者系社会人类学者，其研究方法对历史学者有参考价值。周銮书主编《千古一村：流坑历史文化的考察》（江西人民出版社1997年），论述了江西抚州地区乐安县流坑村五代以来的历史和风俗民情。

介于城市和农村之间的市镇，是商品经济发展的产物，对社会经济结构有相当的影响，傅宗文《宋代草市镇》（福建人民出版社1989年）、樊树志《明清江南市镇探微》（复旦大学出版社1990年）、陈学文《明清时期杭嘉湖市镇史研究》（群言出版社1993年）、小田《江南乡镇社会的近代转型》（中国商业出版社1997年），是市镇研究的专著。

区域社会史。王笛《跨出封闭的世界：长江上游区域社会研究（1644—1911）》（中华书局1993年），广泛论述了人口、耕地与粮食、市场、手工业与工业、政治统治机构、教育的演变、社会组织及功能、社会阶层与生活、意识形态以及近代化进程。杨国桢、陈支平《明清时代福建的土堡》（台北国学文献馆1993年）探讨了福建社会结构中的土堡问题。钱杭、承载《十七世纪江南社会生活》（浙江人民出版社1996年）考察了江南的文人社团、宗族、文化事业、艺事文风、衣食住行等。王振忠《明清徽商与淮扬社会变迁》（三联书店1996年），研究了明清徽商的土著化过程与盐业城镇的发展，以及与东南文化变迁的关系。除上述南方区域外，魏宏运主编《二十世纪三四十年代冀东农村社会调查与研究》（天津人民出版社1996年）、朱德新《二十世纪三四十年代河南冀东保甲制度研究》（中国社会科学出版社1994年），展现了三四十年代华北尤其是冀东农村社会形态的基本面貌。另有何友良《中华苏维埃区域社会变动史》（当代中国出版社1996年）一书，探讨了革命根据地的区域社会问题。

五、人口社会史

随着人口禁区的突破，面对人口数量庞大的社会现实，历史人口学成为历史研究的热点。

通论性研究方面，全国性通史有赵文林、谢淑君《中国人口史》（人民出版社1988年），主要论述了历朝人口数量变化和分布状况。葛剑雄的同名著作（福建人民出版社1991年），论述了人口调查制度的演化、人口构成与再生产、分布与迁移、影响人口发展的因素等。王育民的同名著作（江苏人民出版社1995年）在人口数量方面提出了不少新见。袁祖亮《中国古代人口史专题研究》（中州古籍出版社1994年），探讨了人口的数量、分布、家庭人口数、自然增长率、平均死亡年龄、制土分民思想等问题。人口问题与人口政策密切相关，庄国土《中国封建政府的华侨政策》（厦门大学出版社1989年）主要论述了清朝的华侨政策。宋昌斌《中国古代户籍制度史稿》（三秦出版社1991年），从法制史角度论述了历史上的户口管理。王跃生《中国人口的盛衰与对策》（社会科学文献出版社1995年），论述了户口管理、婚姻、生育、家庭及宗族、老年、人口迁徙、职业、流民、救济、民族诸项人口政策。地区性通史有李世平《四川人口史》（四川大学出版社1987年）等。断代性通史方面，冻国栋《唐代人口问题研究》（武汉大学出版社1993年），探讨了户口以及人口的升降、分布、迁移、结构等问题。行龙、姜涛分别著有《人口问题与近代社会》（人民出版社1992年）、《中国近代人口史》（浙江人民出版社1993年）两部近代人口史，前者探讨了人口数量演变、过剩人口问题、人口分布与流迁、人口城市化、人口构成等；后者研究的是人口数量变化、分布与迁移、人口结构、人口与历史等问题。

人口流动的研究引人注目。移民通史有石方《中国人口迁移史稿》（黑龙江人民出版社1990年），论述了从远古到新中国成立后的人口迁移历史。葛剑雄、曹树基、吴松弟《简明中国移民史》(福建人民出版社1993年)，论述了移民的动因、时间、迁出地、迁入地、迁移方向、路线及迁移造成的影响，归纳出中国移民史的分期、特点和类型。在此基础上，葛剑雄等又出版了6卷本《中国移民史》(福建人民出版社1997年)。朱国宏《中国的海外移民》(复旦大学出版社1994年)，论述了海外移民的原因和背景、类型与特征、规模、流向及分布、多方面的影响等。断代性研究方面，吴松弟《北方移民与南宋社会变迁》(台湾文津出版社1993年)，考察了北方移民的南迁过程、迁出地与迁入地的分布状况及主要路线和入籍过程。张国雄《明清时期的两湖移民》(陕西人民教育出版社1996年)主要依据族谱资料，就"湖广填四川"的移民过程、地理特征、动因、类型、路线，以及移民与人口经济、环境的关系加以探讨。牛建强《明代人口流动与社会变迁》(河南大学出版社1997年)，论述了明初政府移民、明前中期的流民和中后期的工商人口流动。陈孔立《清代台湾移民社会》(厦门大学出版社1990年)，综论了台湾移民社会发展进程、特点、模式等，更重点研究了人口与社会结构、农民起义、游民暴动与械斗。刘正刚《闽粤客家人在四川》(广西教育出版社1997年)论述了清代四川移民问题。池子华《中国近代流民史》(浙江人民出版社1996年)，探讨了流民问题的产生、流向与社会的关系以及对策。山东移民东北问题，有路遇《清代和民国山东移民东北史略》(上海社会科学院出版社1987年)一书进行论述。

人口地理。葛剑雄《西汉人口地理》(人民出版社1986年)探讨了人口分布等问题。翁俊雄著有《唐初政区与人口》(北京师范学院出版社1990年)、《唐朝鼎盛时期政区与人口》(首都师范大学出版社1995年)二书，前书探讨的是贞观十三年(639年)的行政区划和人口分布；后书对天宝十二年(753年)户部计账复原，考讨人口分布。费省《唐代人口地理》(西北大学出版社1996年)论述的是唐代人口数量、各地人口增长差异、人口分布及人口迁移。韩光辉《北京历史人口地理》(北京大学出版社1996年)也是一部重要著作，侧重于明清时代。

此外，李燕捷《唐人年寿研究》（台湾文津出版社1993年）探讨了唐人的大致平均寿命水平，并从性别、阶层、时代、性格考察不同寿命，分析了唐人的死亡原因。李中清、郭松义主编《清代皇族人口行为和社会环境》（北京大学出版社1994年），利用皇族玉牒、档案探讨了人口及相关问题。

六、社会习尚

民俗习尚反映了多方面的社会生活，也是社会心态的反映，新时期对于历史上风俗、民俗、礼俗的探讨，注意到揭示其与民众意识、民间信仰、社会心理的联系性。

通论性研究。史仲文、胡晓林主编《中国全史》（人民出版社1993年、1994年）内有习俗史系列9种，分别论述了自远古至清代的习俗历史。昭穆制度是周人社会生活中的礼仪活动，而且流传后世，李衡眉《昭穆制度研究》（齐鲁书社1996年）认为，昭穆制度产生于由原始的两合氏族婚姻组织向地域性的两合氏族婚姻组织转变的过程中，其产生的直接原因是由"男孩转入舅舅集团改变为转入父亲集团"而引起的。并探讨了与昭穆之制相关的诸多问题。

断代性通论著作不少，先秦有徐华龙《国风与民俗研究》（中国民间文艺出版社1988年）、常金仓《周代礼俗研究》（台湾文津出版社1993年），秦汉有韩养民、张来斌《秦汉风俗》（陕西人民出版社1987年）。唐代习俗研究成绩最突出，特别表现在敦煌学领域。敦煌文书记载了大量社会习俗资料，姜伯勤《敦煌社会文书导论》（台湾新丰出版社1992年）重点探讨了礼仪问题。周一良、赵和平《唐五代书仪研究》（中国社会科学出版社1995年）、赵和平《敦煌表状笺启书仪辑校》（江苏古籍出版社1997年）、邓文宽《敦煌天文历法文献辑校》（江苏古籍出版社1996年）均是整理保存社会生活和民俗资料的文书。高国藩系统探讨了敦煌民俗史,著有3部专著:《敦煌民俗学》(上海文艺出版社1989年)全面勾勒了唐代敦煌的各种风俗习惯,《敦煌古俗与民俗流变》(河海大学出版社1989年)重点探讨前书未及深入的领域,《敦煌巫术与巫术流变》(河海大学出版社1993年)专门讨论巫术问题。另有谢生保主编《敦煌民俗研究》(甘肃人民出版社1995年)一书。

古代不同时期少数民族风俗的研究成果也不少。吕一飞《胡族习俗与隋唐风韵:魏晋南北朝北方少数民族社会风俗及其对隋唐的影响》(书目文献出版社1994年),探讨了服饰、饮食、居住与交通、婚丧嫁娶、民歌音乐舞蹈礼俗等。张国庆、朴忠国《辽代契丹习俗史》(辽宁民族出版社1997年),论述了生产、生活、人生、社会、娱乐、宗教信仰习俗以及契丹习俗文化源流。王可宾《女真国俗》(吉林大学出版社1988年),上编论述婚姻、家庭形态,中编探讨氏族、军事民主、勃极烈、猛安谋克诸制度,下编介绍了命名、继承、社会生活各种习俗。韩耀旗、林乾《清代满族风情》(吉林文史出版社1990年)论述了满族多方面的风俗。

一些学者探讨了近现代的风俗史。严昌洪著有《西俗东渐记:中国近代社会风俗的演变》(湖南出版社1991年)、《中国近代社会风俗史》(浙江人民出版社1992年),前书论述西俗与中国传统风俗冲突融合的过程,后书探讨近代风俗的变迁。李文海、刘仰东《太平天国社会风情》(中国人民大学出版社1989年),论述了宗教、服饰、婚丧、年节、家庭、妇女、烟娼赌之禁以及文化心态。李少兵《民国时期的西式风俗文化》(北京师范大学出版社1994年),叙述了民国时期的西式饮食、服装、建筑、交通、影视、舞蹈、戏剧、商业、礼俗、婚姻。冯尔康、常建华编《中国历史上的生活方式与观念》(台北馨园文教基金会1998年)收录了7篇论文:张国刚《佛教与中古民众的宗教生活》,宋德金《辽金社会文化异同论》,常建华《明代岁时节日生活》,杜家骥《满汉命名习俗、观念及其与社会生活》,王俊义、高翔《清代学术思潮与士林风气》，李喜所《民国初年生活观念和习俗的变迁》，王永祥《新生活运动中的国民意识和生活方式》。

婚姻。陈鹏《中国婚姻史稿》（中华书局1990年）是一部厚重的著作，论述了婚姻形态、婚礼、定婚、结婚、离婚、媵妾、赘婚与养媳等。邓伟志《唐前婚姻》（上海文艺出版社1988年），是从《诗经》《左传》《汉书》、乐府民歌、唐代传奇探讨婚姻的著作。断代性研究方面，彭卫《汉代婚姻形态》（三秦出版社1988年），论述了婚姻的等级性、地缘结构、婚龄、婚礼、妇女地位、原始婚俗、婚姻法、婚姻观等。牛志平、姚兆女《唐代婚丧》（西北大学出版社1996年）反映了牛志平对唐代婚姻的研究成果。谭蝉雪《敦煌婚姻文化》（甘肃人民出版社1993年）论述了唐宋时期沙州地区的婚嫁、生育习俗。张邦炜《婚姻与社会（宋代）》（四川人民出版社1989年），研究了宋代婚姻制度、妇女再嫁、婚姻观念、榜下择婿等问题。此外尚有多种婚姻史著述，此不备举。

丧葬。多是通史著作，罗开玉《丧葬与中国文化》（三环出版社1990年）高度概括地论述了丧葬文化与习俗多方面的问题。周苏平《中国古代丧葬习俗》（陕西人民出版社1990年），将文献和考古材料结合起来，偏重对丧制和墓葬的论述。徐吉军、贺云翱《中国丧葬礼俗》（浙江人民出版社1991年）主要探讨了丧葬礼俗和思想。黄展岳《中国古代的人牲人殉》（文物出版社1990年）主要用考古资料探讨先秦时代的相关问题，先秦以下也在作者的研究范围以内。李如森进行断代丧葬史研究，所著《汉代丧葬制度》（吉林大学出版社1995年）从汉墓遗存研究葬俗，论述了葬俗、丧礼、安葬和棺椁、制度、随葬品、陵园和墓域、木椁墓、崖墓、空心砖墓、土洞墓、石室墓、壁画墓、画像石墓、画像砖墓、砖室墓等。

岁时节日。韩养民、郭兴文《中国古代节日风俗》（陕西人民出版社1987年）介绍了七个节日。陈久金、卢莲蓉的《中国节庆及其起源》（上海科学技术出版社1989年），从天文历法角度对节日起源提出诸多新说。宋兆麟、李露露《中国古代节日文化》（文物出版社1991年）详于清代资料，并有一些民族学的解释。韩广泽、李延龄《中国古代诗歌与节日习俗》（天津人民出版社1992年）是以诗歌为史料的著述。简涛《立春风俗考》（上海文艺出版社1998年）重点探讨立春的文化变迁，研究文化变迁中礼仪结构和功能的变化，探求文化变迁的内因和外因，并试图总结立春文化历史变迁的某些规律。

服饰。沈从文旧著《中国古代服饰研究》（香港商务印书馆1981年）主要采取图录说明的形式。周锡保《中国古代服饰史》（中国戏剧出版社1984年）进一步以文献资料丰富了服饰发展史。周汛、高春明《中国历代服饰》（学林出版社1984年）、《中国古代服饰风俗》（陕西人民出版社1988年），系统介绍了不同历史时期服饰的制度、风俗与文化。周汛、高春明《中国历代妇女装饰》（学林出版社1988年）专论女子服饰。高春明《中国古代的平民服装》（商务印书馆1997年），从形式、形制、使用、禁忌、身份、沿革作了论述。专门探讨某类人服饰的著作还有刘永华《中国古代军戎服饰》（上海古籍出版社1995年）、孟晖《中原女子服饰史稿》（作家出版社1995年）等。

饮食。饮食方面的著述甚多，以下列举与社会史关联较多的若干种。曾纵野《中国饮馔史》（中国商业出版社1988年），第1卷叙述了原始社会至公元前3世纪的饮食生活史。王仁湘《饮食考古初集》（中国商业出版社1994年）是食物、饮食、烹饪器具、烹饪方式、饮食礼俗的考古研究论文集。黎虎主编《汉唐饮食文化史》（北京师范大学出版社1998年）研究系统而深入。论述这一时期的还有王子辉《隋唐五代烹饪史纲》（陕西科学技术出版社1991年）。论述明清时期的有伊永文《明清饮食研究》（台北洪业文化事业有限公司1997年）、林永匡和王熹《清代饮食文化研究》（黑龙江教育出版社1991年）等书。王仁湘《饮食与中国文化》（人民出版社1994年）论述了中国饮食礼俗和观念等问题。赵荣光对中国饮食史进行了多方面的探讨，其《天下第一家衍圣公府饮食生活》（黑龙江科学技术出版社1989年）、《中国古代庶民饮食生活》（商务印书馆1997年），分别论述了贵族和平民不同等级的饮食生活，又在《满族食文化变迁与满汉全席问题研究》（黑龙江人民出版社1996年），论述了清代满族贵族的食尚和满族饮食习尚的变化。王仁兴《中国年节食俗》（北京旅游出版社1987年）注意发掘食俗的文化意义。

居室及陈设。刘敦桢主编《中国古代建筑史》（中国建筑工业出版社1980年）等建筑史著述，多涉及居室建筑。室内陈设方面，王世襄《明式家具研究》（香港三联书店1985年）、《明式家具珍赏》（同前）研究了明代家具。胡德生《中国古代的家具》（商务印书馆1997年）介绍了不同历史时期的家具。

行的生活。王仁兴《中国旅馆史话》（中国旅游出版社1984年）探讨了行旅问题。王子今著有《交通与古代社会》（陕西人民教育出版社1993年）、《中国古代行旅生活》（商务印书馆1996年）二书，前书探讨了交通与社会组织、社会结构、社会习尚等方面的关系；后书论述了行旅的心理准备、行装与旅费、送别礼俗、行旅方式、旅食与旅宿、行程与行速、行李与行具、行旅的安危、旅人的精神等。

信仰。诸神崇拜方面，宗力、刘群《中国民间诸神》（河北人民出版社1986年）比较全面地整理了民间诸神的系统。李乔《中国行业神崇拜》（中国华侨出版社1990年），上编概述行业神，下编分述17类行业神。何星亮《中国自然神与自然崇拜》（上海三联书店1992年），论述了各种自然神的观念、形象、名称、祭祀场所、祭扫仪式、禁忌、神话等。福建民间信仰研究较为深入，林国平、彭文宇《福建民间信仰》（福建人民出版社1993年），重点论述自然、祖先与祖师、女神、佛道俗神等崇拜。徐晓望《福建民间信仰源流》（福建教育出版社1993年），研究了福建民间信仰的发展以及不同时期民间信仰的特点。战国秦汉墓葬出土有《日书》，属于古代数术的择日之学，也有相宅、占梦、驱鬼祛邪等内容。80年代以来随着资料的整理公布，不少学者从社会史的角度进行了研究，发表了大量论文，开辟了新的研究领域。[①]侯旭东《五六世纪北方民众佛教信仰》（中国社会科学出版社1998年），研究了佛教流行北方社会的历史背景、造像记所见民众信仰、民众佛教修持方式的特点与佛教信仰的社会影响，颇具新意和学术水准。禁忌反映信仰，赵建伟《人世的"禁区"》（陕西人民教育出版社1988年）、任聘《中国民间禁忌》（作家出版社1990年）探讨了这一领域。文身也是某种观念和信仰的表现，徐一青、张鹤仙《信念的历史：文身世界》（四川人民出版社1988年），论述了文身的历史、意义、心理因素、功能等问题。风水观念是中国人的思维特点之一，何晓昕著有《风水探源》（东南大学出版社1990年）、《风水史》（上海文艺出版社1995年）二书，前书论述了风水的历史、风水与村落、城市、宗教建筑，后书探讨的是风水的背景、历史。刘晓明《风水与中国社会》（江西高校出版社1995年）也是有关著述。

民众意识方面，有两部研究近代的著作。程歗的《晚清乡土意识》（中国人民大学出版社1990年），探讨了日常意识与乡里社会、平均主义、民族意识与晚清教案、民间宗教意识、乡土意识与社会思想等问题，倡导把思想文化史的研究视角转向民众。侯杰、范丽珠《中国民众宗教意识》（天津人民出版社1994年），论述了近代民众宗教意识的生成环境、宗教情绪、宗教信仰的功利性格、多种崇拜、生死观、鬼信仰、祖先崇拜、神秘心理等。历史心理的研究也有所开展，彭卫运用现代心理学理论方法对历史进行探讨，宏观之作为《历史的心镜：心态史学》（河南人民出版社1992年），专门研究体现在《另一个世界：中国历史上变态行为考察》（陕西人民教育出版社1992年）一书。王忠阁《明代社会心理论稿》将知识分子的心理作为时代心理的主流加以论述。

---

① 参见刘乐贤：《睡虎地秦简〈日书〉研究二十年》，载《中国史研究动态》1996年第10期。

娱乐生活。熊志冲《娱乐文化》（巴蜀书社1990年）试图从理论上把握闲暇社会文化，并论述了中国古代宫廷、市民、节令的娱乐。张仁善《中国古代民间娱乐》（商务印书馆1996年），论述了戏曲、游戏、歌舞、赛神、体育、杂戏、烟火等。断代研究中，王永平《唐代游艺》（西北大学出版社1995年）全面论述了唐代游艺的内容以及与之相关的问题。不同娱乐生活类型的研究方面，戏曲社会史研究比较深入，赵山林《中国戏曲观众学》（华东师范大学出版社1990年），分两篇讨论了中国历史上的剧场与观众、观众心理。路应昆《中国戏曲与社会诸色》（吉林教育出版社1992年）主要论述了戏曲与艺人、农民、市民、文人、统治者的关系，探讨戏曲的社会存活状况对于其自身文化性质的制约。蔡丰明《江南民间社戏》（百家出版社1995年），论述了江南民间社戏的历史渊源、主要类型、演出功能、宗教色彩、社会基础、班社组织、演出习俗、民间本色等。民歌的研究有杨明康《中国民歌与乡土社会》（吉林教育出版社1992年）一书。赌博史的研究进展较快，罗新本、许蓉生《中国古代赌博习俗》（陕西人民出版社1994年）分形制、社会、禁戒3篇。郭双林、尚梅花《中国赌博史》（中国社会科学出版社1995年），分别论述了不同时期的赌博活动和禁赌，该书详今略古，全书五分之三为清代和民国部分。戈春源《赌博史》（上海文艺出版社1995年）也论述了赌博问题。涂文学《赌博纵横》（民主与建设出版社1997年）探讨了近代中国的赌博问题。

杜家骥《中国古代人际交往礼俗》（商务印书馆1996年），论述了日常生活和社会交往礼俗的形式、内容。

七、以社会为视角的其他研究

李文海等人1985年以来长期从事中国近代灾荒研究，关注灾荒与人民生活的关系，出版了一系列著作。其中，《近代中国灾荒纪年》及其续编（湖南教育出版社1990年、1993年）汇集了自1840年到1949年有关灾荒的大量原始资料，属于史料长编性质；《灾荒与饥馑：1840—1919》（高等教育出版社1991年）是纲要式的灾荒简史；《中国近代十大灾荒》（上海人民出版社1994年）重点论述了大灾荒。

近年来国家与社会的关系受人关注。钱粮、刑名是基层社会的两大基本问题，以此切入进行的研究取得了一些重要成果。梁治平《清代习惯法：社会与国家》（中国政法大学出版社1996年）是一部法律社会史著作，论述了从清代习惯法的渊流、背景、流变，到习惯法的性质、形态、功用，以及习惯法与国家法的关系、习惯法在社会理论上的意义等问题。刘志伟《在国家与社会之间——明清广东里甲赋役制度研究》（中山大学出版社1997年），通过明清时期里甲赋税制度在广东的实行情况，考察了地方政府与基层社会之间的关系及其变动趋势。

陈春声《市场机制与社会变迁——18世纪广东米价分析》（中山大学出版社1992年），所论粮食交换关系中的政府行为、乡绅行为、家族行为是值得重视的。

周天游《古代复仇面面观》（陕西人民教育出版社1992年）探讨了复仇范围、复仇者、复仇对象、复仇手段与道德、法律规定等内容，并考察了汉代复仇的社会成因与社会影响。

陈支平、李少明《基督教与福建民间社会》（厦门大学出版社1992年），主要论述了近代福建教民的入教动机及其社会构成、教徒的信仰意识与民风乡俗的探合，教徒与乡族社会的关系、民教冲突与教案、教会兴办公益事业和教民结构的变化。

董英哲《科技与古代社会》（陕西人民教育出版社1993年）系统介绍了科学技术与中国古代社会的关系以及互相影响，考察了中国科技发展的社会条件和社会功能。

第三节　结语

由于20世纪50至70年代的社会史研究基本上是对依据从经

济入手的宏观社会形态发展史模式的说明，并具有强烈的政治社会史色彩，所以 80 年代以来的社会史研究，在相当程度上是对上述情况的矫正。笔者曾指出，还历史以血肉的社会生活研究、揭示社会精神面貌的社会文化研究、置社会史于地理空间的区域社会研究是当代中国社会史研究的三大特征。[①]

　　如果我们将新时期中国社会史研究放在 20 世纪中国的整个社会史研究历程中考察，那么就会发现另一重要特征，这就是新时期建立社会史学科的努力。一是新时期进行了学科理论建设的讨论。学者们已对社会史的界说、开展中国社会史研究的意义、开展中国社会史研究的方法、中国社会史史料学进行了比较充分的讨论。[②]尽管人们在社会史理论方面有不同观点，但已形成了社会史理论的基本概念体系，对学科对象、规范有相当程度的认同，学科建设已颇具规模。二是中国社会史学会 1992 年经过国家民政部批准正式成立，学会联络国内外的研究者、组织学术研讨会、倡导研究新课题，推动了中国社会史研究的开展。三是中国社科院历史所和上海社科院历史所，均成立了中国社会史研究室，这是社会史研究专门机构成立的开端。四是中国社会史的教学、研究已纳入我国高等教育体系，自 80 年代以来，高校历史系开设了中国社会史方面的课程，并相继招收古代、近现代方面的中国社会史硕士、博士学位研究生，出版了一些有关的教材。若干大学成立了中国社会史研究的中心或研究室。五是有比较系列的出版物，目前出版了不少种中国社会史研究的丛书，丛书之外的研究成果也很多，与此同时，这一领域的专门杂志也开始出版。

　　综上所述，我们看到 20 世纪的中国社会史研究始终以新史学的面目出现，其研究视野之新、研究对象之新、研究方法之新，推动了历史学的前进。"新"是社会史学的生命，在新的世纪，中

---

① 参见拙文《中国社会史研究十年》前三个问题，载《历史研究》1997 年第 1 期。
② 参见拙文《复兴的中国社会史研究》，载《成长中的新一代史学》上册，西安：陕西人民教育出版社，1995 年；《中国社会史研究十年》第四个问题。

国的社会史学将以更新的姿态开辟新的天地。

这里，笔者也想就国外社会史在20世纪的变化加以勾勒，以便比较，或许有助于我们未来的研究。概言之，欧美史学界在50年代以前的早期社会史研究中重在社会经济史，比较强调宏观社会史，重视总的历史；六七十年代的社会史研究更多的是属于历史的综合研究，主张长时段的研究，受计量史学的影响比较大；近一二十年的社会史研究则表现为社会文化史，重视微观研究，对叙述史学有一种新的回归。不过在国外社会史的研究中，有一些基本立场是始终坚持的，构成了社会史研究的特征，即社会史研究强调历史与社会科学的结合，坚持自下而上地研究历史，注重心态史与历史人类学的研究。

第二章

成长: 跨世纪的中国社会史研究

本章回顾了1996年至2006年十年间中国社会史研究的状况, 认为社会史理论的探讨具有开放性与多元化, 具体分析了学者对社会史界定的改变, 新的观点认为, 社会史的学科体系是多元化的, 社会史研究不能过分依赖社会学, 社会史是研究对象与研究视角的统一。还分析了"跨区域研究""重提政治史"与社会史区域研究以及社会史整体性的关系, 指出应当对区域社会史研究的有效性有充分的认识与自信, 同时也应当对区域社会史研究的限度进行深刻的反思与自觉还指出社会史史料学讨论的重要性。认为中国社会史研究具有探索精神, 并取得了丰硕的成果, 特别表现在社会史的综合研究婚姻家庭家族宗族社会分类与结构、民间信仰、社会风尚、城市、乡村与社区、生态环境、救灾与慈善事业、人口问题等方面。还认为社会史研究赢得了机遇并面临挑战, 社会史研究的特点是研究者能够从多元视野看问题, 加强社会史与各人文社会科学的对话。近年来人类学影响社会史最大, 甚至可以说社会史发生了人类学的转向。融合疾病、环境等多种因素的医疗社会史研究起点很高, 思想史与社会史的结合出现了一些很有影响的著作, 地理学与社会史的关系越来越密切。社会史研究多采取地域社会史的研究视角, 认为地域是认识中国历史的有效途径,各区域社会史的研究取得了重要成果。社会史与文化史的融合已成趋势。展望未来,我认为更新的观念与跨学科的研究视野仍是应努力的目标,社会史应保持自己学术研究的人文关怀,社会史对于书写大历史应有独特的贡献。

第一节　社会史理论:开放性与多元化

一般来说,学术的开放性应当表现在具有多元学科的视野,不画地为牢,同时容纳不同的学术见解并进行理论争鸣,近十年中国社会史理论的探讨就具有这样的特点。

一、社会史理论的求新

我在总结改革开放以来新时期中国社会史研究头十年时指出,学者对于社会史的界定存在着三个分歧,即社会史是历史学的专门史抑或通史;社会史究竟是历史学的一个分支学科,还是一种新的视角;社会史学科体系建设及与社会学的关系问题。此后,得到了一些同行的回应,并引起讨论,其中最具建设性的是赵世瑜。他从关于社会史概念的一些疑问出发,辨析各类说法,并进一步将社会史表述为史学研究的一种新范式,然后分三方面论述什么是社会史:即作为历史研究范式的社会史、作为整体的社会史、属于历史学而非社会学的社会史。他强调说:"我们首先应该把社会史理解为一种新的史学范式,而不是一开始就将其理解为一个学科分支,这才使我们的社会史研究具有新的面貌,避免'新瓶装旧酒'和研究庸俗化,同时发挥它在改造整个史学方面的积极作用。这样的理解并非已经过多,而是远远不够,因此需要大声疾呼。其次,社会史作为一种整体研究,是作为新史学范式的具体表现。它既不应被误解为'通史'或'社会发展史',也不是可望不可即的幻想,而是我们努力追求的目标。第三,把社会史视为历史学与社会学的联姻,是尤需警惕的倾向。如果仅把社会史汲取养料的兄弟学科限于社会学，社会史不仅会有概念误用，即历史学的社会学化的危险，而且把自己的边界限制得太狭隘了。"①赵世瑜的论文发表后，又引起进一步的讨论，特别是杨念群教授质疑热门领域区域史，重提"政治史"研究，挑战时下中国社会史研究的主流，具有相当的刺激性，以致赵世瑜发出"社会史研究向何处去"的提问。这其中的争论焦点，我们在下面讨论。

　　近年来我又对新时期中国社会史理论探讨的历程与近年来的"社会史新说"等问题有所介绍，认为："就改革开放以来二十多年中国社会史理论探讨的演进来看，对于社会史的学术定位有一个从比较考虑研究对象到兼顾研究视角再到'问题'的过程，始终同反省历史学有关，最近尤为明显。"②以该文为基础，这里想进一步加以补充完善。社会史学界对于前述界定社会史存在的三个分歧，逐渐缩小，趋于消解。社会史学科体系建设及与社会学的关系问题上，很少再有人坚持社会史就是社会学理论的运用了，近来的新趋势是社会史与人类学的结合，历史人类学成为最活跃的学术领域，2001年中山大学历史人类学研究中心的成立以及《历史人类学》的创刊，给社会史带来了新活力。此外在重视地域社会史的今天，地理学对于历史学的影响也是深刻的，王振忠教授倡导历史社会地理学，③认为历史社会地理是研究历史时期各地人群的形成、分布及其变迁，研究地理因素对社会文化现象的影响，具体研究内容应包括历史时期社区及社会现象的地理研究，后者包括人群研究、风俗地理和社会变迁等。我们看到复旦大学等高校从事历史地理学的一些学者似乎发生了社会史的转向，他们的研究颇具特色。至于经济学、文化学对于社会史的影

① 赵世瑜：《再论社会史的概念问题》，《历史研究》1999年第2期。
② 常建华：《新时期中国社会史理论争鸣及其演进》，收入常建华《社会生活的历史学》第115页，北京：北京师范大学出版社，2004年；该文的压缩稿发表于《河北学刊》2004年第1、3两期。
③ 王振忠：《社会史研究与历史社会地理》，《复旦学报》1997年第1期；吴宏岐、王洪瑞：《历史社会地理学的若干理论问题》，《陕西师范大学学报》第33卷第3期，2004年5月；王振忠：《历史社会地理刍议》，《中国历史地理论丛》2005年第4期。

响，由于社会经济史、社会文化史的存在，社会史与经济史、文化史交叉渗透早已是不争的事实。社会史的学科体系建设，进入了多元化的时期。

至于社会史究竟是历史学的一个分支学科，还是一种新的视角，因研究过程中对象与方法从来没有绝对的分离，越来越多的学者在研究中将视角与对象适当兼顾，有机结合，当然这绝不是低估研究视角的选择对于社会史研究的创新意义。冯尔康就说："讨论同一事物，可有不同的关注内容，不同的研究角度，用这个角度去观察那个内容，就可以抽象为一种研究方法；角度可以是多样的、变化的，从某种角度审视问题，把它当作方法来用，它就是方法了。"[1] 自然社会史也是一种研究视角和研究方法。行龙教授认为"专史说"与"范式说"并不互相矛盾，更没有高下之分，从具有具体研究对象和内容的学科意义上来讲，社会史可以说是一种专门史；另一方面，从史学研究的方法和视角来讲，社会史以其鲜明的总体史追求、自下而上的视角与跨学科的研究方法，为陈旧的史学研究带来翻天覆地的变化，它又是一种新的"范式"。两者都是社会史蕴含的本质内容。他引用年鉴学派大师布洛克的话："一门学科并不完全通过它的对象来被定义，它所具有的限制也完全可以以它方法的特殊性质来被确定。"[2]

关于社会史是历史学的专门史抑或通史，其实是见仁见智的问题，因为本来社会史的概念就有广义、狭义之分，人们可以各取所需。但是部分是由于对社会史的界定不同，在对社会史整体性的理解上存在着较大差异。冯尔康指出："立足于专史，面向整体史，这是我们界定社会史的基本思路。"[3] 既不排斥社会史研究的整体观念，又把整体史作为广义的社会史理解，提倡作为专

---

① 冯尔康：《社会史研究的探索精神与开放的研究领域》，载周积明、宋德金主编：《中国社会史论》，武汉：湖北教育出版社，2000年，第90—91页。

② 行龙：《也谈社会史的"专史说"与"范式说"》，《光明日报》2001年7月3日。

③ 冯尔康：《社会史研究的探索精神与开放的研究领域》，载周积明、宋德金主编：《中国社会史论》，第91—92页。

史的社会史研究。陈亚平认为，社会史整体研究的方法应和"社会"的整体联系性相统一，只有看到隐藏在社会、社会生活表象下面的多重结构和相互联系，社会史才能实现对社会历史的深层次把握，从传统的"事件—叙事"史学模式发展到"问题史学"的新史学模式。①事实上"隐藏在社会、社会生活表象下面的多重结构和相互联系"，一般只是在地域社会才能把握，人类学最擅长研究这种社会现象背后的历史。现在越来越多的学者相信，社会史的整体性在地域史中才有较好的把握，个案研究的微观史学可以有效地探讨事物整体。

但是问题并不如此简单，个案与微观史学研究者坚持"一滴水也能反映太阳的光辉"，而在批评个案与微观史学研究的学者看来，"一滴水未必就能反映太阳的光辉"。目前有些学者也认为国内的社会史研究出现零碎、细小的弊病，强调通过整体性来纠正。我想对此应该辩证地来看：擅长从宏观和整体看问题，这是我们近半个世纪以来新史学传统的优势，然而宏大叙事下出现的空疏、老套的弊病也显而易见，新时期社会史的兴起，在一定程度上就是要纠正大而无当的套路史学。批评社会史碎化的学者，从保持历史研究整体性着眼，无疑是正确的，但是个案与微观史学研究强调的是以小见大，题目虽小，意义或大，况且个案与微观积累多了，才能有体系化的宏观分析。尽管总体大于部分之和，我们决不能低估个案与微观史学研究的价值。问题在于，提高个案与微观史学研究水平，仍是摆在我们面前的任务。政治学者萧延中对社会史研究提出自己的看法："基本问题"不等于"宏大叙事"，个案深描不等于田野调查，社会史学不等于乡野杂谈。他认为所谓"基本问题"是指某一学科或某一专题研究中不可省略的基础假设，而做微观研究时不自觉地忽略了对"基本问题"的设问。田野调查应该是为了"深描"，原则上"深描"意味着"他者"

---

① 陈亚平：《社会史研究的整体性刍论》，《天津社会科学》2002年第3期。

与"自我""比较"过程的完成,是两种不同认知结构之间冲突与互动的结果,"深描他者"从另一个角度看也就是"重估自我"。最后他提出忠告:如日中天的社会史学研究是否也需要有意识地规避某些可能增长的潜在风险呢?[①]他的观点应当引起我们的重视。

接近上述"基本问题"的是杨念群提倡的"中层理论",并揭起"新社会史"的旗帜。中层理论由美国学者默顿提出,指的是社会学中原则上被应用于指导经验性调查,同时也是描述社会行为组织与变化和非总体性细节描述之间的中介物。杨念群认为"中层理论"的建构对于中国史研究的意义:一是尽量可使我们摆脱宏大叙事的纠缠;二是讨论如何改变史学界"只拉车不看路"式工匠型治史方式。杨念群指出:"新型社会史不存在一个范式转换的要求,但也不是一个简单的类分范围的概念,而应是与本土语境相契合的'中层理论'的建构范畴……划定范围当然重要,但更为重要的是厘定与传统研究方法不同的规范性概念和解释思路。这些界限的划定不一定具有范式突破的意义,却一定代表着不与以往框架重复的实际操作含义,否则大量史料的发现与阐释有可能不过是为解读旧有框架服务的工具而已。"其次,新社会史"就是要在由传统经济史出发而建构的整体论式的架构笼罩之外,寻求以更微观的单位深描诠释基层社会文化的可能性"[②]。"新社会史"的另一位合作者、旅居日本的孙江教授干脆直截了当地提出抛弃众人皆言的社会史研究的整体史追求,他认为,新社会史可以做出的第一个选择是放弃建构整体史的野心,因为历史学家不可能建构整体史,建构整体史的努力窒息了历史学的发展。他主张接受后现代主义/后结构主义关于解读文本的观念和方

---

① 萧延中:《社会史研究中三个可能被"误读"的等号》,《天津社会科学》2004年第3期。
② 杨念群:《中层理论:东西方思想会通下的中国史研究》,南昌:江西教育出版社,2001年,第202—203页。

法，并摆脱以美国中国学为中心的中国研究。①

　　"新社会史"合作者的近期工作，展示了他们的学术追求。杨念群主编《空间·记忆·社会转型——"新社会史"研究论文精选集》（上海人民出版社 2001 年），除导论"东西方思想交汇下的中国社会史研究——一个"问题史"的追溯"外，共分三编：空间：传统到现代的建构；知识传承：东方与西方；历史记忆与中国基层社会。收录了王铭铭、杨念群、应星、秦晖、景军、程美宝、梁治平、赵世瑜、方慧容 9 位来自人类学、历史学、社会学和法律学等不同学科的中青年学者的 10 篇论文。这些研究基本都从个案入手，对明清以来中国社会的空间观念、国家与社会的关系、地域文化以及社会转型等问题做了全新的探索。"新社会史"学者创办了自己的刊物《新社会史》，由浙江人民出版社分别于 2004 年、2005 年推出。孙江主编《事件·记忆·叙述》是第 1 辑，全书分为两部分：政治·事件的阅读方法、记忆·象征·认同。编者的《阅读沉默：后现代主义、新史学与中国语境》一文，作为代序言。黄东兰主编《身体·心性·权力》为第 2 辑，分为三部分：心性·记忆·表象部分，收录孙江《太阳的记忆》、潘光哲《"华盛顿神话"在晚清的创造与传衍》、黄东兰《领土·疆域·国耻》、王晓葵《革命记忆与近代公共空间》、李恭忠《中山陵：政治精神的表达与实践》5 篇论文；身体话语与权力部分，收录海青《论自杀》、张哲嘉《为龙体把脉》、苏成捷《作为生存策略的清代一妻多夫现象》、阿部安成《预防传染病话语》4 篇论文；认识论的回转与新社会史部分，收录杨念群《医疗史、"地方性"与空间政治想象》、岸本美绪《场、常识与秩序》2 篇论文。除了这 11 篇论文外，黄东兰、孙江《引言：知识社会史的视线》，特别提出了他们的"新社会史"主张："史家必须思考历史记录和叙述行为所依托的知识和思想背景，历史是怎样被表象化的，这种表象化多大程度上记录或抹杀了历史等问题。"试图克服 20

① 孙江：《后现代主义、新史学与中国语境》，载杨念群等主编：《新史学》下册，北京：中国人民大学出版社，2003 年，第 675—676 页。

世纪80年代社会史研究"对历史细分化的努力"的局限性。

上述三本论文集充分体现了学科交叉的特点和由此带来的新理念、新方法尝试和创新，在问题意识、研究方法、叙事方式、资料利用等方面均有不同程度突破，从一个侧面反映和展示了20世纪90年代中期以来中国社会史的新取向。然而，我们也强烈感受到历史学的社会科学化以及后现代主义对这些学者的深刻影响，因此我们在肯定他们求新精神的同时，也认为警惕后现代史学存在的解构整体、忽视实证以及社会科学化带来的史实贫乏是应当引起注意的。①

二、对区域社会史的质疑

杨念群挑战时下中国社会史研究的致命之处，在于质疑流行的区域社会史（地域社会史）研究。他提出，目前中国社会史等于"区域社会史"研究，区域史研究又多趋向于探讨"宗族"和"庙宇"功能的现状，应改变"村落研究取向"，即从"跨区域研究"的角度使社会史研究趋于多元化；应有意识地区别"地方性知识"和"地方感"。"地方性知识"是知识人从思想的意义上进行划分的结果，"地方感"则更接近于精英或底层民众自身的感受，两者不能混淆而应区别对待。如何在尊重既有地方史研究成果的基础上，重新理解政治变迁的跨地方性逻辑的问题，以及"政治"在近代的意义，不但要从"地方"的角度加以理解，更应该结合一些跨地区的政治现象如"社会动员"加以解释。②这种对"地方"的理解与超越"区域社会史"研究的设想，具有启发性。

循此"地方"问题意识的思路，朱浒先生进而提出"地方性"也可以打破地方性实践的封闭性，即存在"跨地方的地方性实践"。

---

① 关于后现代史学在我国的情形，可参见杨念群《"后现代"思潮在中国——兼论其与20世纪90年代各种思潮的复杂关系》，《开放时代》2003年第3期；仲伟民《后现代史学：姗姗来迟的不速之客》，《光明日报》2005年1月30日。朱浒《新社会史能否演生范式意义？》（《中华读书报》2005年12月7日），在肯定"新社会史"的同时，也提出史学社会科学化的限度问题。
② 杨念群：《"地方性知识""地方感"与"跨区域研究"的前景》，《天津社会科学》2004年第6期。

他通过考察江南善会善堂向华北的移植现象，认为那种试图通过把握"小社区"内部脉络来分析"大社会"的做法，未免给人以先行画地为牢之感。地方性实践并非不可以跨地方进行，而地方性自身不是不具有自发向外流动的能力。"流动的地方性"这一概念应该有可能为我们的历史认知方式开出一条新的可行途径。

自从美国学者施坚雅（William Skinner）使用较为严格的标准将中国分解以来，地方史研究视野中的地方空间呈现出边界越缩越小、封闭性越来越强的趋势；"破碎的历史"已经成为不争的事实，而地方史研究者们也大多失去了对社区外部的穿透力。目前，无论是所谓的"华北模式""江南模式""关中模式"还是"岭南模式"，显然都不能代表中国社会变迁的基本方向。而如果转换一下思路，注意到存在着"流动的地方性"这一线索，那么这些模式各自拥有的合理之处或许能够有杂糅到一起的可能性，因为它们不仅是共存于一个更大的独立空间而且是互动的。因此，这个概念具有在更广阔的范围内进行进一步检验的价值。[①] 虽然朱浒采用的方式与杨念群重提"政治史"的"意识形态"再研究、"社会动员形态"的研究不同，[②] 但是"打破地方性实践的封闭性"的目的是一致的，可谓殊途同归。

其实，区域史研究的终极追求从来不是画地为牢，而是探索"中国社会变迁"。早在区域史研究的倡导者施坚雅那里就是如此，1984年他在就任亚洲研究协会主席的演讲词中指出："中国历史结构"是一个由网络相连接地方史和区域史所组成的层次结构，它们的作用范围体现在人类相互关系的空间形式之中；在每一层次上，某特定的区域体系的关键时间结构都是持续不断的周期性插曲。认为这样一种历史研究的视角，促使我们思考怎样把微观考察和宏观透视结合在一起，怎样把局部地方史与大型区域史联

---

① 朱浒：《跨地方的地方性实践——江南善会善堂向华北的移植》，载《中国社会历史评论》第6卷，天津：天津古籍出版社，2006年。

② 杨念群：《重提"政治史"研究》，《历史研究》2004年第4期。

系起来，怎样把各个分离的事件与持久性活动的相应结构联系起来加以研究。"只有在一个富有意义的整体中加以详细阐述，才能揭示地方史学者研究成果的真正意义。"①可见区域史研究是追求将地域空间转化为社会历史的时间，从空间与时间的组合打破传统历史的单一时间观与历史演化模式。优秀的中国区域社会史学者也有区域史研究的反思能力与理论自觉，如刘志伟不拘泥于行政区划或根据地理特征划分的区域，强调"区域史研究的人本主义取向"，他认为："在历史认识中的地域观念，不只是历史学家为研究的方便而划出来的范围，更是人们在自己的历史活动过程中划出来的历史的和流动的界线，历史学家的睿智是将这种流动性呈现出来。要做到这一点，就必须以研究人的活动、人的精神以及他们的生存环境的互动过程为中心，通过人的历史活动去把握历史时空的互动关系，而不是把历史时空固定化、概念化之后，再作为研究的出发点。"②这是活的区域史研究的主张，以求得历史的真谛，其中"流动的界线"或许就有"打破地方性实践的封闭性"的含义。

如果说刘志伟的这一观点还有区域内局限的话，那么另一位华南研究学者科大卫教授则从事"跨区域"的工作。在庆祝华南研究会成立十周年会议上，这位华南研究的先行者与理论家，出乎意料地提出了"告别华南研究"。早在 1986 年就已出版《中国乡村社会的结构：香港新界东部的宗族与乡村》的科大卫，谈到1989 年开始与内地学者合作的新项目时说："我开始考虑到，怎样从地方史可以归纳到对整个中国历史有关的结论。我以为办法就需要多做地点上的个案研究，需要比较不同地点的经验，才可以脱离一个以长江下游作为典型的中国社会史。"他的目光早就

---

① 施坚雅：《中国历史的结构》，载施坚雅著：《中国封建社会晚期城市研究》，王旭等译，长春：吉林教育出版社，1991年，第22页。

② 刘志伟：《引论：区域史研究的人本主义取向》，载姜伯勤：《石濂大汕与澳门禅史——清初岭南禅学史研究初编》，上海：学林出版社，1999年。

张望华南以外的地区了。科大卫还说："我怀疑我们从香港研究出发的几个人，在1990年以前，都是比较狭窄的。我们一直以来研究香港新界及珠江三角洲，对其他地区没有很多了解。""地方社会的模式，源于地方归纳在国家制度里面的过程。国家扩张所用、地方社会接纳的理论，就是地方社会模式的根据。""从理性方面来想，也知道现在是需要扩大研究范围的时候。从华南的研究，我们得到一个通论，未来的工作就不是在华南找证据。我们需要跑到不同的地方，看看通论是否可以经得起考验。需要到华北去，看看在参与国家比华南更长历史的例子是否也合乎这个论点的推测。需要跑到云南和贵州，看看在历史上出现过不同国家模式的地区（我是指南诏和大理），如何把不同国家的传统放进地方文化。我们不能犯以往古代社会史的错误，把中国历史写成是江南的扩大面。只有走出华南研究的范畴，我们才可以把中国历史写成是全中国的历史……我们最后的结果，也不能是一个限制在中国历史范畴里面的中国史。我们最终的目的是把中国史放到世界史里，让大家对人类的历史有更深的了解。"[1] 这种区域研究既有社会也有政治，不仅"跨区域"而且"胸怀祖国，放眼世界"，我们大可不必担心他们会画地为牢，自我封闭。当然，"华南研究"属于区域研究的先行者与成功者，其他区域的研究未必能有这种雄心壮志与学术水准。

　　杨念群直击区域史研究"命门"的，是点出区域社会史研究多趋向于探讨"宗族"和"庙宇"功能及采取"村落研究取向"。他套用其他学者高度概括的说法，现在的社会史研究是"进村找庙"。话虽失之于简，但也切中要害，与实情八九不离十。如果我印象没有错误的话，华南研究者的社会史研究成就也主要体现在宗族与民间信仰（庙宇是其象征）方面，其他社会史学者的研究也与"宗族"和"庙宇"密切相关。不过对这种学术侧重，应当从学术发展脉络

---

[1] 科大卫：《告别华南研究》，载《学步与超越：华南研究会论文集》，香港：香港文化创造出版社，2004年。

来认识。前引科大卫的文章转入正题就讲："谈到理论，可以说华南研究深受人类学者弗里德曼和华德英的影响。"事实上，弗里德曼作为汉人人类学的重要开拓者与宗族研究的先行者，几乎影响了整个汉人人类学研究。中国的汉人人类学在 20 世纪 50 年代以后发生了重大变化，大陆的人类学被民族关系取代，台湾的人类学研究集中在台湾民族学研究所与台湾大学人类学系，民族所制定汉人人类学研究规划时，认为宗族与民间信仰在中国社会最具特色，是认识中国社会特质的重要方面，于是将这两个方面作为研究重点。由于当时的特殊情况，国外的人类学家选择中国台湾与香港进行研究，这也影响了港台人类学学者的研究取向与问题意识。

改革开放以后，海外学者有机会进入大陆研究，也带来了过去关心的研究课题。就大陆历史学界而言，宗族问题受到重视，这同批判"封建族权"有关，而且一开始就具有政治社会史的味道，并显示出重视历史整体性的研究取向。新时期社会史研究复兴之初，为了避免纠缠于概念之争，采取了首先从公认的社会史领域如家庭、宗族等社会组织与绅士、商人等社会群体入手的方法进入，宗族研究取得可喜的进展。郑振满《明清福建家族组织与社会变迁》（湖南教育出版社1992年）一书前言的学术史回顾，除总结史学界的研究成果尤其是继承老师傅衣凌的乡族论外，还论述了人类学者特别是台湾人类学者对于中国家族组织的研究，接续了台湾人类学者对于宗族研究的传统。该书用宗法伦理庶民化、基层社会自治化、财产关系公有化，概括宋以后家族组织与传统社会的变迁。其研究远不是村落宗族研究具有的地方性所能概括的。科大卫也"发现宗族制度演变的因素不只在民间，而同时在朝廷的政治，使我知道研究社会史不等于逃避政治史"。"我对研究这个社会史的方法概念大概是这样子：在珠江三角洲，基本上我们掌握了明代宗族制度几个主要的演变。在明初，通过里甲制度政府承认了地方社会；通过家庙的兴建，族谱的传播，宗族变成了社会上的核心机构；宗族再从核心的地方机构演变为田土开发的控制产权机构。在年份上，里甲发展，主要在明初到黄萧养起义（约15世纪中叶），家庙的兴建开始在嘉靖（16世纪中叶）。我既然假设里甲是宗族制度的前身，所以应该找不同的地方，探讨由里甲演变到宗族的过程，从比较中了解这个发展的通义。我们研究莆田、潮州和珠江三角洲三处，刚好可以做这个比较。"所以他研究珠江三角洲的宗族的目的是要认识中国社会的演变。

关于"庙宇"研究，在社会史学界开始于新时期的华南学者。1992年第四届社会史年会在沈阳举行，华南学者陈春声、刘志伟、罗一星、郑振满为会议带去结合民间信仰的地域研究的新风，①作为"进村找庙"的先驱性研究，是陈春声、陈文惠《社神崇拜与社区地域关系——樟林三山国王的研究》，刘志伟《神明的正统性与地方化——关于珠江三角洲北帝崇拜的一个解释》，郑振满《神庙祭典与社区发展模式——莆田江口平原的例证》等论文，②这些研究者之所以关心"庙宇"，在于试图把握民间信仰与社区发展的关系，不仅赋予地方史以文化性，也对传统从宗教或风俗的角度研究信仰赋予地域史的整体性，而且试图在地域史的探讨中把握基层社会与国家的关系，具有突破性，他们影响了后来的地域史研究。③虽然他们早期的研究重点在本区域内，到了"告别华南研究"的今天，归宿指向了中国通史。

通过以上分析可知，华南区域研究不是画地为牢，他们的研究有可能从新的视野揭示中国历史的变化及其内在机制。同时也不否认全国研究区域史的水平并不一致，写出如上诸多文字是希望

---

① 张炳武主编会议论文集《中国历史社会探奥》，收入了刘志伟《祖先重构及其意义》、罗一星《佛山祖庙与佛山传统社会》、陈春声、陈文惠《社神崇拜与社区地域关系》等文的缩写稿，沈阳：辽宁人民出版社，1994年。

② 陈文、刘文均载《中山大学史学集刊》第二集，广州：广东人民出版社，1994年；郑文载《史林》1995年第1期。

③ 影响较大的论文还有陈春声的《信仰空间与社区历史的演变——以樟林神庙系统的研究为中心》，《清史研究》1999年第2期；《正统性、地方化与文化的创制——潮州民间神信仰的象征与历史意义》，《史学月刊》2001年第1期；《乡村的故事与社区历史的建构——以东凤村陈氏为例兼论传统乡村社会研究历史记忆问题》，《历史研究》2003年第5期。郑振满、陈春声主编的《民间信仰与社会空间》（福建人民出版社2003年）则是这一领域的重要论文集。

后来的区域社会史研究者走出自己的路。就目前区域社会史的研究现状而言，距离认识整个"中国社会变迁"还有相当的路程要走，这是因为不少区域社会史研究需要深入，许多区域社会史研究才刚刚开始，还需要大量研究成果的积累。

杨念群对区域社会史的质疑，提示区域史研究者要有更大的学术目标与追求，这是有意义的。而他另辟蹊径，重提政治史，试图跨越区域社会史研究的局限性，有助于反思区域社会史研究并寻找新的出路。我想，社会史研究特别是要认识"中国社会变迁"，区域社会史在这方面并不是万能的，但是如果少了区域社会史（地域社会史）研究也是万万不能的。我们应当对区域社会史研究的有效性有充分的认识与自信，同时也应当对区域社会史研究的限度进行深刻的反思与自觉。

这里我们需要对几个概念加以说明，区域研究一般是指美国学者施坚雅倡导的将中国分区研究，而地域研究通常是指将历史放在特定空间的"场"，即地方社会关系网络中认识，或者说就是将历史放在地方社会脉络与背景中认识。地域研究可以表现为大小不同的区域，如特定地区或行政建制的省府县或自然村落。现在流行社区研究，往往以村落为主。地方史原指比较传统的史志研究，现在赋予新学术追求的地域研究有时也往往称之为地方史。区域史、地域史、社区史可以混称为地方历史，其间有所区别。"进村找庙"可以狭义理解为村落史、社区史，也可以广义理解为研究区域史寻找资料与灵感。本文讨论的"区域史"可以作为地方历史来理解，其中包含若干层次。有的学者比较强调地方历史不同地理空间的区分，如林济总结宗族研究的方法论时说："在目前重视社区个案研究的情况下，我仍然相信区域社会文化研究的不可取代的学术价值，因为中国社会文化极其复杂，它不是一种社区文化的简单相加，区域社会文化研究可以通过比较、综合的方法得出一些有益的见解。"[1]

---

① 林济：《长江流域的宗族与宗族生活》，武汉：湖北教育出版社，2004年。

三、社会史新趋势与社会史史料学

赵世瑜针对社会史研究二十多年的发展，就社会史今后的开展，提出从学术史的脉络加以厘清，以便从新旧观念错综交糅的混乱中认清方向。他特从对传统史学、对曾与社会史相对立的政治史研究主题反思，思考其与社会史的关系；并且思考社会史研究的方式与表达途径等问题，发表《社会史研究向何处去？》①一文，其中有不少内容是从杨念群提出的问题引申开来的。赵世瑜强调要与传统史学对话："如果我们无法另辟蹊径，从不同的问题意识或方法论出发，去探索和回答传统史学所重视的问题，我们就无法在与传统史学的对话中前进，我们也无法使传统史学心服口服地接受社会史研究的取向和成果。如果是那样的话，社会史研究的意义将是有限的。"同时他也主张反思政治史："社会史需要通过自己的独特努力，对以往的许多政治史研究的概念工具进行反思，比如如何评价'阶级斗争理论'的有效性，如何认识'专制集权'，如何理解'革命'和'改良'，等等。社会史与政治史关系的把握，也直接影响到社会史与法制史的关系、经济史与政治史的关系等等。前者需要我们以更广阔的视野去重新分析那些脍炙人口的事件和制度，比如从生态的、工商业的、族群的、甚至文化传统的因素考察动荡或承平时期的民众运动；后者则需要我们摆脱单一决定论的思维定式，以问题而非学科分支的人为限定为思考的起点，权力、公正、公平、正义、公与私或者传统概念中的礼、法、俗、教化等，就会成为我们共同的关注点。"对于社会史研究的方法与表达，特别针对叙事复兴问题，提出："讲故事在历史叙事中的重要性就不仅在于'故事'及其情节本身，而且在于'讲'，即社会史家如何通过选择故事、叙述情节、建立故事与其背后的社会—文化体制的关联，来构造一条叙事逻辑。当我们着眼于具体的历史情境，以图把握某种历史发展的内在脉络的时候，

---

① 发表于《河北学刊》2005年第1期。

'讲故事'就是不可避免的了。"①赵世瑜的上述论述,是值得我们认真思考的。

新的社会史理论探讨,也带来对社会史史料的新认识。冯尔康提出社会史史料学的概念,②认为"新概念、新方向、新领域是开启社会史史料宝藏的钥匙"③。郑振满认为,广泛搜集和充分利用民间文献,是新史学发展的前提条件和必由之路。这体现在:从文化传承的理论高度,将民间文献的搜集与解读纳入同一学术视野,以推进本土社会科学发展的突破点,进行跨学科合作研究,建设大型数据库与文献检索系统。④中国社会史学会第11届年会的主题为"地域中国:民间文献的社会史解读",也反映学会对于民间文献社会史资料价值的重视。现在社会史的史料来源被大大拓展了,连漫画也成了史料来源。⑤

社会史史料越来越受到重视,整理工作成绩可观。文书是重要的民间文献,地域性特点比较突出,整理进展较大。1975年出土的睡虎地秦简《日书》内容丰富,涉及宗教、社会、民俗、思想、经济、政治等许多领域,具有极高的学术价值,近年来出版了几位学者多年考释文献的专著。⑥敦煌文书中社会史资料丰富,是研究中古社会的重要资料。⑦宁可与郝春文《敦煌社邑文书辑校》(江苏古籍出版社1997年)、赵和平《敦煌表状笺启类书仪辑校》(江

---

① 赵世瑜最近的社会史研究思考,还可参考梁勇与他的访谈对话,见赵世瑜、梁勇:《政治史·社会史·历史人类学——赵世瑜教授访谈》,《学术月刊》2005年第12期。

② 南开大学中国社会史研究中心为此于2004年9月17日—19日举办了"中国社会史史料研讨会",参见李然所写会议概述,载《天津师范大学学报》2005年第1期,会议部分论文刊登在《中国社会历史评论》第7卷,天津:天津古籍出版社,2006年。

③ 冯尔康:《中国社会史概论》,北京:高等教育出版社,2004年,第134页。

④ 郑振满:《民间历史文献与文化传承研究》,《东南学术》2004年增刊。

⑤ 小田:《漫画:在何种意义上成为社会史素材——以丰子恺漫画为对象的分析》,《近代史研究》2006年第1期。

⑥ 主要有刘乐贤:《睡虎地秦简日书的研究》,台北:文津出版社,1994年;吴小强:《秦简日书集释》,长沙:岳麓书社,2000年;刘乐贤:《简帛数术文献探论》,武汉:湖北教育出版社,2003年;王子今:《睡虎地秦简〈日书〉甲种疏证》,武汉:湖北教育出版社,2003年。

⑦ 张国刚:《敦煌文献与中古社会研究——纪念敦煌石室遗书发现百年》,《光明日报》2000年6月23日。

苏古籍出版社1997年），均是整理者多年研究的成果。郝春文主编《英藏敦煌社会历史文献释录》共30卷（已出版3卷，分别由科学出版社、社会科学文献出版社于2001年、2003年出版），目前他还主持"敦煌社会史史料汇编"的整理工作。徽州文书的整理更加规范，刘伯山主编《徽州文书》第1辑（广西师范大学出版社2005年）共计10卷，收入的是归户的文书5000多份。明清民间文书受到重视，①利用文书的一些研究成果很有特色。②

碑刻具有纪念意义，史料价值较高，出版了数种资料集。郑振满、丁荷生编纂《福建宗教碑铭汇编》，继兴化府分册（福建人民出版社1995年）后，又推出泉州府分册（福建人民出版社2003年）大型史料集。泉州府分册计上、中、下三大册，影印历史上的泉州府地区有关儒教、佛教、道教、摩尼教、伊斯兰教、基督教、祖先崇拜、地方神崇拜等广义宗教的碑铭资料，取材于历代地方志、金石志、寺庙志、水利志、文集、族谱以及实地考察所获得的田野资料。王国平、唐力行主编《明清以来苏州社会史碑刻集》（苏州大学出版社1998年）收录碑刻范围比较广阔，按照社会史问题分类是其特色。东岳庙北京民俗博物馆编、赵世瑜主持辑录并审订的《北京东岳庙与泰山信仰碑刻辑录》（中国书店出版社2004），辑录了自元代赵孟頫书《张公碑》至民国三十一年的各时期碑刻，共275通。其中大部分是北京东岳庙的（142通），此外还有妙峰山、丫髻山、五顶以及散在各处的。该资料为研究北京地区的民间信仰与社会提供了便利。档案方面，马敏、祖苏主编《苏州商会档案丛编》第二辑（一九一二至一九一九年）由华中师范大学出版社

---

① 《史学月刊》2005年第12期发表一组"明清契约文书与历史研究笔谈"，包括陈支平《努力开拓民间文书研究的新局面》、栾成显《明清契约文书的研究价值》、陈学文《土地契约文书与明清社会、经济、文化的研究》。

② 栾成显：《明代黄册研究》，北京：中国社会科学出版社，1998年；陈支平：《民间文书与明清赋役史研究》，合肥：黄山书社，2005年；郭松义、定宜庄：《清代民间婚书研究》，北京：人民出版社，2005年。

2004年出版。冯尔康教授的《2004萧公权学术讲座》出版,①收录了冯尔康演讲报告《乾嘉之际下层社会面貌——以嘉庆朝刑科题本档案史料为例》②,探讨了利用清朝刑科题本进行社会群体的研究。

改革开放以来新时期社会史理论的探讨,使我们越来越树立起多元视野,中国社会史理论更具开放性。③

第二节　社会史研究:探索与收获

新时期社会史研究取得了丰硕的成果,我对1998年以前新时期中国社会史研究的著作已有比较全面的介绍,④这里侧重对此后的社会史研究重要领域与成果加以评述。

一、社会史的综合研究

新时期社会史研究经过较长时间的讨论与成果积累,出版了一些对社会史整体思考的著作。冯尔康《中国社会史概论》从社会史研究历程的角度探讨社会史学科建设的一系列理论问题,阐释社会史的研究对象、特点、方法和功能;提出加强社会史史料学的研究,并把它视为社会史研究的重要理论组成部分;论述了中国古代、近代(前期)社会结构及演变;并以饮食、生育、丧葬、

---

① 萧公权学术讲座是由台湾的纯智文教基金会赞助,台湾近代史研究所主办,自2001年起,每年由该所遴选一位国际知名学者担任讲座,用以提升近代史研究,并纪念萧公权先生。2001年度由著名历史学家何炳棣讲座。2004年10月21—22日冯尔康受邀进行了演讲。

② 嘉庆朝刑科题本社会史史料整理,作为南开大学中国社会史研究中心《中国社会史资料辑刊》计划,已整理完毕,将由天津古籍出版社出版。

③ 2003年11月24日—25日,南开大学中国社会史研究中心举办了"多元学科视野下的中国社会史研究"讨论会,与会者有此共识。《天津社会科学》组织了"多元学科视野下的中国社会史研究"笔谈,刊载于2004年第3期,发表了萧延中《社会史研究中三个可能被"误读"的等号》、钱杭《谈"多元"视野》、常建华《东亚社会比较与中国社会史研究》三文以及郭玉峰写的会议综述。

④ 常建华:《20世纪中国社会史研究》,载周积明、宋德金主编:《中国社会史论》,武汉:湖北教育出版社,2000年,第190—216页;该文收入常建华:《社会生活的历史学》,北京:北京师范大学出版社,2004年。

节庆为例描述古代社会生活方式和社会风俗。① 周积明、宋德金主编《中国社会史论》（湖北教育出版社 2000 年），凝结了中国社会史学界众多学者的心血，分社会史的理论和方法、中国社会史的基本问题、阶段性问题、区域社会史的个案研究四编，集中了所探讨领域的专家，论述具有深度。以上两部书可供高校历史学、社会学等相关专业教学使用，也可供研究者参考。上海文艺出版社 2001 年出版了陈高华、徐吉军主编的多卷本《中

冯尔康著《中国社会史概论》

国风俗通史》②，主要论述衣、食、住、行、婚育、丧葬、生产、节日、游艺等方面的社会风俗，可以视为一部社会生活史。何怀宏《选举社会及其终结——秦汉至晚清历史的一种社会学阐释》（三联书店 2004 年），以解释春秋时代的"世袭社会"概念提出"选举社会"的基本概念，用来解释中国在秦汉至晚清的历史发展中的社会结构，解释一个有别于春秋战国之前的"古典中国"(classical China)，也有别于今天"现代中国"(modern China)的"传统中国"(traditional China)。 王家范《百年颠沛与千年往复》（上海远东出版社 2001）论文集，探讨的问题有中国社会的结构与变迁，宗教气质与精神状态，土地关系与土地问题，经济变迁与道德理想，晚明江南士大夫的历史命运等。

---

① 冯尔康：《中国社会史概论》，北京：高等教育出版社，2004年；该书是教育部普通高等教育"九五"国家级重点教材，也是南开大学中国社会史研究中心重大项目"二十世纪中国社会史研究的回顾与展望"成果之一。
② 其中各卷与执笔者为宋兆麟：原始社会卷；宋镇豪：夏商卷；陈绍棣：两周卷；彭卫、杨振红：秦汉卷；张承宗、魏向东：魏晋南北朝卷；吴玉贵：隋唐五代卷；宋德金：辽金西夏卷；徐吉军、方建新、方健、吕凤棠：宋代卷；陈高华、史卫民：元代卷；王熹：明代卷；林永匡：清代卷。

断代性研究方面，马新、齐涛《中国远古社会史论》（科学出版社2003年）论述的问题有：冰川时代与文明的萌生，中国的洪水传说与创世纪，自然环境的变迁与远古经济的发展，远古崇拜与信仰的演进，原始聚落的发展，聚落的分化与消亡，群落与方国，群系的变迁与方国联盟的形成。这样的研究框架具有创意。何怀宏《世袭社会及其解体：中国历史上的春秋时代》（三联书店1996年）提出以"世袭社会"的解释性范畴描述和分析中国春秋时代的社会结构（或可上溯到西周乃至更早）。所

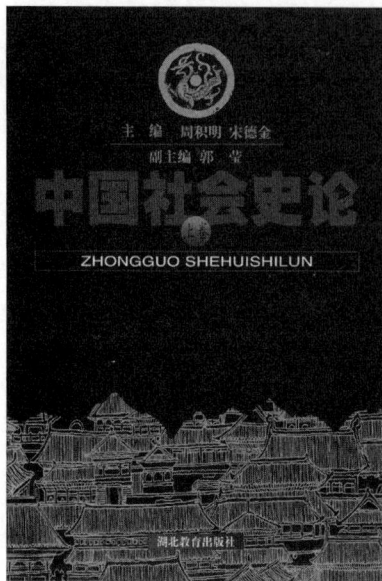

周积明、宋德金主编《中国社会史论》

依据的标准就是看社会提供给个人的上升渠道和发展条件，看在这个社会中生活的人们有多少实现和发展自己的机会。对春秋时代中国社会的结构及其变迁提出另一种观察角度和解释框架。晁福林《先秦民俗史》（上海人民出版社2001年）以衣、食、住、行习俗为线索，分析了礼与俗、民俗形成与社会物质生活状况、各阶级的崇拜、禁忌、巫术与信仰等的关系，将民俗学与历史学结合在一起。他的《先秦社会形态研究》（北京师范大学出版社2003年）对老问题进行了新探讨。

李振宏《居延汉简与汉代社会》（中华书局2003年）研究了汉代的屯戍管理制度、吏卒社会生活、汉简问题考证、西汉官吏立法、汉代地价。冻国栋《中国中古经济与社会史论稿》（湖北教育出版社2005年）深入探讨了有关户籍、人口、大姓、家族、工匠、职业分工、社会观念、风俗等问题。牟发松主编《社会与国家关系视野下的汉唐历史变迁》（华东师范大学出版社2006年）收

录34篇论文、1篇综述，从多方面反映了中古时期的社会历史。[①]
谭蝉雪《敦煌民俗》（甘肃教育出版社2006年）论述了中古时期
的经济生活、日常生活、岁时节日、婚姻嫁娶、继嗣养鱼、丧葬斋
忌。卢向前主编《唐宋变革论》（黄山书社2006）对中国古代史关
注的唐宋之际的社会变迁进行了探讨。林正秋著有《宋代生活风
俗研究》（中国商业出版社1998年）一书。张国庆《辽代社会史研
究》（中国社会科学出版社2006年），探讨了辽代的疆域与环境、
户口、社区、家庭、社会阶层与社会群团、社会物质与精神生活方
式、社会激励与社会保障、社会问题与社会调控等问题。

中国社科院历史所承担的国家社科基金项目"中国古代社会
生活史"，新近出版陈宝良《明代社会生活史》（中国社会科学出
版社2004年）。该书分别论述上层社会与下层社会的生活，包括衣
食住行、冠婚丧祭、宗教信仰、节日与仪式、休闲与娱乐、社交礼仪
等。讨论了伦理性与等级性，商业化与世俗化，艺术化生活风尚，
秩序危机与"近代性"，反映出作者对于明代社会生活史特点的认
识。万明主编《晚明社会变迁问题与研究》（商务印书馆2005年）
注重社会整体结构的变迁，选取了人口、商业、货币、城乡社会、
法律、军事、社会保障、政治、思想文化、内外互动关系等专题进
行论述。冯尔康长期致力于社会史研究，尤精于清代，《顾真斋文
丛》（中华书局2003年）收录了36篇论文，内容侧重阶层与社会经
济结构、社会群体、区域社会、社会问题四方面。他还著有学术普
及性著作《清人生活漫步》（中国社会出版社1999年）。常建华《清
代的国家与社会研究》（人民出版社2006年），一方面比较关心国
家的社会政策、国家的社会性质、国家政令在地方的执行情况、官
书中所反映的地方情况，另一方面从地方志探讨风俗入手，研究清
人社会生活，并从风俗习惯透视国家与社会的关系，探讨了清朝政
纲、宗族与国家的关系、清朝的民生对策、社会问题与对策。该书

---

① 这是2004年10月22日至24日在华东师范大学召开的"社会与国家关系视野下的汉唐历史
变迁国际学术研讨会"论文集，反映了对于中古时期社会史研究的重视。

涉及啯噜、老瓜贼、僧道等群体，还研究了岁时节日、火葬、溺婴、乡绅等问题。

高翔《近代的初曙——18世纪中国观念变迁与社会发展》(社会科学文献出版社2000年)，分为时代与问题、理欲之争与生活方式的变迁、学术观念的多元化趋势、政治观念的变迁、时代精神与社会发展5章。秦宝琦、张研《18世纪的中国与世界·社会卷》(辽海出版社1999年)，论述了这一时期的社会环境、社会结构、秘密社会、士绅阶层。此后张研主持的教育部人文社会科学重点研究基地项目"19世纪中国社会研究"，出版了系列成果，[①] 比较全面地揭示了19世纪的中国社会。在对明清时期进行的综合研究中，吴承明《中国的现代化：市场与社会》(三联书店2001年)是作者以往在中国现代化理念关照下所撰一系列有关明清市场及其与社会经济关系论文的结集。作者认为，经济史研究中最重要的是新的经济因素及其运行方式的出现与发展。如果这种新的经济因素大量地、集中地出现，而且其发展趋势不可逆，那么它就是现代化因素。这种新的经济因素，如引发了适合于它的制度上的变革，它才能持续发展，否则就会被旧的僵化了的制度所扼杀。而新的经济因素及由此而来的制度变革，必然反映到社会上，引起社会结构、家族制度、等级和群体权利、人们行为和习俗的变迁。王日根《明清民间社会的秩序》

常建华著《清代的国家与社会研究》

---

① 共计6种书，即张研、毛立平《19世纪中期中国家庭的社会经济透视》，张研、牛贯杰《19世纪中期中国双重统治格局的演变》，秦宝琦《清末民初秘密社会的蜕变》，孙燕京《晚清社会风尚研究》，陈桦、刘宗志《救灾与济贫——中国封建时代的社会救助活动(1750—1911)》，郝秉键、李志军《19世纪晚期中国民间知识分子的思想——以上海格致书院为例》，由中国人民大学出版社2002—2005年陆续出版。

（岳麓书社2003年）所收论文，分为明清民间社会秩序的考察，义田与民间社会秩序，会馆与民间社会秩序，会社与民间社会秩序，家族与民间社会秩序，商业与民间社会秩序六组。作者试图说明明清时期中国传统政治文明中的"官民相得"倾向日益成型，并有效地维持着中国社会向前发展。

近现代研究方面，近代社会史在人口、风俗习尚、日常生活、妇女、赈灾等方面成果较多。[1]王先明《中国近代社会文化史论》（人民出版社2000年）以及"续论"（南开大学出版社2005年），以近代乡村社会结构和传统文化结构变迁与转型为研究重点，并力求从中理解二者的相关性和互动性，试图从结构的深层变动去探寻近代中国历史演进的轨迹、特征与规律。内容包括乡村社会结构与社会控制，近代社会流动与结构性变动，社会转型与乡村权力结构，西学冲击与传统文化结构等。张静如《中国现代社会史》（湖南人民出版社2004年），是作者在其之前主编的《北洋军阀统治时期中国社会之变迁》和《国民政府统治时期中国社会之变迁》的基础上，对原书进行修改、调整、补充的新作，从经济、政治、教育文化、阶级与阶层、社会组织、家庭、社会习俗等方面展示了中国现代社会的风貌。唐力行主编《国家、地方、民众的互动与社会变迁》（商务印书馆2004年），是2002年举行的第九届中国社会史学会年会的论文集，选取了有关中国近现代社会史方面的论文46篇，探讨了近现代社会多方面的问题。[2]还有一些论文集讨论了近代中国的

---

① 闵杰：《20世纪80年代以来中国近代社会史研究》，《近代史研究》2004年第2期；《20世纪90年代以来中国近代社会史研究述评》，《教学与研究》2006年第3期。

② 中国社会史学会年会论文集反映了多方面的社会史研究，近十年所编论文集还有1996年重庆第六届年会论文集：李禹阶、赵昆生等主编《区域　社会　文化——"区域社会比较"国际学术研讨论集》（重庆：重庆出版社2000年），收有22篇会议论文，内容侧重社会史理论、区域探讨、宗族与婚姻家庭、饮食与日常生活等。1998年苏州第七届年会论文集：唐力行主编《家庭·社区·大众心态变迁国际学术研讨会论文集》（合肥：黄山书社1999年），内容分为理论、家庭、社区、大众心态四部分，载文40篇。2000年武汉第八届年会论文集：严昌洪主编《经济发展与社会变迁国际学术研讨会论文集》（武汉：华中师范大学出版2002年），收录了29篇论文，大致可以分为社会结构、社会意识、区域社会、综合议题四部分。

观念与思潮。①魏光奇《官治与自治——20世纪上半期的中国县制》(商务印书馆2004年)讨论的问题是：中国古代的县制和乡里组织，近代县制改革的酝酿，清末至北洋时期的县制，民国时期的县制，清末至国民政府时期的县财政制度，县政人员的人事制度，县制演进背后的社会变动。梁家贵《抗日战争与中国社会史论》(社会科学文献出版社2005年)，论述了抗日战争时期中国经济、政治、文化、社会以及民间信仰与秘密结社五个方面的问题。张仁善《1949中国社会》(社会科学文献出版社2005年)，论述了在国共两大政治势力对垒的夹缝中生活的社会群体，如达官贵人、市民、农民、知识分子、学生、媒体工作者、无业流民乃至黑社会成员的生活状况及心理态势。近现代社会史得到加强是近十年的显著现象，这是近现代史学者重视社会史研究的结果。②

二、婚姻家庭、家族宗族的研究

婚姻家庭的研究有突破性进展。婚姻史虽然开展较早，但是比较集中在礼法方面的论述上，缺乏对社会实态的探讨，而家庭史的开展基本上是改革开放以后的事情。南开大学中国社会史研究中心成立后，首批课题就确立了"中国家庭史研究"，举办了专

---

① 南开大学近代中国研究中心编：《近代中国社会、政治与思潮》，天津：天津人民出版社，2000年；薛君度、刘志琴主编：《近代中国社会生活与观念变迁》，北京：中国社会科学出版社，2001年。学者呼吁加强现代社会史研究，如李金铮：《中国现代社会史研究刍议》，《光明日报》1998年04月10日。
② 中国社会科学院近代史研究所等单位于2005年8月9日—11日在青岛大学举行了首届中国近代社会史国际学术研讨会，主题是"近代中国的城市·乡村·民间文化"，参见吕文浩所写会议综述，载《近代史研究》2006年第3期。学者也呼吁加强现代社会史研究，如郭德宏：《社会史研究与中国现代史》，《史学月刊》1998年第2期；李金铮：《中国现代社会史研究刍议》，《光明日报》1998年04月10日；朱汉国、王印焕：《近年来的中国近现代社会史研究》，《党史研究与教学》2002年第4期。

门的学术研讨会，①并出版了论文集，②张国刚教授发表了唐代家庭的系列论文③。张邦炜《宋代婚姻家族史论》（人民出版社2003年）收录21篇论文，内容大致分为婚姻、妇女、家族、皇族四组。作者对宋代社会的研究，旨在说明唐宋时期的社会变迁，为唐宋变革论提供了不少实证研究的事例。邢铁《宋代家庭研究》（上海人民出版社2005）分上、中、下三篇，分别阐述了"宋型家庭"的形成和内涵，论述了宋代户等制度对家庭经济的影响，家庭继承与家庭门户传继。清代婚姻家庭研究突出表现在利用档案文书上。韩世明《明代女真家庭形态研究》（中国社会科学出版社2006年），主要研究了明代女真姓氏及姓氏集团、明代女真家庭、明代女真氏族集团、明代女真血缘集团等问题。郭松义《伦理与生活——清代的婚姻关系》（商务印书馆2000年），以资料雄厚和定量研究为特色，内容涉及婚姻地域圈、婚姻社会圈、婚龄、童养媳、入赘婚、妾、节烈妇女和贞女、妇女再嫁、婚外性关系等问题，是一部富有创见的高质量的学术专著。

王跃生《十八世纪中国婚姻家庭研究》（法律出版社2000年），利用清代刑科题本婚姻家庭类二千余件档案进行研究，认为18世纪中国的婚姻行为具有多样化的特征，既有女性比较普遍的早婚，又有男性晚婚的大量存在。王跃生《清代中期婚姻冲突透析》（社会科学文献出版社2003年），多角度揭示了家庭的冲突方式，特别是对分爨、分产和立嗣继承的冲突表现加以分析，揭示中国传统社会大家庭难以维系的原因，可见父母兄弟之间的分爨是当时人们缓和家庭矛盾的重要手段。张研、毛立平《19世纪中期中国家庭的

---

① 2002年8月10日—12日在南开大学举行了"中国家庭史国际学术讨论会"，参见王利华的会议述评，载《历史研究》2003年第1期；2003年9月12日—16日在山东烟台召开了"中国历代农民家庭规模与农民家庭经济学术研讨会"，参见蒋文迪的会议综述，载《中国经济史研究》2003年第4期。

② 张国刚主编：《家庭史研究的新视野》，北京：三联书店，2004年。

③ 如张国刚《唐代家庭与家族关系的一个考察——一份敦煌分家析产文书的学习札记》，《中国社会历史评论》第3卷，北京：中华书局，2001年；《唐代家庭形态的复合型特征》，《历史研究》2005年第4期；《论唐代的分家析产》，《中华文史论丛》2006年第1期。

社会经济透视》(中国人民大学出版社2003年)分为分家、生育、婚姻、生活(计上、下两章)、社交6章,附录《19世纪安徽家庭关系中的冲突与暴力》一文,加深了对家庭经济的认识。他们的著作极大改变了清代婚姻家庭研究的薄弱状况。当代家庭的研究也有重要成果,孙立坤《河南当代家庭变迁》(人民出版社2004年),论述了河南家庭结构形态及其功能的变迁、家庭与经济、家庭婚育、城乡女性、家庭精神生活和习俗、家庭关系。孙立坤编著《河南当代家庭变迁调查》(人民出版社2004年)是作者写作前书的资料集,内容包括:河南省发展概述(1949—2000)、接受调查的单位和地区简介、家庭问题调查总体数据、城市居民家庭调查资料、农村居民家庭调查资料。

家族的概念多包含家庭与宗族。使用家族概念进行研究的成果不少。朱凤瀚《商周家族形态研究》(天津古籍出版社2004年)增订本增加了"续编",分战国家族形态初探、新刊考古与古文字资料研究2章。刘源《商周祭祖礼研究》(商务印书馆2004年),对商后期祭祖礼类型的划分标准、商后期与周代祭祖仪式的内容与过程提出新见解,认为商后期早段(武丁至祖庚时期)商人祭祖的主要原因是出于对死去先人会作祟于生者的畏惧,但西周贵族祭祖的主要原因则是认为祖先有德,故可上陟于天、可保佑子孙。李卿《秦汉魏晋南北朝时期家族、宗族关系研究》(上海人民出版社2005年),利用大量的传世历史文献和出土文书、碑刻等资料,从家庭结构、居住关系、宗族关系与社会生活、宗族关系与社会生活、家族宗族关系对社会的影响五个方面,对秦汉魏晋南北朝时期的家族、宗族关系的基本状况作了系统的论述。阎爱民《汉晋家族研究》(上海人民出版社2005年)对婚姻方式、亲属结构、祭祀礼仪和丧服制度、继嗣制度等深入细致地考察,揭示了汉晋社会是一个新旧制度交替的特殊的社会阶段,对一些传统研究中的重大政治问题如汉代的外戚专政、魏晋门阀制度等,给予合理的解释。王力平《中古杜氏家族的变迁》(商务印书馆2006年),对中古时期杜氏家族各个郡望及其房支历史变迁全面考察，内容包括杜氏家族的发源，汉代关中家族的形成，魏晋南北朝、隋唐的杜氏家族，杜氏家族不同郡望的家学取向，家谱与家礼等。

蔡东洲《宋代阆州陈氏研究》（天地出版社1999年），探讨了宋代阆州陈氏的迁徙、房支、遗迹艺文、盛衰等问题。李贵录《北宋三槐王氏家庭研究》（齐鲁书社2004年），是以北宋为中心对宋代官僚王祐为始的王氏家族的研究，主要包括王氏家族的政绩、文学成就及家族生活。张杰《清代科举家族》（社会科学文献出版社2003年），利用新出版的大型资料汇编《清代硃卷集成》等资料，论述了科举家族、经济基础、人文环境、日常生活、社会流动、地域变化、家族影响。相关的研究还有《明清人口婚姻家族史论——陈捷先教授、冯尔康教授古稀纪念学术论文集》（天津古籍出版社2002年）。还有学者进行了中日家族的比较研究。[①]

宗族研究走向深入。钱杭《血缘与地缘之间——中国历史上的联宗与联宗组织》（上海社会科学院出版社2001年），专门探讨了历史上的联宗现象，论述了同姓联结、通谱、中国古代世系学、联宗与行辈字号、联宗世系学、同姓与异姓联宗的根据、过程与类型等问题，认为联宗性的宗族实质上是地域组织。断代的宗族研究方面，刘正《金文氏族研究——殷周时代社会、历史和礼制视野中的氏族问题》（中华书局2002年），主要探讨了单氏族、子央氏族、鱼氏族、应氏族、雍氏族、逄氏族、吕氏族、孤竹氏族。崔向东《汉代豪族研究》（崇文书局2003年），从国家与社会的互动关系入手，分析豪族阶层的历史存在和形态演变，以王权支配社会为视角，探讨豪族的特点、内部社会结构及王权支配下的官僚化、士族化。赵沛《两汉宗族研究》（山东大学出版社2004年），主要论述了两汉宗族的恢复和重建、里居形态、社会结构以及两汉宗族发展的基础和途径。

---

① 李卓：《中日家族制度比较研究》，北京：人民出版社，2004年。

刘驰《六朝士族探析》(中国广播电视大学出版社2000年)从不同的侧面描述士族,尤其是北方士族的兴衰过程,力求从较深的层面来探讨其内在原因。王永平《六朝江东世族之家风家学研究》(江苏古籍出版社2003年),在把握世族政治特权、经济地位的基础之上,论述了江东土著世族的文化面貌。夏炎《中古世家大族清河崔氏研究》(天津古籍出版社2004年)用个案研究的方法,从整体上把握山东崔氏士族的历史表现和历史地位。郭锋《唐代士族个案研究:以吴郡、清河、范阳、敦煌张氏为中心》(厦门大学出版社1999年)对唐代著名士族加以探讨。王善军《宋代宗族和宗族制度研究》(河北大学出版社2000年)论述了宋代宗族制度,并试图揭示唐宋变革在宗族演变方面的表现。邹重华、粟品孝主编《宋代四川家族与学术论集》(四川大学出版社2005年)收录8位作者的14篇论文,旨在探讨家族与学术文化发展的内在联系。论述了宋代四川主要家族如阆州陈氏、盐泉苏氏、成都范氏、华阳王氏、仁寿虞氏等的学术情况,并对这些家族的教育、学术网络和藏书情况进行了综合性的考察。常建华研究宗族比较关注礼与俗、思想与社会、国家与社会的关系问题,提出"宗族乡约化"的观点,研究的归宿则在于宋以后的社会变迁。[①]

冯尔康《18世纪以来中国家族的现代转向》[②]主要论述了自18世纪至20世纪末三百年以来,中国家族从古老衰败的封建末世向现代社会转型期间的演化过程中,其观念文化方面所发生的潜移默化的变化,其家族形态和组织形式演变的轨迹。作者提出:近现代家族的政治功能极大地衰退,其社会功能则充分显示出来,家族与政治分离、与政府分离,是20世纪以来家族长存于现代社会的重要原因。当代宗族问题越来越受到人们重视,肖唐镖等《村治中的宗族

---

① 常建华:《宗族志》,上海:上海人民出版社,1998年;常建华:《明代宗族研究》,上海:上海人民出版社,2004年。

② 上海人民出版社 2005年,此为南开大学中国社会史研究中心组织的家庭、家族、宗族研究系列之一,同时推出的还有李卿《秦汉魏晋南北朝时期家族、宗族关系研究》、阎爱民《汉晋家族研究》、邢铁《宋代家庭研究》、常建华《明代宗族研究》等。

——对九个村的调查与研究》（上海书店出版社2001年），以参与观察、深度访谈和问卷调查等形式，对江西省9个村、安徽省1个村的宗族与治理状况进行全面立体性研究，将其中9个村的个案研究报告收入该书。作者调查的村庄体现出不同的宗族类型，包括强弱分殊、单一宗族、一强余弱、城交杂居、单姓异族多性杂居平衡等。书中重点探讨了农村宗族势力消长及其与村治的相互关系，研究宗族对农村民主建设的实际影响。

区域性宗族研究方面，林济对湖北等长江中游地区宗族的研究具有开拓性，著有《长江中游宗族社会及其变迁》（中国社会科学出版社1999年）、《长江流域的宗族与宗族生活》（湖北教育出版社2004年）两部著作。前者从区域史的视角对宗族社会的变迁深入研究，弥补了以往长江中游以及近现代宗族研究的薄弱部分。后者采用族群的概念，追溯明清以前长江流域族群的发展与宋元时期宗族文化的形成；分别论述了苏州、徽州、黄州、巴蜀四个地区的宗族与宗族生活；讨论了长江流域各地宗族结构与宗族文化的特征。林济认为长江流域宗族文化也是建立在自身文化传统发展基础之上；长江流域宗族结构是建立在各地不同的社会经济结构基础之上；长江流域宗族组织是在专制王权及士绅商人力量作用下形成的。

赵华富《徽州宗族研究》（安徽大学出版社2004年），对徽州宗族的兴起、组织结构、祠堂和祖墓、谱牒、族产、族规家法、重教崇文的传统、经商的风尚全面论述，还有个案研究。吴仁安《明清时期上海地区的著姓望族》（上海人民出版社1997年）、江庆柏《明清苏南望族文化研究》（南京师范大学出版社1999年）是两部研究江南望族的重要著作。刘志伟提出珠江三角洲宗族的国家认同问题，他以族谱为例，揭示宗族历史的叙事结构及其意义，并探讨广东族谱中的口述传统，指出："我们看到地方社会文化认同的一种表达方式，就是用一种不合乎士大夫的价值和规范的行为，去建立以士大夫文化为指向的地方社会的国家认同。"他与科大卫还讨论了宗族意识形态向地方社会的扩张和渗透，宗族礼仪在地方社会的推广，把地方认同与国家象征结合起来的过程。①北方宗族长期缺少研究，秦燕、胡红安著《清代以来的陕北宗族与社会变迁》（西北工业大学出版社2004年）难能可贵。该书论述了清代陕北宗族的形成，陕北宗族的结构、功能与继承，村落的经济生活，与国家政权关系，宗族文化的陕北地方特点，社会变革与陕北宗族的弱化，改革开放与陕北宗族的复兴等问题。

三、社会分类与结构的研究

包括专题和综合两方面。综合性的研究有张泽咸《唐代阶级结构研究》（中州古籍出版社1996）、王曾瑜《宋朝阶级结构》（河北教育出版社1996年），均是作者多年的研究成果，细致探讨了当时的各色人等。李伯重也论述了唐代社会等级问题②。李天石《中国中古良贱制度研究》（南京师范大学出版社2004年），探讨了中国中古良贱身份制度产生、发展、演变、衰落的历程。章开沅、马敏、朱英主编《中国近代史上的官绅商学》（湖北人民出版社2000年），考察官绅商学四个近代活跃群体的形成演变及其互动关系，以探讨特定历史时期社会转型的特征，其中既有丰富具体的社会生活内容，又有社会历史趋向的总体把握，是著者多年来潜心研究的一个总结。清末民初，中国城市社会群体结构发生了巨大的变化，在传统社会结构之外产生出新的社会群体，如买办、企业家、职员、文教工作者、自由职业者、工人、城市贫民等；传统社会结

---

① 刘志伟：《附会、传说与历史真实——珠江三角洲族谱中宗族历史的叙事结构及其意义》，载上海图书馆编《中国谱牒研究》，上海：上海古籍出版社，1999年；刘志伟：《族谱与文化认同——广东族谱中的口述传统》，载上海图书馆编《中华谱牒研究》，上海：上海科学技术文献出版社，2000年；〔英〕科大卫、刘志伟：《宗族与地方社会的国家认同——明清华南地区宗族发展的意识形态基础》，《历史研究》2000年第3期。
② 李伯重著《千里史学文存》（杭州出版社2004年）收录13篇论文，内容分为社会史、经济史、文化史、人口史四类，属于社会史的4篇论文讨论了唐代社会等级的划分与命名以及部曲、奴婢问题，文化史的论文研究妈祖形象的演变，人口史的论文论述了人口与气候变化的关系，还有一篇讨论妇女史的短文。

构中原有的官僚、手工业者、商贩等群体身份地位也发生了很大变化。李明伟《清末民初中国城市社会阶层研究（1897—1927）》（社会科学文献出版社2005年）将清末民初城市各类群体划分为官僚阶层、买办阶层、企业家阶层、城市知识阶层、城市中等市民阶层、下层市民阶层、工人阶层、贫民阶层等八大阶层，探讨了城市各阶层的具象与特征。有关社会结构的研究在持续进行。①

专题研究以妇女史与性别研究进展突出。杜芳琴的研究引人瞩目，她的《发现妇女的历史》《中国社会性别的历史文化寻踪》（天津社会科学院出版社1996年、1998年）是两部中国妇女史的论文集。杜芳琴、王政主编《中国历史中的妇女与性别》（天津人民出版社2004年）是一部专题性的女性史，收录了有关专家的论述，计有赵宇共《史前时期的社会性别：多学科的历史考察》，杜芳琴《父系制延续与父权制建立：夏商周妇女与社会性别》，高世瑜《中古性别制度与妇女》，邓小南《"内外"之际与秩序格局：宋代妇女》，臧健《宋元至明清时期族规家法与两性关系》，定宜庄《清代妇女与两性关系》，吕美颐、郑永福《近代中国：大变局中的性别关系与妇女》。李小江主编《历史、史学与性别》（江苏人民出版社2002年）是一部重要论文集，收集了众多社会史学者的作品，表明社会史学者对于性别史相当关注。王子今《古史性别研究丛稿》（中国社会科学文献出版社2004年）用性别研究的方法分析了先秦至汉晋的一些神秘主义文化现象，包括鲁迅所说的"巫风"和"鬼道"。秦汉时期的性别关系，特别是女性作为社会角色在当时的特征和影响；作者利用张家山汉简和走马楼吴简等新发表的出土资料，对社会历史进行了多方位的性别考察。从性别关系的分析入手对文学史料进行的相关研究，也是有意义的尝试。曹兆兰《金文与殷周女性文化》

---

① 由南开大学中国社会史研究中心暨历史学院于2005年8月22日—24日主办的"近五百年来中国社会结构变迁"国际学术讨论会，研讨了社会结构的特征及其变迁、经济发展与社会结构变动、社会阶级阶层结构、社会流动与社会分层、城市社会结构、国家与社会结构变动等问题，参见王先明、魏本权的会议综述，载《史学月刊》2006年第3期。

（北京大学出版社2004年）认为，商周三代是女权旁落、男权兴起并演进的关键时期，作者从政治、经济、社会和家庭婚姻等多角度，论述当时女性活动的环境与女性地位变迁的轨迹，说明女性问题产生的社会根源。

段塔丽《唐代妇女地位研究》（人民出版社2000年）从女性视角出发，关注唐代妇女的主体性，论述了妇女由为人女、为人妻到为人母的角色转换以及社会参与，婚姻家庭、文化教育、体育锻炼、文化价值等问题。邓小南主编《唐宋女性与社会》（上海辞书出版社2003年）所选论文分为八类：文本：性别的表现与解读；女性书写：闺训与篇什；女性生活：门内与户外；图像：风格与风貌；性：身体与文化；宗教：信仰与供奉；性别意识：认同与错位；变迁：性别与社会。一方面是关注对象的接近，另一方面又充分体现出研究视角和方法理路的多元。沈海梅《明清云南妇女生活研究》（云南教育出版社2001年）主要研究了云南的列女群。定宜庄《满族的妇女生活与婚姻制度研究》（北京大学出版社1999年）研究深入，她的《最后的记忆：十六位旗人妇女的口述历史》（中国广播电视出版社1999年）则是采用新研究方法的尝试。陆德阳、王乃宁《社会的又一层面：中国近代女佣》（学林出版社2004年）论述了自1840年至1949年旧中国女佣的产生、生活以及与社会各阶层的关系。常建华《婚姻内外的古代女性》（中华书局2006年）对女性问题有所考辨。

士大夫与知识分子问题受人重视。孙立群《中国古代的士人生活》（商务印书馆2003年）内容为：中国古代士人概说，士人的读书生活，士人与仕途，士人的衣与食，士人的住与行，士人与聚会、结社，士人与琴棋书画，士人与青楼女子，魏晋士人的生活。蔡锋《春秋时期贵族社会生活研究》（中国社会科学出版社2004年），通过对先秦典籍、古文字、田野考古资料的综合分析，探讨了先秦春秋时期富有代表意义的贵族阶层亦即卿大夫、士的生活。王永平《中古士人迁移与文化交流》（社会科学文献出版社2005年），从中古江淮之间士人流动与文化交流的角度透视了学术文化的传播。陈宝良《明代儒学生员与地方社会》（中国社会科学出版社2005年）分为上、下两编：上编"儒学生员与明代学校、科举"，包括明以前历代教育概况，明代的学校，生员的种类与人数，生员的考取与课试，生员的仕进之途；下编"儒学生员与明代社会"，包括生员层的社会职业流动，生员与地方社会"：以政治参与为例，生员的无赖化，生员的经济地位，生员生活与明代学术。学术界有关明代的生员论述虽多，但是缺乏专深的研究，该书史料丰富，是一项扎实的研究成果。

吴震《明代知识界讲学活动（1522—1602）》（学林出版社2003年），叙述的主要是有关思想家个人或一般绅士文人的社会活动、私人交往，以及他们对地域社会的建设、道德理想的宣传等。作者认为，深入研究发生在中晚明时期的、主要以阳明学话语背景之下的讲学活动，对于把握当时知识界的思想动向以及16—17世纪的社会文化特质是有益的。徐茂明《江南士绅与江南社会（1368—1911）》（商务印书馆2004年），绪论部分全面综述了海内外明清士绅（含近代绅士）研究状况；论述了江南士绅与明清专制皇权，江南士绅与社会基层组织，江南士绅的文化权力与社会保障功能，江南士绅的家族迁徙与区域文化互动——以清代苏州大阜潘氏为例，近代社会变迁中的江南士绅。许顺富《湖南绅士与晚清政治变迁》（湖南人民出版社2004年），论述了湖南绅士在近代历次社会运动中的表现与作用。李世众《晚清士绅与地方政治——以温州为中心的考察》（上海人民出版社2006年），重点探讨了晚清地方官与士绅的关系、士绅内部不同集团之间的关系。

商人研究方面。张弘《战国秦汉时期商人和商业资本研究》（齐鲁书社2003年）探讨了战国秦汉时期商人的形成和发展，商人与社会政治、社会经济、社会文化意识形态、少数民族和域外国家的关系等问题。姜锡东《宋代商人和商业资本》（中华书局2002年）论述了宋代以前商人和商业资本，宋代商人与小农家庭的生产活动，宋代官私商业的经营方式,宋代商人的市场垄断与政府的反垄断,宋代的国有商业资本,宋代的盐商——自由盐商、钞印盐商、私盐商,宋代的粮商,宋代的布帛商,政府与商人的矛盾,宋代民间商业资本发展的重重阻力。唐力行、范金民、张翔凤、张守广《江南儒商与江南社会》(人民出版社 2002 年),论述了洞庭、徽州、宁波儒商、外地商人在江南的活动。黄鉴晖《明清山西商人研究》(山西经济出版社 2002 年)认为,山西商人资本所有权与经营权的分离始于明末,有两种表现形式:一种是盐商将自己部分资本交由他人经营,盈利按银劳比例分配;一种是富有者白银并不藏于家,而是散于各伙计去经营。具有浓郁社会史味道的是殷俊玲《晋商与晋中社会》(人民出版社 2006 年),以清代及民初晋中社会为考察中心,论述了人口、婚姻、家族、生意、市场、日常生活、休闲生活、晋商与晋中文化、晋商与公共领域、晋商的衰落等问题。彭南生《行会制度的近代命运》(人民出版社 2003 年)以近代工商同业组织和学徒制度的转型为基线,探讨了行会制度在近代的存在与转型及在政治、经济和社会中的地位与作用等问题。周智生《商人与近代中国西南边疆社会:以滇西北为中心》(中国社会科学出版社 2006 年)探讨了近代中国西南边疆各民族商人与近代滇西北这个多民族聚居区的社会变迁的关系。

其他阶层方面。沈刚《秦汉时期的客阶层研究》(吉林文史出版社2003年)将汉代的客阶层作为标志性人口,与汉代依附化进程相联系来考察。郝春文《唐后期五代宋初敦煌僧尼的社会生活》(中国社会科学出版社1998年)主要利用敦煌文书探讨了僧尼的生活方式。尚小明《学人游幕与清代学术》(社会科学文献出版社1999年),探讨了清代学人游幕的发展变化、重要的学人幕府、游幕与学术活动。熊志勇《从边缘走向中心:晚清社会变迁中的军人集团》(天津人民出版社1998年),考察了军人集团从传统走向近代的历史轨迹,探讨了晚清军人角色凸显与社会秩序变迁的动因和结果。刘五书《二十世纪二三十年代中原农民负担研究》

（中国财政经济出版社2003年），论述了中原农民的佃赋负担、田赋负担、田赋附加与税捐、农民的非赋税负担，对农民负担作了深层剖析。农民离村问题的研究，则有王印焕《1911—1937年冀鲁豫农民离村问题研究》（中国社会出版社2004年）一书。朱英主编《中国近代同业公会与当代行业协会》（中国人民大学出版社2004年），内容有同业公会研究的回顾与分析、中国传统行会及其在近代的演变、近代同业公会的组织体系与治理结构、近代同业公会的经济与社会功能等。还有学者论述了近现代社会边缘人群，如邵雍《中国近代绿林史》（福建人民出版社2004年），侯杰、秦方《旧中国的下九流》（天津人民出版社2004年），曹保明《东北土匪》（西苑出版社2004年）等。

近代中国是社会剧烈转型的时期，罗志田指出：近代中国新旧两极之间的过渡地带其实相当宽广，在新旧阵营里通常也还有进一步的新旧之分，对许多人来说亦新亦旧恐怕正是常态。但"不新不旧"的人与事以及新旧各自阵营中表现不那么极端或积极的群体则成为既存近代史研究中的失语者，包括医生群体、数量极大的缠足女性、废科举后逐渐被排除出乡村教育领域的塾师群体，以及民初的"前清遗老"和四川的"五老七贤"及其追随者等，他们似更多体现了近代中国不变的一面。强调弥补近代史画面上失语的部分，或者不失为今后史家的努力方向。[1]也有学者呼吁新世纪要加强研究中国近代下层社会的历史。[2]

从人的个体展示的社会关系，也是认识社会结构的有效方法。张研认为特定社会运行和发展中的人，同样是社会史研究的重要视角之一。若将社会史仅仅理解为社会制度、组织结构及运作逻辑的历史，则容易以制度结构功能分析涵盖或取代对于社会行动者及其能动作用的分析，从而使整体上的社会史研究受到局

① 罗志田：《新旧之间：近代中国的多个世界及"失语"群体》，《四川大学学报》1999年6期。
② 彭南生：《关于新世纪中国近代社会史研究如何深入的思考》，林家友：《历史学者需要眼睛向下透视社会》，均载《史学月刊》2004年第6期。

限,造成缺憾。她从刘铭传的"入仕",透视晚清基层社会与上层政权发生的深刻变化,晚清统治危机的特殊性,中国传统社会发展趋势的深层基础等,这种尝试是有新意的。①

四、民间信仰与社会习尚

民间信仰与社会习尚是进入民众生活世界与观念形态的重要领域,也是实践历史人类学的好场所,在近年来的社会史研究中日益受到重视。中国社会史学会举行了"礼仪、习俗与社会秩序"国际学术研讨会,会议显示出强调中国社会史研究的理论追求,突出地域社会文化研究、重视史料诠释深度的趋向。②

民间宗教信仰方面。侯旭东《五六世纪北方民众佛教信仰》(中国社会科学出版社1998年),探讨了佛教流行北方社会的历史背景、造像记所见民众信仰、民众佛教修持方式的特点与佛教信仰的社会影响,是研究民众思想的上乘之作。王青《魏晋南北朝时期的佛教信仰与神话》(中国社会科学出版社2001年),探讨民俗佛教及其弘教手段与阶层特点,阿弥陀信仰的产生及其流播,弥勒信仰的流播及其相关神话,观世音信仰与相关神话的源起与发展,内迁月氏族的宗教及其影响;附有论西域文化对道教的影响、魏晋南北朝的盗墓之风与人鬼恋故事的产生等文章。余欣《神道人心——唐宋之际敦煌民生宗教社会史研究》(中华书局2006年),着眼于唐宋之际敦煌的宗教社会史,提出了"民生宗教"的概念,深入研究了敦煌的神灵谱系,并从居住和出行两个方面进一步探讨了各类宗教神灵对敦煌民众日常生活的精神影响,是一部涉及敦煌学、宗教史、社会史等方面的力作。荣新江主编《唐代宗教信仰与社会》(上海辞书出版社2003年)收录13篇论文,编者

① 张研:《从社会史研究视角看刘铭传的"入仕"》,《安徽史学》2006年第1期。
② 这次讨论会2004年6月16日—19日在武夷山举行,是为中国社会史学会第10届年会,由厦门大学历史系承办。参见饶伟新、刘永华、张侃:《中国社会史研究的新领域——"礼仪、习俗与社会秩序"国际学术研讨会综述》,《中国社会经济史研究》2004年第4期。

的导言强调将宗教与社会联系起来考察。

杨讷《元代白莲教研究》(上海古籍出版社 2004 年)论述了白莲教的产生、历史渊源和教义,南宋后期和元代前期的白莲教,白莲教的堂庵和道人,白莲教的演变,白莲教的被禁,普度与白莲教的复教,白莲教与明教,白莲教与弥勒净土信仰,白莲教与天完红巾军,"明王出世"与大明国号等。该书文字不多,但很有深度。徐永志《融溶与冲突:清末民国间边疆少数民族与基督教研究》(民族出版社 2003 年),论述了古代边疆少数民族与基督宗教,清末民国间基督宗教在边疆少数民族地区的传播,形形色色的洋教会,传教士的布道活动,边疆少数民族基督徒的历史考察,基督宗教影响下的边疆少数民族社会文化生活,以基层群众为主体的反教斗争。

民间宗教或者说秘密教门方面。马西沙、韩秉方《中国民间宗教史》(中国社会科学出版社 2004 年)是我国最系统的民间宗教通史。[①] 濮文起《秘密教门:中国民间秘密宗教溯源》(江苏人民出版社 2000),论述了汉末至民国时期的民间秘密宗教发展史。路遥《山东民间秘密教门》(当代中国出版社 2000 年),从历史学与社会学角度对山东民间秘密教门历史与概况勾勒出一个轮廓。刘平《文化与叛乱——以清代秘密社会为视角》(商务印书馆 2002 年)从文化角度研究农民叛乱,对产生清代秘密社会的文化内涵及生存的社会环境等进行了分析。宋军《清代弘阳教研究》(社会科学文献出版社 2002 年)充分吸收了日本学者的有关研究成果,结合历史学与人类学的理论方法,将宗教结社作为"越轨"亚文化群体,对清代弘阳教及相关问题研究。梁景之《清代民间宗教与乡土社会》(社会科学文献出版社 2004 年)分别论述了清代民间宗教前史,信仰体系的结构与内容,群体的结构与活动,内丹修炼与神秘体验,民间宗教与乡土社会;附录:福建民俗宗教信仰的实态。

---

① 马西沙还著有《中国民间宗教简史》,上海:上海人民出版社,2005年。

作者也受到了人类学的影响,该书的研究方法是有新意的。秦宝琦、晏乐斌《地下神秘王国—贯道的兴衰》(福建人民出版社 2000 年)专门探讨了一贯道。郑永华《清代秘密教门治理》(福建人民出版社 2003 年),从社会控制的视角对有清一代治理秘密教门的典型案例及对策演变过程进行了探讨。

教门与会党等秘密社会研究。欧阳恩良《形异神同——中国秘密社会两大系统比较研究》(贵州人民出版社2004年)论述的问题有:社会生态,由"南会北教"说辩证,游民与农民,秘密社会中的女性与知识分子构成;思想·文化,有民间教门与秘密会党成员之心态,忠孝与忠义,民间教门·秘密会党与民俗文化;政治·权力,有专制皇权,民间教门与秘密会党权力系统之比较。谭松林主编、秦宝琦等著有《中国秘密社会》(福建人民出版社2002年),全书7卷,论述全面系统。雷冬文《近代广东会党:关于其在近代广东社会变迁中的作用》(暨南大学出版社2004年)论述了近代广东会党问题。

民间诸神信仰方面。贾二强《唐宋民间信仰》(福建人民出版社2002年),全书分为三篇:上篇"唐宋民间信仰的中心",论述了自然神、人格神崇拜以及神格神性;中篇"唐宋民间信仰的基础",探讨的问题有鬼神观、鬼之统属、由人而鬼、强鬼害人、鬼之禀性、鬼神与坟墓、鬼神之间、精怪迷信;下篇"唐宋民间信仰与宗教",论述了道教与唐宋民间信仰、佛教的初传与民间化、佛教的报应说、唐宋民间信仰与佛经、阎罗王与泰山府君、五道五通与五显、佛教的淫祀化倾向。庙会在很大程度上是民间信仰的表现形式,有

赵世瑜著《狂欢与日常》

两部新著值得注意。赵世瑜《狂欢与日常——明清以来的庙会与民间社会》（三联书店2002年），从中华帝国晚期时代的民间庙会这一生活空间向外延伸，探索明清社会转型时期的民众生活与大众文化。该书内容恰如书名"狂欢与日常"，揭示了庙会这一类游神活动的基本特征，即它们不仅构成了民众日常生活的一部分，而且也集中体现了特定时节、特定场合的全民狂欢。小田《在神圣与凡俗之间——江南庙会论考》（人民出版社2002年），导论分别论述了研究回顾、庙会界说、庙会型式与续谱、分析范式、"两个世界"理论；正文有庙会纪程，凡俗的神圣：仪式·信仰·神话，神圣的凡俗：庙市，神圣的凡俗：休闲，神圣的凡俗：社区运作，讨论：社会结构中的江南庙会。顾希佳《祭坛古歌与中国文化》（人民出版社2000年）论述了吴越神歌祭坛仪式，吴越神歌作品，从吴越民间信仰心理看中国民间神灵观，神歌艺术风格论，吴越神歌手研究，神歌源流考，中国巫文化。

民俗与风尚方面。两位在德国取得博士学位的中国学者，出版了高水平的专著：简涛《立春风俗考》（上海文艺出版社1998）将民族学与历史学结合起来，重点探讨立春的文化变迁；朱青生《将军门神起源研究——论误解与成形》（北京大学出版社1998年）则探讨文化哲学问题，认为民间习俗是对现象和人生解释的结果。常建华《岁时节日里的中国》（中华书局2006年）力图更准确、细致、系统地反映中国古代汉族岁时节日的基本面貌，并提出一些新说。郭振华《中国古代人生礼俗文化》（陕西人民教育出版社1998年）、徐吉军《中国丧葬史》（江西高校出版社1998年）、李如森《汉代丧葬礼俗》（沈阳出版社2003年）也各有新意。张邦炜《宋代政治文化史论》（人民出版社2005年），"文化"部分有一组关于丧葬问题的论文，计有《两宋火葬何以蔚然成风》《两宋时期的义冢制度》《宋代丧葬习俗举隅》《辽宋西夏金时期少数民族的丧葬习俗》4篇，另外两篇有关"士"问题研究的《论北宋晚期的士风》《论北宋"取士不问家世"》，均是社会史关注的问题。吴存存《明清社会性爱风气》

（人民文学出版社2000年）主要依据明清小说中的描写，剖析了明清时期正统性爱观与节烈风气、纵欲主义思潮、男性同性恋风气与同性恋文学、金莲崇拜、异装癖风气，论述新颖。

五、城市、乡村与社区

城市社会史方面。汉代城市研究方面有两部著作：周长山《汉代城市研究》（人民出版社2001年），内容包括汉代城市的发展概况、汉代城市的分布、汉代的城郭、长安与五都、汉代城市居民的基本编制、汉代城市中的市场等。张继海《汉代城市社会》（社会科学文献出版社2006年）系统探讨了汉代的聚落形态，城市与城市社会，对市与城市社会公共生活的关系、学校教育与城市社会发展关系的研究，使汉代城市的社会生活变得更为丰满，发展脉络更为清楚。程存洁《唐代城市史研究初篇》（中华书局2002年）探讨了唐代东都与边城城市，涉及城市居民、人口、生活等多方面的问题。王卫平《明清时期江南城市史研究：以苏州为中心》（人民出版社1999年），比较全面系统地探讨了江南城市社会形态与地区市场体系结构。刘凤云《明清城市空间的文化探析》（中央民族大学出版社2001年）分为6章：城墙，坊巷与社区，官衙与民居，市廛与寺观，剧院、茶馆与会馆，私家园林；作者在导言中论述了中国传统城市的政治属性及其特征、中国传统城市的空间模式。徐永志《开埠通商与津冀社会变迁》（中央民族大学出版社2000年），综合考察了天津开埠通商对津冀社会变迁的作用及其相互关系，通过具体分析津冀政治中心的迁移、城乡通商贸易和早期工业化运动等，揭示了津冀社会在近代工业文明的带动下向近代社会转型的积极因素和特点。王守中、郭大松等《近代山东城市变迁史》（山东教育出版社2001年）论述了不同类型的代表性城市，整体上把握近代山东城市的发展，并对近代山东城市发展的阶段、特点和动因作了系统的论证。何一民主编《近代中国城市发展与社会变迁：1840—1949年》（科学出版社2004年），探讨了近代中国城市发展的动力、规律和兴衰的原因，城市发展与社会变迁的关系，城市发展的特点和社会变迁的一般规律。陈国灿《江南农村城市化历史研究》（中国社会科学出版社2004年），论述了宋元、明清和近现代（1949年新中国成立前）三个时期江南地区的城镇发展进程以及由此引发的农村城市化现象，重点探讨了不同历史时期农村城市化的动力系统与影响因素、市镇发展状况与农村社会变革、农村城市化的地域格局与发展水平等问题。隗瀛涛主编《近代长江上游城乡关系研究》（天地出版社2003年）则是城乡关系研究的作品。

乡村社会。侯旭东《北朝村民的生活世界——朝廷、州县与村里》（商务印书馆2005年）是作者的又一力作，收录10篇专题研究：《从田园诗到历史——村落研究反思》《北朝的村落》《汉魏六朝父系意识的成长与"宗族"》《北朝"三长制"》《北朝乡里制与村民的空间认同》《北朝的"市"：制度、行为与观念》《北朝并州乐平郡石艾县安鹿交村的个案研究》《造像记所见北朝民众的国家观念与国家认同》《北朝朝廷视野中的"民众"》《代结论：朝廷、州县与村里——北朝村民的生活世界》，该书有两篇附录：附录一《长沙走马楼三国吴简所见的"乡"与"乡吏"》，附录二《评谷川道雄〈中国中世社会与共同体〉》。谷更有《唐宋国家与乡村社会》（中国社会科学出版社2006年）考察了唐宋乡村控制问题和宋代乡村农户，试图从乡村社会的政治结构切入，探讨唐宋转型问题。乔志强主编《近代华北农村社会变迁研究》（人民出版社1998年）论述全面。王先明、郭卫民主编《乡村社会文化与权力结构的变迁》（人民出版社2002年），是山西大学历史系与《近代史研究》编辑部共同主办的"华北乡村史学术研讨会"论文集。近代乡村社会的研究近来得到加强。①李金铮《借贷关系与乡村变动——民国时期华北乡村借贷之研究》（河北大学出版社2000年）分上、下两篇，上篇：借贷关系的传统模式与转型，讨论了乡村借贷基本状况、高利贷、钱会、

---

① 中山大学历史系举办了"近代中国乡村威权国际学术讨论会"，参见翁有为、徐有威的会议综述，载《史学月刊》2004年第11期。《史学月刊》2004年第12期还发表了《近代中国乡村史笔谈》。

合作社等文题;下篇:借贷关系的暴力革命,论述的是中共对传统借贷关系政策的演变、传统借贷关系的变化、政策性优惠农贷、合作社。深入系统的实证分析给人留下了印象。张佩国《地权分配·农家经济·村落社区——1900—1945年的山东农村》(齐鲁书社2000年)分为4章:近代山东农村生态的透视,土地占有:历史演变与制约因素,土地经营与农业增长,村落社区与国家权力的互动——以地权分配为中心。力求在研究方法上有一定突破是本书的特色。郑起东《转型期的华北农村社会》(上海书店出版社2004年)指出,在19—20世纪之交的一个历史时期中,晚清政府、北洋政府、国民政府都曾进行了一场旨在遏制绅权以重建县以下基层政权的国家政权建设,但结果都反而是扩张了绅权,削弱了政权,最终导致基层国家政权建设的失败。

村落社区。王铭铭《溪村家族——社区史、仪式与地方政治》(贵州人民出版社2004年)是其《社区的历程》(天津人民出版社1997年)的增补版,强调以经验性的地方史料为基础来自下而上地重新审视地方史的具体过程,除了对原书修改外,增加了两篇文章:《现代场景中的灵验"遗产"——围绕一个村神及其仪式的考察》《地方政治与传统的再创造——溪村祠堂仪式活动的考察》。郑振满、张侃、刘永华等撰《培田》(三联书店2005年),探讨福建省西部山区的一个客家古村落培田,试图利用图文形式建构该地社区的社会史。全书分为9章:河源十三坊、畲族与客家、家族的繁衍、聚落的年轮、生计的变迁、崇文与尚武、祖先与神灵、风水的营造、理想的家园。王振忠《水岚村纪事1949》(三联书店2005年),依据婺源山村少年詹庆良的日记,论述了1949年前后僻远山乡的社会生活、特定历史情境中民众的内心体验、主人的人生梦想,等等。

综合性的研究成果,有李长莉、左玉河主编《近代中国的城市与乡村》(社会科学文献出版社2006年),选取了2005年8月青岛"首届中国近代社会史国际学术研讨会"部分论文,对中国近代城市的社会空间、城市经济、市民生活，对中国近代乡村的社会结构、乡村经济与乡村建设、乡村生活、地域社会与公共事业等问题进行了探讨。

六、生态环境、灾荒、救济与慈善事业

灾荒与社会是老课题，但是有新探索。复旦大学历史地理研究中心主编《自然灾害与中国社会历史结构》（复旦大学出版社2001），不仅从宏观的角度剖析了自然灾害与中国的社会经济、政治文化之间的关系，而且以中国历史上所发生的大量自然灾害个案为切入点，深入细致地探讨了灾害的过程与规律、灾害与人口的关系、灾害中官僚系统与地域社会的作用、水灾与地域社会、灾害与社会风俗等问题。王振忠《近600年来自然灾害与福州社会》（福建人民出版社1996年）以自然灾害和社会关系为切入点探讨福州社会。王振忠研究徽州社会史，也关注瘟疫、灾荒与民俗。[①]夏明方《民国时期自然灾害与乡村社会》（中华书局2000年）论述了民国时期的自然灾害及其环境后果，自然灾害与人口变迁，自然灾害与乡村经济，自然灾害与社会冲突，灾害源与民国时期的社会脆弱性等问题。

社会救济与慈善事业方面。王卫平、黄鸿山《中国古代传统社会保障与慈善事业——以明清时期为重点的考察》（群言出版社2004年）上编"传统社会保障"，论述了中国古代传统社会保障制度的形成及发展演变、元代社会保障事业、明朝与清朝的社会保障政策、明清时期的残疾人社会保障与宗族社会保障、传统仓储制度社会保障功能的近代发展；下编"民间慈善事业"，论述了中国古代慈善事业的思想基础、明清时期江南地区的民间慈善事业、清代普济堂的经营实态、清代江南地区的育婴事业与育婴事业圈、清代苏州的慈善事业、清代江南市镇的慈善事业、中国传统

[①] 王振忠：《徽州文书所见种痘及相关习俗》，《民俗研究》2001年第1期；王振忠：《清代徽州民间的灾害、信仰及相关习俗》，《清史研究》2001年第2期。

慈善事业的近代转型等问题。

断代研究方面。张文研究宋代社会救济与民间慈善活动,著有《宋朝社会救济研究》《宋朝民间慈善活动研究》(西南师范大学出版社2001年、2005年),前书系统清理了宋朝社会救济包括赈灾救荒、济贫恤穷、优抚救济等方面的问题,颇多新的发现;后书阐述民间慈善的概念及其相关问题,分析宋朝民间慈善的基本形式,研究宋朝民间慈善的基本结构,论述宋朝民间慈善的主体,从意义、特点、功能等方面对宋朝民间慈善活动进行总结。游子安研究明清慈善事业,著有《劝化金箴——清代善书研究》(天津人民出版社1999年)、《善与人同:明清以来的慈善与教化》(中华书局2005年)两书,前者探讨善书,后者论述善人善事,都是资料扎实的著作。蔡勤禹研究民国时期社会救济,他的《国家、社会与弱势群体——民国时期的社会救济》(天津人民出版社2003年)论述了传统社会的社会救济,现代社会救济制度的确立,国民政府的社会救济,民间社会的互助共济,民国社会救济的反思。蔡勤禹《民间组织与灾荒救治——民国华洋义赈会研究》(商务印书馆2005年),论述了华洋义赈会兴起的经济社会环境,华洋义赈会演变与合法性取得,华洋义赈会治理结构,经费筹集与使用,防救结合、以防为主,合作实验与推广,华洋义赈会与民国政府。池子华《红十字与近代中国》(安徽人民出版社2004年),探讨了发轫于俄日之战延续到中华人民共和国成立之前的中国红十字会。

研究生态环境与社会的关系是近年来的新方向,为人重视。①冯贤亮《明清江南地区的环境变动与社会控制》(上海人

———————

① 《史学月刊》2004年第3期发表"环境史研究笔谈",同年第6期还发表了任宏伟的《近十年来生态环境变迁史研究综述》。南开大学中国社会史研究中心等单位于2005年8月17日—19日举办"中国历史上环境与社会"国际学术研讨会,讨论了中国环境史研究的理论和意义,全球视野下的环境史研究,环境变迁与经济发展,生态环境诸要素的历史变化,生态环境与社会构造和运行空间,灾害、疾疫与生态环境,生态环境与社会生活和文化等问题。参见王利华所写会议述评,载《天津社会科学》2006年第1期。

民出版社2002年），从新的角度对江南地区社会长期稳定的内在因素进行全面考察，主要从行政管理、地方防护、水利调控、灾害应变机制、宗教和民间信仰意识形态等方面，分析中央、地方政府和民间三大层面对自然和社会两种环境变化的应对能力，即所谓社会控制，使社会处于长期稳定的秩序和发展态势。许怀林《鄱阳湖流域生态环境的历史考察》（江西科学技术出版社2004年）有专题分析5篇：清代以前江西的经济开发与生态环境，近代以来江西的水旱灾害与生态变动，江西工业化进程中水资源状况的变化，治理水土流失、发展生态经济的实践经验，江西经济开发与生态环境的。钞晓鸿《生态环境与明清社会经济》（黄山书社2004年），上编：生态环境与明清社会构成，下编：明清以来的商业、人口与农村经济。该书较多探讨了陕西关中地区的生态与社会。赵珍《清代西北生态变迁研究》（人民出版社2005年）着重论证在生态环境恶化过程中，人类的过量介入引发的恶性循环。王建革《农牧生态与传统蒙古社会》（山东人民出版社2006年）运用生态人类学和历史学方法，主要根据满铁资料对近代蒙古草原的生态与社会进行了广泛而深入的研究，论述了草原生态和游牧生态的内容，畜群与蒙古社会的关系，蒙古游牧社会在汉农业渗透后所发生的重大变化。

随着生态环境意识的强化，人们越来越重视这一领域的研究，对于社会史而言，生态环境的研究应有人文关怀，应反映出人的活动以及社会变迁，应是社会历史整体的一部分。[①]

七、人口问题

通论方面。姜涛《人口与历史》（人民出版社1998年）从人口探讨了多种社会结构。葛剑雄主编《中国人口史》（复旦大学出

[①] 如郑振满：《仙游沿海的生态环境与人口变迁》，载庄英章、潘英海编：《台湾与福建社会文化研究论文集》，台北：民族学研究所，1994年；刘志伟：《边缘的中心——"沙田—民田"格局下的沙湾社区》，载黄宗智主编《中国乡村研究》第1辑，上海：上海书店出版社，2002年。

版社2002年）分为6卷：先秦至南北朝时期、隋唐五代时期、宋辽金元时期、明时期、清时期、1910—1953年，分别由葛剑雄、冻国栋、吴松弟、曹树基、侯杨方撰写。池子华《中国流民史·近代卷》（安徽人民出版社2001年），探讨了中国近代流民的发生机制、流向、职业等，对直隶、淮北灾荒、社会变迁与流民重点论述，并就流民调控模式、功能、成效及其时代价值加以论述。曹树基《大饥荒:1959—1961年的中国人口》（香港时代国际出版有限公司2005年），梳清1959—1961年中国各地非正常死亡人口数。赵全鹏《清代养老制度》（西安出版社2003年）对清代养老问题作了比较全面的论述。

区域人口史研究。山西历来是重要的移民输出地，安介生《山西移民史》（山西人民出版社1999年）系统论述了山西移民史。闫天灵《汉族移民与近代内蒙古社会变迁研究》（民族出版社2004年）以汉族移民及汉族移民社会的成长为中心，全面考察了移民以及移民社会问题。吴建华《明清江南人口社会史研究》（群言出版社2005年）探讨了明清江南人口增长的低速度与人口绝对数量的增加，宗谱人口增长与世代间隔，人口密集及其对社会的压力问题，人口与土地、粮食、物价、住房关系的变化，人口职业结构与职业人口构成，市镇密度和城市人口结构变动，社会繁荣人口流移，人口的文化教育与人口文化素质，人口社会管理，人口社会系统。书中对近年来引起讨论的江南人口是否具有压力的问题有所讨论，这是应当注意的。方志远《明清湘鄂赣地区的人口流动与城乡商品经济》（人民出版社2001年），温锐、游海华《劳动力的流动与农村社会经济变迁——20世纪赣闽粤三边地区实证研究》（中国社会科学出版社2001年），是两部研究人口流动与经济发展的著作。

美国华裔学者李中清等与中国学者合作研究，探讨人口行为以及人口与社会的关系，定宜庄、郭松义、李中清、康文林《辽东移民中的旗人社会——历史文献、人口统计与田野调查》（上海社会科学院出版社2004年）第一部分"从户口册入手：盛京内务府三佐领属下的人丁"；第二部分"家族组织与八旗制度之间：来源与迁徙"；第三部分"'在旗'与'随旗'：民族认同与人口行为"；绪论阐述了清代不同移民地区比较、使用资料与方法论等问题，附录"盖州与辽北调查记，"记载田野调查的甘苦与经验，值得借鉴。李中清、郭松义、定宜庄编的论文集《婚姻家庭与人口行为》（北京大学出版社2000年）立意新，收录的中外学者论文具有较高的学术水准。

第三节　社会史特点：机遇与挑战

20世纪90年代中期以来近十年，中国社会史研究发生了一些变化，更加注重理论思维与问题意识，研究成果具有如下特点：

一、多元学科视野

开展跨学科研究，加强社会史与地理学、人类学、考古学、宗教学、社会学、民俗学、文学艺术等人文社会科学的对话，已是社会史研究者的共识，其中影响社会史最大的大概要算人类学了，甚至可以说社会史发生了人类学的转向。社会史的兴起与历史人类学有不解之缘，一些学者努力实践历史人类学。换位思考、从习俗进入社会、重视民众观念、文献研究结合田野调查，进入了社会史研究，历史人类学应运而生。华南社会史研究者执历史人类学先鞭，他们举办历史人类学研讨班，培养历史人类学人才，效果明显。赵世瑜采用新方法研究华北，别具一格。如山西洪洞大槐树移民传说在明清以来的华北各地流传甚广，并大量载之家谱、墓志和地方志。研究者多认为它反映了明洪武、永乐时期大移民的史实，并将洪洞视为政府大规模强制移民的中转站。赵世瑜指出：有关洪洞大槐树迁民的传说故事中有两条族群认同的轨迹。一条轨迹是以宋代以后北方族群混居的历史为背景，这种情况又因元代汉族族群的受压抑而得到强化。另一条轨迹则是在清末民国初开始出现的，地方知识精英利用自己手中的文化权力对传统的资源加以改造，希望把大槐树从一个老家的或中原汉族的象征，改造成为一个国族的象征。①

一些历史人类学著作出现，如王铭铭《逝去的繁荣：一座老城的历史人类学考察》（浙江人民出版社1999年），开拓历史、文化、权力三个概念之间的关系空间，用历史人类学方法探讨泉州城市变迁史。张佩国《近代江南乡村地权的历史人类学研究》（上海人民出版社2002年）分为如下章节：方法论的探讨，村界：有形与无形之间，村籍：一种地方性制度，农家生计，分家析产，宗祧继承与家产纠纷，族产与家族伦理，"一田二主"发生的社会空间等。作者所说的历史人类学研究，是指中国乡村史的乡土化书写。张思《近代华北村落共同体的变迁——农耕结合习惯的历史人类学考察》（商务印书馆2005年）从华北农耕结合习惯入手，回应日本学者提出的华北村落共同体问题。陈进国《信仰、仪式与乡土社会：风水的历史人类学探索》（中国社会科学出版社2005年）利用结合丰富的文献资料与田野调查，将生活史、宗教史、家族史、思想史糅合在一起，论述了福建民俗化、仪式化的信仰与社会生活。历史人类学研究民俗习惯的历史变迁，以揭示人的行为反映的特定历史时期的社会文化。开展历史人类学研究的意义，不是发现一个研究领域，而是强调一种研究方法。历史人类学研究体现了年鉴学派长时段和整体史学的追求，这种研究具有微观史学的特点，仪式、社区与文化认同的研究占有重要的地位。历史人类学的研究决定了必须扩大史料来源，注意民间资料，特别是利用非文本的资料。

值得注意的还有人类学界的回访研究。在社会/文化人类学界，回访或跟踪研究是一种重要的研究方法，庄孔韶等《时空穿

---

① 赵世瑜：《祖先记忆、家园象征与族群历史》，《历史研究》2006年第1期。

行：中国乡村人类学世纪回访》（中国人民大学出版社2004年），集中了人类学界庄孔韶、阮云星、潘寿永、兰林友、段伟菊、张华志、周大鸣、孙庆忠、覃德清（以书中文章顺序为序）九位学者的专题论述，对20世纪人类学先行者的田野调查点进行回访，这些人类学的先行者及其著作是：林耀华《金翼》（1944年）、《义序宗族的研究》（1935年），杨懋春《一个中国的村庄：山东台头》（1945年），《满铁调查报告》（后夏寨，1952—1981年），许烺光《祖荫下》（1948年）、葛学溥《华南乡村的生活》（1925年），杨庆堃《向共产主义转化前夕的中国村落》（1951年），波特夫妇《中国农民：革命的人类学》（1990年）。这些人类学家提出的理论至今闪耀着生命的火花，他们的著作已经成为经典。对于社会史的社区史、乡村社会史研究来说，人类学研究的理论与方法具有重要的借鉴意义，而回访与跟踪研究本身揭示了地方社会的变迁，也构成了地方社会史。①

多种具有跨学科性质的研究引人瞩目。融合疾病、环境等多种因素的医疗社会史属于新的学术领域，虽然起步较晚研究者较少，但是研究起点很高，学术成果引人注目。②曹树基、李玉尚开展了鼠疫与社会的研究，注意鼠疫对于人口死亡的影响。曹树基指出北方生态环境变化引起的鼠疫流行，认为明末鼠疫流行对明朝灭亡

余新忠著《清代江南的瘟疫与社会》

---

① 这方面的代表作是庄孔韶：《银翅：中国的地方社会与文化变迁（1920—1990）》，北京：三联书店，1999年。
② 参见余新忠：《中国疾病、医疗史探索的过去、现实与可能》，《历史研究》2003年第4期。

具有举足轻重的作用，探讨了鼠疫的流行模式以及地方政府与中央政府的对应，通过国家公共卫生问题的考察，丰富了社会史的内容。①余新忠《清代江南的瘟疫与社会：一项医疗社会史的研究》（中国人民大学出版社2003年），论述了清代江南瘟疫的生态社会背景、疫情、对瘟疫的认识、瘟疫成因探析、与社会的互动，为人们展示了清代江南社会的瘟疫与社会的历史。本书与李玉尚博士论文《环境与人：江南传染病史研究（1820—1953）》先后获得了全国百篇优秀博士论文。赖文、李永宸《岭南瘟疫史》（广东人民出版社2004年），是对瘟疫在岭南实际发生和流行情况（即"疫情"）以及与某次瘟疫的发生、流行、危害、防治等有关之史实的回顾和研究，着重介绍1911年以前岭南瘟疫的时空分布以及相关的自然、社会背景情况，尤其是晚清时期霍乱、鼠疫传入岭南后，在岭南各地持续流行和爆发流行的情况以及各界应对新瘟疫袭击的举措。

张大庆《中国近代疾病社会史（1912—1937）》（山东教育出版社2006年）从疾病谱的构成与特性、中国近代疾病观念的变迁、现代西医学建制、医疗卫生体系的建构、卫生知识的普及和传播、城市与乡村的医疗卫生实践，以及疾病模式转换中的医患关系等不同层面，全面论述了民国早期的疾病社会史。杨念群《再造"病人"——中西医冲突下的空间政治（1835—1985）》（中国人民大学出版社2006年），揭示了晚清以来的中国人从"常态"变成"病态"，在近代被当作"病人"被观察、改造和治疗的历史。认为"东亚病夫"的称谓既是中国人被欺凌的隐喻，也是自身产生民族主义式社会变革的动力。"治病"不仅仅是一种单纯的医疗过程，也是政治和社会制度变革聚焦的对象。这种从身体政治看社

---

① 曹树基：《鼠疫流行与华北社会的变迁（1580—1644年）》，《历史研究》1997年第1期；《光绪年间云南鼠疫的流行模式——以市镇和村庄为基础的研究》，载中山大学历史人类学研究所、香港科技大学人文学部主编《历史人类学学刊》第1辑，香港：香港科技大学出版社，2003年；《1894年鼠疫大流行中的广州、香港和上海》，《上海交通大学学报》2005年第4期；《国家与地方的公共卫生——以1918年山西肺鼠疫流行行为中心》，《中国社会科学》2006年第1期。

会变迁的研究，堪称"新社会史"的典范之作。上述学者中，张大庆、赖文、李永宸是医学界的医史研究者，而其他学者则是历史学者，医学与历史学研究者共同为医疗社会史的繁荣作出贡献。医疗社会史的发展势头很好，北京大学医学史研究中心于2003年11月24日举办了"首届中国医学社会史学术研讨会"，医学界主动与历史学对话。[①]南开大学中国社会史研究中心则于2006年8月9日—12日召开了"社会文化视野下的中国疾病医疗史"国际研讨会，进一步推动医疗社会史的研究。

探讨思想与社会、法制与社会这类从某一侧面强化整体历史研究的题目在增加。思想史与社会史的结合，出现了一些很有影响的著作。杨念群《儒学地域化的近代形态——三大知识群体互动的比较研究》（三联书店1997年），用"话语分析"方法描述儒学传统在区域空间中的扩散过程，及其对近代知识群体运动的影响。葛兆光《七世纪前中国的知识、思想与信仰世界——中国思想史》（复旦大学出版社1998年），不仅关心古代中国精英与经典思想的发展，而且分析这些思想得以形成与确立的知识来源和终极依据，描述了作为这些思想的土壤的一般知识、思想与信仰的历史，使我们看到思想史还有另外的写法。赵园《明清之际士大夫研究》（北京大学出版社1999年）从明清之际士大夫的"话题"入手，进行"人与思想"的连接，以揭示士人的心态。上述三种书的共同点，就是运用"话语分析"的方法，重视知识与社会的关系。注重思想与民俗的还有李零《中国方术考》以及"续考"（东方出版社2000年），主要利用考古发现讨论战国秦汉时期流行的"术数方技"，其间涉及占卜、炼丹、行气、导引、房中、"巫"、方士、宗教与信仰等问题。黄正建《敦煌占卜文书与唐五代占卜研究》（学苑出版社2001年），研究了敦煌占卜文书与其它地区使用的占卜典籍的异同，从而说明当时社会占卜的一般特点和向宋代

---

① 参见《首届中国医学社会史学术研讨会在京召开》，《中华医史杂志》2004年第1期 。

发展过程中出现的变化，以及敦煌占卜文书与唐五代占卜特点及变化的关系。南开大学中国社会史研究中心致力于思想与社会的互动研究，首批重大项目"政治理念与中国社会"成果，以中国社会史研究丛书第二辑推出12种书。①

法制社会史的探讨发表了很多论文，专著则集中在清代。陈亚平《清代法律视野中的商人社会角色》（中国社会科学出版社2004年）研究清代法律与社会变迁问题，探讨了中国传统社会结构下商业化发展和商人社会角色的变迁过程。赵晓华《晚清讼狱制度的社会考察》（中国人民大学出版社2001年），其特色是从讼狱制度看社会。张仁善《礼·法·社会——清代法律转型与社会变迁》（天津古籍出版社2001年）较为系统地探讨了清代礼法在清前期、中期和末期与社会生活、社会结构、社会心态等之间的关系，以及不同时期礼法的社会功能，梳理出清代礼法由合一到分离的线索，分析了礼法的演变对传统中国社会向近代社会转变的影响。张仁善还著有《司法腐败与社会失控（1928—1949）》（社会科学文献出版社2005年）一书。孙丽娟《清代商业社会的规则与秩序：从碑刻资料解读清代中国商事习惯法》（中国社会科学出版社2005年）根据清代工商业碑刻资料的记载，认为清代商业社会各行各业都制定有一些规则和制度，与欧洲中世纪商人习惯法的内容非常相似，这些规则与制定法中有关商事方面的规范共同构成了中国传统商事法的体系。海外学者法制社会史的著作被介绍到中国。②

---

① 该辑丛书由刘泽华教授主持，中国人民大学出版社2004年出版，计有刘泽华、张荣明等编著《公私观念与中国社会》，张分田《中国帝王观念——社会普遍意识中的"尊君—罪君"文化范式》，萧延中《"天命"与"德性"——中国政治思想中的"正当性"问题》，李冬君《孔子圣化与儒者革命》，李宪堂《先秦儒家的专制主义精神——对话新儒家》，刘丰《先秦礼学思想与社会的整合》，季乃礼《三纲六纪与社会整合——由〈白虎通〉看汉代社会人伦关系》，马小虎《魏晋以前个体"自我"的演变》，张师伟《民变的极限——黄宗羲政治思想新论》，邓丽兰《域外观念与本土政制变迁——20世纪二三十年代中国知识界的政制设计与参与》，陈永森《告别臣民的尝试——清末民初的公民意识与公民行为》，张晓唯《蔡元培与胡适（1917—1937）——中国文化人与自由主义》。

② 如黄宗智：《法典、习俗与司法实践：清代与民国的比较》，上海：上海书店出版社，2003年；白凯：《中国的妇女与财产：960—1949年》上海：上海书店出版社，2003年。

地理学与社会史的关系越来越密切，[①]近十年来新兴发展起来的历史文化地理研究，往往包含着社会内容。卢云《汉晋文化地理》（陕西人民教育出版社1991年），深入研究了汉晋时期精神文化领域具有代表性的学术文化区域及其变迁、滨海宗教文化带与汉晋三次宗教浪潮、婚姻形态的地域分布、俗乐区域与雅乐中心等问题。王子今《秦汉区域文化研究》（四川人民出版社1998年）讨论了秦汉时期12个文化区的人文社会面貌和民俗文化构成，秦汉文化共同的形成及其区域文化传统基因（如乡土意识、文化节奏、儒风流布、人口流动等）。程民生《宋代地域文化》（河南大学出版社1997年）也是一部断代文化地理研究的专著。张伟然《湖南历史文化地理研究》（复旦大学出版社1995年）、《湖北历史文化地理研究》（湖北教育出版社2000年）探讨文化与环境之间的感应、人类行为的环境效应，具有社会文化史、历史人类学的意蕴。蓝勇的《西南历史文化地理》（西南师范大学出版社，1997年）研究了大文化因素中的人种、饮食、服饰、居室、交通等空间变化。张晓虹《文化区域的分异与整合——陕西历史文化地理研究》（上海书店出版社2004年），论述了民俗的区域差异、民间信仰与自然环境的关系。林拓《文化的地理过程分析》（上海书店出版社2004年）从学术形态研究地域层级与文化中心，从信仰形态讨论地域分化与文化周期，涉及不同时期文化形态的地域性特征，属于文化学、地理学、历史学结合的著作。

二、地域社会史的研究视角

众多的社会史研究者树立了从地域社会入手的研究理念，认为地域是认识中国历史的有效途径。地域社会的研究中，地域史的层次性问题已经引起注意，2002年上海举行的第九届社会史年

---

① 参见华林甫：《二十世纪的中国历史地理学》（《社会科学管理与评论》2001年第3期）对"历史社会文化地理研究"的介绍。

会的主题是"国家、地方、民众的互动与社会变迁",就表现出这种思路,华南学者从边缘看中国的"化内与化外"以及国家认同的研究思路影响颇大。区域比较研究也被强调,行龙、杨念群主编《区域社会史比较研究》(社会科学文献出版社 2006年),是2004年8月15日—18日在山西大学举行的"区域社会史比较研究"中青年学者学术讨论会论文集,内容分为"水利社会"辨析、区域差异与时代变革、宗法宗族与基层社会构造、区域社会史研究方法新论四大部分,展示了一些区域史模式之间的对话与跨学科的研究视野。

华北地区,除了前面提到的研究华北的重要著作之外,苑书义等《艰难的转轨历程——近代华北经济与社会发展研究》(人民出版社1997年)主要考察了清末民初华北向近代化的转向。行龙主编《近代山西社会研究——走向田野与社会》(中国社会科学出版社2002年)是有关山西社会的专题论文汇编,作者利用田野调查和地方文献,对近代以来山西人口、水资源及水案、灾荒、集市、民教冲突、祁太秧歌等专题进行了研究,反映了近代山西的社会风貌和历史变迁。江沛、王先明主编《近代华北区域社会史研究》(天津古籍出版社2005年)分名家笔谈、天津史研究、经济与社会考察、教育谈片、民间结社探析、比较研究、田野心得等栏目,收录了24篇论文,并附录"1950年以来华北区域社会史研究论著索引"。王云《明清山东运河区域社会变迁》(人民出版社2006年)分为三篇:运河的贯通和鲁西区位优势的形成,商业的繁荣与产业结构的新变化,南北文化交流与社会风俗变迁。探讨了明清时期山东运河区域社会变迁的历史动因、社会变迁的起伏过程和社会变迁的历史趋势及特点。一些推动华北区域社会史的讨论会接连举行,①华北区域社会史研究迅速发展。

---

① 南开大学中国社会史研究中心 2003年 11月 28日—12月 1日举办了"明清以来华北社会经济研究"学术研讨会,参见乔南所写会议综述,载《中国经济史研究》2004年第 2期。

江南地区，李伯重《多视角看江南经济史（1250—1850）》（三联书店2003年）不乏社会史方面的重要论文，涉及宋末至明初江南的人口变化、农民经营方式的变化，清代前中期江南的人口行为、人口增长、人口控制、控制人口增长的动机，对"最低生存水准"与"人口压力"质疑、宋元明清时期江浙地区的节育方法及其运用与传播等，提出了诸多新看法。熊月之、熊秉真主编《明清以来江南社会与文化论集》（上海社会科学院出版社2004年），收录了大陆与台湾学者研究经济变迁、区域互动、商业网络、绅商阶层、文化生产、情欲与性别、消费与文化等方面的论文。唐力行主持了国家社科基金项目"16—19世纪苏州与徽州历史发展差异的比较研究"，认为明清以来随着徽商向江南经济中心苏州的移徙，两地经济、文化互动日趋频繁，财力雄厚的徽商将巨额的商业资本汇聚到苏州，大大增强了苏州的活力。徽商的商业利润输回徽州，却加固着徽州宗族社会的旧秩序，苏州与徽州的互动，渗透于社会生活的各个侧面。[①]近年来苏州大学的江南社会史研究引人注目，前引王卫平、吴建华、徐茂明等人都出版了研究江南社会的专著，王卫平还著有《吴文化与江南社会研究》（群言出版社2005年），收录了论述吴国的崛起与盛衰、吴文化流变与特征、社会风气与社会问题、城市与市场、荒政与社会救济方面的论文。范金民等主编《江南社会经济研究》（中国农业出版社2006年）分为3卷：六朝隋唐卷（胡阿祥主编）、宋元卷（高荣盛主编）和明清卷（范金民主编），采取论文集的形式，对自六朝至清代将近九百年间的江南社会经济做探讨，内容涉及农业、人口、土地制度、赋税、作物、基层组织等。其中一些社会史方面的论文，如"明清卷"宋立中《婚嫁论财与婚姻礼俗变迁——以明中叶至清代的

---

① 唐力行：《明清以来苏州、徽州的区域互动与江南社会的变迁》，《史林》2004年第2期；同期还发表有吴建华《明清苏州、徽州进士的文化素质与文化互动》、徐茂明《清代徽苏两地的家族迁徙与文化互动——以苏州大阜潘氏为例》、李明《明清苏州、扬州、徽州三地风俗的互动互融——兼谈"苏意""扬气""徽派"》等区域比较论文。

江南为中心》、谢娟《明代医人与社会——以江南世医为中心的医疗社会史研究》立意较新。此外，还有陈江《明代中后期的江南社会与社会生活》（上海社会科学院出版社2006年）一书。

徽学研究近年来得到加强。王振忠《徽州社会文化——新发现的16—20世纪民间档案文书研究》（上海社会科学院出版社2002年）主要探讨了村落、宗族与社会变迁，乡土习俗及民间文化，启蒙读物与商业书类，"徽侨"与长江中下游区域社会，力求通过全面展示新史料来呈现徽州社会的面貌。安徽大学出版社于2004年推出"徽学研究学术丛书"首批共5种著作，分别是叶显恩《徽州与粤海论稿》、韩秀桃《明清徽州的民间纠纷及其解决》、朱万曙主编《论徽学》、卞利《明清徽州社会研究》以及朱万曙、卞利共同主编《戏曲·民俗·徽文化论集》。其中卞利《明清徽州社会研究》主要内容为七个专题：明清徽州的社会变迁、社会结构、徽商与社会、民俗与社会、法制与社会、社会问题、徽州文书与文献资料。安徽人民出版社2005年出版《徽州文化全书》20卷，计有：《徽州土地关系》《徽商》《徽州宗族社会》《徽州教育》《新安医学》《徽州戏曲》《徽州文书档案》《徽州村落》《徽州民俗》等，其中唐力行《徽州宗族社会》论述了徽州宗族社会的形成与分布、结构、文化教育、社会生活实态、与徽商的关系、社会控制、迁徙与定居、社会变迁等问题。此外，周绍泉、赵华富主编《'98国际徽学学术讨论会论文集》（安徽大学出版社2000年）不乏社会史方面的作品，值得参考。

长江中游的两湖地区近年来研究成果突出。陈锋主编"15至20世纪长江流域经济·社会·文化变迁"书系，由武汉大学出版社出版，包括陈锋主编《明清以来长江流域社会发展史论》，冯天瑜、陈锋《武汉现代化进程研究》，任放《明清长江中游市镇经济研究》，杨国安《明清两湖基层组织与乡村社会》，周荣《明清社会保障制度与两湖基层社会》。其中任放《明清长江中游市镇经济研究》（2003年），主要论述了明清长江中游市镇经济所依托的自然及人文环境，市镇网络，墟场及集期，专业市镇，市镇与仓储，市镇的管理机制，市镇的功能，市镇经济的近代转型。杨国安《明清两湖地区基层组织与乡村社会研究》（2004年）论述明清两湖地区基层组织的设置与演变，基层组织与户籍管理、赋役征收、社会控制，以及宗族、士绅与两湖乡村社会。作者不但注意搜罗明清两代的文献载籍，还走向田野进行调查，体验乡土生活，使得该书的论述更加充实。周荣《明清社会保障制度与两湖基层社会》（2006年）探讨明清时期两湖地区社会保障生活中长期起作用的机制、机制演变过程和运作实态，揭示明清社会保障体系的全貌和两湖社会保障的区域特色。武汉大学历史学院还于2005年11月19日—20日，组织了"14世纪以来长江中游地区的环境、经济与社会国际学术讨论会"，推动对长江中游地区的研究。刘泱泱《近代湖南社会变迁》（湖南人民出版社1998年），论述了湖南1840—1949年间建置沿革、人口与民族、外来冲击力、商品经济发展、近代工业的兴起、新的阶级阶层与社会势力、家庭与宗教组织的变革、日常生活演变、风俗礼仪嬗变、传统宗教的衰落等方面的问题。李金铮《民国乡村借贷关系研究——以长江中下游地区为中心》（人民出版社2003年），论述了长江中下游地区民国乡村借贷关系在农村经济活动中的作用、特点与地位。

岭南的研究有叶显恩《珠江三角洲社会经济史研究》（台湾稻乡出版社2001年），收入了作者20世纪80年代以来探讨珠江三角洲社会经济史的论文，涉及市场发展与转型、海外贸易、商业活动、人口、宗族与族田、华工、航运、疍民等内容。刘平《被遗忘的战争——咸丰同治年间广东土客大械斗研究》（商务印书馆2003年）论述了近代广东斗祸的远因与近因，从斗祸的时间跨度、空间分布与主战场研究了斗祸的基本情形，探讨清政府的对策与斗祸的基本平息。程美宝《地域文化与国家认同：晚清以来"广东文化"观的形成》（三联书店2006年）讨论了广东"地域文化"在晚清到民国年间的形成过程，着重从历史叙述、种族血统、学术传承、方言写作、地方民俗等方面加以论述,指出这些范畴的内涵是在特定历史时空中的政治对话过程层积而成的,并认为近代"地域文化"话语的建立,也是近代中国国家观念从"天下"转移到"国家"的过程。

区域研究中,社会经济史研究有传统,学者呼吁加强这一领域研究的同时也发出了一些告诫,①而对地方历史文化的区域研究,有学者提出了批评。②社会史的地域研究应当借鉴以往区域经济、区域文化研究的经验教训。

三、社会史与文化史的融合

改革开放新时期的社会史研究注重日常生活,挖掘社会生活的文化意义,立足地域考察历史,构成新社会史的特征。虽然新时期社会史重在研究社会生活。实际上对于民众日常生活具有突破性的深入研究并不多。③社会生活研究强调接近民众日常

---

① 《史学月刊》2004年第 8期发表了一组"明清时期中国区域社会变迁笔谈",包括赵世瑜《作为方法论的区域社会史——兼及 12世纪以来的华北社会史研究》、陈春声《历史的内在脉络与区域社会经济史研究》、许檀《区域经济与商品流通——明清时期中国经济发展轨迹探讨》、范金民《江南市镇史研究的走向》,其中赵世瑜是从社会史而非社会经济史角度论述的。陈春声指出:"在明清社会经济史区域研究中,学术创造和思想发明明显薄弱,其重要的原因之一,就是学术从业者追寻历史内在脉络的学术自觉的严重阙失。"

② 陈支平《区域研究的两难抉择》(《中国史研究》2005年增刊)指出:近十余年来文化史和区域史的研究,存在着一个很明显的缺陷,即是大多数的论者,宁愿把中国的文化以及区域的文化讲得好一些,而不大愿意把其中的不足之处,乃至某些糟粕的东西如实地反映出来。未能把一区域的社会文化现象与其他区域的社会文化现象做一个客观的比较分析,有关的区域史研究文献资料的局限性也是导致这种研究偏颇的重要因素之一,学者在归纳区域社会文化特征时,往往把中华文化共性的东西当作区域的特征来论述,而把真正属于区域特性的东西迷失了。呼吁客观地探索区域历史文化的优点、缺点以及它与中国整体历史文化、与其他不同区域历史文化的关系。

③ 黄正建:《韩愈日常生活研究——唐贞元长庆间文人型官员日常生活研究之一》(《唐研究》第四卷,北京:北京大学出版社,1998年)指出:"近年来随着中国古代社会史研究的勃兴,对唐代历史中'社会生活'领域的研究也兴盛起来。但是目前这种研究往往比较笼统,不分时代前后、不分阶层高下、不作定量分析,所以常常使人感觉缺乏具体性。鉴于此,本文拟就唐代某一时期某一阶层中的某个个人的日常生活作些探讨,期望在探讨许多不同的个案之后,将这一时期的日常生活状况具体化,或者能为唐代社会生活史研究的深化提供一点参考。"事实上,这一说法也大致符合其他断代的"社会生活"研究状况。因此,深入的、活的日常生活研究仍然是人们所期待的。

生活的实态，民众日常生活研究的突破，需要结合民众意识、信仰探讨，引入心态史与历史人类学理念。彭卫《汉代社会风尚研究》（三秦出版社1998年）近似于法国年鉴学派的心态史学，所收《汉代人精神世界的二重结构》《汉代自杀现象研究》《汉代复仇风尚考察》《汉代体貌观念及其政治文化意义》《汉代行为语言考察》《汉代交际语言类型及其文化含义》《汉代"大丈夫"语汇考》七篇论文，很有新意。王利华《中古华北饮食文化的变迁》（中国社会科学出版社2000年）对华北地区生存环境、人口承载能力、饮食生活的内容和质量的考察，对中古时代中国人的饮食以及历史变化等问题，作了深入探讨。

近年来不断有人呼吁加强生活史的研究。①《史林》2002年第4期发表"上海城市社会生活史笔谈"专题论文：熊月之《稀世富矿：上海城市社会生活史研究的价值》认为："随着全球城市化程度的提高，作为集经济、政治、社会、文化、信息中心于一体的城市，在人类社会生活中的地位，比以往任何时候都更为突出和重要，城市史的研究也越来越受到学术界的重视。其中，城市社会生活史已是国际史学界备受重视的研究重点之一。"李长莉《上海社会生活史的典型意义》强调社会生活就是普通人的日常生活。钱杭《"上海城市社会生活史"的三个关键词》认为，"上海城市社会生活史"可以分为上海城市、社会生活、历史（演变或变迁）三个关键词。

在城市社会生活研究方面，李长莉《晚清上海社会的变迁——生活与伦理的近代化》（天津人民出版社2002年），论述了晚清上海西器洋货流行与近代工商观念，尊卑失序之风与社会平等观念，享乐崇奢之风与消闲消费观念的商业化，妇女走上社会

---

① 如卢汉超：《历史研究中的民众生活史研究问题》，载张仲礼等主编：《中国近代城市发展与社会经济》，上海：上海社会科学院出版社，1999年；朱和双、李金莲：《探寻逝去的生活方式——历史人类学散论》，《广西民族研究》2003年第4期；刘新成：《日常生活史：一个新的研究领域》，《光明日报》2006年2月24日。

之风与男女平等观念,台基、娅居之风与自主择偶观念。刘志琴以"观念源于生活"为题作序,认为该书有助于认识中国近代的社会变迁与近代沿海大城市的民众生活,将生活与伦理联结在一起,体现出社会文化史的特点。王笛《街头文化——成都公共空间、下层民众与地方政治,1870—1930》,(中国人民大学出版社2006年),从下层民众的日常生活叙述下层民众与地方精英、国家权力这三者之间的冲突、控制,将普通的街头事件与公共决策联系起来,以成都的社会和文化反思城市现代化,强调近代中国城市大众文化和下层民众的研究。①周俊旗主编《民国天津社会生活史》(天津社会科学院出版社2004年)论述了天津在民国时期高速发展为北方经济中心都市的过程,衣、食、住、行、就业、交往、消闲、时尚的情况,行为方式,天津的文化核心与城市特性。"民国百姓生活文化丛书"②的出版,也反映了日常生活融合了社会文化。

社会生活本身也是一种观念形态,也映照着一定的思想。地方社会同时也是地方文化。前述程美宝《地域文化与国家认同:晚清以来"广东文化"观的形成》,明显地反映了社会史与文化史的融合,这种研究也富有新意。

第四节　结语

综上所述,近十年来中国社会史研究在理论方面活跃,思考着一些历史学的根本性问题,社会史的具体研究也有探索精神,并取得了可观的成就;社会史学者能够从多元学科视野看问题,立足地域社会史研究,融合社会史与文化史研究,展现出社会史研究的魅力与前途。这些成就的取得既是学术发展的内在理路

---

① 参见王笛:《近代中国大众文化研究叙事方法的思考》,《史学月刊》2006年第5期。
② 中国文史出版社2005年出版,计有李少兵《衣食住行》、左玉河《婚丧嫁娶》、郭艳梅等《节日节庆》3册。

所致，也同国家对于社会科学的支持相关。目前高校的社会史研究，除了南开大学中国社会史研究中心之外，中山大学历史人类学研究中心、华中师大中国近代史研究所、安徽大学徽学研究中心也将社会史作为重点研究方向，这些都是世纪之交被教育部认定的国家级人文社会科学重点研究基地。山西大学中国社会史研究中心、上海师大中国近代社会研究中心等省级重点研究机构也是社会史研究的重镇。社科院系统的社会史研究机构有中国社科院历史所社会史研究室、近代史所文化史研究室、上海社科院历史所社会史研究室等单位。中国社科院近代史研究所还在文化史研究室、经济史研究室的基础上成立了"中国近代社会史研究中心"。还有一些单位也把社会史作为研究重点。这些科研实体获得不少研究项目，得到了较为充足的科研资金，稳定了研究队伍。而且社会史学界也拥有了专门刊物《中国社会历史评论》（1999年创刊）、《历史人类学刊》（2003年创刊），这两个有特色的刊物引起学术界广泛的关注。现在的学术条件比以往任何时候都好，中国社会史研究应当有更长足的进步。

中国社会史研究取得的成就得益于学术理念的更新，而学术理念的更新与多元学术视野有着密切关系。因此，更新观念与跨学科的研究视野仍是我们应努力的目标。只有不断培养新的问题意识，才有可能进行学术创新。

社会史研究的魅力也来自于它以人为本的学术关怀。关注生命，把人的活动放在历史舞台的中央，才能拥有更多的读者，使研究长盛不衰。心态史、医疗社会史、礼俗研究、日常生活、民间信仰与社会风尚的研究之所以受到欢迎，在于它贴近民众。社会史应保持自己学术研究的人文关怀。

此外，还需要进一步开展社会史史料学的研究，深化对史料解读方式的认识，重视资料建设。

对于关心历史的人来说，大历史也是魅力无穷。社会史对于书写大历史应有独特的贡献。从生活切入反映时代变迁不失为一种方法，换言之，日常生活的研究应当展示人类社会的演变，这是社会史与国家史最大的不同。社会史可以使历史丰满起来，具有整体性。从地域史追求历史的整体性，是把握"多元而又高度整合"之传统中国社会的有效方法。

第三章

壮大：新世纪的中国社会史研究

2007—2018 年这十余年间，中国社会史研究日益呈现出开放与多元的趋势，其中历史人类学与区域社会史结伴相行，植根于深厚的社会经济史，特色突出；社会生活的研究也悄然变化，向日常生活史转变，并呈现出社会文化史的特色；社会史面对生活，处理的主要是民间文献，社会史在文献处理、史料价值观上，变化也是明显的。民间文献、日常生活、历史人类学交叉渗透，这三个层面的理论与实践，推动着社会史学科建设。

这十年中国社会史的研究，在断代性研究，婚姻家庭、家族宗族，社会分类与结构，城市、乡村与社区，民间信仰与宗教生活，礼俗与社会习尚，人口与社会保障七个方面取得大量的研究成果。社会史的跨学科属性日益突出，在生态环境史、水利社会史、医疗社会史表现得比较明显，法制社会史兴盛。社会史研究还往往以地域研究形式出现，涉及多种学术领域并显示出整体性。生活史借助物质文化史、民间文献的开发利用以及刑案资料的挖掘，得以扩展与深化。民生问题的研究越来越多，联系制度与生活的研究另辟蹊径，生活史展现出多样化的研究态势。城市生活、乡村生活概念的区分，促进了生活史研究的深化。民间信仰、社会习尚、社会慈善与保障往往成为认识人的日常生活的窗口。对于社会分类、社会关系的把握,除了礼法与经济因素外,更多将目光投向生活与文化的因素,使得对于社会结构的把握柔软化。

本章论述 2007—2018 年中国社会史研究的进展,呈现的学术研究仍以著作为主,数量巨大的有关论文,请读者参阅相关的断代史或专题学术综述。

第一节 开放与多元:新世纪
中国社会史理论探讨与学科建设

通常认为:所谓社会史,就是研究特定时期或整个历史时期特定地区的人与人之间、人与群体之间以及群体与群体之间的关系和行为模式,研究上述关系的演进及其所存续的外在环境的交换状态,进而揭示社会发展的内在轨迹。社会史既是专史,又是总体史。就中国古代社会史而言,人际关系、群际关系以及人与群之间的关系是其研究的三个基点,而且三个基点的展开都是遵循着自下而上和自内而外两个视角进行的。古代社会史研究视野中的人与群体,首先是作为自然人而非政治人的人,是社会中的人而非制度与政权中的人,其次才是被追加了种种身份与地位。社会史的研究是由民间群体与民间自然人为起点,有着自己明晰的区界与内涵,以及自己的研究方法和研究特色。[①]

一、历史人类学与区域社会史

由华南研究发展起来的历史人类学,被视为已经形成学术共同体,有刊物组织相关学者就此举行笔谈。[②]这一学术流派的基

[①] 马新、齐涛:《关于中国古代社会史研究中的几个问题》,《文史哲》2006年第4期。
[②] 《开放时代》2016年第4期,笔谈的文章有9篇,计有郑振满:《华南学者的历史人类学:传承与互动》,陈春声:《真正的学术群体应该"脱俗"》,张小军:《学术:共同体的灵魂——以"华南学派"的历史人类学研究为例》,刘志伟:《以学为本以人隶之:学术共同体之道》,张侃:《学术共同体的法度尺寸与经验感受》,黄向春:《"学术共同"抑或"范式":我所理解的"华南研究"》,张应强:《学术共同体与中国人类学"多元一体"知识生产格局之构建》,郑莉:《在田野实践中学习:学术认同感与方向感》,李宗翰:《对人文科学学术共同体的一点浅见》。

本特征是强调从区域人群活动与相互关系把握社会，重视在田野调查中解读民间文献。他们的学术追求，或许可用科大卫《明清社会和礼仪》（北京师范大学出版社2016年）中所表达的：通过个案研究，对于统一的中国社会进行了详细的论证，重建了地方社会如何获取及认同自身特性的历史，以及地方社会如何接受并整合到一个大一统的文化的历史，展现了中国社会的独特性和复杂性。科大卫主持的"中国社会的历史人类学研究"项目，吸收了

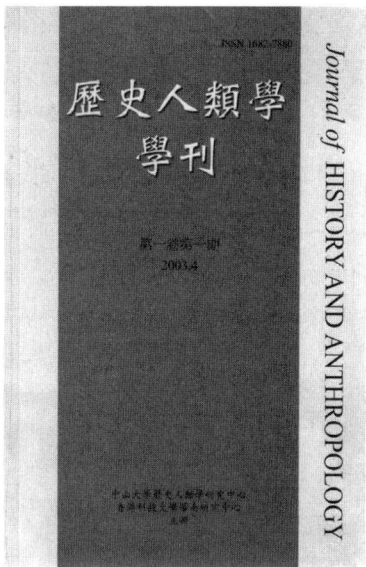

《历史人类学学刊》第1卷

香港与内地众多从事田野工作的学者。[1]中山大学历史人类学研究中心组织的"历史·田野丛书"自2006年以来推出十余种，彰显出自己的研究特色。[2] 也举办了不少学术研讨会。[3]刘志伟对如何理解一个区域，他以南岭为例谈了自己的想法："从这样一种由跨区域的边界和人的流动去建立地区空间概念的历史人

① 胡晓白：《中国社会的历史人类学第一阶段学术会议：回顾与展望》，载《田野与文献》第 74 辑，2014 年 1 月 15 日。

② 第一辑9种，计有黄国信：《区与界：清代湘粤赣界邻地区食盐专卖研究》，赵世瑜：《小历史与大历史：区域社会史的理念、方法与实践》，黄志繁：《"贼""民"之间：12—18 世纪赣南地域社会》，张应强：《木材之流动：清代清水江下游地区的市场、权力与社会》，连瑞枝：《隐藏的祖先：妙香国的传说和社会》，黄海妍：《在城市与乡村之间：清代以来广州合族祠研究》，温春来：《从"异域"到"旧疆"：宋至清贵州西北部地区的制度、开发与认同》，郑锐达：《移民、户籍与宗族：清代至民国期间江西袁州府地区研究》，郑振满：《乡族与国家：多元视野中的闽台传统文化》；第二辑4种，计有陈贤波：《土司政治与族群历史》，贺喜：《亦神亦祖：广东西南地区的地方信仰与区域社会》，肖文评：《白堠乡的故事——地域史脉络下的乡村社会建构》，谢湜：《高乡与低乡——11—16世纪江南区域历史地理研究》。

③ 如"明清帝国的建构与中国西南土著社会的建构"国际学术研讨会（广州，2010年），"流域历史与政治地理"学术研讨会（广州，2011年），"东亚人类学论坛——人类学与历史"（广州，2012年）。

类学研究取向出发,南岭就自然可以成为一个作为研究单位的区域。"①他特别强调进行以人为主体的历史研究,区别于以国家为主体的历史学。②

如何理解历史人类学的主张与工作,华南研究学者以及了解他们工作的学者发表了一些文章。历史学者与人类学者的对话有助于互相借鉴。③黄国信、温春来、吴滔较早针对学术界对于历史人类学的不同认识,他们强调历史人类学的区域观念以及历史人类学的研究方式,对近代区域社会史研究具有相当意义。"对于近代区域社会史学界,既强调时间与过程,也重视空间与结构,既讲究史料的分析考辨与校释,也注重'参与体验',从田野中直接获得研究材料以及历史现场感,并强调分析各阶层、团体的不同历史表达的历史人类学,或许具有特别的意义。强调区域的历史建构过程,意味着研究者不能过分拘泥于僵化的时间或地理界限,而应以人为中心,以问题为中心,并超越所谓'国家—地方''普遍性知识—地方性知识''大传统—小传统'之类的二元对立,在中国这样一个维持了数千年大一统体制的国家,这类界限其实是相当模糊的。"④

他们特别从研究盐的实践,表达出理论追求与经验总结,主张中国盐史研究也要在当今历史学的发展脉络下,超越既往范式,引入社会史的视角,重视区域研究,将其放回所在的历史脉络之中,结合历史人类学"现场感"体验与民间文献结合的旨趣,考察制度运作与地域社会文化的结构过程,才能达到深化盐史研究,真正体现盐在历史时期重要性的目的。⑤他们认为:近

① 刘志伟:《天地所以隔外内——王朝体系下的南岭文化》,载为吴滔、谢湜、于薇主编:《南岭历史地理研究》第一辑总序,广州:广东人民出版社,2016年。
② 刘志伟、孙歌:《在历史中寻找中国——关于区域史研究认识论的对话》,香港:大家良友书局,2014年,第15—21页。
③ 郑振满、黄向春:《文化、历史与国家——历史学与人类学的对话》,载《中国社会历史评论》第5卷,北京:商务印书馆,2007年。
④ 黄国信、温春来、吴滔:《历史人类学与近代区域社会史研究》,《近代史研究》2006年第5期。
⑤ 李晓龙、温春来:《中国盐史研究的理论视野和研究取向》,《史学理论研究》2013年第2期。

二十年来，作为方法论的区域社会史研究渗透到历史悠久的盐史研究领域，在区域社会史看来，区域是长时期的历史因素积淀下来的各种地方性观念与朝廷对这些观念的制度化过程互动，所形成的存在于人们心目中的多层次、多向度的指涉。区域社会史研究不是囿于某个行政区划或地理空间的地区历史研究，而是把人当成区域的主体，根据人的活动来展开的区域的整体性历史研究。区域社会史视角的盐史研究首先体现在一批将盐置于国家或地方历史的维度中，深刻揭示盐与财政、军事、经济、社会、文化以及地方历史进程的深层次关系的重要学术成果中；继而在一系列关于两淮、两浙、福建、广东、云南、河东等地盐场的区域社会史研究成果里得到充分反映。这些研究成果为学术界理解盐、盐场以及东南沿海、山西、云南地区乃至中国历史的总体历史变迁提供了参考。①

历史人类学与区域史研究也会遇到各种问题，引起学者就此讨论。张小也指出：其一，在区域社会研究中应避免“通史区域化”和“区域史地方化”倾向，认识到区域是一种历史建构，是研究者用经验来加以解构的研究对象。其二，对于国家—社会分析框架的使用须视具体情况而定，一方面应该认识到研究中国传统社会从典章制度入手是必要的，另一方面也应该认识到其他分析框架的重要性。其三，历史学应该展示历史的全貌和内在脉络，恢复历史的现场感。但是当代历史学无法离开社会科学，因此历史学研究应注意引入那些具有实践性的理论框架和分析工具，这样才有利于学科内以及不同学科之间的对话。其四，民间文献的规模固然庞大，但是不应采取虚无主义的态度，有建设性的做法是找到恰当的方法。民间文献的搜集、整理和利用需要科学的方法，不应破坏其原来的系统，还应注意克服其局限

---

① 黄国信：《单一问题抑或要素之一：区域社会史视角的盐史研究》，《盐业史研究》2014年第3期。

性，解决其中史料的层累问题。①赵世瑜对于史料问题提出自己的看法，他说：追求新史料之风在社会史研究领域体现得尤为明显。究其原因，是区域社会史或历史人类学研究对民间文献的重视，即新的研究旨趣或新的研究取向导致了对以往利用较少的史料文类的关注。对于区域社会史的研究者来说，我们对档案、碑刻、族谱、契约文书也许越来越熟悉了，但对正史中的《五行志》《礼志》或者地方志中的《星野》却越来越没人懂了，甚至很多常识都变成了谜题。也许更可怕的是，我们手边的资料越积越多，用到下辈子写文章都够，但思想呢？②关于区域史还有一些文章论述。③

对于"华南"概念与区域研究，桑兵有独到的看法。他指出，华南指称的晚出及其内涵外延的变动不居，提示区域研究应自觉分区概念的形成演化与历史进程相吻合，以免先入为主地削足适履。在谈到区域研究的本旨与流弊，他认为各省之上的大区划分并非中国历来所固有，主要是近代由域外看中国产生的概念，大区概念的使用，大都不过为解决当下的问题图个方便或因陋就简，并未深究分区的当否以及意义。这样本无深意的分区，在20世纪60年代后期海外兴起的中国区域研究中有所发挥。区域研究的初衷，是鉴于中国幅员广大，差异显著，若是一概而论，难免有以偏概全的局限，或是流于支离破碎的状态。只有缩小空间的范围，才能超越大而无当的粗疏或见木不见林的偏蔽，切实求得整体的把握。值得注意的有下列各项：其一，用现行的行政区划作为分区的依据凭借，上溯考

---

① 张小也：《历史人类学：如何走得更远》，《清华大学学报》2010年第1期。
② 赵世瑜：《旧史料与新解读——对区域社会史研究的再反思》，《浙江社会科学》2012年第10期。
③ 徐国利：《关于区域史研究中的理论问题——区域史的定义及其区域的界定和选择》，《学术月刊》2007年第3期；李金铮：《区域路径：近代中国乡村社会经济史研究方法论》，《河北学刊》2007年第5期；黄向春：《区域社会文化史研究的视野与经验》，《光明日报》2009年12月8日；戴一峰：《区域史研究的困惑：方法论与范畴论》，《天津社会科学》2010年第1期；龙先琼：《试论区域史研究的空间和时间问题》，《齐鲁学刊》2011年第1期；杨念群：《"整体"与"区域"关系之惑——关于中国社会史、文化史研究现状的若干思考》，《近代史研究》2012年第4期。

察该区域的社会历史文化。其二，将所认定的区域内没有事实联系的现象想当然地视为同类并加以归纳。其三，缺乏整体观照，只就局部具体立论，所谓区域性特征，一旦放宽眼界，则或大同小异，或生搬硬造。其四，中国历史文化的统一性，无论空间还是层面，都被严重分解。①

"地方"则是罗志田重视的。他指出，针对大一统下形成的"郡县空虚"，从南宋开始，士人开启了以"礼下庶人"的方式构建下层民间社会的持续努力。这一持续千年的尝试，寓正德于厚生，侧重的是"地方"，强调的是"民间"，提示了从"非国家"视角观察历史的必要和可能。州县的范围，既是人人生活的基本空间（实体的和想象的），也是士绅、职役、家族和地方官互动的场域。"国家"与"民间"、体制与乡俗调和（negotiating）于其间，代表国家者常不行使其功能，而行使国家功能者常不代表国家。在或隐或现的"国家"身影下，逐步形成一种"藉士大夫之势以立国"的取向。在乡之士不仅要化民成俗，还要凝聚社会。"道"与乡土的衔接，使"地方"具有更多自足的意义，减轻了上层政治变动的影响。②

赣闽粤毗邻地区族群问题的"客家研究新视野丛书"值得关注，从不同角度体现出历史人类学与区域社会研究的特色。这套书由中国社会科学出版社2015年推出，其中温春香《文化表述与族群认同:新文化视野下的赣闽粤毗邻区族群研究》，以宋元以来闽粤赣毗邻区的族群为对象，以文化表述为切入点，考察宋元以来文人们对闽粤赣的记载，发现宋元到明朝中期，文人们尽管对不同族类有所记载，但最多的是关注区域性的动乱，而发展到明代中后期，表述出现转变，开始较多地关注这一地区的族群性差异，并将这种差异渐渐明晰。这种表述转变与明代闽粤赣毗邻区的大规模动乱及明中后

---

① 桑兵:《"华南"概念的生成演化与区域研究的检讨》,《学术研究》2015年第7期。
② 罗志田:《地方的近世史:"郡县空虚"时代的礼下庶人与乡里社会》,《近代史研究》2015年第5期。

期以来的社会重组有关,这种由方志主导的言说其实首源于各姓族谱,而族谱编撰的背后则是一整套文化的逻辑及汉人意识在起作用。邹春生《文化传播与族群整合:宋明时期赣闽粤边区的儒学实践与客家族群的形成》,考察了9—18世纪中原王朝政权和儒家主流文化对赣闽粤边区的渗透和传播的历史轨迹;揭示了赣闽粤边区的社会变迁与客家族群文化形成的内在逻辑;阐述了国家权力在赣闽粤边区的社会变迁和客家族群文化形成过程中所起的作用;并引用文化学的理论,对客家族群的汉民族属性作了学理上的分析。靳阳春《宋元时期汀州区域开发与客家民系形成》探讨了汀州的设立及人口变迁、交通变迁、经济变迁、社会变迁、客家民系的形成和发展。黄志繁、肖文评、周伟华《明清赣闽粤边界毗邻区生态、族群与"客家文化":晚清客家族群认同建构的历史背景》认为,晚清"客家文化"之所以会被建构为"中原正统文化",明中期以来赣闽粤边界地区普遍经历的"正统化"是重要原因,晚清时期客家人面对的族谱、祠堂、口碑等文化资源其实是明中期以来赣闽粤边界地区"正统化"的结果。

华北区域社会史研究的面貌发生着变化。赵世瑜《小历史与大历史:区域社会史的理念、方法与实践》(三联书店2006年)对于区域史研究有不少心得体会。赵世瑜主编《大河上下:10世纪以来的北方城乡与民众生活》(山西人民出版社2010年)系中山大学历史人类学研究中心课题的结项成果。本书通过大量田野调查,用收集到的众多史料及数据,围绕10世纪以来北方城乡与民众生活的原生状态进行多角度的探究和展示。本书分为移民、身份与生活、寺庙与基层社会组织、宗族建构和村落与乡村关系认同四部分。赵世瑜对华北区域社会史研究有新的设想,他认为,无论是在世界史还是在东亚史上,16世纪都是一个重要的时代。正是在这时,明朝深为"北虏南倭"问题所困扰。学界以往对明代"北虏"问题的解释框架,基本上局限于传统的游牧民族与农耕民族冲突史及明蒙关系史。在与其相提并论的"南倭"问题得到新的解释并被置于一个更广阔的海洋贸易史框架后，对"北虏"问题的认识变化依然不大。事实上，在长城沿线发生的，以明朝和蒙古为主角的一系列事件，同样是全球史时代变化的组成部分。"内陆史视角"的观察与思考应成为传统的"海洋史视角"的重要补充。①他还从区域社会史的角度观察明清易代时期在不同地区、不同时段，往往表现为"不清不明"，即不断出现反复而未立即确立某一正统的状态，而这种状态又与该区域历史发展的

《山西水利社会史》

长期特点有关。②他也尝试反思清代内亚研究以及华南研究所见之清朝国家认同建构的多元性。③赵世瑜提出了对北方区域社会史研究的看法，对山西进行了专门研究。④

　　行龙讲述了对于中国区域社会研究"走向田野与社会"的认识。⑤行龙《走向田野与社会》（三联书店2007年）是以近代山西社会的水灾、水案、集体化和晋商等专题为中心的区域社会史研究，注重在田野调查中搜集史料、解读史料，展现出历史学对地方社会变迁的关怀。2012年5月，北京大学出版社推出山西大学中国社会史研究中心编辑的"田野·社会丛书"四种，即胡英泽《流

---

① 赵世瑜：《时代交替视野下的明代"北虏"问题》，《清华大学学报》2012年第1期。

② 赵世瑜：《"不清不明"与"无明不清"——明清易代的区域社会史解释》，《学术月刊》2010年第7期。

③ 赵世瑜：《从移民传说到地域认同：明清国家的形成》，《华东师范大学学报》2015年第4期。

④ 赵世瑜：《如何深化中国北方的区域社会史研究——〈长城内外：社会史视野下的制度、族群与区域开发〉绪论》，《河北广播电视大学学报》2015年第4期；李卫民：《社会史与山西研究的反思——赵世瑜教授访谈录》，《晋阳学刊》2009年第4期；赵世瑜：《圣姑庙：金元明变迁中的"异教"命运与山西社会的多样性》，《清华大学学报》2009年第4期；赵世瑜：《村民与镇民：明清山西泽州的聚落与认同》，《清史研究》2009年第3期。

⑤ 行龙：《走向田野与社会：区域社会史研究的追求与实践》，《山西大学学报》2012年第3期。

动的土地：明清以来黄河小北干流区域社会研究》、张俊峰《水利社会的类型：明清以来洪洞水利与乡村社会变迁》、郝平《丁戊奇荒：光绪初年山西灾荒与救济研究》、韩晓莉《被改造的民间戏曲——以20世纪山西秧歌小戏为中心的社会史考察》。该中心还编有社会史论文辑刊《社会史研究》。①

南开大学中国社会史研究中心连续举办华北区域社会史研讨会，以求把握华北区域社会发展的动力机制与区域特色。2008年12月12日—15日，举办了"民间文献与华北社会史"学术研讨会。2009年8月20日—23日，举办了"断裂与连续：金元以来的华北社会文化"国际学术研讨会。②该中心的研究侧重于华北乡村社会经济、商品流通、宗族问题，出版专著多种，近期发表了一些代表性的论文。③

其实，江南区域社会史在稳步前行，研究也有特色。近年来上海的复旦大学、华东师大、交大、上海社科院、上海师大纷纷强调江南研究，南京的南大，苏州的苏大、科技大，杭州的浙大、金华的浙师大等单位也在从事江南研究。复旦大学历史系从2008年起每两年举办一次关于江南史的国际学术研讨会，已经举办6届，由复旦大学出版社出版了多种会议论文集，有《江南与中外文化交流》（2009年），《明清以来江南城市发展与文化交流》（2011年），《变化中的明清江南社会与文化》（2016年）。上

---

① 前两辑由北京大学出版社出版，即《中国社会史研究的理论与方法》（2011年），《山西水利社会史》（2012年）；后两辑改由商务印书馆出版，第三辑 2013年出版，第四辑 2016年出版，每辑栏目分为专题论文、学术评论、资料选编，收录文章约 10篇。
② 常建华：《"民间文献与华北社会史"学术研讨会综述》，《中国史研究动态》2009年第 5期；常建华：《断裂与连续：金元以来的华北社会文化"国际学术研讨会综述》，《民俗研究》2009年第 3期。
③ 张思：《从近世走向近代：华北的农耕结合与村落共同体》，《民俗研究》2010年第 1期；许檀：《清代山西归化城的商业》，《中国经济史研究》2010年第 1期；常建华：《明清山西碑刻里的乡约》，《中国史研究》2010年第 3期；王先明：《试析富农阶层的社会流动——以 20世纪三四十年代的华北乡村为中心》，《近代史研究》2012年第 4期；李金铮：《延续与渐变：近代冀中定县农业生产及其动力》，《历史研究》2015年第 3期；李金铮：《矫枉不可过正：从冀中定县看近代华北平原租佃关系的复杂本相》，《近代史研究》2011年第 6期。

海师大中国近代社会研究中心于1997年起，每年举办一届江南社会史国际学术前沿论坛，至今已经举办10届，并于2009年创刊唐力行主编的《江南社会历史评论》，由商务印书馆出版，已经出版8辑。该刊是区域社会研究的综合性学术刊物，辟有理论探索、学术评论、江南经济、江南文化、江南社会等栏目。其办刊宗旨：一是重视理论的创新，尤其是本土化社会史理论的建立；二是重视新资料的挖掘，包括档案、碑刻、口碑、实物资料等；三是提倡社会史的新视野，例如在超越地域社会疆界的广阔视野中进行区域间的比较研究、在长时段的视野中研究中短时段的历史事件与人物、在地方社会与国家互动的整体史视野中审视地域社会的变迁等；四是倡导历史评论，在学术批评中推进学术的发展。唐力行等《苏州与徽州——区域互动与社会变迁（16—20世纪）》（商务印书馆2007年）强调从区域史研究走向区域比较研究。长期研究江南地域社会的朱小田认为，人类学的独特思路可以导向地域文化研究的纵深发展：地域文化史应加强动态生活的呈现，毅然告别传统的脱离生活结构的习俗史，迈向生活领域；人类学的整体视野提醒人们特别关注地域社会内部各种不同类型的社群世界，向笼统的"中国社会"或"地域社会"概念提出挑战；人类学赋予社会结构中的任何劳动者以一席之地，要求地域文化观察重视作为民间文化持有者的普通百姓；人类学中习见的口头艺术形式，常常以文献与口头两种形态存留下来，成为地域文化研究的独特素材。[1]

此外，华中、西南、西北、东北的区域社会史研究都取得明显进展，我会另外介绍具体的研究成果。区域史也存在着各区域研究不平衡的现象。[2]

空间对于历史学具有独特价值。鲁西奇《中国历史的空间结

---

[1] 小田：《地域文化史研究的人类学路径——倾向于江南的案例》，《清华大学学报》2010年第1期。

[2] 吴琦：《社会史研究中的区域失衡现象》，《江西师范大学学报》2010年第5期。

构》(广西师范大学出版社2014年)运用"空间"的观念与方法,思考"空间"对于中国历史发展的意义,分析中国历史发展的进程及其空间结构。全书分为区域多样性、核心与边缘、城市与村庄三大部分,分别讨论了中国历史与文化的区域多样性、中国历史发展的五条区域性道路、中国历史上的三大经济地带及其变动、王朝的"核心区"及其变动、内地的边缘、边缘的核心、权力与城市空间、乡村聚落形态的演变及其区域差异等主题,多角度、多层次回答"统一、多元中的中华帝国是如何可能的"这一宏大命题。

跨区域的社会史研究如何进行?吴欣认为:"若将运河研究放置在'区域与跨区域研究中的生活方式与社会发展'的框架之下,运河区域社会研究历史意义或更为可鉴⋯⋯民间文献和'生活方式'视域下的社会史研究,既是运河研究同时也是区域社会史研究的希望所在。"[1]

值得注意的是,在全球化的今天,社会史的区域研究也把视野投向国外的华人活动和国内与国际的联系性上。郑振满通过考察闽南华侨的跨国生存状态、侨乡社会权势的转移及侨乡社会文化的传承,探讨近代闽南侨乡的国际化与地方化进程。所谓国际化,是指闽南侨乡的社会经济中心不断外移,海外华侨成为闽南侨乡的地方精英,海外世界与闽南侨乡的联系日益密切。所谓地方化,是指闽南侨乡的政治权力中心不断下移,侨乡建设与地方公共事务受到了空前的重视,本地社会文化传统得到了更新和延续。他认为深入研究这一历史过程,对于探讨全球化时代地方传统的发展前景,具有理论意义和学术价值。[2]郑莉探讨跨国界的文化网络,通过对马来西亚芙蓉坡兴化人的个案研究,探讨同乡同业传统在海外华人社会中的传承与运作机制。[3]刘永华发

---

[1] 吴欣:《从"制度"到"生活":运河研究的新维度》,《光明日报》2016年8月10日。
[2] 郑振满:《国际化与地方化:近代闽南侨乡的社会文化变迁》,《近代史研究》2010年第2期。
[3] 郑莉:《东南亚华人的同乡同业传统——以马来西亚芙蓉坡兴化人为例》,《开放时代》2014年第1期。

现，自19世纪中叶开始，随着上海、宁波等口岸开埠通商，国际茶市对中国茶叶生产与销售的影响日益深入。在市场利好的刺激下，徽州婺源产茶区的一家农户通过增加茶叶生产与制作的劳动力投入，提高家庭的现金收入。同时，这家农户还因应家庭规模的变动，投入大量劳力开垦土地，扩大粮食种植面积，从而缓解口粮不足问题。①

二、日常生活史与文化史

历史人类学重要的出发点是日常生活史，强调的是一种研究视角与方法，而不是一种独特的研究对象。因此，我们应当扩展对于历史人类学的理解，虽然历史人类学重视田野调查，但绝不局限于此，如诸多艺术社会史的研究就体现出历史人类学的特色，物质文化的研究与日常生活、历史人类学的探讨不可分割。②

虽然社会生活史自20世纪20年代末到40年代进入中国学者的视野，但是50至70年代中国大陆生活史的研究成果少得可怜。社会生活史作为独立的研究领域，基本上是在最近二十多年取得突出成绩。近年来，熊月之主编"上海城市社会生活史丛书"，由上海辞书出版社2008年推出，2011年出齐，计有24种：熊月之《异质文化交织下的上海都市生活》，张笑川《近代上海闸北居民社会生活》，唐艳香、褚晓琦《近代上海饭店与菜场》，汤水清《上海粮食计划供应与市民生活（1953—1956）》，葛涛《唱片与近代上海社会生活》，侯艳兴《上海女性自杀问题研究（1927—1937）》，阮清华《上海游民改造研究（1949—1958）》，白华山《上海政商互动研究（1927—1937）》，陈同《近代社会变迁中的上海律师》，王敏《上海报人社会生活（1872—1949）》，施如柱《青春飞扬——近代上海学生生活》，陈祖恩《上海日侨社

---

① 刘永华：《小农家庭、土地开发与国际茶市（1838—1901）——晚清徽州婺源程家的个案分析》，《近代史研究》2015年第4期。
② 常建华：《历史人类学应从日常生活史出发》，《青海民族研究》2013年第4期。

会生活（1868—1945）》，汪之成《近代上海俄国侨民生活》，王健《上海犹太人社会生活史》，金大陆《非常与正常：上海"文革"时期的社会生活》，马学强、张秀莉《出入于中西之间：近代上海买办社会生活》，叶中强《上海社会与文人生活（1843—1945）》，马军《舞厅市政：上海百年娱乐生活的一页》，江文君《近代上海职员生活史》，瞿骏《辛亥前后上海城市公共空间研究》，张生《上海居大不易：近代上海房荒研究》、宋钻友《同乡组织与上海都市生活的适应》，宋钻友等《上海工人生活研究（1843—1949）》，葛涛、石冬旭《具像的历史——照相与清末民初上海社会生活》等。

　　一般认为，社会生活史研究是社会史研究的一个重要组成部分，其重点是研究群体的社会生活以及社会生活领域的各种群体性现象。①李长莉指出，自20世纪80年代中期以来30年间，中国近代生活史研究从兴起到发展，并于近年受到更多关注而成为一个热门领域，主要研究为风俗习尚、社会群体生活、城市生活与"公共空间"、消费生活、文化娱乐生活、生活史综合研究等，更多关注社会变动与生活变化之互动，更多注意生活与政治、经济、社会、文化等诸因素的相互关联和互动关系。不过，中国近代生活史研究的缺陷在于理论分析与理论创新不足。②也有人认为："随着新时期的到来，历史学发展大的趋势是从政治经济史向社会生活、生态环境、生命史的转移，这不仅是史学研究本身的转移，还是当代文明和社会已经从欲望、本能、名利等转向生活、生命等本质的再认识上。角度的转换，意味着历史观的更新和研究方法的转变，一种新社会生活史观逐渐形成。"③我觉得，社会生活史是以人的生活为核心联接社会各部分的历史，生活史研究的最大价值，应当是建立以人为中心的历史学。生活史

---

① 项义华：《社会生活史研究的学术传统与学科定位》，《浙江学刊》2011年第6期。
② 李长莉：《中国近代生活史研究30年——热点与走向》，《河北学刊》2016年第1期。
③ 杨卫民：《新时期社会生活史研究述略》，《焦作师范高等专科学校学报》2012年第1期。

立足于民众的日常活动，镶嵌于社会组织、物质生活、岁时节日、生命周期、聚落形态中。注意社会分层，了解不同社会群体的生活也必不可少。生活史的研究带来视角与方法的变化，可以从习以为常发现历史，从日常生活来看国家，挑战传统史料认识，从生活方式的转变可以考察民族关系并进行不同文明比较，阐述社会变迁。①在清理了社会生活史的学术史之后，我得出如上的看法，因此，提出社会生活史研究应当向日常生活史转变，这是中国社会史研究的再出发。②

新的社会生活史或者说日常生活史研究，很重要的一点是要借鉴"新文化史"或者说社会文化史。俞金尧指出，起源于新史学的社会史学，以书写人民大众的历史为其区别于其他历史研究的身份特征。新文化史研究历史上的大众文化，因而具有社会史学的属性。战后兴起的新社会史秉承了年鉴学派的总体史追求，它倾向于从经济基础和社会结构寻找社会变迁的终极原因，以建立宏大的历史叙事。然而，新社会史的经济社会决定论的弊病，引发了社会史学的"文化/语言转向"，从而催生了新文化史。但是新文化史强调文化、符号、话语的首要性，最终走向文化/语言决定论的另一个极端。对新文化史激进倾向的强烈不满，使得西方史学界于20世纪90年代中期之后出现了"超越文化转向"的趋势，这种趋势体现在学者们越发重视实践的作用，社会史学正在进行一种可称为"实践的历史"的新探索。③李长莉认为，中国"社会文化史"研究出现微观史与深度描述、建构理论与概念分析工具、以记述叙事为主要表现形式等趋向。④梁景和强调，研

---

① 常建华：《中国社会生活史上生活的意义》，《历史教学》2012年第2期。

② 常建华：《从社会生活到日常生活——中国社会史研究再出发》，《人民日报》2011年3月31日。

③ 俞金尧：《书写人民大众的历史：社会史学的研究传统及其范式转换》，《中国社会科学》2011年第3期。

④ 李长莉：《交叉视角与史学范式——中国"社会文化史"的反思与展望》，《学术月刊》2010年第4期。

究社会文化史既不能脱离大众文化，亦不能忽视精英文化，同时要注意研究社会文化与国家意志的关系问题，以及社会运动所蕴涵的社会文化意义。①

我认为日常生活应当成为文化史、社会史、历史人类学研究的基础，尽管在这方面中国社会文化史研究已经取得一定成绩，但应更加明确与自觉地把日常生活作为社会文化史研究的基本内容。②"新文化史"的引入被认为："比较而言，以往的以社会形态史为背景的中国史研究重视制度和经济，而以人类文化史为背景的'新文化史'重视人的活动，强调观念与心态。在当代，这二者结合的历史研究，或许更符合现实需要。"③在新文化史的观照下，对于史料的解读发生了变化，在新文化史家看来，史料与其说是历史事实的载体，不如说是有意义的文本；特别重视史料的语境分析，主张在具体的历史情境中深度解读史料；在运用史料展开历史叙事时，往往会在深入探析相关史料的基础上，采用合理的演绎、推测甚或假设等手段来让叙事变得完整而更具意义。④

日常生活史在欧美等地已经成为一个重要的学术研究领域，特别是作为方法论产生了重要的学术意义。日常生活史的出现，从诺贝特·埃利亚斯的《文明的进程》到菲利浦·阿利埃斯与乔治·杜比主编的《私人生活史》，都贯穿着西方历史演进"道德私人化"的基本思想，如今的日常生活史已与物质文化、社会性别、科技、医疗、身体、艺术诸史相融合，研究采用多种视角，成为跨学科的学问。欧美日常生活史学家尖锐批评社会科学史学"见物不见人"的特点，特别强调个人的作用。面对海外日常生活史研究产生的一批优秀学术成果，晚起的中国日常生活史应当将中外日

---

① 梁景和：《关于社会文化史的几个问题》，《山西师大学报》2010年第1期。
② 常建华：《日常生活与社会文化史——"新文化史"观照下的中国社会文化史研究》，《史学理论研究》2012年第2期。
③ 耿雪、曾江：《"新文化史"给我国史学研究带来了什么？》，《中国社会科学报》2013年8月30日。
④ 余新忠：《新文化史视野下如何解读史料？》，《历史研究》2014年第6期。

常生活史的比较研究作为自觉的行为。表面来看，似乎是西方公私分立，中国公私相混，中国历史上公与私的生活以及二者的关系与西方究竟有何不同，值得深入研究。①

　　如果我们将"日常生活"作为分析性概念，对于文献史料的认识也会发生变化。我觉得徽州文书最大的学术价值是提供了民间社会日常生活史研究的资料。对于徽州文书总体价值如此判断，需要对"日常生活"有更深入的认识，从而借助更有内涵、更清晰的概念分析工具，作为方法论实现史学研究范式的转换，实现徽州文书学术价值的最大化。②

　　近年来，南开大学中国社会史研究中心将日常生活史作为重点研究，2011年起连续五年举行了五个推动日常生活史研究的学术研讨会："中国日常生活史的多样性""日常生活史视野下中国的生命与健康""中国史上的日常生活与地方社会""中国史上的日常生活与民生问题""中国史上的日常生活与物质文化"。③ 我利用乾嘉时期的刑科题本的口供探讨清中叶不同地区的日常生活，④

① 常建华：《他山之石：国外和台湾地区日常生活史研究的启示》，《安徽大学学报》2015年第1期。
② 常建华：《徽州文书的日常生活史价值》，《安徽史学》2015年第6期。
③ 部分会议论文收入《中国社会历史评论》第 13、14、15、16、17卷，天津：天津古籍出版社，2012年、2013年、2014年、2015年、2016年。有关会议综述，参看张传勇：《从习以为常发现历史："中国日常生活史的多样性"国际学术研讨会综述》，《民俗研究》2012年第 2期；许三春：《"日常生活史视野下中国的生命与健康"国际学术研讨会纪要》，《中华医史杂志》2012年第 5期；张瑞：《日常生活史视野下中国的生命与健康国际学术研讨会综述》，《中国史研究动态》2013年第 2期；张传勇：《置日常生活于社会空间——"中国史上的日常生活与地方社会"学术研讨会综述》，载《中国社会历史评论》第 15卷，天津：天津古籍出版社，2014年；王静：《深入日常生活研究 推动学术共同体形成——"中国史上的日常生活与民生问题"会议述评》，《城市史研究》2015年第 1期；张陆卅：《"中国史上的日常生活与物质文化"学术研讨会》，《东岳论丛》2016年第 1期；陈思言：《"中国史上的日常生活与物质文化"学术研讨会综述》，载《中国社会历史评论》第17卷下，天津：天津古籍出版社，2016年。
④ 常建华：《清中叶山西的日常生活——以 118件嘉庆朝刑科题本为基本资料》，《史学集刊》2016年第 4期；常建华：《生命·生计与生态：清中叶江西的日常生活——以 108件嘉庆朝刑科题本为基本资料》，《上海师范大学学报》2016年第 5期。

同人也有新研究的尝试,[1]我们也做了一些基础性的工作。[2]

值得注意的是,日常生活史研究作为方法论应当重视"制度与生活"的视角。这一视角是由社会学学者李友梅提出的:对于1978年以来中国社会变迁的考察路径有多种多样,其中"国家—社会"视角受到了较多青睐。概而言之,"国家—社会"视角具有三个基本特点:第一,主要基于公民社会理论构建而成,其中的"社会"主要是指政治学意义上的公民社会;第二,强调国家与社会之间二元的权力对应和相互约束关系;第三,其价值取向是塑造具有高度自主性的公民社会,建立民主政治制度。依照这个视角,我国30年来的改革开放普遍被视为国家逐步"释放"社会、社会不断自我发育成长的过程。但"国家与社会"的分析框架与社会生活实践始终存在无法摆脱的张力:首先,这一分析框架根植于西方的经验而非中国的生活实践,无法真实呈现后者的丰富内涵;其次,这一分析框架注重在宏观层面阐释力量格局转换,难以切入中观与微观的社会实践,难以观察到扎根于日常生活中的观念、行为所具有的丰富内涵;再次,这一范式在一定程度上忽略了国家层面的各种管理制度设计同人们的日常生活之间的相互渗透和相互建构关系。有鉴于此,可以尝试构建"制度—生活"的分析框架,以"自主性"为观察对象,更有效地呈现和解读1978年以来中国社会生活的变迁过程。这里的"制度",是指以国家为主体的直接的和间接的社会管理制度,其与社会性、观念性制度相互交织,共同形成作用于社会生活的"制度丛";

---

[1] 闫爱民:《汉代夫妇合葬习俗与"夫妇有别"观念》,《天津师范大学学报》2015年第 5期;闫爱民:《"吕后袯"与西汉皇室三月上巳求子之俗》,《天津师范大学学报》2015年第 5期。夏炎:《魏晋南北朝燃料供应与日常生活》,《东岳论丛》2013年第 2期;夏炎:《唐代薪炭消费与日常生活》,《天津师范大学学报》2013年第 4期。李金铮:《小历史与大历史的对话:王笛〈茶馆〉之方法论》,《近代史研究》2015年第 3期。

[2] 常建华:《明代日常生活研究的回顾与展望》,《史学集刊》2014年第 3期;李金铮:《众生相:民国日常生活史研究》,《安徽史学》2015年第 3期;孙立群、常博纯:《魏晋南北朝日常生活史研究回顾》,《许昌学院学报》2015年第 6期;王善军:《辽宋西夏金元日常生活史研究概述》,载《中国社会历史评论》第 17卷下,天津:天津古籍出版社,2016年。

"生活"则局限于人们日常的非正式科层化的社会生活领域，区别于高度工具理性的经济、政治和文化活动；"自主性"指镶嵌在生活之中、运作生活和改变生活的个体和群体的理性化——不是纯粹工具理性，而是多元化的和混合的理性——的自我选择、自我设计、自我组织和自我调控的行动。"制度—生活"的分析框架并不背离"国家—社会"范式的价值取向，也不否定社会力量制约国家权力的企图，但具有自身的独特解释力量。第一，它力图在具体的社会背景下解读制度与生活之间既相互渗透、相互建构又相互矛盾的动态关系；第二，它努力分析在一个强国家、弱社会的力量格局下，以及一个权利意识尚未发育的环境中，制度与生活之间的力量关系以及二者是如何相互改变的；第三，它尝试在制度与生活的互动关系中分析社会力量和权利意识的发育和成长过程，以及在这一过程中制度与生活之间关系的转变逻辑。[1]这一想法，我觉得也适应于社会史研究。

社会史学者也在研究实践中敏锐抓住了制度与生活的关系。刘永华指出，明代实行的匠户世袭制度，对民众社会生活产生了深刻的影响。其一，这一制度为民众社会关系的建构提供了动力和契机。其二，这一制度拓宽了民众的空间活动范围。[2]杜丽红《制度与日常生活：近代北京的公共卫生》（中国社会科学出版社2015年），从制度的角度研究近代北京的公共卫生，不仅描述了制度在组织和规则层面的变迁过程，更试图阐释制度如何影响日常生活的过程，旨在探讨20世纪初北京公共卫生制度演变及社会化过程的基本脉络与问题，即公共卫生制度如何诞生、如

---

[1] 李友梅：《制度与生活视野下的中国社会变迁》，《解放日报》2008年12月18日。李友梅又同黄晓春、张虎祥等合著《从弥散到秩序："制度与生活"视野下的中国社会变迁（1921—2011）》，北京：中国大百科全书出版社，2011年。肖瑛：《从"国家与社会"到"制度与生活"：中国社会变迁研究的视角转化》，（《中国社会科学》2014年第9期），进一步论证了"制度与生活"的理论。
[2] 刘永华：《明代匠籍制度下匠户的户籍与应役实态——兼论王朝制度与民众生活的关系》，《厦门大学学报》2014年第2期。

何变迁、如何在国家与社会互动中成为日常生活规则。①

个人生活史的研究也受到重视。日记与年谱无疑是个人生活史最直接有效的文献，值得注意的还有笔记，常建华依据龚炜《巢林笔谈》探讨清朝统治稳定后士人的政治态度与日常生活，兼论笔记的生活史资料价值。吴中士人龚炜生活在清康熙后期到乾隆中叶，他对于清朝统治高度认同，从龚炜的个人生活史了解了他的政治立场、人生经历、生活态度、家庭生活以及家族关系，看到他的性情爱好、文化品位、治学情况,特别是绝意科举的人生转折，一个鲜活的士人呈现在我们的面前,这是利用其他资料很难做到的。范莉莉以笔记《五杂组》为主要依据探讨谢肇淛的日常生活状况，是从微观层面检视晚明宦游士人生活的一次尝试。②还有学者利用档案研究当代中国的个人生活史。戴建兵等认为，囿于中西方的国家与社会之间关系不同，当代中国个人生活史研究与西方私人生活史研究存在着较大差异，并且还是一块待开拓的处女地。从资料上看，人事制度是当代中国一项重要的管理制度，个人档案具有内容丰富、真实等优点，成为个人生活史研究的基本史料。当代中国个人生活史研究开辟了史学研究新领域，以全新的微观角度反映了普通民众的日常社会生活，拓展了中国社会史研究范围，可使人们更好地认识当代中国缓慢而深刻的社会变迁。③金光耀、戴建兵编《个人生活史（1949—1978）》（上海大学出版社2016年）注重微观历史和细节还原，聚焦一个个普通民众的生活实态，就人论事、就事说理，真实地反映出普通人的处世哲学和人生历程，以发现被宏观历史忽略或无法收

---

① 参见杜丽红：《知识、权力与日常生活——近代北京饮水卫生制度与观念嬗变》,《华中师范大学学报》2010年第4期。

② 常建华：《盛清江南士人生活的写照——清人笔记龚炜〈巢林笔谈〉的生活史料价值》,载《中国社会历史评论》第11卷，天津：天津古籍出版社，2010年；范莉莉：《晚明宦游士人的生活世界——兼谈〈五杂组〉的生活史料价值》,载《中国社会历史评论》第13卷，天津：天津古籍出版社，2012年。

③ 戴建兵、张志永：《个人生活史：当代中国史研究的重要增长点》,《河北学刊》2015年第1期。

纳的底层"无言的群体"，厘清被意识形态化和"革命阶段化"所遮蔽的中国社会真实的发展过程。全书收录具体研究的文章16篇。还有民族学学者对一位从越南嫁到中国的苗族妇女的生活经历考察，探讨其系列行动的生存理性。①

日常生活史的研究，也有一些综合性的探讨。常建华编《中国日常生活史读本》（北京大学出版社2017年）收录论文18篇，依内容分为五编，即生育与生命周期、日常交往、消费与逸乐、性别与生活、城乡日常生活，尽可能反映出日常生活的基本问题，既有人的生产与生命历程、社会交往、物质消费，也涵盖日常生活的空间场所。这其中还兼顾了民间信仰与思想观念的内容，兼顾了论文的研究时段以及不同阶层与社会身份的生活。断代性的生活史研究虽然不太强调区分社会生活、日常生活，但也足资参考。宋镇豪《商代社会生活与礼俗》（《商代史》卷7，中国社会科学出版社2010年），论述商朝礼制与社会生活礼俗的运作，以及有关商代社会行为观念整合规范的机制，全面考察城邑生活与族居形态、建筑营造礼仪、宫室宅落建制、居住作息习俗、家族亲属关系和社会风尚，包括商代的衣食住行、农业信仰礼俗、人生俗尚、婚制婚俗、生育观念、养老教子、卫生保健与医疗俗信，以及社会礼仪及礼器名物制度、服饰车马制度、文化娱乐、丧葬制度、甲骨占卜等。黄正建《走进日常：唐代社会生活考论》（中西书局2016年）探讨了唐代的衣食住与日常生活。师永涛《唐代的乡愁——一部万花筒式的唐朝生活史》（安徽文艺出版社2014年）试图通过浩瀚史料中被漏下的碎片，诸如夜宴、城市、胡人、庄园、女子、少年、寺庙的日常细节，来呈现一个时代的存在。

宋立中《闲雅与浮华：明清江南日常生活与消费文化》（中国社会科学出版社2010年）主要涉及明清江南日常生活与消费文化，分别从婚姻礼俗与社会变迁、消费服务与消费文化、休闲生

---

① 郑宇、曾静：《社会变迁与生存理性：一位苗族妇女的个人生活史》，《民族研究》2015年第3期。

活与雅俗冲突等三个方面，探讨了学界较少关注的明清时期婚礼消费、节日消费、娱乐消费、时尚消费、妇女游风、鲜花鉴赏、休闲文化，以及传统服务业，如游船业、旅馆业、娱乐业等内容。李长莉等《中国近代社会生活史》（中国社会科学出版社2015年）记述自明末、晚清至1949年间，伴随中国社会的近代化变动，人们的衣食住行、社会生活、风俗习尚、文化娱乐等诸方面的变迁轨迹，既考察近代百余年间社会生活的总体变迁轨迹，又重点考察各个时段突出的社会生活现象，并加以文化分析，揭示中国社会近代转型过程中，近代社会生活变迁的社会文化意义。

李健胜《清代—民国西宁社会生活史》（人民出版社2012年）论述了清代—民国时期西宁地区的衣食住行、婚丧礼俗、教育文娱、节庆宗教、医疗卫生等，呈现了西宁地区各民族社会生活的多元性。颜浩《民国元年：历史与文学中的日常生活》（陕西人民出版社2012年）发掘小说中的历史素材，从百姓民生及其日常生活来反映清末民初社会，讲述了很多日常生活的具体场景，比如怎么娱乐，怎么穿衣，等等。罗小茗《制造"国民"：1950—1970年代的日常生活与文艺实践》（上海书店出版社2011年），主要从日常生活的逻辑论述了"改造说书人""识字的政治"等问题。顾希佳、何王芳、袁瑾《杭州社会生活史》（中国社会科学出版社2011年），描写杭州各时期小人物衣食住行、风土民俗、人生礼仪、宗教信仰等历史场景，多视角展示杭州人几千年的生活状态。

日常生活的研究也有一些较新的尝试。余新忠认为，若能融通社会文化史和日常生活史研究，从社会文化史和日常生活史的双重角度来探究中国历史上的生命与健康，对于未来中国医疗史的研究来说，应不失为一条可行的路径。① 徽州社会史有从社会生活到日常生活的转向。② 对于民国时期城市史、知识分子群体

---

① 余新忠：《回到人间 聚焦健康——新世纪中国医疗史研究刍议》，《历史教学》2012年第11期。
② 卞利：《从社会生活到日常生活——徽州社会史研究的新转向》，《安徽大学学报》2016年第1期，徽州社会史专栏的主持语。

的研究也关注日常生活。①特别是日常生活与特有的时间观联系在一起，所谓农事节律，就是一年之中农作物从播种到管理、收获的一系列工作程序。一年之中，受自然节律的影响，农业生产活动从种植到收获也会表现出一定的节律性特征，与此相适应，乡村社会生活也会表现出一定的节奏性。农业生产活动有涨有落，于是乡村社会生活诸活动也必会随之起落，各种活动也就会巧妙配合而又有序地分布于时间与空间之中。这种时间生活的结构性安排，不仅深刻影响了传统中国民众之时间观念与时间体系，并对整个中国传统文化产生了深远影响。

近代以后，随着现代大工业的发展，这一时间生活模式也在逐步发生改变。王加华《被结构的时间：农事节律与传统中国乡村民众年度时间生活——以江南地区为中心的研究》（上海古籍出版社2015年）对此作了深入的研究和探讨。陈辉《过日子：农民的生活伦理——关中黄炎村日常生活叙事》（社会科学文献出版社2016年），发现陕西关中农村依然保持着较强的家庭观念，依然实践着一套以"过日子"为核心的生活伦理。通过描写日常生活琐事，呈现农民"过日子"的原则、策略和方法。

现实生活中网络改变了人们的日常生活。吴兴民《秩序、冲突与转变：黑客群体的日常生活实践研究》（知识产权出版社2010年）运用社会学的相关理论与方法，通过与黑客访谈、加入黑客QQ群、分析研究黑客论坛等方式，从构成黑客日常生活世界的"技术、学习、共享、自由、奉献、法律"这六个规范秩序出发，分析了黑客群体的日常生活实践，揭示了其日常规范秩序的冲突及转变。唐魁玉《网络化的后果：日常生活与生产实践的变迁》（社会

---

① 胡悦晗：《"回收"：日常生活视角下的空间秩序、生活经验与城市想象》，《史学理论研究》2011年第1期；《朋友、同事与家人：家庭生活与社会关系网络的建构——以民国时期上海知识分子为例（1927—1937）》，《开放时代》2012年第11期；《民国时期城市知识群体的生活想象与身份认同——以〈生活周刊〉为例的分析（1925至1933）》，《社会科学论坛》2014年第6期；《漫步、出游与旅行：日常生活中的空间位移——以民国时期上海知识群体为例（1927—1937）》，载《中国社会历史评论》第16卷上，天津：天津古籍出版社，2015年。

科学文献出版社2011年）从信息网络技术给人类日常生活与生产实践所带来的影响两个维度入手，进行深度的网络社会后果分析，主要关涉：网络传播与生活方式的现代性，网络环境下的家庭生活、权力生活与消费生活，媒介化生活与新型幸福观，虚拟世界的身心问题，网络交流语境中的聊天与恋爱行为，网络技术与文化摩擦，复杂性与数字化和谐社会的建构、虚拟社区的在线和谐，以及信息产业自生能力的发展和虚拟企业的社会互动机制等。

　　首都师范大学历史学院中国近现代社会文化史研究中心重视社会生活史研究。中心主任梁景和认为，中国现当代社会文化学是研究中国现当代社会生活与其内在观念形态之间相互关系及其形成新知识体系的学科，是典型的交叉学科。所谓社会生活是指人们在以生产为前提而形成的各种人际关系的基础上，为了维系生命和不断改善生存质量而进行的一切活动的总和。社会生活有广义与狭义之分。狭义的社会生活也包括相当丰富的内容，同时亦存在其最基本的内容，诸如衣食住行、婚丧嫁娶、两性伦理、生老病死等等。[1]基于此，梁景和主编《社会生活探索》系列出版物，[2]该书分为总论卷、婚恋卷、家庭卷、女性卷、性伦卷、综合卷等。同时，梁景和主编《中国社会文化史的理论与实践》[3]，是对中国1988年至2009年以来社会文化史理论方法的探索、重要著作的书序和书评以及重要学术会议和成果的评述等内容的编辑和整理，对读者了解这20余年中国社会文化史的发展历程有重要的参考价值。又出版《中国社会文化史的理论与实践续编》[4]。梁景和还组织青年学者对社会文化史理论与方法的研讨，其主旨就是梳理社会文化史的缘起、挑战与机遇，理清社会文化史的多维综合交叉的特质、特有的意义与价值，以及

---

[1] 梁景和：《社会生活：社会文化史研究的一个重要概念》，《河北学刊》2009年第3期。

[2] 梁景和主编：《社会生活探索》，2009年、2010年、2012年、2013年、2014年、2015年出版了 6 辑，除了第2辑由社会科学文献出版社出版外，其余都是由首都师范大学出版社出版。

[3] 梁景和主编：《中国社会文化史的理论与实践》，北京：社会科学文献出版社，2010年。

[4] 梁景和主编：《中国社会文化史的理论与实践续编》，北京：社会科学文献出版社，2015年。

可供借鉴的理论与方法，多层面多角度论述社会文化史书写的可能性，提升社会文化史研究的社会服务功能，于是主编了《社会文化史理论与方法——首届全国青年学者学术研讨会论文集》（社会科学文献出版社2014年）。梁景和也关注新文化史，不仅组织研讨会，他还主编了《西方新文化史与中国社会文化史的理论与实践——首届学术研讨会论文集》（社会科学文献出版社2014年）。

梁景和还主编了其他系列出版物，如主编《中国现当代社会文化访谈录》①，主编"中国近现代社会文化史论丛"，出版了杨才林《民国社会教育研究》（社会科学文献出版社2011年）、黄东《塑造顺民——华北日伪的"国家认同"建构》（社会科学文献出版社2013年）、梁景和等《现代中国社会文化嬗变研究：以婚姻家庭妇女性伦娱乐为中心（1919—1949）》（社会科学文献出版社2013年）。还将首都师范大学历史学院中国近现代社会文化史研究中心组织的系列学术讲座和沙龙合并编辑出版《社会·文化与历史的思想交汇》系列出版物。②梁景和多次组织召开了"中国近现代社会文化史国际学术研讨会"，出版了会议论文集。③婚姻·家庭·性别是该中心重点研究内容，梁景和教授主编《婚姻·家庭·性别研究》已经出版5辑。④

---

① 首都师范大学出版社发行，第1辑2010年出版，王俊斌、王胜、王宇英访谈，分三卷，包括土改、农业合作化卷，医疗卫生制度卷，"文革"的家庭文化卷等。第2辑于2012年出版，是由王胜历时一年对十位"文革"前农村大学生所做的个人生活史访谈而成。第3辑于2013年出版，是由李慧波对近百位工人、农民、干部、行政技术人员、教师、学生、军人、医生等人在中华人民共和国成立后17年（1949—1966）期间婚姻家庭生活进行的访谈。第4辑2014年出版，主要涉及中华人民共和国成立至80年代的40年间有关婚姻、家庭、女性、性伦、娱乐等日常的基本生活。

② 梁景和主编：《社会·文化与历史的思想交汇》，已出版第 1—3辑，分别于 2011年、2013年、2015年由社会科学文献出版社出版。

③ 梁景和主编：《首届中国近现代社会文化史国际学术研讨会论文集》，北京：社会科学文献出版社，2012年；《第二届中国近现代社会文化史国际学术研讨会论文集》，北京：社会科学文献出版社，2013年；《第三届中国近现代社会文化史国际学术研讨会论文集》，北京：社会科学文献出版社，2015年。

④ 梁景和主编：《婚姻·家庭·性别研究》第 1—5辑，北京：社会科学文献出版社，2012年出版1—2辑，2013年出版第 3辑，2014年出版第 4辑，2016年出版第 5辑。

　　社会文化史也产生了一些颇有新意的成果。刘永华主编《中国社会文化史读本》（北京大学出版社2011年）指出，社会文化史强调的是，在具体的研究实践中将社会史分析和文化史诠释结合在一起。在分析社会现象时，不能忽视相关人群对这些现象的理解或这些现象之于当事人的意义，唯有如此，社会史分析才不致死板、僵硬；在诠释文化现象时，不能忽视这些现象背后的社会关系和权力关系，唯有如此，文化史诠释才不致空泛、玄虚。此书涵盖社会文化史研究的五个主要问题领域：（1）国家认同，（2）神明信仰，（3）宗教仪式，（4）历史记忆，（5）感知、空间及其他。本书通过21篇精彩的个案研究，引导读者进入中国历史的深层脉络。再如湛晓白《时间的社会文化史——近代中国时间制度与观念变迁研究》（社会科学文献出版社2013年）以"近代时间"在中国的兴起为研究对象，自觉把时间制度与观念的演变置于晚清民国社会近代化整体变迁的过程中去考察，较为清晰地梳理了以公历、星期制、标准时、时刻分秒计时制等为主要内容的近代时间体制在中国传播和建立的历程，以及近代时间为历法所赋值，为节庆礼仪所演绎，为政治文化所形塑的种种丰富的历史形态，并努力解读其中所内蕴的政治和文化意义，同时还深度揭示和剖析了清中叶之后时间观念的多层次转变及其内涵。

三、民间文献与社会史史料

　　有关社会史的文献处理与史料认识，冯尔康先生提出过社会史史料学，郑振满强调民间文献学，重视新史料的发现。[①]历史人类学研究需要借助民间文献，而理解民间文献离不开对于民众日常生活的认识。有关民间文献的讨论不断，涉及20世纪民间文献搜集整理方法的演进历程、徽州民间历史文献整理方法、

---

① 郑莉、梁勇：《新史料与新史学——郑振满教授访谈》，《学术月刊》2012年第4期。

妇女史研究资料的价值与利用等问题。①

　　2006年4月17日，哈佛燕京图书馆会议室，哈佛大学东亚语言与文明系教授包弼德（Peter Bol）与来自中国的哈佛燕京学社访问学者刘平，组织了一场历史学与人类学的对话，萧凤霞、韩明士、丁荷生、宋怡明、郑振满、梁洪生、孙卫国、王明珂、顾坤惠、林玮嫔等10位学者参加了讨论，郑振满谈道："20世纪以来，我感觉历史学有两次大变化，第一次是在20世纪前期，历史学开始和其它学科结合，开始从研究少数人转到研究老百姓。要研究老百姓，历史学原来的工具已经不够用了，要向其他学科学习，这就是社会科学化；资料也不够用了，要找跟老百姓有关的新资料，这就是民间文献。第二次就是80年代以后的后现代思潮，对理解资料有很大影响。我们要去问资料到底有什么意思，而不是写了什么就是什么，认得字不一定懂得读资料、做研究。这就要回到资料形成的环境中去，向当地老百姓请教。这两个问题，即对民间文献的兴趣和对资料的重新理解，催生了历史人类学。所以我理解的历史人类学很简单，就是民间文献加田野调查。在这条路上我们是走了很长时间的。"②郑振满还谈到民间文献与民众日常生活的关系，他说："每一种民间文献可能都和特定的人群和特定的生活方式有关。如果不把民间文献放在具体的社会环境中，不了解各种民间文献的作者和使用范围，也不能真正理解民间文献的历史意义。要做到这一点，就必须做田野，就需要历史人类学了。"③就是说，历史人类学通过田野调查与解读民间文献理解"人群"和"生活方式"。

---

① 吴欣：《民间文献：妇女史研究资料的价值与利用》，《妇女研究论丛》2012年第4期；王蕾、申斌：《徽州民间历史文献整理方法研究——以中山大学图书馆馆藏为例》，《图书馆论坛》2014年第4期；杨培娜、申斌：《走向民间历史文献学——20世纪民间文献搜集整理方法的演进历程》，《中山大学学报》2014年第5期。

② 刘平、刘颖〔越〕张玄芝整理：《历史学与人类学的对话》，《文史哲》2007年第5期。

③ 刘平、刘颖〔越〕张玄芝整理：《区域研究·地方文献·学术路径——"地方文献与历史人类学研究论坛"纪要》，载《中国社会历史评论》第10卷，天津：天津古籍出版社，2010年版，第358页。

厦门大学设立民间历史文献研究中心，自2009年起，每年举办一届"民间历史文献论坛"，至今已经举办七届。①郑振满主编《民间历史文献论丛》由社会科学文献出版社出版，2013年推出第1辑饶伟新编《族谱研究》。在以往的研究中，族谱主要是作为史料使用，至于族谱文本本身的编纂、生产、使用和流传，以及与社会文化史之关系等重要问题，则甚少受到学界重视。该书围绕以上问题展开，尝试从"族谱的编修与生产""族谱与时代变迁""族谱与宗族建构""族谱与地方权力结构"四方面探讨族谱研究的新视野与新的解读方法，并在总体上展现出今后族谱研究一个值得关注的新动向。2014年推出第2辑郑振满编《碑铭研究》，集中展示了中外学界近年来碑铭研究的最新成果，全书分为碑铭的制作与流传、碑铭与地域社会、碑铭与社会经济、碑铭与社会文化、碑铭与宗族组织五部分。2016年又出版了第3辑刘永华编《仪式文献研究》，内容分为宋代法术与近代道教、道坛传承与系谱重构、仪式文本与道坛科仪、儒家的宗教性。

梁洪生等《地方历史文献与区域社会研究》（中国社会科学出版社2010年）所收论文多从微观入手，微观切入与宏观把握有机统一；注重实证研究与田野调查，偏好方志、文书、谱牒等地方史料，挚爱"小叙事"，以小见大，视角独特，资料翔实；写作态度端正，大多一丝不苟，丝丝入扣，条分缕析；更可贵的是，部分作者不乏清醒而冷峻地"鉴往事，知来者"的史家情怀。

社会史文献的研究，有诸多门类。契约文书是重头戏，②乜小红《中国中古契券关系研究》（中华书局2013年），充分利用敦

① 有关报道见郑莉、梁勇《第四届民间历史文献论坛简述》，《光明日报》2013年 2月 20日；汪润、郑莉《"第五届民间历史文献论坛"综述》，《中国史研究动态》2014年第 5期；第七届论坛报道见武勇《分疏用好民间历史文献》，《中国社会科学报》2015年 11月 25日。
②《安徽史学》2015年第 6期发表一组"民间文书的整理、研究与利用"笔谈，计有常建华《徽州文书的日常生活史价值》，周晓光《徽州文书的归户整理与宗族史研究》，徐国利《关于民间文书"归户性"整理的理论初探》，刘伯山《民间文书档案整理的"三尊重"原则》，张应强《民间文献与田野调查："清水江文书"整理研究的问题与方法论》。

煌、新疆及黑水城出土的大量各类契券（包括少数民族文字），结合传世文献及前人研究成果，对借贷、买卖、租佃、雇佣、收养、社邑、婚姻、奴婢等方面的契券关系，分门别类进行了全面系统的研究，注重揭示各种契券关系的历史演变，探讨其内在变化规律。陈敬涛《敦煌吐鲁番契约文书中的群体及其观念行为探微》（中国政法大学出版社2013年），内容是：契约中的当事人——以田宅契约为例，契约中的保人——以主、保关系为视角，契约中的思维和行为方式，契约中的习俗和观念之演变——以"沽各半"套语为研究对象，从古印度到中土：《百喻经》中的"债"字内涵。

20世纪90年代以来，随着《俄藏黑水城文献》《英藏黑水城文献》《中国藏西夏文献》《中国藏黑水城汉文文献》《斯坦因第三次中亚考古所获汉文文献》（非佛经部分）、《法藏敦煌西夏文文献》《俄藏敦煌文献》等大型文献的出版，为全面深入研究西夏与黑水城文献奠定了坚实的基础。为此，杜建录、史金波《西夏社会文书研究》（上海古籍出版社2010年）分为西夏社会文书研究、释文两个部分。

刘道胜《明清徽州宗族文书研究》（安徽人民出版社2008年）以明清徽州宗族文书为中心，采用文书档案与文献记载相结合、微观分析与宏观考察相结合的方法，解读文书的形式，阐释文书的内涵，对徽州宗教文书做出分类考察，进而揭示明清徽州宗族的各种社会关系。阿风《明清徽州诉讼文书研究》（上海世纪出版股份有限公司2016年）论述了徽州与徽州文书，徽州诉讼文书的分类（分别以存在形态、诉讼过程为中心），诉讼程序，徽州人的诉讼书证观念，徽州的诉讼费用研究——以讼费合同文约为中心，明代中期的山林诉讼——以成化年间《祁门县告争东山刷过文卷抄白》为中心，宗族墓地、祠庙诉讼，宗族争仆诉讼——以《不平鸣稿》为中心。值得提到的是域外文献，王振忠《袖中东海一编开：域外文献与清代社会史研究论稿》（复旦大学出版社2015年)重点发掘朝鲜燕行录、琉球官话课本、日本唐通事史料以及近代西方传教士书写的方言文献,以社会史研究的方法将各类史料熔于一炉,在全球史的视野下瞻嘱中外、盱衡古今,希望借此推动中外交流史由政治史、贸易史以及广义的文化史向社会史的拓展。

社会史史料的研究利用方面,有人对当代社会史资料建设问题提出看法,[①]还有人对当代中国民间文献史料的搜集、整理与利用状况做了回溯。[②]

社会史文献、史料的整理出版。契约文书的出版,张传玺主编《中国历代契约粹编》(3册,北京大学出版社2014年),收录了从原始无文字契约到中华人民共和国土地改革时期的民间契约2500余件,包括买卖、雇佣、典当、分家、继嗣、赠送等多种社会经济活动,此外还收录了历代民间模拟契约形式的"买地券"多件,从多方面反映了中国传统基层社会的经济形态、法律关系和文化面貌。陈支平主编《福建民间文书》(广西师范大学出版社2007年),辑录来自厦门、泉州、闽北地区、寿宁县及其他十县的各类民间文书近3000件,所属时间自明万历年间至20世纪50年代。所包含文书之品种除大量的买卖、租佃等契约外,更有数量较多、时间集中且归户性很强的警察捐收据及工业捐税收据等,是研究该地区捐税史及工商业发展史不可多得的珍贵史料。

除了上述通代或断代契约文书汇编之外,还有按照区域编辑的文献汇编,清水江文书是贵州清水江流域苗族侗族明末清初至20世纪50年代的一种民间文献,主要包括山林经营和木材贸易方面的民间契约和交易记录。张应强、王宗勋主编《清水江文书》由广西师范大学出版社分别于2007年、2009年、2011年出版

---

① 郑清坡:《中国当代社会史资料建设的现状与反思》,《历史教学》2014年第4期。
② 邓群刚:《当代中国民间文献史料的搜集、整理与利用现状综述》,《中共党史研究》2011年第9期。

了3辑。①曹树基、潘星辉、阙龙兴等编《石仓契约》(第一、二辑)，分别于2011年、2012年由浙江大学出版社出版。浙江省松阳县石仓村，因保留了完整的明清土地契约、民间文书，以及万历以来的大量明清古建筑，从而在学术界与建筑界产生了重大影响。石仓的土地契约可能是一个集中的村落群中保存契约文书最为齐备、数量最多、种类最多且记载最为清晰的村庄。张建民主编《湖北天门熊氏契约文书》(湖北人民出版社2014年)则属于家族性的。

徽州文书出版最多。刘伯山编著《徽州文书》自2005年由广西师范大学出版社推出第1辑，又分别于2006年、2009年、2011年、2015年出版了第2—5辑，每辑共10卷(册)，收录的民间私人所藏归户性文书，是这套文书的特色，并附有诸多针对归户文书所进行田野调查的实态照片。黄山学院编辑《中国徽州文书(民国编)》(清华大学出版社2010年)全10册，包括徽州人在徽州境内形成的文书、非徽州籍人在徽州境内形成的文书、徽州人在徽州境外形成的文书。李琳琦主编《安徽师范大学馆藏千年徽州契约文书集萃》(安徽师范大学出版2014年)是对安徽师范大学图书馆馆藏徽州契约文书进行整理、汇编而成，共分装成10册。本书主要包括元代至清代徽州民间的档案、契约、文书等数千余件。黄志繁、邵鸿、彭志军编《清至民国婺源县村落契约文书辑录》(商务印书馆2014年)18册，以保持历史文献的原始状态和更丰富的信息为原则处理清至民国婺源县村落文献资料，希望能为后来研究者提供一套具有较高史料价值的文书辑录。全书收集清至民国民间文书3600多份(套)9000余张，以契约为主；另外，纳税凭证、状词和账本也有一定数量，其余文献则五花八

---

① 关于"清水江文书"的史学意义，可参看赵世瑜：《清水江文书在重建中国历史叙述上的意义》，《原生态民族文化学刊》2015年第4期。利用"清水江文书"的社会史研究不断出现，如吴才茂：《从契约文书看清代以来清水江下游苗、侗族妇女的权利地位》，《西南大学学报》2013年第4期；《契约文书所见清代清水江下游苗侗民族的社会生活》，《安徽史学》2013年第6期。

门，充分体现了乡村社会生活的复杂性。文献种类有供词、招告、托书、合墨、包书、包封、戏文、托字、杂单、手绘地图、分单、证明、售货清单、保证书、符、当会契、修屋清单、聘礼、礼单、药引、婚约、婚前财产公证、拼批等。从这些不同类型的文书中，不难看出传统乡村社会生活的丰富性。吴秉坤《清至民国徽州民间借贷利率资料汇编及研究》（上海交通大学出版社2015年）从黄山学院所藏的徽州文书中，整理出记录有当时市场借贷利率数据的借贷文书，从时间、地点、抵押物、利率、借贷额、借贷方等字段，将基本数据汇总为徽州民间借贷利率数据表，并挑选一部分契约文书原件作为附录影印出版。

宗族文献的整理硕果累累。上海图书馆编纂《中国家谱资料选编》（上海古籍出版社2013年），分为家族源流卷（全2册）、家规族约卷（全2册）、礼仪风俗卷（全2册）、教育卷、经济卷、序跋卷（全2册）、凡例卷、诗文卷（全3册）、传记卷、图录卷、漳州移民卷（全2册），共计11卷18册1930万字。该书所辑资料以上海图书馆的2万余种藏谱为基础，再重点选辑国家图书馆等单位所藏之谱。凡辑入的资料都直接来自于原始家谱，保证了资料的原始性和独有性；选辑还兼顾家谱的地域性与姓氏差异，力求入选资料的多样性。冯尔康主编《清代宗族史料选辑》（3册，天津古籍出版社2014年）汇集了有清一代宗族史的基本史料，关照到不同地区的宗族活动情形，取材包括各种类型的图书文献，有清代的政书、史书、文集、方志、笔记、档案以及大量视觉史料，主要是民间的族谱（家谱、家乘、宗谱）。卞利主编《明清徽州族规家法选编》（黄山书社2014年）从现存公私藏2500多种徽州族谱中收集并分类整理辑录，以明清时期（1368—1911）有关徽州族规家法为主，酌情收录了民国元年至十年（1912—1921）部分徽州族谱中的族规家法。

碑刻集不断出现。许檀编《清代河南山东等省商人会馆碑刻资料选辑》（天津古籍出版社2013年），收录了清代河南、山东、直隶、山西等省商人会馆的碑刻资料，抄录整理了近一百六十通碑的碑文，内容涉及会馆创建的背景及创建会馆时买卖地契的过程、捐款的明细、开支的明细等，是研究中国近代城镇结构和市场发展的第一手资料。萧用桁编著《石上春秋：泰和古碑存》（江西人民出版社2013年），对江西泰和县境所存的从宋到清、民国的碑刻进行征集、整理、拓印成图，并对碑文进行识读、录排，收录碑刻215块、拓片239张。冼剑民、陈鸿钧编《广州碑刻集》（广东高等教育出版社2006年），内容分类如下：一、府署学宫类，二、寺观庙宇类，三、墓志铭类，四、宗祠社学类，五、书院、会馆类，六、楼台园林类，七、公共工程类，八、禁示规约类，九、摩崖石刻类，十、其他类碑刻，十一、中山大学碑刻。

档案。杜家骥主编《清嘉庆朝刑科题本社会史料辑刊》（天津古籍出版社2008年）共3册，300万字，属于大型资料集。本书对内容进行分类，如家族家庭关系类、良贱关系类、流民类、民族类等等。每类之下编入该类内容档案，每件档案作案情摘要及所包含重要价值内容的总结词，如地保报案、工价、地价、作物种植、合伙贸易、典当、银钱比价、增租夺佃、找价、寡妇再嫁、过继、家产分析、服属等级、寓居、习俗等等，以此作为出版物的目录，以便利各专题研究者查找利用。

南开大学中国社会史研究中心与北京采薇阁书店合作，出版"南开大学中国社会史研究中心资料丛刊"，由凤凰出版社出版，已有多种问世。2013年计有《中国珍稀家谱丛刊·明代家谱》分32册影印出版，《稀见姓氏家谱》第1辑46册、第2辑50册影印出版，《民国旅游指南汇刊》56册，《近代同学录汇编》35册。2014年推出民国时期山东福顺兴木头铺账册《产业史资料·富顺兴账册》17册。2015年推出大型资料汇编《中国近代铁路史资料选辑》（104册），该大型资料汇编为教育部人文社科重点研究基地重大项目"现代交通体系与近代华北区域社会变动研究：1881—1937"的阶段性成果，主编是项目主持人江沛。

四、社会史学科建设

学科建设有益于开展教学科研。改革开放以来的新时期，中国社会史研究是最有学术活力的领域之一，在学术界产生了广泛而深刻的影响。为了进一步开展研究，清理以往的研究成果是十分必要的。冯尔康主持的《中国社会史研究概述》（天津教育出版社1988年）一书，清理了1911年—1986年6月的研究成果。常建华、郭玉峰、孙立群、闵杰编著的《新时期中国社会史研究概述》（天津古籍出版社2009年）为其续作，反映了1986年7月至2000年12月中国社会史的研究成果，全书分综述、索引两编，上编综述，首先综述社会史理论讨论，然后依照不同时代分四部分概述了自先秦至近代社会史的研究状况；下编索引，分书目索引和论文索引，论文索引既有通论性论文索引，又有断代性论文索引。该书是研究中国社会史基本的工具书与教学参考书。常建华主编《中国社会史经典精读》（高等教育出版社2014年）选出24篇论著，基本上依照不同的历史时段分组，各段大致依据论著发表先后排列，并为所选24篇论文配有"导读"以及延伸阅读目录，是一部适合研究生与青年教师阅读的教研参考书。该书注意从几个重要的社会史方面照顾到历史的连续性，如宏观社会结构、宗族家庭亲属、社区与城乡问题、宗教与民间信仰、礼俗习尚、绅士以及女性研究、人口研究。

池子华、吴建华主编《中国社会史教程》（安徽人民出版社2009年），上编"社会史理论"系统阐述了社会史的理论知识，包括社会史的学科体系，社会史的"邻里"关系，社会史的资料及研究意义、方法，社会史理论研究现状及其未来走向；下编"社会史专题"包括：中国早期社会组织与婚姻家庭，秦汉基层社会控制，科举制下进士的社会结构和社会功能，明清社会转型概论，明清士绅的文化权力，庙会与社会生活，铁路与近代社会生活，流民问题与社会控制，慈善事业：社会稳定机制的一个侧面。①
姜明、吴才茂、杨春君编著《区域社会史概论》（西南交通大学
出版社2015年）力图展现学术界区域社会史研究的新成果和理
论框架，并着重以贵州清水江地区为例，通过对该地区现有的历
史契约、碑刻、族谱的研究，展示了区域社会史研究的思路与方
法。该书分为上编 "理论与方法"，中编"民间历史文献"，下编
"作为区域的清水江地区"。

　　长期从事社会史研究的学者，将有关学科建设的论文结集出
版。冯尔康《中国社会史研究》（天津人民出版社2010年）记录了
作者新时期探索中国社会史研究的足迹，该书选辑明代以前的
社会史文论，成为作者已有清代社会史、中国宗族史之外的中国
古代社会史论文集。该论文集的编排，按文章内容性质区分为五
类，依次为社会史理论、社会结构与农民、文化心态史、社会史史
料学、社会史与历史研究法，最后缀以附录3篇。常建华《观念、
史料与视野：中国社会史研究再探》（北京大学出版社2013年），
是作者继《社会生活的历史学：中国社会史研究初探》之后又一
本探讨中国社会史的文集。该书序言之外，收录文章26篇，分为
七组：回顾与前瞻，岁时、禳除与心态变迁，风俗与社会，社会史
资料价值，碑刻与乡约，族谱学研究综述，宗族研究综述。王先
明《走向社会的历史学》（河南大学出版社2010年），针对长期以
来学术界有关社会史研究的基本理论、学科意义、研究对象和范
畴、争论热点等进行了辨析与深入讨论。全书共分11章，分别为：
史学危机与社会史的兴起、复兴的社会史：历史承继与时代创
新、马克思主义与社会史研究、唯物史观与社会史研究、社会史
的研究对象与范围、社会史体系构建问题、社会史学：学科的历
史定位、社会史的理论范畴、社会历史动力问题再思考、关于区
域社会史、跨学科走向与社会史的新拓展，另附有《当代国际史

---

① 代华：《系统的学科建构　浓郁的江南特色——〈中国社会史教程〉述评》，载《中国社会历史
评论》第11卷，天津：天津古籍出版社，2010年。

学的新朝向：20世纪下半叶的西方社会史概述》。

行龙《从社会史到区域社会史》（人民出版社2008年）收入有关社会史理论与方法问题的文章，分人口问题、学科构建、视角转换、山西社会四组文章，反映了作者从人口问题切入中国社会史研究，再从社会史到区域社会史研究的学术历程。此外，李世瑜《社会历史学文集》（天津古籍出版社2007年）收集了作者百余篇论文，主要介绍了作者的治学道路，社会历史学之理论与实践讲稿，1947年、1948年万全、宣化庙宇普查之方法论等，内容包括论文、为他人著述所撰序跋、天津方言岛的研究、民俗学研究、民间秘密宗教研究等。

一些社会史的研究机构，也推出了集体成果。《新世纪南开社会史文集》（天津人民出版社2010年）为南开大学中国社会史研究中心成立后专职研究人员的论文集，该书首选在海外发表的论文，共收录17篇，附录中国社会史研究中心大事记（1999—2009）。张国刚、余新忠主编《新近海外中国社会史论文选译》（天津古籍出版社2010年），反映了海外的相关成果。李治安主编"基层社会与国家权力研究丛书"，由天津古籍出版社2009年起推出，计有9种：张玉兴《唐代县官与地方社会研究》（2009年）、夏炎《唐代州级官府与地域社会》（2010年）、周鑫《乡国之士与天下之士：宋末元初江西抚州儒士研究》（2014年）、苏力《元代地方精英与基层社会：以江南地区为中心》（2009年）、张沛之《元代色目人家族及其文化倾向研究》（2009年）、杨印民《帝国尚饮：元代酒业与社会》（2009年）、张国旺《元代榷盐与社会》（2009年）、肖立军《明代省镇营兵制与地方秩序》（2010年）、张思《侯家营：一个华北村庄的现代历程》（2010年）。定宜庄、汪润主编《口述史读本》（北京大学出版社2011年）精选国内外有关文章近20篇，旨在尽可能系统和全面地向读者展现口述历史这一学科的发展过程、基本理论和学术规范。有鉴于口述史学实践性强的特点，本书特别注意收集国内外题材与风格各异的口述史经典研究范例，以及研究者的经验体会，展现口述史实践中诸多关键环节的操作过程、注意事项，以期为初涉口述历史的读者了解口述史学科和从事口述史实践，提供某些有意义的借鉴。

常建华主编"中国社会文化史丛书"遴选台湾学者的部分论著，以明清时期为主，反映了目前社会史的研究现状。明清时期的资料远较前代丰富，对其开展社会史研究较早，成果丰富，更能展示出社会史研究的不同侧面。该套丛书由北京大学出版社2010年7月起出版，已出版于志嘉《卫所、军户与军役——以明清江西地区为中心的研究》、赖惠敏《清代的皇权与世家》、陈玉女《明代的佛教与社会》、巫仁恕《激变良民：传统中国城市群众集体行动之分析》等。

近10年，中国社会史学会举行了5届年会，这些研讨会的主题，也反映了学会与主办单位的学术关注点。2008年第12届年会由中山大学举办，主题为"政治变动与日常生活"。2010年第13届年会由聊城大学主办，以"区域、跨区域与文化整合"为主题。2012年第14届由山西大学主办，主题是 "改革开放以来的中国社会史研究"。2014年第15届年会由江西师范大学主办，将"生命、生计与生态"作为主题。2016年第16届由武汉大学、三峡大学举办，主题是"中国历史上的国计民生"。[1]其中第13届年会的论文集《"区域、跨区域与文化整合"——社会史国际学术研讨会论文集》（天津人民出版社2012年）由王云、马亮宽主编出版。此前举行的第11届年会的论文集，即卞利、胡中生主编《民间文献与地域中国研究》（黄山书社2010年）也已出版。

此外，利用社会史年会的间歇期单数年，自2005 年以来，中国社科院近代史所社会史研究中心牵头其他单位举办"中国近代社会史国际学术研讨会"，已经成功举办6 届。2005 年在青岛举

---

① 第12—14届年会已发表的综述如下：第12届罗艳春综述载《中国社会历史评论》第 11 卷（2010 年），第13届王云、李德楠综述载《中国史研究动态》2011 年第2期，第14届张喻、郭宇综述载《历史教学》2012 年第11期。

办的"首届中国近代社会史国际学术研讨会",以"近代中国的城市·乡村·民间文化"为主题;2007年在乌鲁木齐举行的第2届讨论"晚清以降的经济与社会";2009年在贵阳举行的第3届以"近代中国的社会流动、社会控制与文化传播"为主题;2011年在苏州举办的第4届讨论"近代中国的社会保障与区域社会";2013年在襄阳举办的第5届讨论"社会文化与近代中国社会转型";2015年在保定举办的第6届讨论"华北城乡与近代区域社会"。[①]还连续编辑出版了7辑"中国近代社会史研究集刊"。[②]

第二节　新世纪的中国社会史研究

社会史研究在诸多领域取得研究进展,[③]我们将分断代性研究,婚姻家庭、家族宗族,社会分类与结构三大方面予以介绍,侧重于社会结构的视野。

一、断代性研究

先秦时期。朱彦民的《商族的起源、迁徙与发展》(商务印书馆2007年)从起源、迁徙、发展三个方面对商民族早期历史作

① 历届讨论会报道及综述如下:孙欣:《近代中国的城市·乡村·民间文化——首届中国近代社会史国际学术研讨会综述》,《东方论坛》2005年第4期;朱浒:《晚清以降的经济与社会——第二届中国近代社会史国际学术研讨会综述》,《近代史研究》2008年第1期;毕苑:《第三届中国近代社会史国际学术研讨会综述》,《近代史研究》2012年第2期;黄鸿山、朱从兵:《"近代中国的社会保障与区域社会"——第四届中国近代社会史国际学术研讨会综述》,《近代史研究》2012年第2期;本刊记者:《第五届中国近代社会史国际学术研讨会在湖北襄阳举行》,《理论月刊》2013年第10期;肖红松、杨豪:《"华北城乡与近代区域社会"暨第六届中国近代社会史国际学术研讨会综述》,《历史教学》2016年第5期。
② 《中国近代社会史研究集刊》,社会科学文献出版社出版,李长莉、左玉河编第一辑《近代中国的城市与乡村》2006年,李长莉、左玉河编第二辑《近代中国社会与民间文化》2007年,郑启东、史建云编第三辑《晚清以降的经济与社会》2008年,欧阳恩良编第四辑《近代中国社会流动与社会控制》2010年,唐仕春编第五辑《近代中国社会与文化流变》2010年,王卫平、赵晓阳编第六辑《近代中国的社会保障与区域社会》2013年,郭莹、唐仕春编第七辑《社会文化与近代中国社会转型》改由中国社会科学出版社2016年出版。
③ 如贺晓燕:《2015年中国古代社会史研究综述》,《唐山学院学报》2016年第4期;常建华:《史料与视角:2015年中国古代社会史研究扫描》,《河北学刊》2016年第5期。

了系统而细致的研究，论证了商人起源于今京津唐沿渤海湾三角地带的观点，勾画出商族迁徙路线，阐述了商族社会形态的演变。王震中《商族起源与先商社会变迁》（《商代史》卷3）（中国社会科学出版社2010年）考订商族的发祥、起源和先商时期的迁徙问题，探析先商文化以及灭夏之前商族社会形态的演变。王宇信、徐义华《商代国家与社会》（《商代史》卷4）（中国社会科学出版社2011年）阐述商代社会性质、商王朝国体与政权结构形式、分封制与内外服制相兼的国家政治体制、社会等级分层、族氏家族组织机制，详细考察商代社会不同身份者的阶级属性和阶级矛盾，论述商王朝公共事务管理的具体运作、职官体系、刑狱法律等。晁福林《夏商西周社会史》（北京师范大学出版社2010年），试图以新的角度来研究和探讨夏商西周时期舒缓的历史变迁和社会的巨大运转，认为夏商两代的社会性质应当是氏族封建制的社会，而西周则是宗法封建制社会，到了东周时期，宗法封建制逐渐解体。晁福林《春秋战国的社会变迁》（商务印书馆2011年），讨论了春秋战国时期社会政治历史的演变、社会经济的发展、社会生活的进步、社会性质的演变、社会结构与社会制度的变动、社会文化的发展等内容。黄现璠《中国历史没有奴隶社会——兼论世界古代奴及其社会形态》（广西师范大学出版社2015年）构思于20世纪50年代，完成于1981年12月。全书共分四编16章，从考究中外"奴"词及其相关文字入手，辨析这些古文字的词义和文化内涵，为探讨奴隶社会存在与否的问题铺陈详实有力的历史依据。继而针对史学界普遍坚持的"中国存在奴隶社会"一说，探究"奴婢制""奴隶制""农奴制"的具体涵义，进而展开对古代社会形态的讨论，分析先秦古代社会以及部分世界古代社会的社会性质，最终证实自己的两点结论：一是中国历史没有奴隶社会；二是世界各国古代历史绝大多数都没有经过奴隶社会，而是从原始社会直接进入封建社会。

秦汉时期。王子今《秦汉社会史论考》（商务印书馆2006

年）收录23篇论文，涉及秦汉时期的儿童少年、人口问题、社会福利、风尚礼俗、墓葬问题、饮食生活等等，记录作者1982年来研究社会史的足迹。这本文集中相当一部分是利用出土文物资料，特别是利用简牍资料与传世文献相结合的研究收获。杨振红《出土简牍与秦汉社会》（广西师范大学出版社2009年）利用新出简牍资料，与传世文献相结合，对秦汉史研究中长期争论不决、关系秦汉社会结构与性质的三个重大问题——秦汉法律体系、战国秦汉土地制度、月令与秦汉政治关系进行了深入探讨。该书"续编"（广西师范大学出版社2015年），探讨了战国至魏晋时期官僚政治社会构造和赋役制度、货币经济等问题。刘尊志《徐州汉墓与汉代社会研究》（科学出版社2011年）对徐州汉墓进行了考古学的基础研究，建立了年代序列；对徐州汉墓所反映的政治、经济、思想、物质生活面貌等社会内容及徐州汉墓的修建、汉画像石墓的发展过程，夫妻合葬墓、陪葬墓与陪葬坑及车马陪葬等相关问题进行了探讨；对汉代徐州地域文化的内容和特点进行归纳总结，阐述了其在汉文化形成、发展过程中的作用。

中古时期。有多种论文集问世，有的侧重于地域社会，如侯旭东《近观中古史——侯旭东自选集》（中西书局2015年）是关于秦汉至魏晋南北朝时期地域社会研究的论文合集，共收十余篇有关论文，既有对传世史料的重新解读，也有大量利用新出土文献者。王凤翔《中古变革与地域社会论稿》（中国社会科学出版社2015年），审视了中古变革期的政治、经济、社会、军事诸领域，主要探讨了制度、机构、职官、人物、思想及士人、伶人、养子等群体的演变。对中古变革引发的地域社会的变动也有关注，对政区、文化、群体、经济诸地理问题也进行了探究。

有的偏重生活与秩序关系，如孟宪实、荣新江、李肖主编《秩序与生活：中古时期的吐鲁番社会》（中国人民大学出版社2011年）利用新出土的吐鲁番文献，研究中世纪的吐鲁番社会——社会秩序与社会生活，关涉到国家制度、宗教与管理、户籍、婚姻和民众生活等社会面貌与历史变迁。刘后滨主编《日常秩序中的汉唐政治与社会》（社会科学文献出版社2012年）共收文章17篇，反映了编者从日常秩序中探寻中国古代政治与社会的变迁轨迹，体现了政治史与社会史的结合与接近的追求，全书分为五部分：空间与地域、文书与政务、礼仪与风俗、宗教与信仰、经济与生活。此外，李鸿宾主编《中古墓志胡汉问题研究》（宁夏人民出版社2013年）界定了"胡人""汉人"，界定的依托就是中原农耕地区和北方草原地区的经济和生态等自然条件制约下人类群体生活习俗形成的差别，以及据此而确立的思想和意识的特殊定型化的状态。全书分为魏晋南北朝、隋唐、唐以后三篇。林文勋《唐宋社会变革论纲》（人民出版社 2011年）试图以中国古代"富民社会"体系为理论基石，对唐宋社会变革问题作一个宏观层面的探讨。全书的理论核心是中国古代"富民社会"体系，中心内容则是分析和揭示商品经济与唐宋社会变革间的内在联系。

辽宋西夏时期。[①]王善军《阳都集》（中国社会科学出版社2012年）为多年来有关辽宋史及中国社会史研究的一部文集，所收录的文章，按内容划分为辽史研究、宋史研究及相关问题、综述及书评，以及对业师漆侠先生的史学理论和史学成就的介绍及纪念。他还编有《宋代社会史论集》（吉林大学出版社2014年），编选了若干代表性论文。史金波《西夏社会》（上、下册，上海人民出版社2007年）是我国第一部全面研究西夏社会的大型专著，全面阐述西夏的自然环境和历史发展，探讨西夏的民族构成，着重研究西夏经济生活中的农业、畜牧业、狩猎业、手工业、商业；上层建筑中的职官、法律、军队；社会文化中的语言文字、教育科技、文学艺术；社会风俗中的衣、食、住、行、丧、嫁娶等，最后总结了西夏社会性质和特点。该书多方面、多层次地展现出鲜为人知的西夏复合多元社会文化的整体面貌，是我国西夏学研

---

① 参见王善军：《宋代社会史研究的历程》，《深圳大学学报》2014年第5期。

究的总结性成果。

明代中后期社会变化显著，研究者多从社会转型的视角予以探讨。张显清《明代后期社会转型研究》（中国社会科学出版社2008年）对明代后期社会转型作了全面系统深入的探讨，主要包括：农业、手工业、商业、金融、城镇等社会经济关系的新变化，城乡社会阶级关系的演变，社会风俗的变化，政治斗争的新形态与统治阶级危机的加深，早期启蒙思潮的涌现，文学艺术的革新与市民文学的兴盛，传统科技的总结创新与西方科技文化的传入，以及社会转型遇到的阻力和挫折等。张显清《明代社会研究》（中国社会科学出版社2015年）收录文章20篇，涉及明代社会的经济、政治、思想文化以及晚期社会转型等领域，从诸多侧面展示了明代社会的发展状况及其历史特征。赵轶峰《明代的变迁》（上海三联书店2008年）收录了作者自20世纪80年代中期以来有关明史的研究性论文19篇，探讨了国家制度、晚明知识分子与社会结构、下层社会生活、货币制度与国家财政、明清之际的历史趋势诸问题。陈宝良《明代社会转型与文化变迁》（重庆大学出版社2014年）主要探讨的问题：一是纵观明代社会与文化的整体，其本身存在着一个官方控制从严密到松懈的动态变迁过程；二是考察明代社会史的重大转向，主要是社会流动的加速以及朝政的宽大与舆论空间的扩大；三是考察明代文化的活力与多样性；四是综合阐述明代社会与文化史变迁的时代特征，变迁所反映出来的新动向，以及变迁和中国社会与文化的现代化之间的内在联系。

清代社会的讨论。为祝贺著名社会史学家冯尔康教授八秩寿庆，由门下学生编辑而成《传统中国社会与明清时代》（天津人民出版社2013年）收录明清特别是清代法治与社会、宗族家庭等方面的论文。郭松义先生所著文集《清代政治与社会》（中国社会科学出版社2015年）讨论的等级结构、道德文化、思想信仰，都与社会总体环境有关。张研《清代社会经济史研究》（北京师范大学出版社2010年）选编了作者自2001年至2009年间撰写的主要学术论文。第一部分经济史6篇论文，其中4篇是关于经济发展三要素——人口、土地、财经的研究和思考；1篇是对于在对立统一、共生互补的中国式"二元经济"格局中，沟通"二元"、连接"传统""近代"的商人——商帮的考察；最后1篇就学术界对中国式"二元经济"的理论探讨进行了梳理。第二部分社会史10篇论文，前4篇是对国家政权县、知县的考察和研究；后4篇从家庭、宗族、乡族考察了中国特色的基层社会结构；最后2篇，1篇论述了双重统治格局及其演变，1篇考察了进入上层政权的基层社会精英。第三部分只有2篇文章，主要表明作者对中国史研究的看法。作者在清代社会经济史领域，最终构筑了自己的诠释体系，即"双重统治"与"二元经济"。

近代社会的探讨。有学者总结了近年来中国近代史的学术研究概况，[1]关于拓展中国近代社会史的研究，学者认为需要从内涵提升与外缘扩展双向互动入手。[2]蔡少卿《中国近代社会史研究》（三联书店2014年）收录了作者数十年来关于秘密结社和中国近代社会史的研究成果，对天地会、哥老会、青红帮等组织进行了考察和梳理，揭示了近代秘密会党的社会根源、结构功能和历史演变脉络。邵雍《中国近代社会史》（合肥工业大学出版社2008年）对1840至1949年中国社会的情况作全面的介绍，包括社会结构、社会组织、社会生活（衣食住行、婚丧之事）、人生历程（出生、婚嫁、求学、就业）、社会问题等，重点阐释了近代以来外敌入侵、战争频繁、军阀割据和外国租界的存在对社会的巨大影响。讨论了各社会阶级、阶层、组织生存的历史条件、成员构成以及各自分布的地域，并从社会结构运行的整体性来考察各社

---

[1] 李长莉、唐仕春、李俊领：《中国近代社会史研究扫描：2013》，《河北学刊》2014年3期；唐仕春：《中国近代社会史研究扫描：2014》，《河北学刊》2015年第5期；李俊领：《热点与走向：2015年中国近代社会史研究扫描》，《河北学刊》2016年第5期。
[2] 王先明：《内涵提升与外缘扩展双向互动：拓展中国近代社会史研究再思考》，《河北学刊》2015年第1期。

会组织之间的关系。

湖北人民出版社2008年推出2部论文集讨论近现代社会变迁。朱英《近代中国经济发展与社会变迁》主要收录了《近代中国商业发展与消费习俗变迁》《期待中国近代乡村经济史研究向纵深拓展》《乡村视野下的近代中国社会变迁》等30余篇文章。严昌洪《辛亥革命与20世纪中国社会》主要收录了《20世纪辛亥革命研究鸟瞰》《世纪的觉醒——上世纪之交中国人对20世纪的认知》《"国民"之发现——1903年上海国民公会再认识》《1903年"沈荩案"及其影响》《1905年的五大臣出洋》等20余篇论文。朱汉国等《20世纪的中国:走向现代化的历程·社会生活卷(1900—1949)》(人民出版社2010年)论述了民国时期的社会生活。何友良《苏区制度、社会和民众研究》(社会科学文献出版社2012年)全面考察中国的苏维埃制度及其规制下苏区社会的来龙去脉,重点研究苏维埃制度、苏区社会、革命与社会中的民众三个基本问题及其相互关系,从更为具体直观的基层社会和民众状态诠释苏维埃革命的历史,解读苏区基层政权、社会组织、各阶级阶层民众、制度与政策绩效等问题,从苏维埃制度的兴替得失、价值影响上探究中国革命这一阶段的主体实践、实际内容和历史定位。

中华人民共和国社会史近年来得到重视。[1]有学者对其学术视野、问题意识、框架结构加以讨论。[2]《社会科学》2013年第6期刊出一组关于开展当代中国社会史研究的文章。[3]张静如主编《中国当代社会史》(5卷本,湖南人民出版社2015年)分别从

---

[1] 朱佳木:《努力构建中国当代社会史学科》,《当代中国史研究》2011年第6期;李文、徐轶杰、姚力:《2010—2012年中华人民共和国社会史研究述评》,《教学与研究》2013年第12期。
[2] 李文:《国史中的社会史:内容和框架结构》,《中国地方志》2011年第1期;姚力:《中国当代社会史研究的学术视野与问题意识》,《中共党史研究》2011年第1期;丁芮、李文:《学科建设与专题研究互推共进:2015年中国当代社会史研究扫描》,《河北学刊》2016年第5期。
[3] 计有行龙:《从社会史角度研究中国当代史》,张济顺:《当代中国社会史研究如何进行?》,江沛:《以社会史的视野推动中国当代史研究》,吴重庆:《中国当代史与底层社会研究》。

经济、政治、教育科技文化、外交、人口婚姻家庭、阶级阶层、物质生活方式、社会意识等方面描述了1949年至2008年中国社会的基本情况。朱汉国等《20世纪的中国：走向现代化的历程·社会生活卷（1949—2000）》（人民出版社2010年）论述了20世纪下半叶的社会生活。李文主编《中华人民共和国社会史（1949—2012）》（当代中国出版社2016年）以民生为主线，探讨了社会结构、社会管理、民生保障、社会事业、社会生活、社会心态等。

还有学者专门研究改革开放以来的社会变化。李强主编《中国社会变迁30年（1978—2008）》（社会科学文献出版社2008年）从人群、整体社会的原则，探讨了社会结构变化，农村社会，城市社会，单位体制，技术与社会，社会政策。李友梅等《中国社会生活的变迁》（中国大百科全书出版社2008年）则突出历史进程的理性回顾，改革实践的原理分析，重大政策的梳理归纳，经验模式的特征评析，理论创新的学科总结。此外，陆学艺主编《当代中国社会结构》《当代中国社会建设》（社会科学文献出版社2010年、2013年），重点调查研究当代中国社会结构变动，分析构成社会建设的民生事业、社会事业、收入分配、城乡社区、社会组织、社会管理、社会规范、社会体制、社会结构、社会建设的历程等十个方面问题。李文《当代中国社会》（五洲传播出版社2014年），从"小社会"的角度来介绍中国的社会结构、社会建设和社会治理、社会生活和社会思潮等。

在当代乡村史研究的过程中，学界不断探索解读中国乡村社会发展的科学理论，并逐渐形成了多种乡村史研究的理论视角，主要有传统和现代理论框架、国家与社会理论框架、日常生活史视角、基层社会研究视角、社会延续和历史长时段的视角、整体史观视角等。[1]在"集体化"研究方面，行龙、马维强、常利兵《阅档读史——北方农村的集体化时代》（北京大学出版社2011

---

① 李飞龙：《当代中国乡村社会史研究理论述评》，《山西师大学报》2012年第1期。

年)以时间为序,事件为类,以基层农村的档案史料为主干,档案不足而需贯通者,补充以当时报载新闻或文件,并配以少量说明性文字。全书分为五章:互助组、初级社、高级社、人民公社(上、下),并附录《山西大学中国社会史研究中心"集体化时代农村基层档案"述略》一文。行龙还出版了《回望集体化:山西农村社会研究》(商务印书馆2014年),以典型材料反映山西农村在集体化时代基层社会变迁的历史。

二、婚姻家庭、家族宗族

中国家庭史研究取得重要进展。通史有张国刚主编5卷本《中国家庭史》(广东人民出版社2007年),约200万字,是南开大学中国社会史研究中心首批重大项目之一,上起原始社会,下迄民国时期,对中国家庭起源、发展和演变的历程进行了全面系统的考察,涉及不同时期的家庭制度、形态、结构、婚姻、生育、丧葬、生计安排等多方面的内容。

张国刚主编《中国家庭史》

断代家庭研究。陈爽《出土墓志所见中古谱牒研究》(学林出版社2015年)从六朝墓志中辑录到二百余件原始谱牒,每件少则数十字,多则数百字,世系记录完整,婚姻、历官部分总字数多达数万字,内容涉及魏晋南北朝家庭结构、性别比例、婚姻状况、嫡庶之别等中古社会史的重要内容,从而拓展了中古社会史研究的学术视野。张国刚《唐代家庭与社会》(中华书局2014年)探讨了唐代家庭形态的复合型特征,分家析产,家庭与家族关系,农村家庭生计,夫妻关系,妇女生活,男女婚嫁年龄,佛教戒律与家庭伦理，宗教生活，佛教信仰，婚姻礼俗与礼法文化等问题。邢铁《唐宋分家制度》（商务印书馆2010年）所说的各种不同状况的家庭，是按照用什么人来传继家庭门户划分的，因为传继家庭门户首先需要有人作"后代"；作为传继家庭门户的"后代"有三种人，家庭也可以相应地归纳为三类：有亲生儿子继产承户的家庭、需要女儿继产承户的家庭和需要立嗣养子继产承户的家庭。该书就按这三类家庭依次分为上中下三篇，具体考察了各类家庭的分家过程和相关家庭之间的关系。明代家庭史研究也颇有进展。①吕宽庆《清代立嗣继承制度研究》（河南人民出版社2008年）通过对立嗣继承宗祧现象的描述和分析，希图揭示清代人们理念层面的信仰及其变化路径。赵园《家人父子：由人伦探访明清之际士大夫的生活世界》（北京大学出版社2015年）从人伦和家庭关系入手，解剖士大夫们的日常生活。王跃生《中国当代家庭结构变动分析：立足于社会变革时代的农村》（中国社会科学出版社2009年），分析中国当代农村家庭在社会变革和转型过程中所发生的变动，通过剖析有代表性的家庭类型揭示家庭结构与家庭功能的关系，从人口迁移流动行为增多、出生人口大幅下降、人口老龄化程度逐渐提高等视角探讨家庭变动的原因和未来趋向。

婚姻方面。先秦婚姻研究有专门综述。②孙玉荣《唐代社会变革时期的婚姻》（浙江大学出版社2016年）从婚姻原则、礼仪与习俗、女性婚姻地位、婚姻家庭关系、婚姻观念等方面揭示唐代婚姻的特点，探讨唐代婚姻变化与唐代社会变革的关系。徐雁平编著《清代文学世家姻亲谱系》（凤凰出版社2010年）主要以清人传记资料为基础，揭示有清一代知名人士的嫁娶关系，对姻亲关系的选录。全书留意显现家族在文学领域共时性的交流和历时性的传承，上编"家族部分"汇合了一家族内多重姻亲关系，

---

① 范喜茹：《近三十年明代家庭史研究述评》，《青海民族研究》2013年第2期。
② 张淑一：《近二十年的先秦婚姻史研究》，《华南师范大学学报》2009年第3期。

下编"单线部分"收录未能以家族含义汇合的姻亲关系,每条姻亲关系皆注明文献出处,便于学者核查并进一步研究。李慧波主编《北京市婚姻文化嬗变研究(1949—1966)》(社会科学文献出版社2014年),内容包括晚清、民国时期北京的婚姻状况,新式婚姻制度的建立,择偶的社会模式,婚姻的确立方式,个人、家庭和国家利益冲突下的婚礼仪式,婚姻的变异,评价及启示。

宗族史成果丰硕。通论性著作方面,冯尔康《中国宗族制度与谱牒编纂》(天津古籍出版社 2011年)是他长期研究中国宗族制度与谱牒学的论文集。全书内容为:自序,绪论,宗族形态与社会,族谱及其学术价值,宗族文化观念,宗族史与家庭史、姓氏文化,附录,收录的论文中有4篇发表在中国台湾与香港以及日本的刊物上。冯尔康等《中国宗族史》(上海人民出版社2009年)为《中国宗族社会》(浙江人民出版社1994年)增订本,较旧书进一步完善。阎爱民《凑聚之道:古代的家族与社会群体》(天津古籍出版社2012年)收录论文15篇。

钱杭推出宗族史系列著作。《中国宗族史研究入门》(复旦大学出版社2009年)是国内第一本专门针对硕士研究生编写的学术入门指导书,主要介绍了宗族的结构、宗族的规模、宗族的谱牒、宗族的祠堂、丧服制度、宗族史研究参考书目等内容。《宗族的世系学研究》(复旦大学出版社2011年)旨在对中国宗族史的发展流变给出世系学诠释,并初步构建一个具有操作意义的结构框架。全书共八章,系统展现了世系学视野下"族"类集聚的宗族组织化过程和"宗"系确认的宗族体系化过程,并赋予宗族史研究以新的变量和面貌。《宗族的传统建构与现代转型》(上海人民出版社2011年)以多学科、全方位、动态与静态结合的方式研究和认识宗族,认为中国宗族研究应该具有"典型学"的意识,即集中研究不同时代、不同地区、不同文化背景中的各类宗族的结构和功能特征,应该从探讨宗族的功能特征转向分析宗族的系谱性结构特质,强调采取文化人类学的"主位方式"，即把被研究者移到主位，把当事人的描述和分析的恰当性作为判断的标准，用主位方式进行研究，研究者用人们必须懂得的范畴和规则知识，能像当事人那样思考和行动。

中古士族历来是受关注的群体。①唐燮军《六朝吴兴沈氏及其宗族文化探究》（中国社会科学出版社2008年），内容包括：吴兴沈氏的族源歧异与谱系考释，宗人行迹考，汉晋之际的沉浮，士族化及其相关问题，萧沈对抗与刘宋后期政治，南朝士族吴兴沈氏的没落及其后续动向，论沈约治学重点的转移及其原因和文化意义，沈约《宋书》平议，沈炯生平及其诗文三题，沈炯事迹诗文系年，六朝吴兴沈氏宗人著述考释，吴兴沈氏宗族文化的传承与变易。范兆飞《中古太原士族群体研究》（中华书局2014年）选取"士族群体"为考察对象，探讨公元3至9世纪太原士族群体作为有机社会阶层的形成、发展、壮大、崩溃、复兴直至彻底消亡的历史过程。该书充分利用传世文献和出土石刻，以太原士族群体升降沉浮的历时性特征为切入点，在家族史、地域史和政治史三个维度内拓展深化，揭示了中国中古时期太原士族群体的变迁过程和单体家族的兴衰及其影响因素，有别于学界通行的士族个案研究和宏观的士族阶层研究。

常建华以两本书作为承担教育部人文社会科学重点研究基地项目"宋以后宗族形态的演进与社会变迁"的结项成果。《宋以后宗族形态的形成及地域比较》（人民出版社2013年）探讨了明清时期的华北宗族，选择山西省洪洞县为个案，加以探讨，并对安徽徽州宗族进一步研究，以便同洪洞宗族比较，增加对于南北方宗族异同的理解。清代宗族延续了明代中后期迅速发展的态势，普及于社会，国家同时加强了对于宗族的控制。作者重点研究了闽台族正制度，提出了清代宗族保甲乡约化的看法。此外，对宋元时代的祭祖、修谱问题也进行了有重点的论述。《宋

---

① 卢朝：《近十五年魏晋南北朝士族研究综述》，《昭通师范高等专科学校学报》2009年第2期。

以后宗族形态的演进与社会变迁》（天津人民出版社2013年），选择不同地域特别是研究薄弱的华北地区的宗族为研究对象，注意观察宗族与地域社会的关系，阐明宗族形态的特征；从长时段的历时性考察宗族形态的形成发展过程，并将这个过程置于整个社会变迁中加以分析，从而深化对于宋至民国时期以宗族为中心的社会结构变动的认识。该书的结论是：宋以后华北地区也经历了建构新宗族形态的历史过程，大致上与华南宗族经历的历史过程相同。

跨代的宗族研究值得注意。周扬波《从士族到绅族——唐以后吴兴沈氏宗族的变迁》（浙江大学出版社2009年）长时段论述了吴兴沈氏从唐五代士族的解体，到宋元绅族的建立，再到明清成熟的绅族演变的状况。科大卫《皇帝和祖宗——华南的国家与宗族》（江苏人民出版社2009年）所要回答和解决的问题是：朝廷的法典条文与民间的礼仪习俗，二者如何交织在一起，指导着"华南"这个有意识的、历时数百年的地域建构进程？该书显示：历代王朝都致力于华南的政治整合，要培养出敬畏官府、纳粮当差、安分守己的良民。随着王朝在华南的军事征讨、行政规划，一套关于权力的文化语言也渗透到华南。这套语言有两个互相发明的关键词："皇帝""宗族"。它们渗透到一切礼节、身份、地位、财产权、商业习惯、社会流动、社区构建之中。华南与王朝中央之间的正统纽带，不仅建立于里甲与祀典之上，也建立在"宗族"这套语言之上。

钟翀《北江盆地——宗族、聚落的形态与发生史研究》（商务印书馆2011年）选取了我国东南宗族发达的浙东北江盆地，充分利用该地丰富的族谱史料，探讨千年以来该地宗族的历史；梳理了数百个宗族的空间形态与发生学系谱，并以北江盆地的研究结论为模型，探索"近世型宗族"的源流与发展脉络，重建近世型宗族的发展发育历程，为近世型宗族演化史研究提供了比较明确、细致的时间标尺，也为近世型宗族的区域差异及特质等探索积累了研究素材。章毅《理学、士绅和宗族：宋明时期徽州的文化与社会》（中文大学出版社2013年），阐述了在南宋至明代中期的长时段内，以徽州为代表区域，深入研究了理学在地方社会的传播、士商群体的形成及宗族组织的出现三者之间相生相成的历史。作者认为，明代徽州宗族社会的出现，根植于12—15世纪宋明时代的历史进程之中，深受王朝政治和地缘环境的影响，是理学价值观深入传播之下，士绅和商人等主导人群共同塑造的结果。该书采用了整体史和社会科学的新视角，致力于重新梳理地方历史的发展脉络，探析社会结构的变迁过程。在研究方法方面，该书则强调对方志、文集、谱牒等官私文献的综合利用，尤其注重在旧史料中开掘新内容，对人物传记和微观史实多有细致的考辨，兼具汉学研究的特色。

断代性研究方面，辽、宋、元的研究成果都有，王善军《世家大族与辽代社会》（人民出版社2008年），分别论述了契丹、奚人、渤海世家大族以及以韩、刘、马、赵为代表的汉人世家大族，探讨了世家大族的经济势力及其代表的经济关系，仕宦与政治地位，教育与文化成就，社会生活，社会地位的维护与衰败，历史地位。姚红《宋代东莱吕氏家族及其文献考论》（中国社会科学出版社2010年）力图对宋代东莱吕氏家族的政治活动和文献著述做系统梳理和总结，描述其源流，从家族文化层面予以解释，指出在"唐宋变革"说之外，还存在一种家族生存发展的新范式。葛付柳《宋代墨庄刘氏家族论》（光明日报出版社2009年），探讨了墨庄刘氏在宋代前家族的演变、家族总论、刘敞及其学侣、刘敞学术述论、刘攽等。张沛之《元代色目人家族及其文化倾向研究》（天津古籍出版社2009年）采取个案切入与类型分析相结合的方法，对元代因征戍、任官、经商等原因逐渐留居汉地的土土哈、阿沙不花、唐兀昔里氏、汪古马氏等色目人家族进行深入细致的研究，并在此基础上综合考察其汉化、蒙古化、伊斯兰化等文化变异倾向，探讨此文化变异给元代基层社会带来的多方面影响,包括在元朝地方政治和社会活动中扮演较为特殊的角色,给社会增添了新的民族文化因素和互动交流的契机等。

明清时期宗族的研究多以区域性宗族研究呈现。[①]北方有朱亚非《明清山东仕宦家族与家族文化》(山东人民出版社2009年)对山东临朐冯氏、诸城刘氏、无棣吴氏、日照丁氏、龙口丁氏、临沂庄氏这六个具有代表性的仕宦家族进行个案研究,探究这些家族的地区分布、跨越年代、谱系源流、代表人物、科第事功、家族特征、家族文化等,不仅厘清了许多仕宦家族的发展脉络,而且深入探讨了这些大家族之所以长盛不衰的原因及其历史影响。

华中宗族。徐斌《明清鄂东宗族与地方社会》(武汉大学出版社2010年),通过考察宗族组织形成与发展过程中的户籍、赋役等政策的影响,以及祖先崇拜与神祇崇拜之间的关系等方面,力图破解"江西瓦屑坝"的移民传说,从而深入地反映明清时期鄂东基层社会的全貌。

江南的世族、望族引人注目。吴仁安《明清江南著姓望族史》(上海人民出版社2009年),探讨了明清江南时期著姓望族的兴起、发展、鼎盛及其衰落的历史,以及对明清时期江南政治、经济文化的影响。全书分为两编:明清时期的江南及其所属主要府州厅县著名家族概况、明清时期江南著姓望族考录。徐茂明《明清以来苏州文化世族与社会变迁》(中国社会科学出版社2011年),通过对文氏、王氏、叶氏、彭氏、潘氏等家族的深入挖掘,系统分析了家族迁徙与区域社会之间的文化互动,以及家族通过婚姻、科场、仕途、结社等途径累积的社会文化资本如何影响着苏州社会风尚的走向,扮演着"邦之桢干,里之仪型"的社会角色。

在国家与地方的利益博弈中,文化世族的角色同样不容忽视。近代西学东渐,苏州文化世族也站在了时代潮流的前列,顺

---

① 常建华:《近年来明清宗族研究综述》,《安徽史学》2016年第1期,介绍了2009—2014年的宗族研究情况。

利地完成了由科举教育向现代教育的转向，由科举世家蜕变为现代的科学世家。苏州文化世族之价值，不仅在于其取得的各项文化成就，更重要的是其内含的维持家族长盛不衰的各具特色的家族精神。杨惠玲《明清江南望族和昆曲艺术》（厦门大学出版社2016年）探讨了望族的演出活动、蓄乐活动、昆曲创作与文献刊藏、曲学活动、昆曲在望族文化建设中的作用。赵华富《徽州宗族论集》（人民出版社2011年）、《徽州宗族调查研究》（人民出版社2014年）两种论文集，依据自己多年来对徽州宗族问题的调查与研究，较全面地阐述了徽州宗族的形成、宗族组织、宗族活动及族规家法等，论述了宗族的基本特征及其影响，论证了徽州宗族的来源及其文化特质。本书采用个案研究方法，收集了许多珍贵的调查资料，尤其是对胡姓宗族的调查与分析更是颇具典型性。

浙江宗族。钱茂伟《明代的科举家族：以宁波杨氏为中心的考察》（中华书局2014年）梳理了宁波杨氏家族在明代的发展历程，及其家族维系、家族成员的学术与诗文创作等，重点谈宁波镜川杨氏科举家族的嬗变历程及其学术贡献。

广东宗族。石坚平《创造祖荫：广州沥滘村两个宗族的故事》（广东人民出版社2013年）讲述的沥滘村故事，是在珠江三角洲乡村历史叙事的基本结构中展开，从当地人在现实生活中所应对的政治经济关系着手，通过几百年间沥滘村不同群体的历史活动，对这种历史叙事模式进行了诠释和解构。黄挺《十六世纪以来潮汕的宗族与社会》（暨南大学出版社2015年）将所发表的潮汕宗族与乡村传统文化研究的论文结集，探讨潮汕宗族社会的形成、发展及其对现代社会的影响。全书分为四章：16世纪潮州宗族的文化建构，清代宗族与地方社会，文化、观念与近现代宗族发展，海外移民与宗族文化。此外，崔来廷《明清甲科世家研究》（知识产权出版社2013年）以科举考试进士科出身的甲科世家为研究对象，分析其形成的社会历史文化政治因素，并揭示甲科世家形成的社会深层原因。

近现代宗族。程维荣《中国近代宗族制度》（学林出版社2008年）主要介绍了近代宗族制度的渊源与社会环境，近代宗族与婚姻家庭制度，近代族谱与族规，近代少数民族宗族制度，晚清至民国宗族社会的变化，国民党时期宗族制度的延续与变革，革命根据地宗族制度的瓦解等内容。马学强《江南席家：中国一个经商大族的变迁》（商务印书馆2007年）指出，席家也是近代中国显赫的买办家族，曾出任十多家外资银行的买办及申报馆买办。这个著名的经商大族，在财富增长的同时，从文习艺者也代不乏人。历史悠久的"扫叶山房"是席家开设的一家书坊，持续了数个世纪，名扬大江南北。该书论述了洞庭席氏的人际网络与社会关系，生活世界的变化等问题。邱巍《吴兴钱家：近代学术文化家族的断裂与传承》（浙江大学出版社2009年）探讨了钱氏家族概况与家族认同，钱振伦、钱振常兄弟的人际网络与知识结构，钱恂的生平、知识体系与思想，单士厘：闺秀传统与近代知识女性，钱玄同：激烈反传统背后的诸问题，钱稻孙：生平、学术和思想，钱三强：在科学家传记之外。

杜靖《九族与乡土：一个汉人世界里的喷泉社会》（知识产权出版社2012年），以山东费县闵村及周围乡土社会为田野考察地点，历经十年，对传统九族制进行了现代民族志检验。作者认为，以往宗族的或姻亲的任一单一研究视角，均难以达成对汉人亲属制度及其实践的洞察和了解，必须回到以九族制为中心和重点的汉人亲属制度研究路径上来。为此，作者建立了以九族制为核心的统合宗族与姻亲双重分析视角的汉人亲属研究框架，希望突破国际人类学界长期以来流行的继嗣体系与交换体系相分离的研究格局，推动世界人类学亲属制度研究向前迈进。另外，作者还把九族亲属制度放置在地域社会中来理解，提出了喷泉社会或九族连环社会解说模式，并期许这一理论模式与宗族社会、市场层级社会、祭祀圈和信仰圈社会诸模式，对于认知汉人社会运转具有同等重要的学术价值和地位。

还有学者探讨了当代宗族与村民自治、地方治理的关系。朱炳祥《村民自治与宗族关系研究》（武汉大学出版社2007年）是对五个村庄的个案分析：摩哈苴彝族村、周城白族村、平峰汉族村、捞车土家族村以及福建省惠安县崇武镇大蚱村（亦为汉族村），包括村治与宗族关系的历史检视，宗族的民族形态与现代国家政权建设，村民自治与宗族政治，村民自治与宗族经济，村民自治与宗族文化，弗里德曼悖论的终结与人类学的中国经验。肖唐镖主编《农村宗族与地方治理报告：跨学科的研究与对话》（上海学林出版社2010年）则是一本论文集。

宗祠在宗族研究中占有重要地位，研究宗祠的专著有数种。黄海妍《在城市与乡村之间：清代以来广州合族祠研究》（三联书店2008年），讨论了自明清之际到20世纪中期广州城中合族祠的演变过程，认为在这个过程中可以看到社会变迁、国家制度的更替、意识形态的变化，以及城乡关系的发展对合族祠这种社会组织所产生和影响。在国家观念和地域认同的建构过程中，合族祠所使用的语言及其表现形式也随着社会的复杂变迁、士大夫认知的改变而不断发生变化。冯江《祖先之翼：明清广州府的开垦、聚族而居与宗族祠堂的衍变》（中国建筑工业出版社2010年）在地域建筑史学研究中引入了历史人类学方法，将对聚落和宗祠的研究置于更广阔的动态历史语境之中，梳理了广州府祠堂发展和演变的历程，阐释了地理环境、社会变迁、聚落格局与宗祠之间的关联，揭示了重要的历史事件、人物和文献对宗祠及村落形态的影响。邵建东《浙中地区传统宗祠研究》（浙江大学出版社2011年）主要围绕浙中金华地区传统宗祠的历史演变与现状，分析宗祠的类型、地域特征、社会活动、管理、社会影响和建筑文化等方面情况，探讨宗祠、宗族、村落的内在关系及其演变，总结宗祠发展变化对农村社会发展的影响。滕雪慧《瓜瓞绵延山海间——临海传统宗祠研究》（文物出版社2015年）细致梳理了临海现有宗祠遗存，从建筑文化与社会文化史的双重视角，对临海传统宗祠进行研究和阐释，力求深入探究宗祠的建筑风格、特征与内涵，复原其宗祠所反映的宗族社会全景。冯尔康《中国古代的宗族与祠堂》由商务印书馆出版，1996年为初版，2013年出版了增订版，文字增加了3万多，插图添加到50幅，论述更加完善。

利用宗族文献的专门研究。宗韵《明代家族上行流动研究——以1595篇谱牒序跋所涉家族为案例》（华东师范大学出版社2009年），以四库系列丛书中的明人谱牒序跋为基本史料，对明代家族上行流动的相关问题进行研究。在对一些具体问题的阐释过程中，还较多使用定量分析的方法对所搜集的谱牒序跋进行统计分析，并在此基础上对一些问题提出自己的解释。冯剑辉《徽州家谱宗族史叙事冲突研究》（合肥工业大学出版社2014年）以徽州家谱中的宗族史叙事为研究对象，着力从宏观上把握徽州宗族早期历史的建构过程及其特点，从这一建构过程进一步展开分析包括徽州家谱在内的中国家谱文化的重要特征。书中重点考察徽州家谱中宗族历史叙事中的冲突，着重于程氏、汪氏、胡氏和黄氏四大宗族，同时关注一些著名的历史人物如程颢和程颐兄弟、胡方平和胡一桂父子的族属问题，并对徽州相当部分的宗族历史叙事都存在的"黄墩叙事"现象进行探讨。何明星《著述与宗族——清人文集编刻方式的社会学考察》（中华书局2007年）借助张舜徽先生对600部清人文集研究的成果，通过对清人文集编刻方式的统计分析，及与宗族的象征——族谱的编刻活动比较，从社会学的视角探讨清人图书文化活动在宗族传承、科举教育和学术研究中发挥的轴心作用，揭示传统著述、编刻与宗族是一种相互适应的文化生态关系。1860年之后的印刷技术变革打破了这种生态关系，对著述、出版以及社会各层面的影响迄今尚存。

此外，与婚姻、家庭、宗族有紧密关系的还有姓氏研究。陈絜《商周姓氏制度研究》（商务印书馆2007年），探讨了商周时期的姓氏制度、封建等级社会下的姓氏制度——从西周到春秋时期、封建等级社会的解体与新型姓氏制度的形成三大问题。

三、社会分类与结构

综合性研究方面。吴琦《明清社会群体研究》（中国社会科学出版社2009年）紧紧抓住社会群体这一核心概念，从群体特征与群体互动的角度，分析明清不同群体及其在国家和社会中的作用与影响，在理论和方法上有积极的尝试。全书收录了10篇长文，大致分为三个部分。前4篇为皇帝和朝廷要员的群体研究，中间3篇为士人群体研究，后3篇探讨群体互动以及群体与社会发展、时局变动的关系。《清代人物三十题》（岳麓书社2012年）为冯尔康数十年来所撰论述清代人物文章的合集，论述的清代人物分为四类：一是皇帝，有康熙帝、雍正帝、乾隆帝、道光帝、咸丰帝；二是名臣，有施琅、徐元梦、田文镜、鄂尔泰、阮元；三是文人，有傅山、黄宗羲、曹雪芹、黄印、许思湄、朱次琦、吴汝纶、章太炎；四是女性，有袁氏三妹等。冯尔康在该书自序中指出："人的历史的研究，首先要弄清个人、群体与社会与历史的关系问题，而后才能进一步明了史书中人物传记的社会作用。"作者擅长从历史人物看时代、看社会，书中的论述体现了这样的特色。

妇女史与社会性别研究成果突出。陈高华、童芍素主编《中国妇女通史》（杭州出版社2010年）以时代为序，分为10卷，约500万字，各卷作者如下：王子今、张经著先秦卷，彭卫著秦汉卷，张承宗、陈群著魏晋南北朝卷，高世瑜著隋唐五代卷，方建新、徐吉军著宋代卷，张国庆、韩志远、史金波著辽金西夏卷，陈高华著元代卷，陈宝良著明代卷，郭松义著清代卷，郑永福、吕美颐著民国卷。

通论性的妇女著作。邓小南、王政、游鉴明主编《中国妇女史研究读本》（北京大学出版社2011年）推荐的19篇论文，分别从妇女地位、性别与身体、书写妇女、妇女形象建构、媒体与性别、恋爱与婚姻六个方面，对中国历史上各个时期的妇女史进行了独特而深入的研究，试图为中国妇女史提供新的研究方向。李志生《中国古代妇女史研究入门》（北京大学出版社 2014年）从当前古代妇女史研究的理论框架、主要材料、研究现状出发，对古代妇女史研究中经济地位、法律身份、后妃、女教书等关键问题，妇女身体史和以文本解读妇女历史等前沿领域，进行系统全面讲解，概述了中国古代妇女史研究的现状与方法。蒲慕州主编《礼法与信仰：中国古代女性研究论考》[商务印书馆（香港）有限公司2013年]是一部以"女史"为专题的学术论文集，收录内地及香港多所大学的学者论文共14篇，全书围绕中国古代女性与社会（包括法律、宗教等方面）的关系立论，内容涵盖了由周（公元前1046年）至宋（公元1279年）这两千年间，中国女性之社会地位、社会活动以及信仰活动的各个方面。该论文集设定了两个有关女性的研究方向，一是法律，是有关外在的处境；二是宗教信仰，是有关内在的感受。该书突破了传统观念，是对研究对象和议题的重新思考。焦杰《性别视角下的易礼诗妇女观研究》（中国社会科学出版社2011年）在对传统笺注融会贯通的基础上，广泛联系礼制、民俗、价值观念、思维模式、审美倾向等项大胆解释，专论了《周易》《礼》《诗》中的妇女观。

断代性女性研究方面。汉代女性研究持续发展，[①]彭卫对汉代女性的研究有新意，他认为：汉代女性工作的领域相当宽泛，没有被限制在"男耕女织"或"男耕女爨"的范围内，以"内"与"外"来区分汉代两性工作的不同是不确切的；由于汉代女性被排斥在公共管理领域之外，女性工作界域的广泛并不意味着女性拥有与男性相近的权利和地位；普通人家妇女的劳作是家庭经济收入的重要来源，如果一个女性成为家庭经济的主要支撑

①姚琪艳：《汉代女性研究综述》，《中国史研究动态》2015年第1期。

者,她可能在家中拥有更大的发言权;商业活动对汉代女性地位有着怎样的影响还比较模糊;由王制改为帝制,这种从先秦到秦汉国家体制的转变,并没有对汉代女性在社会和家庭中的位置造成大的影响或变化。[1]他还探讨了汉代女性的身体形态和疾病状况。[2]陈长虹《汉魏六朝列女图像研究》(科学出版社2016年),对早期列女图像的产生、题材范围、图像范式、功能、各地列女图像的地域性和共性等问题进行了探讨,归纳出中国古代女性题材绘画的几个重要母题,并探讨了它们在历史上的演变。

张菁《唐代女性形象研究》(甘肃人民出版社2007年)提出,唐代妇女形象就其社会角色和社会阶层而言,可以划分为许多类型,有皇族、贵族、官僚、农妇、商妇、侠女、征妇、女尼、女道士、妓妾等,其中还包括大量以女性形象出现的精灵鬼怪。作者以唐代的诗歌小说和墓志为主要线索,选择几个具有代表意义的类别形象进行分析。铁爱花《宋代士人阶层女性研究》(人民出版社2011年)明确界定"宋代士人阶层女性"的概念,从秩序、规范与女性的实际生活入手,按照从社会到家庭、到个人三个层面的逻辑顺序进行组织,广泛考察宋代国家、士人社会、地方乡里以及士人家庭等对女性的规范,系统研究宋代士人阶层女性的生活实然,并从多角度、多层面透视宋代社会秩序、规范与士人阶层女性生活之间的关系。

阿风《明清时代妇女的地位与权利——以明清契约文书、诉讼档案为中心》(社会科学文献出版社2009年)以徽州文书、淡新档案等明清地方文书档案资料为中心,从法律规定与文书档案两个层面分析中国家庭的法律构造,探讨妇女的地位与权利。陈超《明代女性碑传文与品官命妇研究——以四库明人文集为中心的考察》(光明日报出版社2013年)利用"四库"明人文集中的女性碑传文,探讨了明代女性群体品官命妇。品官命妇是明代有政

---

① 彭卫:《汉代女性的工作》,《史学月刊》2009年第7期。
② 彭卫:《汉代女性的身体形态与疾病》,《浙江学刊》2009年第6期。

治身份的女性,作者厘清了明代品官命妇制度的来龙去脉,结合社会性别、社会等级、家庭伦理和宗法制度等多个侧面,全面考察品官命妇的社会角色、家庭生活以及她们的精神世界,突破以往研究中"男尊女卑"的单一形象,在多重视角下呈现品官命妇复杂多样的生活面貌。张杰《熟悉的陌生人——明清江南社会才女群体想象的社会学研究》(中国社科出版社2015年)从社会学的"陌生人"视角出发,探讨明清才女群体的兴起、存在、被容忍与其特定的社会空间建构的联系。

谢雍君《〈牡丹亭〉与明清女性情感教育》(中华书局2015年)论析了《牡丹亭》所描述的经典阅读和自然感发两种情爱发生方式、感梦身亡和"发乎情止乎礼义"两种情爱实现方式,及其对明清女性可能产生的情感教育作用,从而揭示了明清戏曲对女性情感教育的实施方式、文化内涵、功能特征、基本特色和社会意义。赵崔莉《被遮蔽的现代性:明清女性的社会生活与情感体验》(知识产权出版社2015年)从明清女性的生活、情感和体验出发,对明清女性的经济活动、文化才情、休闲娱乐、行旅生涯、宗教信仰、公益慈善、法律诉讼、参政议政以及社会属性等考察,塑造出明清女性不断创造、勇敢追求、具有独特审美和愉悦体验的群体形象,打造出鲜活生动而又不乏闲情逸致、妙趣天成的明清社会生活场景。

李汇群《闺阁与画舫:清代嘉庆道光间的江南文人和女性研究》(中国传媒大学出版社2009年),重点考察清代嘉道年间江南文人与女性的交游唱和以及相应的文学创作。王雪萍《16—18世纪婢女生存状态研究》(黑龙江大学出版社2008年)认为,婢女是中国古代社会的一个特殊女性群体。16至18世纪,婢女显现出一系列值得关注的特征,其身份、地位以及独特的社会角色和生存策略都构成这个时代女性和社会史中的重要课题。该书对16至18世纪婢女生存状态进行了较为系统化的分析。张秀丽《民国北京婢女问题研究》(北京师范大学出版社2016年)以城市化为视角，利用北京市档案馆档案，剖析北京婢女的构成、买卖、日常生活、情感与婚姻、救助与安置、解放运动以及政府禁婢法令等问题，探讨社会转型和城市剧烈变动对婢女褪去传统色彩、向现代转型的影响。

贵族身份特殊，是社会中的高等级。蔡锋《春秋时期贵族社会生活研究》（中国社会科学出版社2004年）通过对先秦典籍、古文字、田野考古资料的综合分析，探讨了先秦春秋时期富有代表意义的贵族阶层卿大夫、士的生活。何兆泉《两宋宗室研究——以制度考察为中心》（上海古籍出版社2016年），考察了宋代宗室的管理机构、联名呈报、谱牒编修、法律特权以及宗室教育、选举、入仕、文化等问题，针对宗室的人口、进士及重要任官情况等做出计量统计分析，揭示宋代宗室事务的特殊性及其广泛的影响。李玉君《金代宗室研究》（科学出版社2016年）探讨了金代宗室管理机构、教育科举、政治贡献、社会地位、婚姻关系、文化成就，有利于全面地认识金代社会，以一个新的视角看待金朝的兴衰史。符海朝《元代汉人世侯群体研究》（河北大学出版社2007年）探讨了汉人世侯群体与北方儒士关系，蒙（元）政权对汉人世侯群体的控制机制，汉人世侯的夷夏观等问题。雷炳炎《明代宗藩犯罪问题研究》（中华书局2014年）叙述了明宗室分封的由来、王府的规制、宗室分封的规模，介绍了明宗室事务管理的相关机构，讨论了明宗藩地位的变化、政策调整与宗藩改革等问题；对种种宗藩犯罪作了翔实的分析、论述；考察了明廷对罪宗的科刑、处置情况，注意议罪方式、定罚程序的细微变化及惩戒的前后差异；探讨了罪宗庶人的安置和善后管理问题，围绕贬废罪宗的生养死葬、婚嫁、袭封爵等问题分别进行了考证和论述；探寻了明宗藩犯罪的历史根源，剖析了藩府事务处理各环节种种弊窦与宗藩犯罪的关系，对明宗藩犯罪人员的构成和地理分布作了适当分析，对宗藩犯罪的社会影响亦给予了应有关注。

官员与社会的探讨。薛志清《秦汉社会流动研究——以官员为中心》（中国社会科学出版社2016年）重点剖析秦汉时代由民到官的主流渠道——接受教育、辅助渠道——婚姻，以及官员层内部的升迁和黜免因素。结合刘邦布衣集团成员社会流动前后身份的变化，更为微观地考察秦汉时代社会流动的实现途径。此外，探讨官员与社会的还有惠祥宇、辛艳《汉代少吏与社会研究》（四川大学出版社2015年）一书。

文人士子的生活与群体性受到关注。魏晋之际士大夫受人关注。①有关唐代的两部著作颇具新意，刘琴丽《唐代举子科考生活研究》（社科文献出版社2010年）对唐代举子的日常生活诸面相进行了专题性研究，探讨了唐代举子的经济生活、科考旅寓、家庭关系、精神生活以及社会交往等五个方面的内容，并将举子群体的科考生活置于唐代社会、经济、文化、习俗等发展变化的大视角下探讨。彭梅芳《中唐文人日常生活与创作关系研究》（人民出版社2011年）从中唐文人日常生活的角度，考察处于现实生活中的文人的生活心态、审美情趣以及在这些心态和情趣影响下的文学创作特点。结合中唐思想文化转型、文人贴近世俗生活并开始有意识地将琐碎的日常生活纳入文学表现领域的背景，揭示文人在"文化精英"身份掩盖下的作为普通人的一面，从而力求客观、辩证地探究文人日常生活、日常观念和文学观念、文学创作演进之间的相互关系。该书在梳理相关史料以及对中唐日常生活题材文学作品进行考察的基础上，从文人的衣食住行等日常物质生活、琴棋书画等日常文化生活、日常工作及日常交往等日常生活基本层面中，抽取部分与文学联系较为紧密的方面进行阐述，力求以点带面、以小见大地探讨文人日常生活的定型、打破与重建给文学创作带来的影响。

宋代士人风气、结社②、交游问题均有新著。周扬波《宋代士绅结社研究》（中华书局2008年）提出，中国古代最为基本的人际关

---

① 张继刚：《近八十年来魏晋之际士大夫研究综述》，《中国史研究动态》2015年第4期。
② 参阅董春林：《宋代会社研究综述》，《西华大学学报》2010年第6期。

系基于"业、社、乡、宗"四种因素，就结社问题专门讨论。郭学信《北宋士风演变的历史考察》（中国社会科学出版社2012年）对北宋初期、中期和晚期三个阶段的士风变化作了阐释，探讨北宋士风演变的轨迹和原因，论析每个阶段士风所凸显出来的内涵、特征及其影响。梁建国《朝堂之外：北宋东京士人交游》（中国社会科学出版社2016年）围绕地方士人融入东京社会这一主线，选择拜谒、走访、宴饮、雅集、送别这五种有代表性的交游，并联系这些活动所依存的朝廷制度、社会习俗等历史背景，分析各种人际关系的生成与维系。该书研究角度是从宏大叙事到日常取向的转变，重点关注士人群体在朝堂之外的那些以往不被重视的生活内容，以期对士人的生存状态以及士人社会的诸多现象获得新认识。

元明之际的士大夫研究。[①]展龙《元明之际士大夫政治生态研究》（人民出版社2013年），理清士大夫在元明之际政治生态的多姿表现、一般品性及其所具有的精神特质和道德追求；结合元明之际的社会时局，逐层考察士大夫个体与士大夫群体政治生态的变化趋势及意义所在；明晰士大夫在历史变革时期政治地位的变化、与政治权力之间的复杂关系及其文化功能与政治功能等重要问题。

明代文人的研究也与文学意识结合。周榆华《晚明文人以文治生研究》（广东高等教育出版社2011年）从以文治生的角度出发，对明代中后期布衣文人的生存状况、诗文创作特点及其在文学发展史的意义等进行了细致探讨。该书采用群体研究与个案研究结合的办法，既把握以文治生的这一类文人共有的特点，又通过细而微的分析，了解单个文人的谋生行为、心理及其诗文风格。万木春《味水轩里的闲居者：万历末年嘉兴的书画世界》（中国美术学院出版社2008年）以《味水轩日记》为主要文献史料，还原明末年间浙江嘉兴地区文人书画鉴藏的历史概况。李若晴

---

① 参阅展龙：《元明之际的士大夫研究综述》，《中国史研究动态》2010年第4期。

《玉堂遗音：明初翰苑绘画的修辞策略》（中国美术学院出版社2012年）将绘画置于历史情境中进行解读，并以作品为线索，勾勒出一幅15世纪上半叶明代宫廷的文化图景。作者认为只有把绘画史的研究重点从审美与技术的层面扩展到社会文化中进行整体考察，才有可能充分认识其起承转合的演变过程。这一做法，或有别于历来明代宫廷绘画研究以画家和画派为单一考察点的叙述模式。李娜《湖山胜概与晚明文人艺术趣味研究》（中国美术学院出版社2013年），对晚明杭州人陈昌锡出版的宣传杭州风景的书籍《湖山胜概》进行了系统考证，深入研究了明晚期文人士大夫的精神文化生活，主要侧重于文人心态。

讲学教书是士人的重要活动。陈时龙《明代中晚期讲学运动：1526—1626》（复旦大学出版社2007年），主要探讨了明代中晚期从王阳明讲学至东林学派讲学之间约一百年的讲学发展历程，以及讲学与政治、学术、社会道德等之间的关系。士人往往依靠从事塾师谋生，刘晓东《明代的塾师与基层社会》（商务印书馆2010年）通过对明代私塾教育的发展与塾师社会构成的演变、塾师的生计状况、塾师的职业生活与职业观念、塾师的社会活动等问题的梳理，更主要从"社会人"而非简单的"教育者"的角度，探讨了塾师在明代基层社会中的生存状况及其多元化的社会角色与功能，并进一步揭示了"治教融合"传统对中国近世士人群体生存与发展的内在影响。蒋纯焦《一个阶层的消失：晚清以降塾师研究》（上海书店出版社2007年）以观照晚清以降塾师的变迁为视角，将这个阶层随中国社会发生转型而经历的历史过程，区分为晚清、民国、新中国三个各有特征的阶段。

明清时期士人与地方社会的关系也是讨论的课题。衷海燕《儒学传承与社会实践：明清吉安府士绅研究》（世界图书出版公司2012年），论述了士绅阶层与世家大族、地方教育与"江右王门"、儒学传承与江右书院、教化乡里的理念实践、士绅阶层与家族组织、士绅阶层与地域社会等问题，认为吉安士绅对宋以后儒学发展的贡献，集中地表现为"江右王门学派"对程朱理学的突破与发展，推动了"儒学传承的地方化趋势"。在社会实践领域，吉安地区逐渐形成了以士绅阶层为主导的社会控制体系，促使儒学价值观日益渗入民间日常生活，促成了"区域社会文化变迁的儒学化趋势"。徐林《明代中晚期江南士人社会交往研究》（上海古籍出版社2006年）分为五章：处于悖论中的中晚明士人，声景比附燕集唱酬，明中晚期士人社会交往的下移，焚香煮茗共谈空寂，明中晚期士人社会交往与文化。①

　　冯玉荣《明末清初松江士人与地方社会》（中国社会科学出版社2011年）探讨在王朝更替、政权变动等不同的政权体系下，士人在地方社会所扮演的角色及对地方的社会功能。主要内容包括：明中后期松江社会的变迁即士人群体意识与"松江社会"的构建，以明伦堂为中心考察地方社会秩序中的"国家"在场，以几社为中心考察士人民间的社集，以海塘修筑为基点考察地方事务中的士人表达，以府志为中心考察社会变动与地方史。王文荣《明清江南文人结社考述》（凤凰出版社2015年）挖掘新资料，探寻当时文人结社的真实风貌，找寻地域社群与文学活动之间的内在联系。张烨《明清时期山东地区基层士人研究》（上海人民出版社2015年）探讨明清时期山东地区大批壅滞基层的士人群体的言谈举止，各种教育、教化活动，以及对儒家文化内容、载体、传播媒介世俗化进程的推进等问题。此外，杨东方《明清士人的世俗生活——以话本小说资料为中心》（中国书籍出版社2013年）探讨士人的科举生活、治生生活、婚姻生活。

　　关注明清之际士大夫的研究，还有赵园《制度·言论·心态——〈明清之际士大夫研究〉续编》（北京大学出版社2006年），分为明清之际文化现象研究、明清之际士人话题研究两部分，内容涉及谈兵、游走与播迁、师道与师门、君主、文质、井田、封建

---

① 关于晚明士人的研究，可参看李竞艳：《20世纪以来晚明士人群体研究综述》，《史学月刊》2011年第2期。

等。黄建军《康熙与清初文坛》（中华书局2011年）分为康熙与清初文人、康熙与清初文学两编：上编考量在康熙文艺政策之下的文人生存状态，突出翰林院及人文最盛的江南在清初文学中的结构意义；下编从文论、文体及文集编纂等方面考察清初文学与康熙的关系，认为康熙正是以其独具的政治优势影响了其时的文人心态，左右着当时的文学生态，决定了清代文学的整体走向。此外，陆蓓容《宋荦和他的朋友们：康熙年间上层文人的收藏、交游与形象》（中国美术学院出版社2016年）探讨康熙年间上层文人的艺术品收藏问题，给人以清新的感觉。

清代进士群体受到重视。李润强《清代进士群体与学术文化》（中国社会科学出版社2007年）以2600多名清代进士为研究对象，从他们所处的政治文化背景入手，分析清代汉、满进士产生的时代环境，对他们的经历跟踪研究，重点论述他们的教化职能与康乾鼎盛期学术思想之间的多元化关系。诸如清代进士群体与康乾帝儒学观的形成、与康乾理学的繁荣、与乾嘉考据学的盛行、与传统教育的转型、与清代学术文风的流变、与民间宗教风俗的互动等方面，反映了清代进士群体、清代科举制度与清代大文化之间的深层关系。多洛肯《清代浙江进士群体研究》（中国社会科学出版社2010年）从历史传统的深刻影响、清代文教事业的兴盛与科举、清代浙江进士的盛况、清代浙江进士与学书发展等方面着手，用比较、统计、制作图表等方法进行梳理与归纳；结合社会经济史、教育史、文化史等多学科进行分析研究，考察了清代浙江进士群体，以及与此相关的科举制度、学术发展史等问题。

近代绅士一直是热门研究课题。王先明《变动时代的乡绅——乡绅与乡村社会结构变迁（1901—1945）》（人民出版社2009年）论述了11个问题，对于民国以来的乡制变革作了较系统的考察。李平亮《卷入大变局——晚清至民国时期南昌的士绅与地方政治》（经济日报出版社2009年）讲述了一段清末民初南昌地方社会转型的故事，对社会转型时期的内在机制进行了颇有见地的分析，试图在政治制度和社会文化两个层面的相互关系和影响中揭示南昌的近代化过程。刘玉梅《近代教师群体研究——以直隶为考察中心》（人民出版社2016年）对清末民初教师群体的形成、发展、职业化过程、群体性特征以及作为一个新兴职业群体，处在怎样的社会地位、扮演着怎样的社会角色、在中国近代教育乃至整个社会转型过程中起过怎样的历史作用等方面进行了论述。

　　农民的研究不容忽视。侯旭东指出：秦汉时期北方虽以农耕为主，但因气候温润，野生动植物丰饶，作为古老的谋生方式，渔采狩猎投入少、产出快，山林湖泽附近的民众均可一定程度上仰此或兼此为生。渔采狩猎与从商一起成为田作之外民众的其他谋生手段。战国以降，官方开始确立以农立国的策略，针对民众不乐农耕、轻易迁徙，制定法律与政策措施驱之务农，并将其束缚在土地上，作为一个群体的农民与定居农耕社会在此背景下逐步形成。[1]鲁西奇《何草不黄——〈汉书〉断章解义》（广西师范大学出版社2015年）第五部分是农民专题"编户齐民：汉代农民的生活与社会"，论述了编户齐民、五口之家、乡村等问题。

　　宋代农民的生活状况受到关注。[2]郭松义《民命所系：清代的农业和农民》（中国农业出版社2010年）是一本专题性文集。作者指出："我之所以将此类论文编辑成集，是因为农业和农民，不但关系着当时社会的稳定和朝代的兴衰，即使在现代同样十分重要。而我所关注的农业、农民主要指清代，与近代时代相近。那时发生的事和遇到的矛盾，有的到今天仍可视作源头，甚至有借鉴意义。其次，在我从事的研究生涯里，农业一直占有重要的位置。我的研究成果，除著作外，已发表的百余篇论文中，有关农

① 侯旭东：《渔采狩猎与秦汉民众生计——兼论耕织为本传统的形成与农民的普遍化》，《历史研究》2010年第5期。
② 陈宇：《近10年来宋代农民生活状况研究综述》，《黑龙江史志》2013年第4期。

业、农民的达30余篇60余万字,占了将近三分之一。此次,我选录24篇,约40万字,恰好是一本中等部头的书。"

张明《民国时期皖南永佃制实证研究》(人民出版社2012年)从皖南永佃制形成及其发展原因、皖南永佃田的比重及分布、皖南永佃制与公田关系、皖南永佃田的租佃与经营、永佃制性质五个方面,对民国时期皖南永佃制作了较为全面的研究。作者主要以安徽长江以南十多个县的永佃土地档案、一千多份以前未发现的土地契约、租佃鱼鳞册及土地清册为核心史料写成。作者从社会结构、社会变迁角度分析永佃制的形成原因,对公田特别是族田与永佃制的关系进行深入研究,在永佃田比重及其分布、永佃经营研究的基础上对永佃制的性质重新进行论证,并回应了学术界"民国时期永佃制衰落"的观点。

李淑娟《日本殖民统治与东北农民生活(1931—1945年)》(社会科学文献出版社2014年)借助丰富的史料,从东北农民生活入手,揭示东北沦陷时期日本殖民统治的实质。揭示了九一八事变后,日本统治东北期间制造的一切暴行,如对农民土地的大量占有、对粮食等农产品的掠夺、对劳工的强制征用、鸦片毒化政策的实施、日本"移民开拓团"的建立、苛捐杂税的实施等给广大农民带来深重灾难,使农民贫困达到极点,加速了农村破产的进程。

山东商人的研究出版了较大型的著作。朱正昌主编、谭景玉等著《齐鲁商贾传统》(齐鲁书社2014年)分为先秦秦汉、魏晋隋唐宋元、明清、近代四卷。

明清以来的商人具有多样性。陈支平《民间文书与明清东南族商研究》(中华书局2009年)以民间文书为研究资料,以明清时期我国东南沿海地区的族商为研究对象,剖析了他们的资产构成、经营管理、财产分割状况,兼及他们的乡土观念、思想信仰、社会参与等,多角度展现了族商的基本特征。范金民指出,自明中叶起,地域性商帮崛起于各地,开始了中国商业历史上的商帮时代。①李刚、李薇《明清陕晋徽三大商帮比较研究》(中国社会科学出版社2014年)分析了明清时期陕、晋、徽三帮的商业竞争过程和由此而凸显的三大商帮区域文化特色，表现了明清中国商业丰富多彩的历史画卷和以陕晋徽为主要代表的中国商帮的历史发展过程，并对陕、晋、徽三大商帮的经营特点和文化架构进行了分析。张守广《宁波帮志·历史卷》(中国社会科学出版社2009年)对宁波帮兴起的背景、宁波帮的形成和转型以及当代海内外宁波帮的状况进行了系统的分析和考察。

冀春贤、王凤山《明清地域商帮兴衰及借鉴研究：基于浙江三地商帮的比较》(郑州大学出版社2015年)，以明清时期浙江地域内比较有代表性的海商宁波帮、陆商龙游帮、湖商湖州帮为研究对象，分析了商帮兴起的内外原因及历史必然性，从历史渊源、文化底蕴、地理条件、经营理念、经商路径、经营方式和特点、管理制度、社会影响、商政关系等方面，对三地商帮进行了比较研究。曹琳《明代商人商业经营研究》(中国社会科学出版社2013年)对于前人研究中略有涉及的某些方面，就明代状况进行了更完整、深入的探讨，如商业经营中的原则与策略、广告宣传、士商关系及商人与一般大众的关系处理；更多的则是对前人研究中极少涉及甚至完全没有涉及的方面进行初探，如商业经营地点的选择和开拓商品市场的策略、商人本身良好形象的树立、商人之间关系的处理、商人对经营条件的改造与协调，以及发展水平不平衡的表现，等等。

郭松义《清代赋役、商贸及其他》(天津古籍出版社2011年)所收论文，涉及近世商业观念的转变、清代北京的山西商人、清代人口流动与边疆开发、晋商和汾酒、商号佣人为讨偿货物欠款事例等。王振忠《千山夕阳：王振忠论明清社会与文化》(广西师范大学出版社2009年)通过对历史片断的缀和，尽最大可能复原

---

① 范金民：《明代地域商帮的兴起》，《中国经济史研究》2006年第3期。

了我们寻常难见的明清徽商面貌和民间社会图景。王裕明《明清徽州典商研究》(人民出版社2012年)以徽州典商文书研究为出发点,全面探讨徽州典商诸问题。在此基础上,把握明清典当业和明清社会,重点认识徽商典铺的经营实态以及明清社会的变迁过程。

谢秀丽、韩瑞军《清代前期民间商业信用问题研究》(人民出版社2012年),对清代前期商人、生产者和消费者三大群体相互之间及各类群体内部的商业信用关系,牙行与商业信用的关系,商业信用期限及货款的清偿,商业信用风险的类型及其防范,商业信用票据,广州对外贸易中的商业信用和中西商业信用比较等问题,进行了全面、深入和系统的探讨与研究,总结了清代前期民间商业信用的特点与作用。陈亚平《寻求规则与秩序:18—19世纪重庆商人组织的研究》(科学出版社2014年)以清代巴县衙门档案为基本史料,考察了18—19世纪重庆城市发展过程中的商人和商人社会组织,从清代重庆商人组织运行实践解释清代城市民间社会的结构性变迁,解释传统城市基层社会的建构过程,从重庆商人组织在城市社会生活与商业发展中扮演的角色,分析其社会功能以及他们对城市社会秩序的影响。明清时期会社的研究也比较受重视。[①]

徽商与文学艺术的关系近来受到重视,且赋予一定程度的正面评价。张长虹《品鉴与经营——明末清初徽商艺术赞助研究》(北京大学出版社2010年)利用丰富的明清史资料,将徽商的艺术赞助行为定性为徽商所开拓的经营行业之一。该书以明末清初徽商艺术赞助活动为考察要点,在徽商赞助与明清艺术史发展这一问题上,梳理出一条明显的线索。同时对于徽商藏品的出路作了初步交代。与徽商集团的兴衰相始终,明清时期的艺术品投资和收藏活动一直都与其有着直接的联系,表明这现象并不像以

---

① 史五一:《明清会社研究综述》,《安徽史学》2008年第2期。

往所认为的"附庸风雅"。同时，我们还可以借此视角考察明末清初社会变迁的整体趋势。明光《清代扬州盐商的诗酒风流》（社会科学文献出版社2014年）研究清代扬州盐商的诗文、戏剧活动；梳理其文学艺术活动的基本面貌和对地方文事活动的贡献，探究盐商作家文学创作的内在动机，重新认识和评价盐商文人群体的精神追求及其创作的社会价值、盐商作家的文化品格；探究商人群体与文人阶层的互动影响，揭示造就地域文化繁荣的特点、机制等。其中重点研究清初的盐商诗人孙枝蔚、雍乾时期的盐商诗人马曰管和马曰璐兄弟、乾隆时期以布衣交天子的盐商文学活动家江春等人的文学活动经历。

近代商人的探讨。朱英《商民运动研究（1924—1930）》（北京大学出版社2011年）探讨20世纪20年代大革命背景下商民运动，从国民党与民众运动的大背景考察商民运动发端的原因，分析商民运动在初期滞后于工人、农民、学生运动的缘由；选取广东、湖南、湖北、上海四个地区，论述商民运动的起步、扩展、兴盛、余波以及结束的各个不同历史阶段；论述了商民运动期间商民协会与商会的关系，以及店员总会、商民协会、商会三者之间的复杂关系，商民运动时期的劳资关系，国民党相关政策的变化与影响。张玮《市场·商人组织·产业发展：以上海绸缎业为例1900—1930》（人民出版社2011年）认为近代中国市场具有二元性特征，传统产业的分工特征是场外分工发达于场内分工，基于这两个特点而形成商人网络的关系系统——以差序格局为基础的私人关系网络、以稀缺资源为基础的组织关系网络——作用于产业近代化。王静《近代旅津山东商人研究》（天津社会科学院出版社2012年）对山东商人进入天津的诸种背景因素、在天津的经营活动、在天津这个"异质空间"里面临的矛盾与冲突、对地方公共事务的参与等诸多方面进行了考察。陈加林《百年徽商与社会变迁（以苏州汪氏家族为例）》（上海人民出版社2014年）论述了明清以来苏州汪氏世系源流、商业活动、家族文化及其社会网络、与近代社会政治变迁、社会变革与苏州汪氏家族的近代转向。张芳霖《市场环境与制度变迁——以清末至民国南昌商人与商会组织为视角》（人民出版社2013年）研究晚清至民国时期南昌的商人与商会组织，同时也通过考察商人与商会组织的市场经济活动，来探讨中国近代市场环境与制度变迁的内在机制。

马敏研究近代商会，认为晚清时期由于商会组织系统与其他城市民间社团组织的集体互动、协作效应，导致了某种更复杂的社会机体自组织过程的发生，其结果是形成了一个伴随公共领域扩张而形成的城市民间社团巨型网络，即"在野市政权力网络"。其实际内涵是，城市行政权力部分由官方下移民间，形成国家权力机关之外的社会权力体系。尽管它仍受封建官府的监督与控驭，但已具有相对的独立性和自治权，是一种正在形成中的、职能尚不完善的"地方性民间自治社会"，也就是与近代早期西方类似的"市民社会"的雏形。①马敏主编有《中国近代商会通史》（4卷，社会科学文献出版社2015年），以商会与近代中国社会变迁中的重大问题为中心，探讨了商会制度的演进、商会与政府关系、商会的政治参与、商会与市场经济体制的建立、商会与国家形态间的复杂关系等问题，对商会存在的社会与法理基础、商会的组织与运作原则及其与经济市场化、政治民主化之间的关系等问题深入研究，探讨了商会与近代中国市民社会发展的关系。此外，近代工商同业公会的研究成果众多。②

还有一些值得注意的研究。林文勋《中国古代"富民"阶层研究》（云南大学出版社2008年）认为，"富民"阶层是在唐宋以来中国社会变迁中崛起的一个新的社会阶层，推动了唐宋以来中国社会的发展与变迁。富民阶层是重新解构唐宋以来中国社会发展与变迁的一把关键性钥匙，该书将富民阶层置于唐宋以来中国社

① 马敏：《晚清商会与中国式市民社会雏形的形成》，《南国学术》2016年第1期。
② 参见魏文享：《回归行业与市场——近代工商同业公会研究的新进展》，《中国经济史研究》2013年第4期。

会整体发展的背景下，探讨唐代至清代这一历史阶段富民阶层的基本状况、富民阶层与基层控制、富民阶层与国家的关系、富民阶层与经济社会的发展，从不同的角度和方面透视这一阶层的成长壮大、社会活动，以及它对中国社会的影响。林文勋、张锦鹏主编《中国古代农商富民社会研究》（人民出版社2016年）收入18篇论文和4篇专题报道，以"农商社会""帝制农商社会""富民社会"为基本理论框架和问题诠释，论述唐宋时代国家与民众的新型关系及其成长土壤，唐宋富民阶层兴起后社会经济关系所发生的变化及其社会调适，明清时期商人群体成长的宏观与微观环境及其社会影响。①

鲁西奇《何草不黄——〈汉书〉断章解义》（广西师范大学出版社2015年）第四部分是"义气仁心：侠客与儒生的世界"。作者认为：秦汉的军功爵制下"士大夫"多指士、大夫级爵群体，他们是当时基层社会编户民的主体，也是帝国征派赋役的对象。随着秦汉"爵秩体制"的发展，分赐官、民爵，促使官僚贵族化、吏民同质化。因爵制的变化，尤其是民爵日益轻滥，"士大夫"爵制的意义渐趋消亡。同时，因秩制的发展，秩级分化导致官、吏呈现分途之势，吏员群体内又分化为吏与役两个层次，"役"逐渐成为帝国控制小吏和编户民的主要手段。"吏"与"民"因役而同质化，"吏民"逐渐成为编户民的代名词。②

张金奎《明代卫所军户研究》（线装书局2007年）考察了明代军户的来源、形成、饷粮、组织管理、职业选择、后勤保障等问题。胡铁球《明清歇家研究》（上海古籍出版社2015年）通过"歇家"这个中介组织来看明清社会运动，考察与之相关的制度变革细节，以及这些细节引起的社会结构变动。歇家介入了明清

---

① 有关宋代富民的研究，可参阅康武刚：《宋代富民阶层研究综述》，《中国史研究动态》2015年第4期。

② 凌文超：《秦汉魏晋编户民社会身份的变迁——从"士大夫"到"吏民"》，《文史哲》2015年第2期。

社会的各个领域,曾是乡民与政府对话的桥梁,是政府管理社会最为倚重的力量,因此通过考察歇家职能的延伸和变革,能够从细节方面把握明清时期上层制度变革与下层社会组织结构变迁的关系及其过程。周泓《群团与圈层——杨柳青:绅商与绅神的社会》(上海人民出版社2008年)提出,绅的类型主导乡治类型,绅商类型引导市镇类型:商绅是乡绅的时空转型延续,然不似乡绅、士绅与传统耕读伦理和仕僚政治之高度同构。通过绅商大院和社群信仰的民间建构,认为其为官方建构地方的基础因素,并构成汉人社会的群层格局。

王日根《中国会馆史》(东方出版中心2007年)把会馆置于中国传统社会政治、经济、文化变迁的大环境中,全面考察了会馆发展演进过程及其兴盛的背景,分析会馆的社会功能和文化内涵,进而全方位、多层次地阐述和论证了会馆的历史地位。李永芳《近代中国农会研究》(社会科学文献出版社2008年)对近代中国各个时期不同类型的农会,从成立背景、发展过程、组织结构、主要活动、性质与特点等方面进行了考察。徐小群《民国时期的国家与社会:自由职业团体在上海的兴起:1912—1937》(新星出版社2007年)追述中国现代史上一个被以往的史学家所忽略的社会群体——自由职业者群体——在20世纪初期上海的诞生和发展。通过探讨律师、医生、会计师、新闻记者和大学教授这样的自由职业群体及其组织,以及他们得以发挥其职业和社会功能的经济、社会、政治和文化环境,揭示了民国时期社会阶级形成的新模式,和职业化作为现代化之产物在此过程中的作用。

四、城市、乡村与社区

改革开放以后,中国城市史研究异军突起,相当繁盛。[1]近年来城市史研究稳步发展。

---

① 熊月之、张生:《中国城市史研究综述(1986—2006)》,《史林》2008年1期。

通论古代城市的著作，特别集中于城市空间问题。李孝聪《中国城市的历史空间》（北京大学出版社2015年）收入有关历史城市地理领域的论文14篇，内容涉及区域城市选址的规律、交通与城市的关系、城市空间形态与功能结构的形成和演化、中外城市形态的比较等方面。鲁西奇《城墙内外：古代汉水流域城市的形态与空间结构》（中华书局2011年），全面考述了汉魏六朝、唐宋以及元明清时期汉水流域治所城市（及部分非治所聚落）的建城过程、城郭规模与形态、城郭内外之空间结构与功能分划；就汉魏六朝时期从散居向聚居的演变以及城居与村居的对立，唐宋时期特别是唐代地方城市中里坊制之实施情形及其实质，明清时期治所城市城墙内外街区的功能分划及其原因等问题展开讨论。比较城市史研究也是重要的方法，井上彻、杨振红编《中日学者论中国古代城市社会》（三秦出版社2007年）收录论文17篇。

先秦两汉时期。王震中、宋镇豪《商代都邑》（《商代史》卷5）（中国社会科学出版社2010年），分析商朝城邑的空间关系及城邑体系的分层结构形态与都邑文明，进行理论上的阐述。陈博《从中心到边疆——汉帝国城市与城市体系的考古学研究》（科学出版社2016年）以汉代城市遗址为基础，复原汉帝国的城市与城市体系，并对其特点进行系统考察，研究关注汉帝国的中心区以及南、北边疆地区，比较不同地区城市与城市体系的共性特点与区域性特征。

中古时期。王静《中古都城建城传说与政治文化》（社科文献出版社2013年）认为，中国古代都城的选址、规划以及具体建制，除了结合王朝实际的政治需求之外，还要通过布局、象征来体现其神圣与正当性，成为王朝政治文化的具象。于是，帝国统治者与都城的规划、施行者，通过"仰观天文，俯察地理"，巧妙利用谶纬、神话，甚至天文等元素，在天下政治秩序以及宇宙体系中同时建构帝都的中心位置，并终成"天子之居"。在这个过程中，他们既要植根于传统，又需要为王朝命运量身定制。这一切多蕴涵在中古帝都的建城伊始，成为它们拥有都城地位的基因。2015年出版的《唐研究》21卷，为"唐代长安及其节庆研究专号"。宁欣《唐宋都城社会结构研究——对城市经济与社会的关注》（商务印书馆2009年）探讨了地域空间的变化，如平面空间、立体空间等，并着眼于这些地域空间变化与城市经济社会之间的互动，即地域空间的变化是如何反映社会空间的变化，以及社会空间的变化如何促进地域空间的变化，人流、商流、物流的内涵与外延的变化与位移以及他们之间错综复杂的关系。

宋代城市研究比较多样化。包伟民《宋代城市研究》（中华书局2014年）探讨了宋代的城市规模、类型和特征，城市管理制度、市场、税制、市政建设、人口和文化等问题。袁琳《宋代城市形态和官署建筑制度研究》（中国建筑工业出版社2013年）对一些前人的研究进行评判，并在对现有实物、文献资料进行整理分析的基础上提出了一些新的见解。刘方《盛世繁华：宋代江南城市文化的繁荣与变迁》（浙江大学出版社2011年）从宋代城市革命这一视角，研究宋代江南城市文化繁荣的诸多领域的特质及其成因，探索江南都市文化支撑和影响下形成的新的城市文化生产机制、文化实践与文化消费活动，以及城市文学生产所再创造出的都市文化的想象。林正秋《南宋临安文化》（杭州出版社2010年）介绍了南宋都城临安的各类文化情况及其成就，全书篇章如下：朝廷的文化机关——秘书省、南宋朝廷的图书馆、朝廷的天文、医药机构、国子监与三学、朝廷的修史机构、朝廷的架阁档案、朝廷乐舞机构、临安籍的科技文化名家、临安的餐饮文化、临安的西湖与游乐、临安的文化娱乐、临安的体育与杂技、临安的道教、临安的佛寺、临安的祠庙、临安地方文献等。

宋以后跨代的城市研究。复旦大学文史研究院编《都市繁华：一千五百来的东亚城市生活史》（中华书局2010年）综合考古、文献、图像等资料，复原城市生活，展现城市交往、游乐，回顾城市生活细节。韩光辉《宋辽金元建制城市研究》（北京大学出版社2011年）指出，宋辽金元是我国城市迅速变革的时期，重要表现之一是城市管理制度的重大调整。城市由此前的京县或附郭县管理转变为专门机构管理，如宋代的都厢，辽代的警巡院，金元时代的警巡院、录事司、司候司等机构管理，城市拥有明确的行政界限、市域范围和职能完善的城市行政管理机构，这些行政机构与管理城外郊区的京县及附郭县已明显分离开来，显示了社会的进步，推动了城市的发展和演变。

明清江南城市繁荣，文化发展，引人注目。刘天振《明清江南城市商业出版与文化传播》（中国社会科学出版社2011年）主要采用个案研究方法，选取明清江南城市出版业开创的三种大众读物：戏曲选本、杂志雏形及商业用书作为考察中心，来透视当时该地商业出版繁荣发展的状貌。唐力行主编《明清以来苏州城市社会研究》（上下，上海书店出版社2013年）从13个不同的层面研究苏州不同层次人们的生活状态及其精神追求。内容包括苏州的甕业、邮递业、典当业、脚夫、绣娘、女教师、观前街区、留园义庄、灾荒救济、洪氏状元家族、吴趋汪氏家族、常熟虞山诗社、民间信仰。

清代八旗制度给城市带来新的问题。刘小萌《清代北京旗人社会》（中国社会科学出版社2008年）分为十章，包括绪论、旗人社会的形成、旗房与旗地、旗人与民人、形形色色的旗人、旗人的世家、旗人的文化与习俗、晚清旗人社会、旗人社会的瓦解、文献研究等。作者认为清朝统治中国，以八旗制度统领旗人（主体是满洲人），以州县制度管理民人（主体是汉人），形成旗民分治的两元结构。顺治元年（1644）清朝定都北京（京师），以内城安置旗人，以外城居住民人，是旗民分治两元结构在空间关系上的集中体现。此后二百七十余年中，旗人始终是内城的基本居民，并形成与外城民人社会并存的旗人社会。邱源媛《找寻京郊旗人社会——口述与文献双重视角下的城市边缘群体》（北京出版社2014年）通过将口述访谈、田野调查和文献考证相结合，在多重视角下，考察了京郊地区旗人社会及其后裔的生活状况。

刘凤云《北京与江户——17—18世纪的城市空间》（中国人民大学出版社2012年）选择了"清代"和"城市"为时空两大坐标，从城市空间的分布与结构，包括城市空间的建筑组合进行了探索，研究的内容有城墙池濠、坊巷社区、官衙、民居、市廛、寺观、茶馆、会馆、园林等，侧重研究了城市中的政治与商业。讨论了政治体制对城市特别是都城的重要影响，以及在政治体制影响下中日各自的城市特点，论证了城市空间状态中的人居与造物多是由政府通过行政规划来完成的；另外还论述了在商业空间的形成及移动过程中起作用的因素等。并将问题转向城市空间中的人群，即商人与町人、官僚与武士，此外还有旗人，分别找寻他们在城市化过程中所遇到的问题并予以论述，从社会史的角度对城市中最主要的两大居民群体进行了观察。定宜庄《老北京人的口述历史》（上、下，中国社会科学出版社2009年）通过老北京人的口述，反映晚清以来北京人的生活变迁和生命历史，进而追溯近百年来的北京城市生活史。全书体现了口述历史民间性和个人性的特点，在编排上根据北京城环形结构的特点，分成内城篇、外城篇、郊区篇三部分，通过生活在北京不同区域人们的口述，反映不同区域北京人的生活状态，并进而形成一部多姿多彩的北京城市生活变迁史。朱永杰《清代驻防城时空结构研究》（人民出版社2010年）主要对驻防城的概念内涵、等级序列和军事实力、时空结构、形制状况、设施和分布、内部结构、典型个案进行论述，着重探讨驻防城的宏观时空发展结构和形制、设施及内部结构。

此外，王肇磊《传统与现代：清代湖北城市发展与社会变迁研究》（中国社会科学出版社2014年）以城市学理论为基础，从城市发展与社会变迁的角度，对清代湖北城市进行综合研究，探讨湖北城市发展过程中的动力、城市人口、经济、交通、文化、规模、城市类型与形态、规模结构及其功能演变、城市管理、城市生活、风俗与社会变迁、城市发展水平等方面的问题，再现清代湖北城市发展与社会变迁的历史过程，揭示清代湖北作为中国内陆区域具有代表性的省份，其城市发展所具有的浓厚的双重属性，即传统性和现代性。

近代城市变化较大。姜进、李德英主编《近代中国城市与大众文化》（新星出版社2008年）这本文集，试图从都市大众文化角度来重新建构中国近现代史。忻平主编《历史记忆与近代城市社会生活》（上海大学出版社2013年）这本会议论文集，论述了近代城市社会生活史的诸多方向和层面。王笛《走进中国城市内部：从社会的最底层看历史》（清华大学出版社2013年）论述了微观历史的方法、大众文化的理论、城市研究的实践。李长莉在肯定近代城市生活史研究成绩的同时也指出存在细碎化、平面化缺陷。任吉东则就城乡问题发表了看法。①

探讨上海城市史的较多。熊月之主编《都市空间、社群与市民生活》（上海社会科学院出版社2008年）从空间、职业、阶层以及国别、民族为维度展开，关注广义的社会生活，包括人们的居住、饮食、衣饰、交通、娱乐、交往、婚姻、家庭、风俗、习惯、工作环境、工作特点、收入、消费等方面，兼及政治生活、精神生活。该书以研究近代上海为主，兼及古代、当代上海。开展城市社会生活研究，为的是从更加日常、更加具象、更加细致、更加深入的层面，揭示上海城市的文化个性，特别是其异质文化交织的特质。邵雍《社会史视野下的近代上海》（学林出版社2013年）涉及传媒、帮会、禁毒、禁彩、市民生活、慈善事业等学术专题，概括地展现了近代上海社会的风云历程。洪煜《近代上海小报与市民文化研究》（上海书店出版社2007年）系统梳理了1897年至1937年间，上海小报的历史由来、生存环境、小报特殊的产权经

---

① 李长莉：《中国近代城市生活史研究热点与缺陷》，任吉东：《近代城市史研究中的城乡问题探微》，均发表于《武汉大学学报》（人文科学版）2017年第1期。

营发行销售状态、从事该报业的文人群体特征、小报的各类品位及其所反映的是非曲直的社会文化内涵等。忻平《城市化与近代上海社会生活》(广西师范大学出版社2011年)从社会史、社会生活史与城市社会生活史层面探讨了上海。徐松如《都市文化视野下的旅沪徽州人(1843—1953年)》(上海人民出版社2015年)系统梳理了百余年间徽州人移居上海的历程、规模、组织形态、经营活动、社会交往、身份认同以及与家乡之间的关系等内容,认为徽州人适应和融入上海本土社会的过程也即是徽州文化传播的过程。

探讨其他近代单体城市的研究也有。李少兵、齐小林、蔡蕾薇《北京的洋市民:欧美人士与民国北京》(北京师范大学出版社2016年),从社会文化史的角度探讨民国时期北京欧美侨民的日常工作与生活,以及他们与这座城市各方面的丰富互动,旨在还原民国北京中外居民、社会文化的丰富原貌,探索近代以来北京城市变迁的"市民社会"要素。李惠民《近代石家庄城市化研究(1901—1949)》(中华书局2010年)考析近代石家庄交通、经济、军事、政治功能的形成、发展及其影响,揭示石家庄城市人口数量增长和空间扩展的阶段性特点,剖析城市社会问题及各种弊端。刘志琴《近代保定城市功能变革研究 (1840—1927)》(人民出版社2015年)重点从直隶总督署的修建、莲池书院的创立、保定练兵与近代军事院校的兴建三个方面,分析和探究了保定城在中国近现代历史上所凸显出的政治功能、文化教养功能,和军事功能,以及这几种功能的叠加、互动与转换。

支军《开埠后烟台城市空间演变研究》(齐鲁书社2011年),重点论述了烟台开埠后城市空间形态、产业结构、社会空间、区域—城市格局的演变。赵良宇《环境经济社会——近代徐州城市社会变迁研究(1882—1948)》(中国社会科学出版社2015年)探讨了近代徐州城市的社会变迁及其规律,通过分析徐州城市与苏南城市之间的差距,揭示近代徐州城市发展的独特规律及落后于江南城市的原因所在。陈晓鸣《中心与边缘——九江近代转型的双重变奏（1858—1938）》（经济日报出版社2009年）将九江与其所处的江西腹地和长江流域作为一个整体进行了多方位的考察，深入探讨了九江社会的传统功能与近代角色的转换，论证了九江以内外贸易为纽带、与江西内腹地区以及长江贸易中心城市之间互补互动的双向关系，剖析了九江从中心到边缘的变换历程，并以九江城市为基点，从经济转型、城市发展、城市社会变迁等方面对九江近代社会的转型进行梳理，揭示了九江近代转型不完整性这一基本特征，进而探讨了九江在中国城市近代转型中所具有的类型学意义。彭志军《火殇：苏州民办消防事业研究（1913—1954年）》（上海人民出版社2014年）内容包括传统时代苏州的火政、近代苏州消防事业的发展、消防与社会之互动等。杭州的日常生活史也有探讨。[①]

乡村史的研究稳步推进。[②]高贤栋《南北朝乡村社会组织研究》（山东大学出版社2008年），内容包括：南北朝乡村行政组织、十六国时期的乡里坞壁、从"聚"到"村"的演变、南北朝乡村中的宗族、南北朝乡村宗族的组织结构、南北朝乡村宗族的组织功能、南北朝乡村家庭的组织功能等。重要的论文有侯旭东《汉魏六朝的自然聚落——兼论"邨""村"关系与"村"的通称化》（《近观中古史——侯旭东自选集》，中西书局2015年），论述了汉代的自然聚落、六朝时期南方的自然聚落、"邨"与"村"及"村"的通称化。唐宋时期乡村的研究皆有专著，刘兴云《唐代中州乡村社会》（甘肃人民出版社2007年）着眼于唐代中州乡村民众的社会与生活状态，作者在别人研究的基础上利用正史、笔记小说、类书、唐诗的记载，并根据考古、石刻等资料来阐释唐代中州乡村社会状况。全书共分四个部分：大族、官吏与中州乡

---

① 郭东阳、刘文祥：《近代化背景下的晚清杭州市民日常生活——以〈杭俗遗风〉为中心的考察》，《地方文化研究》2015年第3期。

② 朱钰：《近十年乡村社会史研究述论》，《浙江社会科学》2011年第2期。

村社会,唐代中州乡村经济,唐代中州乡村社会保障,唐代中州民众信仰与习俗。谭景玉《宋代乡村组织研究》(山东大学出版社2010年)将落脚点放在宋代乡村社会控制的实现上,探讨宋代各种乡村组织在乡村社会控制中的地位和作用。

对近世以来农村经济的考察也有。葛金芳《中国近世农村经济制度史论》(商务印书馆2013年)以制度演进和社会变迁的互动关系为视角,着重考察中唐至明清中国农村的土地制度和赋役制度的演进轨迹及其对社会变迁的诸般影响。高寿仙《明代农业经济与农村社会》(黄山书社2006年)论述了明代的耕地面积与人口数额问题,农业发展与环境变迁问题,土地形态与生产关系问题,地方精英与乡村控制问题,对明清社会经济史领域一些影响广泛的理论模式和学术观点进行了介绍和评论。〔法〕劳格文、科大卫编《中国乡村与墟镇神圣空间的建构》(社科文献出版社2014年)为研讨会的论文集,内容涉及山东、山西、江西、安徽、广东、广西和湖南,文章所展示的不同地区的礼仪空间,有着极大的相似性,即当地宗族都有一套说辞,作为它们控制当地神龛和庙宇的理由;虽然不是每篇文章都描述宗教仪式,但从中可以看出,乡村都有交给仪式专家承办的宗教仪式;佛寺在礼仪空间中扮演重要角色,与祖先祠堂和庙宇呈三分天下之势。

乡村控制历来为学者重视,乡村史研究离不开制度探讨,[①]清代乡村研究多涉及此问题。段自成《清代北方官办乡约研究》(中国社会科学出版社2009年)考察了清代北方官办乡约的行政组织化过程及其规律和经验教训。全书通过对清代北方官办乡约推广过程和原因的探讨,梳理其发展的脉络;通过对其组织形式的研究,找出其组织形式的变化与其职能嬗变之间的关系;通过对其职能的研究,探讨职能的嬗变以及这种变化与社会变迁之间的关系;通过研究乡约的行政组织化对乡约与官府间关系的

---

① 罗艳春、周鑫:《走进乡村的制度史研究——刘志伟教授访谈录》,载《中国社会历史评论》第14卷,天津:天津古籍出版社,2013年,第390—415页。

影响，进一步探讨其行政组织化的方式；通过对乡约与地方社会关系的研究，展现行政组织化的乡约与当时北方主要的基层社会组织和地方强势阶层之间复杂的权力互动过程。蔡东洲等《清代南部县衙档案研究》（中华书局2012年）利用四川北部的南部县衙所藏档案，对一个清代县级政府的管理活动进行个案研究，涉及县衙设置、基层组织、文教机构和民间婚姻等专题，对研究清代基层管理的运作有一定启发。张研《清代县级政权控制乡村的具体考察》（大象出版社2011年）使用官员日记进行考察，内容包括清代地方行政及广东实况，清代知县与"一人政府"，广宁知县杜凤治的候选、上任与"交代"，杜凤治日记中的"盗案""户婚""田土"案及其他词讼等。

近现代乡村史成果丰富，各大区域都有研究专著。华北区域，李怀印《华北村治——晚清和民国时期的国家与乡村》（中华书局2008年）分为两大部分：第一部分考察了村社服务和田赋征收方面的一些内生性制度的实际运行情况。第二部分探讨1900年后由于实施全国性的行政制度及现代化措施而在乡村中发生的变化，目的是据此评估"现代国家建设"（state-making）在地方村社中的实效。任吉东《多元性与一体化：近代华北乡村社会治理》（天津社会科学院出版社2007年），内容包括五章：传统乡村组织结构与政治特征、近代地方社会变迁与制度演变、行政一体化的乡村"建设"行动：以获鹿为典型等。王先明主编"20世纪前期中国乡村社会变迁丛书"，2009年由人民出版社出版，该丛书内容多是华北的，共5册：王先明《变动时代的乡绅——乡绅与乡村社会结构变迁（1901—1945）》、郝锦花《新旧学制更易与乡村社会变迁》、李伟中《20世纪30年代的县政建设实验研究》、渠桂萍《华北民众视野下的乡村社会分层（1900—1949）》、罗朝晖《富农与新富农——20世纪前期华北乡村变迁的一个侧影》。李金铮《传统与变迁：近代华北乡村的经济与社会》（人民出版社2014年）分为四编：中国近代乡村社会经济史研究方法论，20

世纪上半期中国农村调查，从冀中定县看近代华北乡村社会经济，中共革命与华北乡村社会，共17章。近现代的乡村社会史研究，民众的视角受到重视。[①]

西北地区（涉及山西、河南）。史海泉《土地改革与乡村变迁——以西北边疆为视角》（中国政法大学出版社2014年）以制度变迁理论和系统论为分析工具，探讨了新疆少数民族地区土地改革实施的条件、过程、作用及特点，分析新疆土改对社会稳定、经济发展、政权巩固以及社会文化结构所产生的深刻影响。黄正林《近代中国农村经济史研究》（科学出版社2016年），侧重于近代黄河流域农村（包括甘宁青三省与河南）乡村经济与社会的探讨。岳谦厚、张玮《20世纪三四十年代的晋陕农村社会》（中国社会科学出版社2010年）立足于新发现的以及已出版的张闻天关于晋陕农村的调查资料，以中国中西部地区晋西北兴县14村（调查时属于既未经过土地革命又无大地主的普通小农经济村庄）、陕北神府县直属乡8村（调查时属于已经过土地革命且无地主阶级的经济"均化型"村庄）及米脂县杨家沟村（调查时属于未经过土地改革而仍保存着大地主经济的典型村庄）为中心研究区域或研究骨架，以地方或地域为研究方式，以社会科学理论为基础，阐述了20世纪三四十年代晋陕农村在"黄土、革命与日本入侵"场景下的基本面貌及其发展演变的历史。

东北区域。王广义《近代中国东北乡村社会研究：1840—1931》（光明日报出版社2010年）从村落入手，以乡村为视角考察当时东北农村的政治控制、农民的社会生活、农业的经济发展，揭示其近代化历程的演变，进一步展现了百年来近代东北地区乡村的社会变迁。

华东区域。罗衍军《革命与秩序——以山东省郓城县乡村社会为中心（1939—1956）》（中国社会科学出版社2013年）以远离

---

① 渠桂萍：《中国乡村社会史研究的民众视角》，《光明日报》2012年1月19日。

大城市、经济相对落后的山东省郓城县为中心，以革命政权与乡村民众的互动为考察视角，以档案资料与访谈资料相结合，分析中国共产党在乡村革命运动中对原来趋于动荡的乡村社会秩序的整合与重塑，考察抗日动员、土地革命、集体化等革命性运作对基层社会的影响。

华中区域。万振凡《弹性结构与传统乡村社会变迁：以1927—1937年江西农村革命与改良冲击为例》（经济日报出版社2009年），从革命、改良与传统乡村社会弹性结构互动的视角，系统探讨1927—1937年江西传统乡村社会变迁的规律，总结其经验教训。

以个别村落为个案的研究，近年来迅速增加。这样的研究受到了人类学家的影响，周大鸣《凤凰村的变迁：〈华南的乡村生活〉追踪研究》（社会科学文献出版社2006年）主要调查分析了近年来凤凰村人口变动的情况，如人口的结构、人口的流动等；对凤凰村的婚姻状况和家庭结构及变动进行了分析，尤其是对家庭的动态性、对老人赡养方式的变动进行了分析；以过密性农村兼业经济发展为主线，分析了凤凰村经济的结构、人口的职业状况，以及男女就业的差异；描述了凤凰村的民俗、信仰的状况与变化，试图以凤凰村为个案探讨我国农村民俗信仰复兴的原因；讨论了凤凰村宗族制度从衰落到复兴的过程；追溯从新中国成立至今的历次政治斗争和运动对凤凰村民的影响；从宗族、信仰的角度分析了村落社区的整合过程，从而回应了葛学溥以来华南汉人社会研究的一些关键问题。华南村落的历史研究，则有肖文评《白喉乡的故事——地域史脉络下的乡村社会建构》（三联书店2011年），以一个村落为切入点，在长期田野调查和大量使用民间族谱、文集，碑刻、传说等资料的基础上，探讨明清时期乡村社会历史变迁的动力和机制，试图以"总体史"的形象，在地域社会历史发展脉络下，展示粤东地区韩江上游一个乡村聚落从明中叶到清中叶约四百年间从"贼巢"到"邹鲁乡"的社会变迁与建构过程,揭示国家、地方精英与乡村社会形成和变迁的互动关系,以加深对中国传统乡村社会形成和发展的认识与理解,重新思考客家社会文化形成与变迁的具体过程。

江南。萧楼《夏村社会》(三联书店2010年)通过对江南"夏村"精致的民族志描写,提出了"差序场"的分析框架,为我们深刻认识当代中国东部沿海地区村庄社会的特质提供了不可多得的案例。作者以"差序场"为核心,在村庄人格系统、文化系统和社会系统三位一体的层面,以行动和结构互动为特征,以村庄日常生活的意义构建为内容,形成了与汉学人类学传统经典理论的对话,将前人的研究向前推进了一步。

华中地区。吴雪梅《回归边缘:清代一个土家族乡村社会秩序的重构》(中国社会科学出版社2009年),试图通过景阳河乡村社区在清代二百多年的社会文化变迁,以国家、地方性知识、边缘性为变量,考察国家、民间权威和族群三个主体是如何在特定的社会场域中完成地方秩序建构的。通过国家与乡村社会之间复杂关系的一个侧面,探讨其在民族边缘地区乡村的社会治理中,是如何互动并处于动态的变化过程之中,同时针对民族地区边缘化的深层原因,表达地域化的理解和历史性的阐释。

华北。张思等《侯家营:一个华北村庄的现代历程》(天津古籍出版社2010年)秉持"请农民讲述他们自己的现代史"的研究理念,力求摈弃仅根据领袖言论和政府文件,以及单凭预设理论模型来书写现代中国历史的模式,积极尝试发掘和使用出自底层农民之手的村落档案文献资料,尝试在田野中寻找农民自己的感受、体验和经历,用以重新书写现当代中国的历史。该书以侯家营村所独具的、体系完整且连贯百年的村庄文献史料为基础,交织以一段段鲜活生动的真实故事,从村庄政治进程、经济与社会变迁、人口与社会交往、乡村社会保障、村庄日常生活等多种视角,展现了一个普通华北村庄所经历的现代历程。

此外,还有一些专题性的村落考察,黄德海《变迁:一个中国古村落的商业兴衰史》（人民出版社2006年）考察了陕西省渭北高原上的韩城党家村的商业神话。作者从经济学的角度，并结合文化、地理等因素对此问题进行了深入的分析，揭露出其商业兴衰背后的深层次原因。姚周辉《宗教村落文化的范本——温州永嘉金氏宗族村落文化研究》（杭州出版社2011年），内容包括岩头金氏宗族村落的历史沿革、村落布局、村落水利工程、耕读文化、商贸文化、宗族组织文化、带有区域共性及金氏宗族特色的民俗文化等各种文化事象及其发展与演变过程，并在此基础上分析岩头金氏宗族村落文化发展与演变的特点和传承动力。李梦星《庐陵宗族与古村》（江西人民出版社2012年）论述的内容是：自然环境和人文历史，人口迁徙与村落的形成，择居风水和建宅习俗，宗族形态与族规村风，耕读传家与商儒并重，建筑特色与装饰艺术，神灵信仰和崇拜，名人故里和历史文化名村，乡村活着的历史。

徽州村落研究有突破，唐力行《延续与断裂：徽州乡村的超稳定结构与社会变迁》（商务印书馆2015年）综合考察了近代徽州社会稳定的内在和外在原因，探讨了徽州内部结构的稳定表征和发展机制，并通过对徽州几个村落的具体研究，揭示近代徽州乡村自治的规律和特点。王振忠《明清以来徽州村落社会史研究——以新发现的民间珍稀文献为中心》（上海人民出版社2011年），系利用近十数年来通过田野调查在民间收集到的珍稀文献，撰写的系列论文汇集而成，为徽州村落文书与村落社会史研究的专题论文集。作者力图透过村落文书所展示的基层社会之不同侧面，着眼于徽州社会文化史，特别是民众日常生活的研究。法国汉学家劳格文（John Lagerwey）与王振忠教授合作主编"徽州传统社会丛书"，由复旦大学出版社于2011—2014年出版，旨在以田野调查所获之口碑资料和地方文献，客观描述1949年以前徽州的传统经济、民俗与宗教，为人们提供一个地区较为完整的社会生活实录。①其他学者也有探讨徽州乡村日常生活的。②此外,邱枫《宁波古村落史研究》(浙江大学出版社2011年)论述了宁波古村落的历史地理研究、物质形态特征、宗族演化、风俗及其演化、近现代演变。

其他研究。吴滔《清代江南市镇与农村关系的空间透视——以苏州地区为中心》(上海古籍出版社2010年)结合社会经济史和历史地理学的研究视角,力图突破从西方经验出发的"城乡二分法"及"城市化理论"的预设,对以往学界关注不够的一些课题如市镇起源和镇管村机制的形成等进行了深入细致的探索,从环境交通、赋役区划、民间信仰、主佃关系诸角度较全面地审视了清代江南市镇与农村的关系。彭南生《半工业化:近代中国乡村手工业的发展与社会变迁》(中华书局2007年)探讨了中国近代若干地区、若干行业中乡村手工业兴起和发展的实际进程,将近代乡村手工业放到早期工业化的过程中加以考察。张佩国《林权、坟山与庙产》(中国社会科学出版社2014年)在研究乡村"土改"、合作化和宅基地纠纷时,通过解读有关历史档案、法律卷宗,试图发现20世纪后半期中国乡村社会变迁过程中地方性秩序的历史实践逻辑。在地方社会的时空脉络中,解释林权的历史形成机制,进而凸显其背后的民间法秩序的实践逻辑。张佩国《公产、福利与国家》(广西师范大学出版社2015年)对明清以来中国乡村社会的公产与福利实践进行个案研究,以阐明国家转型的历史实践逻辑。将政治经济分析和文化阐释结合起来,对公产的制度发明进行整体解释,并视乡村福利为一个历史的文化实践过程。曹树基、刘师古《传统中国地权结构及其演变》(上海交通大学出版社2014年),探讨了传统中国社会农村地权关系、

---

① 计有5部书:吴正芳《徽州传统村落社会——白杨源》,卜永坚、毕新丁编《婺源的宗族、经济与民俗》(上下册),许骥《徽州传统村落社会——许村》,柯林权《徽州传统村落社会——溪村》,王振忠编《歙县的宗族、经济与民俗》。
② 陈杰:《校园内外——师生日记所见民国时期徽州乡村的日常生活》,载《徽学》第九卷,合肥:合肥工业大学出版社,2015年。

结构及其在近现代转型过程中呈现的变化和特征，尤其是对20世纪50年代初的土地改革运动进行了实证的剖析和反思。

综论近现代城市、乡村的研究成果。彭南生《传承与变动：近代转型时期的城乡经济与社会》（湖北人民出版社2008年）围绕着近代乡村与城市经济社会领域里的传承与变动，选取20篇论文，分为上、中、下三个部分，分别对近代农民的生产与生活、工业化进程中的传统工业、商人团体及其活动等方面进行实证研究，诠释了传承与变动在经济社会生活中是如何展开的，呈现了近代城乡经济社会领域里传统与现代之间的复杂关系。赵晓阳、周东华、刘忠明主编《中西交汇中的近代中国都市和乡村》（社会科学文献出版社2015年），收录22篇论文。王先明主编的10卷本"20世纪之中国——乡村与城市社会的历史变迁"丛书（山西人民出版社2013年），展现了20世纪中国从农业社会向工业社会、从传统生活向现代生活转变的历史轨迹。内容涉及华北牙商、天津城市贫民、华北乡村建设工作者等多个社会群体，覆盖北京、天津、江苏、山西等地区，诸书由王先明指导学生在博士论文基础上修改完成。[①]

五、民间信仰与宗教生活

民间信仰。综合性的研究有复旦大学文史研究院编《"民间"何在 谁之"信仰"》（中华书局2009年）收录12篇论文，探讨民间信仰的研究方法、资料、理论等问题。

更多的研究是断代性的。先秦两汉时期。〔韩〕具隆会《甲骨文与殷商时代神灵崇拜研究》（中国社会科学出版社2013年）主

[①] 计有安宝《离乡不离土：20世纪前期华北不在地主与乡村变迁》、柳敏《融入与疏离：乡下人的城市境遇——以青岛为中心（1927—1937）》、张彦台《蜕变与重生：民国华北牙商的历史演进》、任金帅《聚同道于乡野：华北乡村建设工作者群体研究（1926—1937）》、付燕鸿《窝棚中的生命：近代天津城市贫民阶层研究（1860—1937）》、张启耀《民生维艰：田赋负担与乡村社会变迁——以20世纪前期的山西为范围》、朱军献《因革之变：中原区域中心城市的近代变迁》、丁芮《管治京城：北洋政府时期京师警察厅研究》、杨东《乡村的民意：陕甘宁边区的基层参议员研究》、杨红运《复而不兴：战前江苏省保甲制度研究（1927—1937）》。

要内容包括：殷商时代神灵崇拜研究简单回顾，选题和研究动机，人类社会宗教起源及演变，殷商时代神灵崇拜观念形成及神灵崇拜，甲骨文所见的祭祀，甲骨文所见的神灵在社会上的作用，晚商时期社会机制对西周社会的影响等。何飞燕《出土文字资料所见先秦秦汉祖先神崇拜的演变》（科学出版社2013年）利用先秦秦汉有关祖先神崇拜的出土文字资料，辅以传世文献，考察先秦、秦汉时期的祖先神崇拜的不同时期特点及其发展演变。练春海《器物图像与汉代信仰》（三联书店2014年）通过对汉代的器物，如熏炉、钱树、树灯、阳遂、铜镜、玉璧、武器、铜鼎等及其图像的讨论，从图像的背后了解汉代人们信仰的根源，理解文献失载的当时人们精神生活的深层内涵。王子今《秦汉社会意识研究》（商务印书馆2012年）阐述了秦汉时期的社会意识，不仅有精英文化层次的，而且对民间信仰也做了研究。

唐宋金元时期。余欣《神道人心——唐宋之际敦煌民生宗教社会史研究》（中华书局2006年）着眼于唐宋之际敦煌的宗教社会史，提出"民生宗教"的概念，深入研究了敦煌的神灵谱系，并从居住和出行两个方面探讨了各类宗教神灵对敦煌民众日常生活的精神影响。余欣还著有《中古异相——写本时代的学术、信仰与社会》（上海古籍出版社2011年），旨在以西陲出土写本为基础探讨中国中古时代的"学与术"和信仰、社会之间的关系，选择的切入点为构成中国文化本源的两个互摄的"异相"：方术与博物之学。韩瑜《唐代小说与唐代民间信仰》（中国社会科学出版社2013年）以收录唐代小说的大型类书《太平广记》为重要资料来源，扣住唐代民间信仰中鬼、怪、神三种角色在唐小说中的呈现状况，对民间信仰要素与唐小说发展繁荣之间的彼此关联作了进一步梳理。唐代"鬼故事"借鬼魂信仰之外壳，着重表现了青年人不被时代接受的爱情，唐代精怪信仰故事延续魏晋以来精怪故事模式，将富有谐趣精神的一面加以发扬；唐小说中反映神灵信仰的小说呈现新貌：一是神灵权力在世俗信仰世界地位不断下降，一是神灵的人性化色彩逐渐加深。皮庆生《宋代民众祠神信仰研究》（上海古籍出版社2008年）以张王、祠赛社会、祈雨、祠神信仰传播、正祀与淫祀为研究对象，将宋代民众祠神信仰置于唐宋社会变革的背景下，全面考察了祠神活动存在、演变的真实状况，及其复杂的社会、政治与文化背景。在史料分析的基础上，该书检讨并纠正了前人的若干观点，如正祀、淫祀二元对立，商人是祠神信仰传播的主要力量，社首与会首混淆等。范立舟《白莲教与宋元下层社会》（中国社会科学出版社2013年）对白莲教的源流、教义及其在宋元时期的发展情况作了全面的论述，尤其注重论述其与下层社会的种种关系，注重阐论白莲教成为民间反叛运动组织工具的过程，注重宋元时期的白莲教与当时其他民间宗教如弥勒信仰和摩尼教关系的剖析，厘清白莲教在宋元时期的情形。

宋至清长时段信仰的考察。王元林《国家正祀与地方民间信仰互动研究——宋以后海洋神灵的地域分布与社会空间》（中国社会科学出版社2016年）力图利用民间信仰长期积淀的社会文化内涵，揭示沿海不同地域的社会空间，展现国家与沿海地方海洋神灵互动关系，有助于研究国家层面与区域文化的关系，检讨沿海区域文化的互动关系。朱海滨《祭祀政策与民间信仰变迁——近世浙江民间信仰研究》（复旦大学出版社2008年），论述了宋代以后中央王朝通过制定祭祀政策对各地民间信仰现象进行干预、指导，以及分布于地域社会中的民间信仰如何去"适应"王朝的祭祀政策，社会集团如何参与、主导其变化。具体讨论了关羽信仰的传播及普及，周雄信仰的发生及其变貌，胡则信仰的产生与扩大，地方神信仰与区域。宋燕鹏《南部太行山区祠神信仰研究：618—1368》（中国社会科学出版社2015年）是有关唐宋金元时期华北区域祠神信仰的学术专著，通过对成汤、二仙和崔府君三个祠神信仰个案的考察，可以获得一些一般性认识：信仰的兴起往往依靠巫觋的力量；信仰的传播需要很多因素，其中最主要的是灵验的频度和程度；每座祠庙多为一定范围内的村落所共同信奉，构成了祠庙信仰分布的日常模式；各地的信仰组织和模式并不完全一致，但都为本地长期传承；以地方耆老和士人为主的群体，开始对地方文化资源有意进行整合，由此进一步巩固了地方心理认同，"同乡"关系网络在祠庙发展过程中有重要作用。祠庙的每一次重修，都是地方社会凝聚心理认同的有效手段。通过祠庙重修，我们能够看到宋元以来华北区域的地方社会逐渐成形的过程。

明清时期。刘彦彦《明代大众信仰与〈三遂平妖传〉研究》（中国社会科学出版社2015年）从宗教文化角度对小说文本进行阐释和分析，不仅揭示了明代"三教合一"民间社会信仰对小说创作的影响，同时对于当时白莲教民间运动在小说中的折射也进行了文史互证的分析和论证，有助于认识明代宗教生态对文学创作及民间社会的影响。王健《利害相关：明清以来江南苏松地区民间信仰研究》（上海人民出版社2010年）包括学术史的回顾与讨论、民间信仰活动的展开与日常生活民间神灵的初步分类、民间信仰活动的展开与日常生活、围绕土地庙的庙界及其活动等内容。贺喜《亦神亦祖：广东西南地区的地方信仰与区域社会》（三联书店2011年）从超越地方史的着眼点，研究粤西南一带呈现的亦神亦祖的祭祀现象。认为神与祖先的形象与拜祭模式，关乎在大一统的礼仪与文化推广的过程中，不同时期的地方社会如何利用国家的礼仪来塑造国家形象与表达自身认同。这个问题，既牵涉明清时期国家礼仪、地方行政、经济环境的演变，也深受文字运用、科仪专家参与、建筑物形制变化等因素的影响。陶明选《明清以来徽州信仰与民众日常生活研究》（光明日报出版社2014年），内容是：张王、太子及相关诸神——徽州文书所见民间诸神信仰，内神、外神与宗族的态度——民间信仰的宗族化，信仰的组织与组织的信仰——会社所反映的信仰习俗，演戏娱神与信仰活动——以目连戏为考察中心，民间信仰的建筑与文化——信仰的社会载体。

王守恩《诸神与众生：清代、民国山西太谷的民间信仰与乡村社会》（中国社会科学出版社2009年）考察民间神灵信仰的概况和特点，与制度化宗教的关系，这种信仰中官方与民众的关系，在家庭、宗族、村落中的地位，在村落内外的冲突与整合中扮演的角色及其对民众生活所起的作用，与社会变迁的复杂互动，以明了乡村社会普通民众的内心世界和生活状态、村落社区的运作机制和运行状况，以及这两者之间的内在联系，并在此基础上对民间信仰与乡村社会的复杂关系做出自己的基本结论。姚春敏《清代华北乡村庙宇与社会组织》（人民出版社2013年）选择山西泽州为标本，以散落于泽州各个村落、散见于方志、文集等各种史料中的5000余通碑刻为基本历史素材，对山西泽州乡村庙宇在时间空间上的分布、山西泽州乡村庙宇中的"社庙"（包括形成原因、认定标准、发展源流、主神选择、功能特色等）、山西泽州乡村依托"社庙"的乡村社会组织"社"（包括社界、构成、功能、活动方式、与官府及他社关系等）进行了系统考察。张月琴《仪式、秩序与边地记忆——民间信仰与清代以来堡寨社会研究》（科学出版社2013年）以仪式、秩序与边地记忆为题，力图展现长城堡寨的秩序需求，对清至民国大同堡寨聚落的民间信仰进行了考察。该书基本阐明了清代至民国时期大同北部堡寨聚落的民间信仰状况、特征，剖析民间信仰仪式，探讨仪式在堡寨秩序构建过程中的作用。范丽珠、欧大年（Daniel L. Overmyer）《中国北方农村社会的民间信仰》（上海人民出版社2013年）对华北民间信仰的历史脉络进行了梳理，该书既从宗教学理论的角度对民间信仰的意义、价值展开了思考，更以人类学田野调查的方法对中国北方农村社会民间信仰的存在、功能进行了调研。全书分为研究方法、传统和现代三篇。

〔美〕魏乐博、范丽珠《江南地区的宗教与公共生活》（上海人民出版社2015年）涉及安徽、江苏、浙江等地民众公共生活领域,发现南部江苏和部分浙江地区居士佛教兴盛,并促进了当地的公益慈善活动的开展。研究发现,在日益融入全球化时代的中国社会,传统文化的复兴并非是整个回到过去,而是在民众公共生活中成为应对社会变迁与各种困扰的重要形式。此外,还有刘家军、沈金来主编《城隍信仰研究——安溪城隍庙》(中国社会科学出版社2013年)。有学者认为,民间信仰的研究中存在着缺乏对于信仰区域的整体观照及其空间分异现象的深入剖析。[①]

朝山进香是民间信仰的重要表达方式,[②]有两部著作对此专门探讨。梅莉《明清时期武当山朝山进香研究》(华中师范大学出版社2007年)论述武当山进香的历史过程、武当山朝山道路的变迁、不同时期香客来源的社会构成、武当山朝山进香与明清时期真武信仰状况之间的关系、香客的空间分布形态以及武当山香会的结构与活动、政府对朝山进香的管理。叶涛《泰山香社研究》(上海古籍出版社2009年),探讨了泰山信仰的基本特征、泰山神祇的人格化进程、香社团体的形成等问题。

朱小田对民间信仰与日常生活关系的探讨值得注意。他认为:与精英思想的文本呈现不同,民众观念依日常生活而得以存续。在近代浙江上虞,曹家堡周边乡民呈现孝义观念的"曹娥文化"颇具典型性,藉此可以揭示民众观念的日常存续机理。从存活方式看,民众观念在口传和仪式等社会互动过程中自然呈现;以思想资源言,民众观念主要以渗透于日常生活中的上层意识形态为取资对象,而这种意识形态常常被转换为民众时常接触、能够理解和接受的日常版本;就社会基础论,类如孝义的民众观念颇为契合底层民众构建地方生活秩序的逻辑。社会互动、日常版本和地方生活过程的有机结合,构成近代以降民众观念存续的

① 郑维宽:《从历史地理学的视角看当前民间信仰研究的误区》,《广西社会科学》2012年第1期。
② 有关宋代的研究如刘云军:《两宋时期民众东岳信仰考察——以日常进香与朝献为中心》,载《中国10—13世纪历史发展国际学术研讨会暨中国宋史研究会第十四届年会宋史研究论文集》,武汉:湖北人民出版社,2011年;刘云军:《两宋时期泰山香社探研》,载《宋史研究论丛》(第十三辑),保定:河北大学出版社,2012年。

独特机理,体现了传统中国民众观念存续的一般性状,为民众观念史研究昭示了别样路径。①

各时期宗教的综合研究。常玉芝、宋镇豪《商代宗教祭祀》(《商代史》卷8)(中国社会科学出版社2010年)考察商代图腾残遗信仰,系统探究上帝及帝廷诸神、自然神、祖先神的三大宗教分野,神灵崇拜的代变、神灵权能和神性、祀所设置、人殉人祭,对甲骨文中的祭仪名类进行全面梳理,阐述王室周祭祀谱,有关祭仪和庙制,剖析宗教祭祀活动的性质,深入研究商代宗教信仰层面诸如社会凝聚力、情感寄托、宗教功能等社会学方面的意义。陈金华、孙英刚编著《神圣空间:中古宗教中的空间因素》(复旦大学出版社2014年)介绍了中国中古时代,宗教信仰兴起,外来的佛教、摩尼教、景教、琐罗亚斯德教等传入中国,本土的道教信仰勃兴,儒家学说也带有强烈的天人感应的宗教色彩。各种宗教文明的交融以及对政治、思想和日常生活的渗透,极大改变和丰富了历史内容。

时间和空间是人类感知自我存在的基础,宗教信仰的兴起也因此重塑了中古时代人们的空间观念,与此同时,宗教信仰也在空间中展开,重塑了中古时代的历史面貌。在这一时期,中国的城市空间结构发生了巨大的变化,尤其是佛教在城市空间中的展开,使原先等级森严的城市空间,产生了两个显著的变化:第一是公共空间的扩大,第二是宗教神圣空间的出现。王岗、李天纲编著《中国近世地方社会中的宗教与国家》(复旦大学出版社2014年)共收15篇论文,分为三个专题,即:近世国家与江南地方宗教,地方道教与国家,地方宗教与文化。韩朝建《寺院与官府——明清五台山的行政系统与地方社会》(人民出版社2016年),通过梳理五台山区域不同行政系统在地方社会的运作和展演的过程,探讨地方行政系统与五台山地区社会建构之间的关

---

① 小田:《论民众观念的日常存续——基于近代"曹娥文化"的扩展分析》,《历史研究》2013年第4期。

系。丁希勤《古代徽州宗教信仰研究》（安徽师大出版社2013年）系统地介绍了古代徽州一府六县的宗教信仰状况，包括儒教、道教、佛教、民间信仰以及古代徽州宗教信仰与徽州社会发展，阐述了徽州境内所有寺庙、道观的起源、发展、演变，介绍了徽州境内的历代著名僧人和道士的事迹。夏春涛《天国的陨落：太平天国宗教再研究》（中国人民大学出版社2006年）探讨了太平天国宗教的名称，上帝教与基督教、与儒家传统思想文化、与中国民间宗教的关系；从上帝教的天父天兄下凡等教义入手，剖析了天京事变、太平天国败亡的原因；梳理了李秀成、幼天王洪天贵福等被俘后的表现；辨正了流行的太平天国实现了男女平等以及近来出现的太平天国邪教说。

佛教。王雪梅《弥勒信仰研究》（上海古籍出版社2016年）系统探讨了弥勒信仰的形成、发展与演变。[①]徐清祥《门阀信仰：东晋士族与佛教》（中国社会科学出版社2010年）以三国两晋尤其是东晋时期中国哲学的发展为线索，探讨了门阀制度及其信仰对外来文化的吸收以及对中国思想的影响。圣凯《晋唐弥陀净土的思想与信仰》（中国社会科学出版社2009年）探讨汉地早期的弥陀净土信仰，有助于进一步理解中国佛教的净土宗，以及净土信仰中国化的历程。贾发义《净土信仰与中古社会》（中国社会科学出版社2012年）主要讨论弥陀净土信仰在中古时期的传播、发展过程及其与中古社会的互动关系；古代先民大同世界、桃花源等净土思想是中印文化沟通与交流的媒介；净土信仰体系经东汉至隋唐最终形成，具有明显的地域和信仰特点；弥陀净土信仰在中古社会的传播与普及，同时也是净土信仰中国化的过程；弥陀净土信仰对中古社会的孝文化、丧葬文化产生了深远的影响。

季爱民《隋唐长安佛教社会史》（中华书局2016年）以个案的形式分析佛教对于都城政治与社会生活的意义，在此基础上考

---

① 参见王雪梅：《弥勒信仰研究综述》，《世界宗教文化》2010年第3期。

察佛教与社会关系的变迁过程。讨论了佛教在长安社会秩序形成与转变中的意义，展现了盛唐以降传统信仰方式与理性信仰对于居民生活的不同影响。张海峰《唐代法律与佛教》（上海人民出版社2014年）立足唐代讨论佛教与法律之间的互动关系。佛教的慈悲平等观念与法律的公平正义理念有共通之处。佛法在于劝人为善，强调慈悲平等；法律旨在禁人为恶，体现公平正义，两者极具相似性。佛教在宏观、微观两个层面都影响到唐代的立法、司法和守法。同时，唐代统治者利用法律规范佛教的有序发展。法律尊重佛教自身特点，给予理解和支持，取消了僧徒跪拜君王、僧徒同俗推勘的规定。

张明悟《辽金经幢研究》（中国科学技术出版社2013年）认为经幢是佛教密宗进入中国后独特产物，一般由石刻而成，个别有铁铸，多为八角和六角，圆柱形和圆鼓形罕见，上面刻以佛顶尊胜陀罗尼为主的各种密宗陀罗尼。经幢的建置自唐朝开始普及一直延续到明清。唐代是树立经幢的高峰期，而异域的辽金更是普及风靡。张培锋"宋代士大夫佛学与文学礼佛文丛"（宗教文化出版社2007年），内容主要有：宋代士大夫佛学的政治背景、社会背景、思想背景，佛教对宋代士大夫影响个案研究，宋代士大夫佛学诗文与著述。邵育欣《宋代妇女的佛教信仰与生活空间》（中国社会科学出版社2015年）结合宋代佛教信仰的时代特色与宋代家庭生活状况和相关秩序理念，站在女性的立场，以"生活空间"作为观察视角，分析宋代佛教女信徒在现实生活中的活动空间及想象与思维的精神空间，进而探讨佛教信仰对妇女物质、精神生活带来的影响。

何孝荣《明代北京佛教寺院修建研究》（上下，南开大学出版社 2007年）论述了西晋至元代北京佛教寺院的修建，明代北京城的营建以及政治、经济、文化的发展，分时期详述有明一代北京佛教寺院修建的具体演变，深入分析帝王、后妃、宦官、僧人、士庶人等的佛教政策、信仰等在其中的影响，总结了明代北京佛教寺院修建的特点和启示等。段玉明编《佛教与民俗》（宗教文化出版社2014年）旨在研究佛教观念怎样向民间知识渗透、佛教文化怎样化成中国的风俗习惯等系列问题，力所能及地弥补中国佛教史研究的疏缺。①

道教。吴真《为神性加注：唐宋叶法善崇拜的造成史》（中国社会科学出版社2012年）以唐代宫廷道士叶法善为例，讨论唐宋时期叶法善肉身成神的造神史。著名道士作为社会公共资源，成为箭垛式的圣者符号，被各种社会力量所利用，不断被加注新的神性，其中有中央朝廷的政治加注、传奇小说的文学加注、道团道经的托名加注、地方道观的在地化加注、叶氏宗族的祖先崇拜等等。作者分析了各种加注的社会特质，更进一步论及各种加注传播力量的强弱。本书不止是关于一个道士的个案研究，而是一种牵涉"唐宋变革"的极为宏观的社会史研究。赵芃《山东道教史》（中国社科出版社2015）梳理了早期道教组织（方仙道、黄老道）和早期道教著作（《太平经》）在山东地区的传播，分析了这些早期道教派别与后来的义理化道教教团的渊源关系，系统论证了山东是中国道教发源地之一的观点；考察了先秦时期山东道教的文化渊源，秦汉时期山东道教的形成，魏晋南北朝时期山东道教的演变，隋唐宋时期山东道教的兴盛与繁荣，金元时期山东道教的鼎盛，尤其对金元时期北方三大道教教派（全真道、真大道、太一道）在山东的交织发展作了较为清晰的描述；还系统记述了儒、道、释在山东的融合与发展，使中国长期存在的"三教会通"历史现象得以形象地展示于区域道教史之中。 有学者指出，道教对清代满族精英产生了明显影响。②

---

① 《中国社会历史评论》第16卷上（2015年）发表一组佛教与社会的论文，计有：尤李《论安史之乱和会昌灭佛对唐幽州佛教的影响——以〈大唐云居寺故寺主律大德神道碑铭并序〉为中心》，陈文庆《唐代福建佛教的几点观察——刘轲〈福州东山圣泉法华院记〉佚文释证》，明成满《民国佛教的医药慈善研究》。

② 梅莉：《清代中晚期满族精英日常生活与道教——以顾太清、奕绘夫妇为中心》，《江汉论坛》2016年第6期。

　　天主教。周萍萍《十七、十八世纪天主教在江南的传播》(社会科学出版社2007年)对天主教在江南区域的传播分时段考察，分析了平民信徒和女性信徒这两个互有交叉却又不相统属的奉教群体，以求更全面地了解明清时期天主教在华传播及影响。张先清《官府宗族与天主教——17—19世纪福安乡村教会的历史叙事》(中华书局2009年)，将天主教的传播问题置于明清以来地方社会历史发展的脉络中加以考察，结合人类学的田野调查及历史学的文献分析，力图重建17—19世纪天主教在闽东福安的传播历史；从区域社会文化史的角度，系统深入地探讨了地方官府、宗族与乡村教会发展三者之间的关系。

　　民间宗教。刘雄峰《明清民间宗教思想研究：以神灵观为中心》(巴蜀书社2011年)从现代宗教学的角度，以神灵观为中心，结合明清民间宗教各教派的主要经卷宝卷以及其他相关材料，进行认真解读和仔细分析，分别以神灵谱系、神话理论、救赎观念、伦理思想四个部分依次展开，研究考察了明清时期民间宗教思想的形成、发展和演变的历史轨迹，对明清民间宗教的神灵思想进行了宗教意义上全新的探索。华智亚《龙牌会：一个冀中南村落中的民间宗教》(上海人民出版社2013年)考察了中国河北地区重新兴起的民间宗教：龙牌会，即龙信仰；详细调查和分析了这一教会的各种仪式、活动、信仰观念和文化遗存；试图找到这一宗教与国家、知识分子和不同利益相关者的规律性关系。

六、礼俗与社会习尚

　　风气习尚以及民俗、礼俗与社会史关系密切，已出版了一些通论性著作。[1]钟敬文主编《中国民俗史》(人民出版社2008年)主要内容包括：中国民俗史与民俗学史，物质生产民俗、物质生活民俗，氏族、宗族与人生礼俗，民俗信仰，民间工艺等。分为六

---

[1] 关于社会风气研究与社会史研究的关系，请参看常建华：《旧领域与新视野：从风俗论看明清社会史研究》，载《中国社会历史评论》第12卷，天津：天津古籍出版社，2011年。

册：先秦卷，晁福林著；汉魏卷，钟敬文主编；隋唐卷，韩养民等著；宋辽金元卷，游彪等著；明清卷，萧放等著；民国卷，万建中等著。吴丽娱主编《礼与中国古代社会》（中国社会科学出版社2016年）以礼制为主体，时间跨度自先秦至明清，力求展现各时代的礼仪风貌及特色，对礼本身的发展脉络提出具体和概观性的认识；注重从礼仪活动、礼仪实践中理解中国社会，通过动态的礼制史来反映礼与社会的互动关系。张宏慧《魏晋南北朝社会生活习俗研究》（郑州大学出版社2016年）从衣冠服饰、商业活动、教育文化、婚姻丧葬、社会保障、慈善公益等方面，论述了魏晋南北朝时期人们的生活状况、生活态度及价值观念的发展变化。梁景和探讨近代俗文化，他的《近代中国陋俗文化嬗变研究》（修订本）（首都师范大学出版社2009年）认为，所谓陋俗文化是指特定时期内体现于风俗惯制上并为传统人伦文化所认同的文化糟粕。该书分为首论、婚姻、家庭、妇女、性伦、结论等章，论述了相关问题。梁景和《五四时期社会文化嬗变研究》（人民出版社2010年版）共分十二个专题，大体上可归为婚姻、家庭、女性和性伦四大板块。

以礼俗为题的研究较多，多涉及礼制实践与习俗的关系。先秦两汉，吕静《春秋时期盟誓研究——神灵崇拜下的社会秩序再构建》（上海古籍出版社2007年）从探讨盟誓的概念入手，全面梳理有关春秋时期盟誓的各种文献以及考古材料，渐次研究盟誓中宗教性与政治性的各种复杂关系以及其中所反映的社会变动，对早期盟誓的起源、形态，对春秋盟誓的仪式、载书等也有细致的研究。王子今《秦汉称谓研究》（中国社会科学出版社2014年）论述了称谓与等级秩序、职业身份、家庭结构、民族关系、行政控制、社会风习的关系。李俊芳《汉代皇帝施政礼仪研究》（中华书局2014年）探讨了"礼崩乐坏"及其影响，汉代皇帝即位礼仪，册命礼仪，与即位礼仪和册命礼仪相关的问题，朝礼，其它施政礼仪，汉代负责皇帝施政礼仪有效实施的官员，施政礼仪的功能。刘尊志《汉代诸侯王墓研究》（社会科学文献出版社2012年）对两汉诸侯王墓的墓葬分布，合葬形式与相对位置，墓葬形制与陪葬品，墓外建筑及相关问题，汉代诸侯王墓体现的丧葬制度及其特征等进行全面细致的研究，尤其是对以往学界研究相对薄弱的东汉诸侯王墓，分析了其基本内容、丧葬制度及特征、发展演变与衰落过程等。特别是作者在系统梳理东汉诸侯王墓资料的基础上，把两汉诸侯王墓放在一起进行综合比较研究。此外，陵墓地面建筑是重要的礼制性设施，因而帝王陵园制度同样也是陵寝制度研究的重点。

中古时期，吴丽娱《终极之典——中古丧葬制度研究》（上下，中华书局2012年），探讨了唐宋皇帝丧葬礼、皇帝丧葬的组织构造与凶仪慰哀、唐朝的丧葬礼令与唐五代丧葬法式、官员丧葬礼令、唐宋赠官制度等方面的问题。朱溢《事邦国之神祇：唐至北宋吉礼变迁研究》（上海古籍出版社2014年）深入把握吉礼制度的内在逻辑，从大祀、中祀、小祀的纵向结构和祀天神、祭地祇、享人鬼、释奠先圣先师的横向结构出发，主要通过三祀制度、郊祀礼仪、太庙祭祀、释奠礼仪等方面的内容，来检讨唐至北宋吉礼的变迁，并且探究其在中国礼制史上的位置及其对后世的影响。从中亦可看到吉礼制度与政治秩序、权力观念、思想学说、宗教信仰之间的复杂关系。国家祭祀是以国家名义、由皇帝或政府官员主持的公共祭拜活动，这种祭拜活动既体现一定的宗教涵义，又昭示祭祀者政治、社会信念和价值，同时又服务于国家共同体的现实目的。

明代礼俗。张佳《新天下之化：明初礼俗改革研究》（复旦大学出版社2014年）从衣冠服饰、婚嫁丧祭，到日常生活中的礼仪细节，明初礼俗改革涉及的范围甚为广泛。当政者试图在"用夏变夷"的旗号下，通过重新划分"胡汉"文化界限的方式，来建立士大夫对新政权的认同。明初礼俗改革不仅塑造了明代前期社会生活的基本面貌，而且其所恢复和构建起来的基本价值观念和社会规范，还奠定了有明一代社会文化的基调和底色。李媛《明代国家祭祀制度研究》（中国社会科学出版社2011年）从整体上把握明代国家祭祀体系，系统梳理和考察了明代国家祭祀体系的制度设置、机构管理、仪式规范、组成要素、信仰内涵及其现世功用等相关问题，全面展现了明代国家祭祀体系的总体结构和运行面貌，并从政治文化的视角系统解读明代国家祭祀体系的精神内涵，分析这一体系的信仰意识、价值意识和政治用意等，指出构成祭祀体系的诸多侧面和要素相互关联的整体意义。赵克生《明代国家礼制与社会生活》（中华书局2012年）从"礼仪——政治史、社会史"的基本研究思路出发，把礼制放在具体的政治、社会环境中，分别从宫廷、官僚阶层、地方社会三个不同层面，动态考察礼制的运作和变动，建立起礼制与政治生活、社会生活之间的联系。

时尚生活。一些学者从美学、伦理学、美术学的视野综合论述审美风尚、道德生活、时尚文化的通史著作，都涉及日常生活。杨孝鸿主编《中国时尚文化史》（山东画报出版社2011年）分为先秦至隋唐、宋元明、清民国3卷。唐凯麟主编《中华民族道德生活史》（东方出版中心2014年）以民族道德传统的形成、发展、演变和弘扬为基本线索，按不同的历史时期考察中华民族的道德生活历史，目前已经出版先秦卷、秦汉卷、宋元卷、明清卷、现代卷共计5卷。许明主编《华夏审美风尚史》（11卷，北京师范大学出版社2016年）展示了中华民族审美精神的诞生、发展的历史，把美作为人类的审美活动进行全方位的历史描述。

此外，还有论述不同时代文娱习尚的。秦汉休闲生活的研究有长足的进展。谢珊珊《休闲文化与唐宋词》（暨南大学出版社2011年）首先从理论上理清了"休闲"的价值及其意义，并从历史与文化角度考察了唐宋尤其是宋代"休闲"以及休闲文学的由来与发展。作者从唐宋时期社会物质条件的丰富、城市集群的形成、市民阶层的出现、商业文化的形成以及商业价值观的被认同、官员俸禄的丰厚等方面进行了剖析，揭示了休闲形成的物质基础；论述了体现在唐宋以来官员"休沐"制度的完善，认为词最初就是应酒色而诞生的，也可以说佐欢助兴是词创作与传播的最初目的。王立《欢娱的巅峰：唐代教坊考》（新星出版社2015年）对唐代乐艺机构的建制进行了系统梳理，考察了内教坊、梨园、仗内教坊等机构的发展过程；探讨了宫廷女乐、内园小儿等乐艺人员的归属；对长期流传的一些错误观念进行了辨析。还介绍了分布于各藩镇的官伎及长安市井伎的形成与发展，揭示出唐艺辉煌的制度原因，阐明了大唐宫廷对于唐代文艺的深刻影响。

赵瑶丹《两宋谣谚与社会研究》（中国社会科学出版社2015年）论述了两宋谣谚的形式、社会背景、社会内容，两宋谣谚在空间上的传播与分布、在国家事务中的接受与控制。戴健《明代后期吴越城市娱乐文化与市民文学》（社会科学文献出版社2012年）内容包括吴越城市特征概述、吴越城市娱乐文化的构成、城市娱乐场所、市民文学的娱乐传播、"新人文思潮"与吴越市民文人的文学活动、市民文学的世俗性、市民文学的通俗性等。明代后期，吴越城市中戏剧演出、评话、唱曲、百戏杂艺等场上表演和剧本、小说、蒙书、小品文等休闲阅读等，都非常兴盛。该书通过对当时吴越地区城市娱乐文化的生存状态、传播途径、主要特点的考察，梳理了其与市民文学创作与传播的关系。彭恒礼《元宵演剧习俗研究》（广东高等教育出版社2011年）以中国农村元宵节期间普遍存在的原生态演剧为主要考察对象，探讨元宵演剧形态时，以民间演剧为主，宫廷演剧为次。

学者关注到戏曲与社会的关系。朱琳《昆曲与江南社会生活》（广西师范大学出版社2007年）以江南昆曲受众为立足点，结合昆曲艺术特色，分析了他们喜好昆曲以及参与昆曲活动的原因和心理动机；阐述了昆曲在江南社会生活中所发挥的功能及其对江南社会生活的影响等。刘召明《晚明苏州剧坛研究》（齐鲁书社2007年）介绍了苏州职业戏班、家乐戏班、民俗演剧的兴盛。段建宏《戏台与社会：明清山西戏台研究》（中国社会科学出版社2009年）分析明清时期山西戏台的特色及其形成原因，解析古戏台的社会功能，并进一步探讨戏台所蕴涵的国家与社会的关系以及民间信仰对戏台的影响。郑维维《社会史视角下的汉剧（1912—1949）》（人民出版社2015年），以湖北地方"大戏"汉剧在民国时期（1912—1949）的生存状态、组织运行，以及与其相关的人们的日常生活为研究内容，关注处于社会下层民众（该书中即汉剧艺人、票友、普通观剧民众等）的活动以及他们的喜怒哀乐，力求接近真实的与汉剧相关民众的社会生活，并对他们的社会生活作出文化的解读，试图找出隐藏于表面之下的规则、常规、习俗和原则。

曲艺也与社会关系密切。女弹词是从事苏州弹词演出的女艺人，女弹词作为江南女性在社会历史变迁过程中习得的一种性别身份，她的产生、演变和职业生涯折射出晚清以来江南地区性别观念以及性别关系的变化。周巍《弦边婴宛：晚清以来江南女弹词研究》（上海人民出版社2014年）通过考察"技艺"与"性别"之间的互动关系，围绕传统行会组织、社会群体以及不同政权对女弹词观感的差异与变化，揭示出"女弹词论述"文本中蕴含的丰富多彩的性别符码和权力关系，从而为苏州评弹研究增加性别史、社会文化史的新维度。"子弟书"是清代中期以后兴起于旗人社会的一种艺术形式，随着清王朝的衰亡而衰亡。郭晓婷《子弟书与清代旗人社会研究》（中国社会科学出版社 2013年）从清代旗人社会的角度对子弟书进行系统研究，作者从八旗子弟的生活方式入手探讨子弟书生成的文化生活之源，从子弟书中看旗人的社会状况、娱乐生活、家庭生活、市井百态、人物形象；再从题材来源的角度探讨子弟书对汉族艺术的吸收，子弟书的语言艺术与八旗子弟的文化修养。

岁时节日的研究出版了几部有深度的专著。刘晓峰《东亚的时间——岁时文化的比较研究》(中华书局2007年)是立足于比较文化的立场对中国古代岁时文化所做的综合研究。张勃《唐代节日研究》(中国社会科学出版社2013年)引入节日生活微观研究方法，选取几位唐人为个案，对他们在节日生活中的行动及其影响进行深入考察。张勃《明代岁时民俗文献研究》(商务印书馆2011年)主要运用比较、文本分析等方法，对明代岁时民俗文献中的岁时记、地方志中的岁时民俗记述进行专门研究。

物质生活。学者对不同时期的消费进行探讨。赵兰香、朱奎泽《汉代河西屯戍吏卒衣食住行研究》(中国社会科学出版社2015年)研究了汉代河西屯戍吏卒的衣食住行，展现了汉代河西屯戍吏卒的基本风貌和生活条件，也揭示了汉代后勤保障方面的管理制度。张雁南《唐代消费经济研究》(齐鲁书社2009年)论述了唐代基本消费概况、消费结构变化趋势分析、社会群体消费支出与消费行为分析、社会阶层消费水平差异及其根源、消费观念的变化与消费方式的变革、节俭消费方式的倡导及实践、上层社会休闲消费行为分析、消费经济历史地位与作用等。何辉《宋代消费史：消费与一个王朝的盛衰》(中华书局2010年)考察了宋朝三百二十年间的消费状况与王朝盛衰的关系。作者考证了一些重要史实，对社会消费与国势盛衰的关系提出了看法。陈宝良探讨明代消费与生活质量的关系，指出：基于奢靡风气盛行，明代中期以后开始出现了一股追逐奢侈品的风气，且人们在休闲娱乐消费与宗教性消费方面的支出日渐增大。明朝人在满足日常生活需求的同时，追求基于更高生活水平之上的生活质量。他还认为，明人生活质量的高下、生存状态的安逸与窘困，除了取决于财富占有的多寡等外在的物质条件之外，也与人们内在的心理感受密切相关。[①]黄敬斌《民生与家计：清初至民国时期江南居民的消费》(复旦大学出版社2009年)借助现代经济学理论与统计学方法，

---

① 陈宝良：《明代的物价波动与消费支出——兼及明朝人的生活质量》，《浙江学刊》2016年第2期；陈宝良：《明朝人的生活质量及其相关问题探析》，《福建论坛》2016年第5期。

重现了清初至民国年间江南地区居民的日常消费状况,从衣、食、住、行等满足人类生存最基本的消费类别入手,运用大量的调查数据,考察了两百多年间江南居民的基本生活状态、江南地区的区域经济和江南居民的生活水平。

生活质量关系到人的身高。彭卫指出:秦汉时期黄河流域及其以北地区成年男性的中等身高大约为166~168厘米,成年女性的中等身高大约为150~152厘米。长江流域及其以南地区成年男性的中等身高大约为161厘米,成年女性的中等身高大约为150厘米。秦汉人的身高可能因经济状况和社会地位的不同而有差异,家境较为富裕或社会地位较高的群体,一般来说其平均身高可能要高于家境较为贫寒或社会地位较低的群体。在成年人的确认中,年龄是最重要的因素,身高的意义则有限。尽管秦汉社会重视人的体貌,但身高与爵位的获得以及官吏选拔之间并不存在制度上的特定联系。商周时期人群的中常身高较之新石器时代的居民可能降低了2厘米以上,秦汉时期居民的中常身高则有所回升,这种情形可能与产业结构以及由此导致的食物获取内容的改变有关。[1]

近代烟毒社会问题的应对方面。刘文楠《近代中国的不吸纸烟运动研究》(社会科学文献出版社2015年)重构了晚清到民国时期三次不吸纸烟运动的来龙去脉,详述了这三次运动的言论、组织和开展过程,并以此为线索将政治动员、国民教育、日常生活规训、卫生观念的演进、烟草业经济发展、政府税收管理、中央地方关系、民族主义思潮等方面有机地结合在一起,最后着眼于近代中国精英和政府对民众日常生活的定义和塑造。肖红松《中共政权治理烟毒问题研究:以1937—1949年华北乡村为中心》(人民出版社2013年)以1937—1949年中共在华北抗日根据地、解放区治理烟毒活动为考察对象,缕析该地区烟毒基本形

---

[1] 彭卫:《秦汉人身高考察》,《文史哲》2015年第6期。

态、社会根源以及中共治理烟毒的理念、举措、效果；继而透过治理烟毒活动分析中共革命政权与乡村社会如何互动、如何影响革命进程的基本问题。

服饰方面。吴欣《中国消失的服饰》（山东画报出版社2010年）梳理服饰文化发展的脉络，从最初的蔽体御寒，到后来成为身份地位的象征，再到现在作为潮流时尚的风向标，服饰在我们日常生活中的意义和作用早已远远超出其产生之初的范畴。

饮食方面。彭卫利用出土地下材料、结合文献对汉代饮食状况的深入研究值得关注。他讨论了大豆黄卷、豆脯、茄子、狗腰马腹、饼食、糁、饺子、寒粥、素食、浆、乳等。[1]刘朴兵《唐宋饮食文化比较研究》（中国社会科学出版社2010年）以中原地区为考察中心，对唐宋两代的食品、饮品、饮食业、饮食习俗、饮食文化交流、饮食思想等进行了系统的比较研究，发现唐宋饮食文化有着许多显著的差异。唐代饮食文化具有鲜明的"胡化"色彩，而宋代饮食文化的"胡化"色彩则大大减弱。唐代饮食文化显得豪迈粗犷，宋代饮食文化则显得细腻精致。唐代饮食文化的贵族化色彩显著，宋代饮食文化的平民化色彩突出。唐代饮食文化的发展基本上局限于自然经济的范畴，而宋代饮食文化中的商品经济因素则显著增多。唐宋饮食文化表现出来的这些差异与唐宋社会的差异基本上是一致的。唐宋两代的饮食文化也有不少相同或相似的内容，表现出中国饮食文化自身发展的连续性。沈冬梅《茶与宋代社会生活》（中国社会科学出版社2015年）对宋代茶艺如采茶习俗、生产过程、保藏方法、点茶程序、分茶和斗茶技艺、茶具形制和系列等做了历史比较；对宋代贡茶和赐茶的政治意蕴、茶与中外文化交流、宋人茶观念、宋代茶书、茶与宋代诗词书画等都进行了考析。赵国栋《茶叶与西藏：文化、历史与社会》（西藏人民出版社2015年）通过大量的文史资料及

---

① 彭卫：《汉代食饮杂考》，《史学月刊》2008年第1期。

实地调查,尝试对茶叶与西藏的关系进行系统的梳理与分析。周正庆《中国糖业的发展与社会生活研究——16世纪中叶至20世纪30年代》(上海古籍出版社2009年),论述了16世纪中叶至20世纪30年代饴糖、蜜糖、甜菜糖的生产及社会功用,蔗糖业生产的发展,蔗糖的国内外销售,糖在饮食和医疗中的应用及影响,食糖对民俗的影响,糖的文化性——以华东和广东为例。伊永文《1368—1840中国饮食生活:日常生活的饮食》(清华大学出版社2014年)由日常生活的饮食、成熟佳肴的文明两部分组成。同作者的《1368—1840中国饮食生活:成熟佳肴的文明》(清华大学出版社2014年)主要讲明清的饮食文化和生活方式。

居住方面。朱力《中国明代住宅室内设计思想研究》(中国建筑工业出版社2008年)认为明代居室生活有艺术化倾向。明代居用方面青花瓷普及,肖丰《器型、纹饰与晚明社会生活》(华中师范大学出版社2010年)认为物质文化生活上出现器用的瓷质化。[①]曹炜《开埠后的上海住宅》(中国建筑工业出版社2004年),将近代上海住宅分为里弄住宅、独立住宅、多层集合住宅三类,在对大量现存住宅的现场测绘和历史背景调查基础上,详尽分析了它们的平面设计以及外观造型随时代发展而产生的变化,由此揭示居住在上海的近代中国人是如何逐步接受西洋建筑文化,并在保留中国传统生活习惯的同时,形成了上海近代建筑的独特风格。

出行方面,旅游史研究成果突出。陈建勤《明清旅游活动研究——以长江三角洲为中心》(中国社会科学出版社2008年)从旅游史角度,运用历史学、地理学等相关理论和方法,全景式地研究了旅游活动发生发展之轨迹,尤其从大量游记散文等文学作品中挖掘史料,探索利用文学作品的史料价值,拓展社会生活史研究的史料来源。魏向东《晚明旅游地理研究》(天津古籍出

---

① 请参阅孙雅颐:《〈器形、纹饰与晚明社会生活——以景德镇瓷器为中心的考察〉读后》,载《中国社会历史评论》第15卷,天津:天津古籍出版社,2014年。

版社2011年）探讨了晚明旅游的兴盛，旅游者及其地理分布，旅游时间地理研究，旅游行为地理研究，旅游地分布与旅游中心区，旅游客流研究。张建融《杭州旅游史》（中国社会科学出版社2011年），通过探讨隋代以前、隋唐时期、吴越国、北宋、南宋、元、明、清和中华人民共和国成立以来不同历史时期杭州作为旅游胜地的发展与繁荣，展开一幅杭州旅游业发展的画卷。江沛认为，人类生活空间的大小，决定着其能否跨越地理空间及自然条件约束进行生活、生产、文化等诸种交流。此种空间与条件约束着人类获得各种生活资源的能力，影响着其视野的拓展、知识的丰富性甚至想象力的丰富程度，这也是约束人类相识相知、构建人类共同体的关键所在。而拓展空间的关键所在，一是借助于交通工具"压缩"空间距离展开交流，二是借助于通讯手段进行信息交流。近代以来，铁路、轮船、电信邮政等新式交通工具的兴起，对于中国社会的发展转型乃至对外交流的开展，都具有重大的推动意义。①

七、人口与社会保障

（一）人口问题

通论性论述。王跃生《制度与人口：以中国历史和现实为基础的分析》（上下，中国社会科学出版社2015年）集中探讨制度与人口数量、分布、结构和秩序的关系，考察制度对人口行为的制约、调整和引导作用，分析制度与人口行为的因果关系，认识制度对人口行为的积极作用和消极后果。主要涉及五种类型的制度：一是影响人口数量变动的制度，包括婚姻制度、生育制度和人口压力应对制度；二是与人口承载单位相关的制度，有家系传承制度、家庭形态制度；三是与人口空间分布有关的制度，主要是人口迁移制度；四是与人口结构有关的制度，包括性别制度、老年

---

① 江沛：《关于开展中国近代交通史研究的若干思考》，《史学月刊》2016年第8期。

人口制度；五是与人口管理有关的制度，主要为户籍制度和人口统计制度。在分析每类制度时，努力对不同制度形式在历史时期和当代社会的状态、演变加以梳理，同时对该制度的实施效果进行研究。高寿仙《北京人口史》（中国人民大学出版社2014年）重点论述了北京人口数量的消长变化，整理出一套更加接近实际的人口数据，并在资料允许的条件下，介绍了人口的迁移流动、自然变动、自然构成、社会构成、家庭与婚姻等方面的情况，阐述了北京地区各个历史时期人口起伏变动的复杂轨迹，总结了造成人口起伏变动的各种因素，从长时段的角度把握北京人口发展变化的规律和趋势。李健胜、郭凤霞《国家、移民与地方社会：河湟汉族研究》（人民出版社2015年）利用国家与社会关系的理论分析框架，结合"内地化"的分析工具，对汉族移民与河湟地区的人文生态变迁、汉族移民人口发展概况、王朝国家视野下的汉族移民、汉族移民的衣食住行、婚丧礼俗等问题展开讨论，以揭示这一特殊的移民群体在历史上的存在形态及其对开发边疆所作出的贡献。

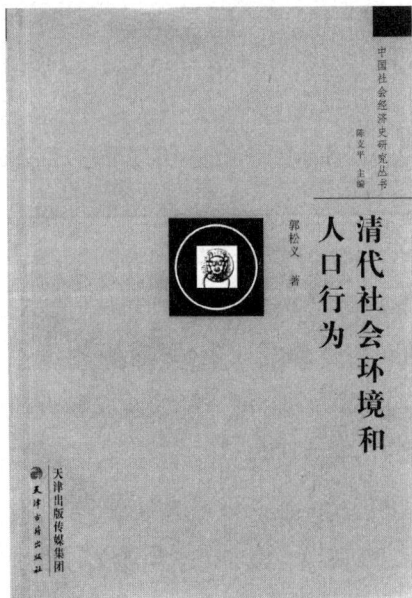

郭松义著《清代社会环境和人口行为》

人口史特别是移民社会的研究时段，集中于清代以来。薛理禹《清代人丁研究》（社会科学文献出版社2014年）基本厘清清代人丁编审与丁银征收在立法层面的制度演变，探讨地方官府于执法层面对该项法规的实施，以及不同社会阶层的民众从守法层面对该项制度的响应等问题。指出清代"人丁"既不等同于成年男子，也不能笼统概括为"赋税单位"，其含义必须结合具体的语言环境与时代背景加以判断。郭松义《清代社会环境和人口行为》（天津古籍出版社 2012年），主要探讨清代人口迁徙方面的问题、人口行为（包括婚姻、家庭、生育和死亡）的问题，其中对妇女逃亡及死亡、自杀的讨论，目前学术界少有触及。吴一焕《海路、移民、遗民社会——以明清之际中朝交往为中心》（天津古籍出版社2007），探讨了明末清初辽东半岛、朝鲜半岛、山东半岛间的中朝海上交往和在朝鲜形成的明遗民的社会活动。贾建飞《清乾嘉道时期新疆的内地移民社会》（社会科学文献出版社2013年），论述乾嘉道时期清朝之新疆经营理念、清朝对内地人口向新疆进行流动的认识和管理政策、内地人口在新疆的社会经济活动和犯罪活动，以及内地文化在新疆的发展等问题。

陈世松《大迁徙："湖广填四川"历史解读》（四川人民出版社2010年）分原乡、迁移、创业三篇，结语就移民社会加以论述。龚义龙《社会整合视角下的清代巴蜀移民群体研究》（重庆出版社2011年），探讨了清代迁移巴蜀的移民在资源获取、继替、流转方面的问题，揭示巴蜀移民社会整合的路径、困难与特点。梁勇《移民、国家与地方权势：以清代巴县为例》（中华书局2014年）梳理了清代巴县移民社会的形成及移民构建历史记忆的努力，巴县移民社会的基层治理，涉及保甲制度、咽噜、客长、团正、学董、八省会馆等，探讨了民间社会与国家政权在基层治理上的互动情况。陈良学《明清大移民与川陕开发》（陕西人民出版社2015年）联系陕南秦巴山区人口源流及经济文化构成之要素，探讨明清两代大移民与川陕开发的关系。高红霞《上海福建人研究》（上海人民出版社2008年）探讨了上海福建同乡团体的乡缘特点，肯定了上海福建人推进这座城市商业化都市化的贡献，该书内容有：福建人迁沪动因与生存、埠际贸易体系中的上海闽商、同乡团体与同业组织、上海福建人个案研究。高红霞还著有《移民群体与上海社会》（上海人民出版社2012年）。

江西袁州府特别是万载县的移民问题受人关注。郑锐达《移民、户籍与宗族》（三联书店2009年）以清代的一个移民地区——江西袁州府作为研究对象，致力于探讨里（图）甲组织对地方社会的意义及其动态发展。全书主要探讨了袁州府外来移民之特点及移民进入时之社会背景，清初袁州府图甲组织及外来移民入籍状况，清初至中叶袁州府的棚民、棚籍、客籍等问题。谢宏维《和而不同——清代及民国时期江西万载县的移民、土著与国家》（经济日报出版社2009年），讲述了万载县如何在争斗不息中构建起相对安定的地方社会，从清代到民国时期，按时间顺序，从地方社会的历史发展脉络出发，把土客矛盾所引发的一系列冲突事件纳入地方社会的发展脉络和权力关系中，以揭示在国家的影响下土客关系演变的机制与逻辑。

近代中国北方诸省人口闯关东而形成的东北移民问题，是中国近代人口史、社会史研究领域中的重大问题。[1]清朝后期，国际国内矛盾日益尖锐，统治者迫于形势在东北地区开始放禁招垦。这一过程，在民国年间达到高潮，"满洲国"时期又有所变化。近代东北地区的移民与国内其他地区的移民相比，具有一定的特殊性。在这一地区，不仅有关内"闯关东"的人们，而且还有许多国家抱着各种目的而来的国际移民。众多的移民构成了近代东北社会的人口主体，使我国东北地区迅速发展成为一个移民社会。马平安《近代东北移民研究》（齐鲁书社2009年）讨论了上述问题。范立君《近代关内移民与中国东北社会变迁（1860—1931）》（人民出版社2007）着重论述了关内移民发展演变及其与东北社会变迁的关系，对清初、九一八事变后东北移民的情况亦涉及不少，全面系统地研究了近代东北关内移民史。赵英兰《清代东北人口社会研究》（社会科学文献出版社2011年）以清代东北人口为切入点，广泛发掘运用东北区域特有的、翔实的文献资料，全面系统地论述了清代东北人口与环境、管理、数量、

---

[1] 杨皓苏：《近十年来关于近代东北关内移民问题研究综述》，《边疆经济与文化》2015年第1期。

移流、结构、族群、素质、婚姻、家庭、家族及人口与城镇化等问题，展示了清代东北区域人口社会的全貌。

（二）救济、慈善、福利

灾害与社会救济、社会保障。王文涛《秦汉社会保障研究——以灾害救助为中心的考察》（中华书局2007年）分别研究了社会救助，民间互助，特殊福利，军人优抚，灾情监测、预报评估及社会保障思想等问题。作者运用大量的历史资料及简牍、汉碑，把历史学的考证方法和自然科学的统计方法有机地结合起来，对秦汉时期自然灾害的频次和时空分布作了分类考察。孙高杰《1902—1937年北京的妇女救济——以官方善业为研究中心》（厦门大学出版社2014年）通过考察清末民初北京妇女救济的发展历程，主要探讨以下几个问题：清末民初，北京官办妇女救济机构的理念和实践的具体状况，在面临政治、经济等条件变化时妇女救济事业如何开展，效果如何；影响妇女救济活动的推动力量和限制因素有哪些；妇女救济工作的开展对不幸妇女的影响何在，从而探讨在妇女解放的背景下，下层妇女的真实生活图景；妇女救济事业体现出怎样的变化趋势，政府和社会的作用居于何种地位，双方关系如何，在此基础上探讨救济事业应采取怎样的开展方式。

慈善与福利。通史性的论述有：王子今等《中国社会福利史》（武汉大学出版社2013年）从国家政策、社会组织和文化思想等方面，全面系统地考察了中国社会福利史的发展状况及历史特点，有助于认识现今中国社会福利状况的文化源流和社会条件，改进和发展现代化进程中的社会福利事业。周秋光、曾桂林《中国慈善简史》（人民出版社2006年），不仅勾勒了慈善、慈善事业与慈善史研究的基本问题与基本研究方法，还考察了中国传统文化中的慈善思想观念和社会变迁的关系，论述了先秦以来的慈善、慈善事业的兴起与发展、衰落与再次崛起等问题。周秋光等《中国近代慈善事业研究》（3册，天津古籍出版社2013年）主要研究慈善事业在中国近代社会的变迁、演变及其产生的影响、作用，分慈善思想、慈善人物、慈善组织、慈善法制、宗教慈善、区域慈善，共6编40章展开专题研究。

近代北京、天津、宁波的慈善事业突出。任云兰《近代天津的慈善与社会救济》（天津人民出版社2007年）以慈善救济这一公共领域中国家与社会的互动关系为视角，从慈善救济产生的思想渊源、历史背景、灾荒赈济、官方救济事业、民间慈善事业的沿革和运作，以及各个社团和组织的慈善救济等方面，探讨了近代天津城市的慈善和社会救济事业。王娟《近代北京慈善事业研究》（人民出版社2010年）把近代北京地区的慈善事业放在我国慈善发展史的大背景下，从慈善事业的思想和实践，慈善活动的救助对象、救助主体以及组织机制等重要方面，探讨了北京地区慈善事业的总体状况及其由传统向现代的转型过程，分析了产生这一转型过程的社会环境、具体表现与基本特征，力求与同一时期江南地区和西方近代慈善事业作横向比较，揭示近代北京慈善事业的地区特色。孙善根《民国时期宁波慈善事业研究（1912—1936）》（人民出版社2007年）论述了宁波慈善事业的历史传统，民国时期的慈善团体、慈善活动以及慈善事业与社会变迁、政治变动的关系等，对清代状况多所涉及。

教育公益。宾兴是清代的教育公益基金，其基本职能是为本地科举考生提供考费资助。宾兴名称肇始于《周礼》，初现于明，而清代中后期尤为盛行。宾兴尤以长江、珠江流域为盛。科举宾兴使清代教育资产出现了儒学、书院、宾兴三足鼎立的格局，促进了各地科举教育的发展。废科举后宾兴多成为新式教育的经费来源。毛晓阳《清代科举宾兴史》（华中师大出版社2014年）是国内外宾兴研究的首部专著，揭示出捐资助考是中国古代教育公益的特色。毛晓阳《清代宾兴公益基金组织管理制度研究》（人民出版社2014年）立足于地方文献的全面整理，选取社会公益的研究视角，探讨清代各级政府和民间社会围绕宾兴而形成的组织管理、制度安排，并力图挖掘蕴藏其中的民族传统公益精神。通过将清代宾兴与当今国内外教育公益基金进行对比，试图对接百年来被近代化强行斩断的民族文化中的社会公益思想传统。

有关教育的还有其他视角。顾月琴《日常生活变迁中的教育：明清时期杂字研究》（光明日报出版社2013年）探讨了明清时期生活所用杂字在民间盛行的原因，杂字与其他蒙学教材相比的不同特点，杂字在国内外的流播情况。邢照华《黄埔军校生活史（1924—1927）》（商务印书馆2014年）内容包括黄埔军校校园生活、战地生活、参与的地方公众生活、引领的民国风尚。此外，李彬《中国新闻社会史》（清华大学出版社2009年）叙述了中国"新闻"的历史演进过程。

第三节　社会史的跨学科与整体研究

社会史的跨学科属性日益突出，在生态环境史、水利社会史、医疗社会史表现得比较明显，法学与社会史也关联密切，特别是随着简牍出土与清代、民国档案的大量整理，法制社会史兴盛，社会史研究还往往以地域研究形式出现，涉及多种学术领域并显示出整体性。

一、生态环境、水利社会

关于环境史，王利华认为，中国环境史学是一门正在蓬勃兴起的新史学，已经取得了丰富的成果，但学科理论方法尚未形成体系，大量学术空白有待填补，对许多基本问题的认识仍然存在偏差。环境史研究者需要努力加强理论探讨，厘清思想观念，通过深入系统的研究为社会提供正确的思想、知识，在生态文明建设中发挥应有的作用。①王子今指出，20世纪的生态史学

---

① 王利华：《中国环境史学的发展前景和当前任务》，《人民日报》2012年10月11日。

取得了空前的进步，但是许多认识仍然是初步的。在21世纪新的史学格局中，生态史学将逐渐占有重要的地位，理论和方法的创新，将为生态史学的发展创造条件。新世纪中国生态史学可以预期的发展，将有益于史学总体性的进步，也可以为人类在新的生态形势下生态意识和生态对策的科学化，开掘有益的文化资源，准备必要的文化条件。他以秦汉史为例，说明生态史取得的进展。[①]

生态环境史的成果不断涌现。在通论与综合研究方面，王利华《徘徊在人与自然之间：中国生态环境史探索》（天津古籍出版社2012年）对生态环境史做了学术回顾，廓清学术概念和框架，阐释了相关理论建构问题，综述了生态环境史学术研究的史学意义、现状与展望，探讨了中国古代水环境、农业、牧业、渔业、内河航运业、物种资源、水利建设与地理变迁、人与自然生态环境关系等专题。王利华主编《中国历史上的环境与社会》（三联书店2007年）分为四组论文：环境史研究的理论与方法，经济活动与环境变迁，水利·国家·社会·民生灾害，疾病与生态环境。高凯《地理环境与中国古代社会变迁三论》（天津古籍出版社2006年）从土壤中微量元素和传染病的角度，探索有关我国古代社会婚姻制度、人口繁衍和文明进程与地理环境间的关系。主要探讨了地理环境下的土壤微量元素与中国古代社会变迁的关系问题，具体涉及三个问题：地理环境下的土壤微量元素与匈奴、鲜卑的"收继婚"问题，以及与历史时期黄淮海平原文明进程的关系，地理环境与孙吴时期临湘侯国的疾病人口问题。

张建民、鲁西奇主编《历史时期长江中游地区人类活动与环境变迁专题研究》（武汉大学出版社2011年）论述的问题有："了解之同情"与人地关系演变研究，长江流域环境史研究的回顾与

---

① 王子今：《中国生态史学的进步及其意义——以秦汉生态史研究为中心的考察》，《历史研究》2003年第1期。

展望，历史时期长江中游地区人地关系的演变及其特点，长江中游地区距今10000—1800年间气候状况研究，一千年来长江流域的水旱灾害与气候变化，散居与聚居：汉宋间长江中游地区的乡村聚落形态及其演变，寨堡：社会动荡中的环境与选择——以明清川陕楚交边山区为中心，明清时期江汉平原的围垸：从"水利工程"到"水利共同体"，明清时期赣南地区乡村聚落的宗族化与军事化——以乡村围寨为中心，土地革命前夕赣南乡村的聚落形态与社区关系，都市环境史：18世纪汉口地区的黑山开发和风水论。曹树基、李玉尚《鼠疫：战争与和平——中国的环境与社会变迁（1230—1960年）》（山东画报出版社2006年），分别从鼠疫史的方法论、鼠疫流行模式（战争与和平时期）、环境变迁与国家医学等角度，探讨了中国鼠疫流行的历史，就鼠疫流行与中国环境变迁之间的关系作出解释。王建革《江南环境史研究》（科学出版社2016年）不仅探讨吴江陆淤与吴淞江流域的水旱变化，嘉湖生境的形成，而且就水生植物的生态与景观变化，生境认知与生态文明做了探讨，将人文风格、审美等问题引入环境史研究。

断代研究方面。王子今《秦汉时期生态环境研究》（北京大学出版社2007年），从气候、水资源、野生动物分布、植被、人为因素等几个方面讨论了秦汉时期生态环境条件的基本形势，从思想史和观念史的角度阐述了秦汉人的生态环境观、生态环境与秦汉社会历史的关系；分析了秦汉时期生态环境的若干个案，如秦定都咸阳的生态地理因素、秦史的灾异记录、秦汉长城与生态史、汉代"海溢"之灾以及两汉南方的"瘴气之害"等。明清以来的研究最为丰富，邹逸麟教授主编"500年来环境变迁与社会应对丛书"（上海人民出版社2008年）5种，即陈业新《明至民国时期皖北地区灾害环境与社会应对研究》、冯贤亮《太湖平原的环境刻画与城乡变迁（1368—1912）》、尹玲玲《明清两湖平原的环境变迁与社会应对》、杨伟兵《云贵高原的土地利用与生态变迁》、谢丽《清代至民国时期农业开发对塔里木盆地南缘生态环境的影响》。张建民《明清长江流域山区资源开发与环境演变：以秦岭—大巴山区为中心》（武汉大学出版社2007年），采用"流移"这一既能恰当概括流动人口现象、也能体现"流动"这一堪称明清时期秦巴山区社会乃至经济主要特征的概念，来统称外地进入秦巴山区的人口，认为山区的自然环境、资源禀赋、元明之际的战乱、明朝的封禁、全国性人口剧增及清朝开垦山头地角小块土地免科令等诸多因素，共同造就了明清时期秦岭—大巴山区"流民渊薮"的性格。

王建革《传统社会末期华北的生态与社会》（三联书店2009年）在"满铁"资料为主的乡村调查资料基础上，收集大量方志材料，进行实地考察，历时十年，写下了这部专著，使华北平原从清代到民国时期的农业技术、生态环境以及乡村社会诸方面的研究达到了一个相当高的水平。王建革《水乡生态与江南社会（9—20世纪）》（北京大学出版社2013年）以宋代以来吴淞江流域的生态环境为中心，描述环境与人文的关系。对古代吴淞江流域的河道和水环境的景观与人文的关系，这一地区鱼米之乡的环境形成及其发展，古人在知识体系下对环境的认知与社会反映等问题都做了探讨，涉及乡村社会、水利社会等问题。慈鸿飞《西部农业开发与生态中外比较》（商务印书馆2007年）主要分为三个部分研究：百年来中国西部农业开发的实际状况，农业资源开发与生态的关系，在西部开发中应选取的最佳产权制度。

水利与社会成为热点研究。2008年有学者评论说："目前在中国大陆，从水利社会研究的区域分布来看，北方特别是山陕地区是当前的热门区域，而江南地区、长江中游及两湖等地区也积累了不少成果，相对而言，华南地区的水利社会史虽起步较早，但缺乏后续研究，在水利社会史研究取得丰硕成果之时，显得有些落寞了。人们对西北、西南地区的水利建设十分关注，有了许多研究，但还没有出现社会史的转向。而在东北地区，虽然有着相对丰富的水资源，然而无论是一般性水利史研究，还是水利社会史，均不活跃。"①水利社会史出现一批具有深度思考和理论色彩的论文，②2007年《历史人类学学刊》第5卷第1期刊登"水利专号"，发表5篇反映不同地区与风格的论文。③

研究南北方水利社会史的专著。讨论浙江的有两部：钱杭《库域型水利社会研究——萧山湘湖水利集团的兴与衰》（上海人民出版社2009年）全面研究江南地区"水库型"水利社会史上的重要制度、人物和事件，努力再现传统农耕模式里这种库域型水利社会各层面的构建及解体过程，分析各类冲突发生的原因和后果，探索中国传统社会中与此类型相近的各利益集团所存在的根本缺陷。冯贤亮《近世浙西的环境水利与社会》（中国社会科学出版社2010年）从浙西杭嘉湖地区历史发展的背景出发，对高乡与低乡的地方民生、水旱等灾害的破坏性影响、人工改造与生存环境之变化、日常生活及其景观建构、水利兴复与地域社会的关系等内容，作了比较系统全面的考察。

论述山陕地区水利的也有两部专著：胡英泽《流动的土地：明清以来黄河小北干流区域社会研究》（北京大学出版社2012年）研究"三十年河东，三十年河西"环境下黄河滩田这类"流动的土地"，关注生态环境与区域社会之间、国家与地方之间的相

---

① 张爱华：《"进村找庙"之外：水利社会史研究的勃兴》，《史林》2008年第5期，第176页。另请参阅廖艳彬：《20年来国内明清水利社会史研究回顾》，《华北水利水电学院学报》2008年第1期；晏雪平：《二十世纪八十年代以来中国水利史研究综述》，《农业考古》2009年第1期；张俊峰：《明清中国水利社会史研究的理论视野》，《史学理论研究》2012年第2期。
② 邓小南：《追求用水秩序的努力——从前近代洪洞的水资源管理看"民间"与"官方"》，《暨南史学》第3辑，广州：暨南大学出版社，2004年；赵世瑜：《分水之争：公共资源与乡土社会的权力和象征》，《中国社会科学》2005年第2期；钞晓鸿：《灌溉、环境与水利共同体——基于清代关中中部的分析》，《中国社会科学》2006年第4期；钱杭：《共同体理论视野下的湘湖水利集团——兼论"库域型"水利社会》，《中国社会科学》2008年第2期。
③ 钱杭：《利、害博弈与历史恩怨——萧山湘湖社会史的变迁轨迹》，钞晓鸿：《争夺水权、寻求证据：清至民国时期关中水利文献的传承与编造》，杨国安：《塘堰与灌溉：明清时期鄂南乡村的水利组织与民间秩序——以崇阳县华陂堰帐簿为中心的考察》，周荣：《本地利益与全局话语——晚清、民国天门县历编水利案牍解读》，邓永飞：《近代洞庭湖区的湖田围垦与水利纠纷——以沅江白水淡闸堤案为例》。

互关系。张俊峰《水利社会的类型：明清以来洪洞水利与乡村社会变迁》（北京大学出版社2012年）提出要从类型学视角出发开展中国水利社会史研究，是因为在洪洞水利社会类型的实证研究中，可以很清晰地发现水利的有无、发展水平、发达程度，与区域社会的整体发展格局和历史变迁之间确实存在着内在的关联性。

此外，李泉主编《"运河与区域社会研究"国际学术研讨会论文集》（中国社会科学出版社2015年）收录论文50篇，内容涉及运河学及其文化内涵、运河与国家漕运、运河交通与水利、运河区域的民间信仰、运河城市与社会文化等方面。

自然灾害的应对研究。曹树基主编《明清以来的自然灾害及其社会应对机制》（上海交通大学出版社 2007年）分四部分：第一部分"文化与生态"，有旱作村落雨神崇拜的地方叙事——陕西蒲城尧山圣母信仰个案，中小流域的人地关系与环境变迁——清代云南弥苴河流域水患考述，旱涝、水利化与云贵高原农业环境（1659—1960年）；第二部分"灾荒与应对"，有民国时期河南水旱灾害及其社会应对，清代江西水灾及社会应对，明代北方灾荒性移民研究；第三部分"生态政治学"，有1928—1930年西北大旱灾及其社会应对——以关中地区为中心，赈饥与政区：明清嘉定宝山基层行政之运作，田祖有神：治虫与政治强制式的现代化——以浙江省为例，人鼠大战：1950年代的内蒙古草原——以哲里木盟为中心，雪灾防御与内蒙古社会的变迁（1930—1980年）；第四部分"微生物与社会变迁"，有鸦片战争中英军的传染病流行——以舟山为中心，上海城区霍乱病史研究——以"地方病"与"外来病"的认识为中心，关于广东鼠疫自然疫源地的再思考。周致元《明代荒政文献研究》（安徽大学出版社2007年）探讨了明代的救荒思想、备荒制度建设与设想以及救荒制度建设。赵玉田《环境与民生——明代灾区社会研究》（社科文献出版社2016年）解析明代"灾区化""三荒现象""灾害型社会"

等历史问题，明确提出"灾害型社会"作为小农社会"死去活来"间隙的特殊社会状态，是一种极端的社会自然化现象，借以探究明代灾区社会与明代社会变迁的关系，试图全面、细致地勾勒明代环境、民生与灾区社会三者互动的图景。

徐泓编著《清代台湾自然灾害史料新编》（福建人民出版社2007年）介绍了清代台湾地震、霜雪冰雹、旱灾、洪灾与风灾史料。吴媛媛《明清徽州灾害与社会应对》（安徽大学出版社2014年）探讨了明清时期徽州地区的灾害实态、社会的灾害应对及其相关的问题，系统梳理了明清以来徽州地区水灾、旱灾、火灾、虎患等诸种灾害的发生情况，并从粮食应对、仓储备荒、水利设施、灾害与城乡生活和个案研究五大方面进行研究。郝平、高建国主编《多学科视野下的华北灾荒与社会变迁研究》（北岳文艺出版社2010年）基于对灾害史学科的整体关照提出研究课题，将灾害引起的社会问题及影响作为主要关注点，对中国近代历史上的旱灾与救济问题作出探讨，涉及水灾、蝗灾、疫病等多个领域。郝平《大地震与明清山西乡村社会变迁》（人民出版社2014年）内容有：明清时期山西地震概况，嘉靖三十四年华县大地震，康熙三十四年临汾大地震，嘉庆二十年平陆强地震，大地震的经济社会影响，大地震后的反思。

欧阳恩良主编《天灾人祸善行：喀斯特环境下民国贵州经济社会发展诸问题研究》（中国社会科学出版社2011年）重点探讨喀斯特环境下的文化形态，及其与自然灾害、民众运动的内在联系，探索贵州经济社会发展的制约因素及其解决的途径。李文海、夏明方主编《天有凶年：清代灾荒与中国社会》（三联书店2007年）是一部清代灾荒问题研究的文集。马俊亚《被牺牲的"局部"：淮北社会生态变迁研究（1680—1949）》（北京大学出版社2011年），分析了治水、漕运和盐务等政策对淮北的地理、河道、水文、物产、民性及经济结构与社会结构的塑造乃至扭曲作用，认为淮北地区之所以从唐宋时代的鱼米之乡演变为穷乡瘠壤，主要是封建中央政府以"顾全大局"的名义而有意牺牲这一"局部利益"的结果。

环境史与医疗史有关系。余新忠认为，由于疾病和医疗，特别是其中的传染病与环境间显而易见的密切关系，故而在目前有关环境史的论述中，往往都会将此囊括在内。不过医疗史作为一个独立的研究领域，并不能简单归于环境史之中，两者之间既自成一体又紧密关联。环境史不仅仅是一种新的研究领域，也是一种新的视角、新的意识，一种时时处处将生态纳入考量的生态意识，因此医疗史与环境史的关联，不单是研究对象的部分交集，还有理念和视角上的相通。虽然近年来随着医疗文化史的研究日渐兴盛，其与环境史的交集渐趋减弱，然而环境因子并没有在疾病、医疗的文化范畴中消失，生态意识的适用性，也不曾因为研究的旨趣转向文化而减弱。故而，倡言在医疗史研究中引入和贯彻生态意识，不仅有利于我们发现关乎人类疾病、健康和医疗等文化内容的环境因子，更真切地体认到历史的复杂性，而且也可以让我们更好地理解历史上种种的医疗观念和行为。[1]他又说，环境史的研究固然是希望增益人类的生态学意识，但同时也需要文化地来理解这样一种潮流和现象。[2]

医疗社会史。余新忠、杜丽红主编《医疗、社会与文化读本》（北京大学出版社2011年）是一部论文集，旨在不仅还原和描绘医疗史演变的具体过程，更要挖掘这些现象背后的社会关系、权力关系及其特定的文化含义。内容包括三部分："观念与方法"，重点关注西方医学史研究从社会史向文化史转型时面临的理论问题；"医疗史与现代性"，集中呈现了近代中国医学史研究中不可回避的中西问题；"问题与视野"，收入尝试用新方法探索的一些范例之作，诸文均将医疗史的课题置于社会历史的背景下，

---

① 余新忠：《医疗史研究中的生态视角刍议》，《人文杂志》2013年第10期。
② 余新忠：《浅议生态史研究中的文化维度：基于疾病与健康议题的思考》，《史学理论研究》2014年第1期。

体现了医疗史研究的新趋向。路彩霞《清末京津公共卫生机制演进研究（1900—1911）》（湖北人民出版社2010年）从制度、人、观念等多个层次，将制度、社会与文化分析有机结合，呈现出清末京津公共卫生机制的演进情况。本书打破制度史、社会史、文化史的界限，对事物的整体性把握上，使我们从一个地域公共卫生机制的变化，看到晚清中国社会变迁，寻找到现代中国公共卫生事业的起点。朱慧颖《天津公共卫生建设研究（1900—1937）》（天津古籍出版社2010年）观照天津近代公共卫生的卫生行政、防疫机制、医药业管理、环境卫生和卫生教育等，不仅呈现公共卫生实践，还探察了公共卫生与社会变迁的关系，并注意卫生现代化对民众日常生活和一些传统行业或职业的影响。余新忠《清代卫生防疫机制及其近代演变》（北京师范大学出版社2016年）探讨了近代"卫生"概念的登场，清代卫生观念的演变——以疫病应对观念为中心，清代的卫生规制及其近代演进，清代城市水环境问题探析，清代的粪秽处置及其近代变迁，清代的清洁观念与行为及其近代演变，晚清检疫制度的引进及其权力关系，晚清的卫生防疫与近代对身体的认识。

马金生《发现医病纠纷——民国医讼凸显的社会文化史研究》（社会科学文献出版社2016年），借助对医生、病人、社会与国家间互动关系的探讨与呈现，揭示国人生命、法制与权利观念在现代国家形成过程中逐渐转型的历史轨迹，及其与相应制度架构之间的关联性。范铁权《近代科学社团与中国的公共卫生事业》（人民出版社2013年）选取1886—1937年这一时间段展开，对近代中国的科学社团特别是医药卫生类社团做历时性考察，对各团体的卫生宣传做共时性解析，就科学社团在推进近代中国公共卫生体系建设中的努力做细致阐述，揭示中国公共卫生观念的变迁轨迹。蔡勤禹、王永君主编《山东红十字会百年史》（中国海洋大学出版社2012年），探讨了1911年山东中西医院中医学堂的师生在济南筹划创立的山东红十字会，红十字会成为山东公益事业一支重要力量,活跃在山东乃至全国最需要救助的地方。①

二、法制社会史

综合性的研究。张仁善《法律社会史的视野》(法律出版社2007年)系统地提出了法律社会史学科的理论体系,从法律社会史的视野,考察了中国历史上法律精英、司法主体、社会生活、社会结构以及社会心态与法律形成和发展的互动轨迹,揭示了社会变迁过程中,法律的社会功能以及影响法律功能发挥的诸多因素。张仁善《礼·法·社会:清代法律转型与社会变迁》(修订版,商务印书馆2013年)用历史学、法学、社会学方法,围绕礼法合一的法律体系在清代的转型,探讨礼法转型与社会变迁的关系。

日常生活史的法学研究引人注目。郭东旭等《宋代民间法律生活研究》(人民出版社2012年),主要考察了宋代民众生活的社会环境和法律环境、民众法律地位和法定权利的变化、民间讼学之兴与好讼之风、民间财产纷争的各种表现形态、官府诫争息讼措施及民众在司法活动中的实际境遇等方面的问题。徐忠明《〈老乞大〉与〈朴通事〉:蒙元时期庶民的日常法律生活》(上海三联书店 2012年)通过《老乞大》和《朴通事》两本书探讨了商业运作与契约实践、日常生活与契约秩序、社会秩序与犯罪控制等问题。这两本书是朝鲜李朝时期(1392—1910)的汉语教材,对蒙元时期庶民百姓的日常生活作出了忠实全面的描述。它们成书于元代末期,又经过明清两朝不断地修订和批注,成为权威的汉语教材,流传广泛,影响深远,可以藉此探究蒙元时期的社会文化生活与日常法律生活。《老乞大》描写的"马匹交易"契约,包含了传统中国独具特色的信用、自由、平等的契约观念,以及契约结构和要素的法律功能。而《朴通事》则描述了庶民百姓的

---

① 还可参阅路彩霞:《近十余年大陆晚清民国医疗卫生史研究综述》,载陈锋主编:《中国经济与社会史评论:2010年卷》,北京:中国社会科学出版社,2010年。

日常生活（婚姻、借贷、人口买卖、房屋租赁）与社会秩序的形成机制，即用契约方式来组织日常生活的各个领域，从而折射出契约实践对于建构与维护社会秩序的基本功能。尤陈俊《法律知识的文字传播——明清日用类书与社会日常生活》（上海人民出版社2013年）在广泛收集和阅读现存明清时期四十余种日用类书的基础上，围绕其中所包含的法律知识内容进行了专门的研究。讨论了明清日用类书中的法律知识构成及其特点，并结合社会文化史、社会经济史、书籍史等领域的国内外相关研究，展示法律知识在大众日常生活中所扮演的角色，并且运用法律社会学的研究方法，探讨了明清时期的法律知识流传与社会变迁之间的内在关系。[1]

民事诉讼的法律直接处理社会问题，有关研究较为集中。蒋波《简牍与秦汉民法研究》（中国社会科学出版社2015年）从民法权利的主客体关系，民法与秦汉社会，民事经济刑、民事诉讼制度及秦汉民法的历史演进等方面，对秦汉民法整体进行了梳理。张文江《秦汉家、户法律制度研究——以家户法律构造为视角》（人民日报出版社2016年）也是探讨秦汉民法的著作。张小也《官民与法：明清国家与基层社会》（中华书局2007年）认为，明清时期民事审判的种种特点深刻地反映了社会结构及其变迁，通过民事审判研究可以重构明清时期国家统治基层社会的方式以及两者之间的互动关系。吴欣《清代民事诉讼与法律秩序》（中华书局2007年）通过分析清代的农民、士绅、商人、僧人、道士、妇女、"中人"等民事诉讼主体，探讨了制约基层社会稳定和发展的因素。作者力图突破以王朝为中心的研究模式，以清代社会各阶层的人为中心，从他们的差异性、主动性入手，阐发我国传统社会

---

[1] 该文在方法论上引起讨论，请参阅赵晶：《"新法律史"这般发生——评尤陈俊著〈法律知识的文字传播——明清日用类书与社会日常生活〉》，载《中国社会历史评论》第16卷上，天津：天津古籍出版社，2015年。

法律规则的特点,以及法律与社会结构、秩序的关系。①

卞利《国家与社会的冲突和整合——论明清民事法律规范的调整与农村基层社会的稳定》(中国政法大学出版社2008年),内容如下:明清农村社会经济生活的变化,民事立法和农村基层社会的稳定,户籍法的调整与农村社会的稳定,田宅交易法的调整及其农村基层社会的稳定,土地租佃关系的立法调整与农村社会稳定,典当和借贷法律规范的调整与农村基层社会的稳定,关于婚姻、家庭和财产继承等方面法律规范的调整与乡村基层社会的稳定,民事诉讼法的调整与农村基层社会的稳定,对"健讼"和讼师的立法调整,以及两个典型个案剖析:明清徽州的民事纠纷与民事诉讼、从明清徽州的乡规民约看国家法与民间习惯法之间的冲突与整合。赵晓耕《身份与契约:中国传统民事法律形态》(中国人民大学出版社2012年),从文化根基与传统民法、传统民事法律形态两个角度介绍中国传统民事法律形态。第一部分文化根基与传统民法,总体上概括论述了中国古代传统文化对当时民法体系的影响,包括小农经济、"义""利"道德思想以及政治体制与法律体系。第二部分则具体介绍了传统民事法律前提下,主要为家族、婚姻、继承、财产权、户的民事主体性、土地权利、永佃制、合伙制度、担保制度以及契约制度。

婚姻、家庭关系与家庭问题的研究,集中在秦汉、清两个时段。贾丽英《秦汉家庭法研究——以出土简牍为中心》(中国社会科学出版社2015年),利用新出资料讨论了夫妻、父子、主奴法律关系这些中国古代社会通见的基本内容,也考察了秦汉律令中"同居"的概念和法律效力等具有时代色彩的法律规定,对以往研究不足的出嫁女与本家关系也进行研究。贾丽英《秦汉家族犯罪研究》(人民出版社2010年)对秦汉家族犯罪进行了剖析:以124个族刑案为基础考证了秦汉时期的族刑;从法史角度辨析了

---

① 有关中人的研究,王帅一《明清时代的"中人"与契约秩序》(《政法论坛》2016年第 2期)强调通过中人以及缔约相对方构成的人际关系网络,探讨形成中人功能的内在机制与文化因素。

三族、五族、七族、九族等概念；梳理了以家族为主体的犯罪；研究妨害家族关系犯罪，系统分析了不孝罪的起源、内容、背景、变迁等问题；总结了秦汉政府对家族犯罪的控制措施，以考古发掘为依据，探讨了家族集体性惩罚原因，认为不是由于古代统治者的野蛮和残暴所致，而是古代小政府控制大国土的有效手段。

对清代的研究更多，钱泳宏《清代"家庭暴力"研究：夫妻相反的法律》（商务印书馆2015年）基于法律实证分析思路，运用比较、社会性别分析、分类统计与图表等方法，较系统地运用《大清律例》与刑部档案资料，采用清律的表达方式，梳理夫犯妻与妻犯夫两条线，对清代的夫妻关系、夫妻相犯的方式、社会各方面反应进行量化描述，勾勒还原清代夫妻相犯的原貌，通过剖析规制夫妻相犯律例的特征，考察清代的性别意识对法律的影响以及对妇女生活的影响后，得出律例的夫尊妻卑特征是造成清代夫妻相犯具有不同方式及夫犯妻不能被遏制的法律原因；律例看似惩处较轻的"和奸"之文形同虚设，而"捉奸杀奸"的重惩奸罪规定又导致了"和奸"之妻"因奸杀夫"案件的频发。吴正茂《清代妇女改嫁法律问题研究》（中国政法大学出版社2015年）探讨了改嫁主婚权问题，不同情境下的妇女改嫁，许婚改嫁，由改嫁引起的人身和财产问题。杨晓辉《清朝中期妇女犯罪问题研究》（中国政法大学出版社2009年）探讨了清朝中期妇女的婚姻家庭生活与地位，清朝关于妇女犯罪的法律规定，清朝中期妇女犯罪类型及个案分析，清朝中期妇女犯罪的特点及原因分析，从清朝中期妇女犯罪看当时的妇女、法律与社会。

商人、商业与法治的关系。范金民等《明清商事纠纷与商业诉讼》（南京大学出版社2007年）探讨了商业经营纠纷与诉讼，商会产生后的商事纠纷与商业诉讼，商人控诉地方官府应值当行等无偿索取，商帮与商帮的商业竞争与纠纷，商帮与社会各阶层的矛盾纠葛。王亚军《明清徽商的诉讼研究》（安徽大学出版社2013年）将徽商置于"重农抑商"和"无讼"的传统法律文化下，以法学的研究方法来审视明清时期徽商的各类诉讼活动，论证分析徽商在缺乏国家法律制度的有效保护下，主动依附封建政治势力，锻造出徽商"好讼"性格，却带来不可避免的弊害，迫使徽商最终沦为封建性商帮，最终走向衰败的悲剧性命运。最后通过中西比较的研究方法，从宏观方面来分析徽商的诉讼与欧洲中世纪商人诉讼之间的差异，以证明注定徽商和西方中世纪商人不同命运的法律根源。

张渝《清代中期重庆的商业规则与秩序：以巴县档案为中心的研究》(中国政法大学出版社2010年)探讨了清代中期重庆这个特定区域的行会习惯法的发展及其变迁、地方政府于民间商业社会构建行会习惯法的种种努力等问题，以期能够揭示该地域社会特定历史时期行会习惯法的一些特质。李学兰《中国商人团体习惯法研究》(中国社会科学出版社2010年)以明清时期盛行于江南地区的会馆、公所以及近代以来的商会、公会为例，总结了商人团体习惯法及其变迁；论述了商人团体的组织形态与社会环境的关系、商人团体习惯法及其与社会纠纷处理之间的关系、商人团体和商人团体习惯法的演变，以及商人组织及其习惯法的功能等。王红梅《商会与中国法制近代化》(南京师范大学出版社2011年)以商会与中国法制近代化为研究课题，选择商会这一群体为研究对象，从微观角度研究法制近代化过程中社会成员的法律意识、法制理念和法治参与程度的变化过程，通过研究商会与中国法制近代化的互动过程，探究法制近代化过程中国家和社会之间的关系。付海晏《中国近代法律社会史研究》(华中师范大学出版社2010年)主要涉及近代商事纠纷、庙产纷争以及鄂东民事法律秩序。

学者还从各个角度讨论法制与社会的关系问题。李雪梅《法制镂之金石传统与明清碑禁体系》(中华书局2015年)对古代"碑以载政"的特色作了初步梳理，对解读"刻石纪法"的行政执法功能及对社会的影响具有重要价值。文霞《秦汉奴婢的法律地位》（社会科学文献出版社2016年）从简牍资料出发，系统探讨了秦汉奴婢的名称、来源、户口情况、放免及法律地位等问题，同时也对秦汉徒隶、奴隶、户人、室人等具体问题提出了自己的看法。李可《宗教社会纠纷解决机制：唐和宋的专题研究》（法律出版社2010年）以宗教社会组织的纠纷解决机制为切入点，探讨唐宋时期民间社会的基本自治属性问题。徐忠明《众声喧哗：明清法律文化的复调叙事》（清华大学出版社 2007年）力求用多元复杂的史料来彰显和刻画明清时期法律文化的多样性与复杂性，在庶民和精英的关系结构中进行互动的解释。该书继续拓展明清时期司法文化研究的资料范围，例如关于谚语、笑话、竹枝词和地方志的专题讨论。这些资料不仅反映了庶民百姓的法律意识、法律心态和法律诉求，也渗透了精英阶层的某些想法。该书尝试利用传记资料来检讨明清时期的司法实践，揭示司法运作与司法裁判中被档案所遮蔽的若干"隐秘"问题。徐忠明《情感、循吏与明清时期司法实践》（上海三联书店2009年）借鉴最近数十年来在欧美学术界逐步发展兴盛起来的新文化社会史关于"表达"（representation）的研究方法，通过对上述史料的解读，试图挖掘明清时期司法裁判的"表达与实践"的精神结构，并在此基础上概括、提升明清时期司法模式的类型特征。

周蓓《清代基层社会聚众案件研究》（大象出版社2013年）对清代基层社会的聚众冲突作宏观的、基础性的梳理，并结合案件特点将其分为三大类，从案件中选取具有典型性的类型进行分析，运用宏观与微观相结合的手段考察清代基层社会聚众案件的基本形态。同时，围绕清代官府针对聚众案件的预防、治理和控制机制，探寻清代儒法交融的统治结构，为研究清代基层社会控制体系的具体实践提供了一个新的视角。吴佩林《清代县域民事纠纷与法律秩序考察》（中华书局2013年）主要内容包括：三十年来的清代法律史研究、概念、基本资料与研究路径，基层社会的秩序规范，南部县的历史与社会，国家对宗族组织的管理，宗族组织的内部管理等。赵晓华《救灾法律与清代社会》（社会科学文献出版社2011年）内容如下：清代救灾立法的内容及特点，清代救灾行政体系及其运作，清代的赈捐制度，清代的因灾恤刑制度，清代的因灾禁酒制度，清代救灾期间的耕牛管理制度，清代灾荒中的妇女买卖及法律救治。赵晓华主编《近代法律与社会转型》（经济科学出版社2014年）从法学、历史学、哲学、文学等多学科的视野出发，集中探讨从历史学角度研究法律史的意义、法律史研究的未来走向、中西法律史比较研究、清至近代法律制度及司法实践的具体问题等，以期增进史学界和法学界在法律史研究领域的对话和交流，深化对于中国近代社会转型的认识与反思，进一步拓宽法律史的研究路径。

中国政法大学法律古籍整理研究所编《清代民国司法档案与北京地区法制》（中国政法大学出版社2014年）内容包括：顺天府的设立及其在京畿司法管辖中的地位与职能；清末民国死刑制度变迁：普通刑事法与特别刑事法之间的死刑实践；清代北京地方职官受赃罪的特点及惩防；法律与风俗：从北平地方法院重婚案件审判档案等。胡翔宇《清代法律的常规化：族群与等级》（社会科学文献出版社2016年）揭示清代法律在演变过程中逐步减少基于等级和族群的差异，即法律的常规化。旗人换刑特权是清廷废除满洲刑罚体制以适应汉人法律的产物，清代法律在变化中不断削弱这种特权。清廷对皇族和皇族妇女犯奸案件的审判证明，皇族、平民和贱民在性行为规范上的道德责任以及法律责任逐步走向同一。晚清不同等级和不同族群的妇女犯奸后，在拟罪和执行刑罚上几乎没有区别。清代刑部严格区分刑事与民事案件，在审理民事案件时强调法律体现的民事原则，而非涉案者的等级或族群背景。梁聪《清代清水江下游村寨社会的契约规范与秩序》（人民出版社2008年）从实际生活出发，运用人类学素描的手法，勾画了一幅18、19世纪中国南方山地少数民族法律生活的图景，展示了苗族基层社会法律秩序的基本构成，揭示了构成法律秩序的要素以及各要素之间彼此配合、互相促进的、生动的良性互动机制。

三、着眼于区域整体的社会史

一些学者着眼于地方社会的探讨。林永强《汉代地方社会治安研究》（社会科学文献出版社2012年），针对汉代基层官吏的社会治安职能，地方某些交通管理设施的社会治安功能，地方社会治安法规、区域社会治安状况，民俗对社会治安的影响，民间舆论、民间社会参与社会治安等一系列内容作了一定的探索，认为汉代地方社会治安管理是一种既体现国家依法管理地方社会秩序的原则，同时又深受汉代地域、民俗、民间某些因素影响的社会管理模式。赵世瑜《长城内外：社会史视野下的制度、族群与区域开发》（北京大学出版社2016年）收录12篇论文，通过对地方社会的历史重构，重新审视相关传世文献以及它们对发生在这里的重大历史事件、制度、人物的看法，试图以此对明清时期长城两侧的族群关系及地方社会的建构提出新的看法。吴琦主编《明清地方力量与地方社会》（中国社会科学出版社2009年）集中展现其率领的研究群体对此问题长期深入研究的最新成果，涵盖明清地方社会秩序、地方公共事务、地方社会文化等，透过地方力量与地方社会的互动，揭示国家与社会的关系。

华北区域研究。李治安等《元代华北地区研究——兼论汉人的华夷观念》（南开大学出版社2008年）汇集了元史学者的20篇专论，内容涵盖元代"腹里"的行政地位、投下分封、区域经济、社会文化等诸多领域，以及山西、胶州等地的特色考察，并探讨了元代汉人的华夷正统观念及演进变化。关于山西的研究较多，安介生《历史地理与山西地方史新探》（山西人民出版社2008年）内容集中在历史地理与山西地方史两大方面。杜正贞《村社传统与明清士绅：山西泽州乡土社会的制度变迁》（上海辞书出版社2007年），绪论回顾了作为神祇、组织和制度的"社"的学术史，接着论述了宋金元时期的地方信仰与村社系统，国家和地方历史变迁中的村社——以"七社十八村"为例，明清泽州的士绅社会，市镇中的"社"与士绅的村社理想，士绅家族形态与村社，作为乡土制度的明清村社，"社"与社会：地方历史传统与制度变迁。殷俊玲《晋商与晋中社会》（人民出版社2006年）以清代及民初晋中社会为考察中心，探讨晋商与晋中地方社会生活之种种情状，揭示晋商与晋中社会的关联与互动，具体论述了人口、婚姻、家族、生意、市场、日常生活、休闲生活、晋商与晋中文化、晋商与公共领域、晋商的衰落等问题。

乔新华《为什么是洪洞：大槐树下的文化传统与地方认同》（人民出版社2010年）主要论述了洪洞的人文传统，金元至明中叶族群互动中的儒士与洪洞经济文化的繁荣，明中叶至清初的士绅与地方认同，清中叶至民国初的洪洞士绅与大槐树认同，士绅、晋南文化传统与大槐树认同关系。段建宏《明清晋东南基层社会组织与社会控制》（中国社会科学出版社2016年）以晋东南区域为研究中心，介绍了里甲、保甲、里老、乡约、宗族、社等基层社会组织，分析了它们之间的关系及其互动；论述了基层社会组织在区域社会中的控制方式，主要包括以学校为主体的社会教化、以慈善机构为主体的社会救济、以家庭为主体的尊老养老；将民间信仰纳入社会控制的范畴，论述了在国家与地方社会力量的相互角力中，双方充分发挥民间信仰的功能，整合民间信仰的各种资源，强化了对地方社会的控制；探讨了地方社会力量在乡村规约、社会危机、地方公共事务中表现出来的积极作用。

齐光《大清帝国时期蒙古的政治与社会：以阿拉善和硕特部研究为中心》（复旦大学出版社2013年）利用满、汉、蒙、藏多种语言文字史料，以卫拉特蒙古的一支阿拉善和硕特部为切入点，通过揭示该部在清朝时期的活动，同时又以阿拉善和硕特部为中心，考察了清朝时期外藩蒙古扎萨克旗内部的社会行政组织的存在形式及其具体运营，以及扎萨克王爷的部众支配手段，以此较详细、系统地论述了清朝时期外藩蒙古的政治与社会的具体面貌。河南近代社会史研究主要集中在：人口、灾荒、民间信仰与秘密社会、社会阶层、妇女婚姻与家庭等方面，存在研究内容分布不均衡、理论方法有待改进等问题。①

西北区域。田澍、何玉红主编《西北边疆社会研究》（中国社会科学出版社2009年）内容包括：古代西北疆域研究若干问题的思考、西北民族与边疆治理、西北边防与边政建设、西北地方行政与社会控制、西北生态与环境变迁等。邓慧君《甘肃近代社会史》（甘肃人民出版社2007年）叙述甘肃这一地理范围内的基本社会存在状况，廓清其在特殊时期的演变轨迹，对甘肃近代社会进行全面的叙述和分析。陈于柱《区域社会史视野下的敦煌禄命书研究》（民族出版社 2012年）内容有：敦煌禄命书的分类与定名、敦煌禄命书考释、卜筮求祟召医和药等，还对资料加以校录。

东北区域的研究较多，不过本书分散在移民等部分介绍了。

华中区域。鲁西奇《人群·聚落·地域社会：中古南方史地初探》（厦门大学出版社2012年）从居住人群的来源与划分、乡村聚落形态与城市里坊制的实施及实态、行政区域的设立与划分、乡里制度的推行与地域社会的实际控制形态等方面，探讨中古时代南方地区特别是长江中游地区人群与社会的变动。廖寅《宋代两湖地区民间强势力量与地域秩序》（人民出版社2011年），上篇论述了民间强势力量及其社会网络，下篇论述了民间强势力量与地域秩序。该书在理清两湖地区民间强势力量生存形态的基础上，比较湖南与湖北的差异，以及两湖地区与东南发达地区的差异，进而揭示唐宋变革的区域差异和社会转型的某些规律。王美英《明清长江中游地区的风俗与社会变迁》（武汉大学出版社2007年）论述的内容有日常生活习俗（服饰、饮食、居住与出行），婚姻习俗，丧葬习俗。纵向考察历史时期长江中游地区的风

---

① 苏全有、乔洋敏：《近代河南社会史研究的回顾与反思》，《河南科技学院学报》2013年第9期。

俗变迁，横向考察明清时期长江中游地区风俗的共同特征及区域差异，论述明清时期长江中游地区的社会变迁对风俗的影响。附录论述明清时期长江中游地区少数民族的风俗。张建民《明清长江中游农村社会经济研究》（商务印书馆2010年）收录18篇论文，涉及人口、宗藩、水利、寨堡等多种社会经济问题。罗运胜《明清时期沅水流域经济开发与社会变迁》（社科文献出版社2016年）以明清时期湘黔交界的雪峰山和武陵山区之间的沅水流域为研究区域，以经济开发为主要研究对象，重点考察流域内的农业开发、工商业发展以及相关的社会变迁。李晓方《县志编纂与地方社会——明清〈瑞金县志〉研究》（中国社会科学出版社2015年），考察县志编纂源流与作者构成、县志编纂与地方宗族、县志编纂与地方文化意识、县志的阅读与利用，探讨县志编纂与中国传统社会结构的内在联系。

江南区域。综合性的论述：范金民、胡阿祥主编《江南地域文化的历史演进文集》（三联书店2013年）从地域文化、地域经济和地域社会等角度全面考察江南地区，时段上涵盖了史前考古时代至今，空间上囊括了江南的城镇和乡村。牟发松、陈江主编《历史时期江南的经济、文化与信仰》（华东师大出版社2014年）通过个案、专题研究，对历史上江南的经济、文化及民众信仰生活进行长时段的追踪考察和总体把握。王家范主编《明清江南史研究三十年（1978—2008）》（上海古籍出版社2010年）是三十余位学者畅论这三十年来明清江南史研究的文集。马俊亚《区域社会发展与社会冲突比较研究：以江南淮北为中心（1680—1949）》（南京大学出版社2014年）对江南和淮北进行对比，以找出社会发展和社会衰退的决定性因素及其本质。

侧重于历史地理的研究：谢湜《高乡与低乡：11—16世纪太湖以东的区域结构变迁》（三联书店2015年）以宋元时期太湖以东区域历史为例，尝试对"地域开发政区增设"模型作出更丰富的阐释。吴滔、佐藤仁史《嘉定县事：14—20世纪初江南地域社会史研究》（广东人民出版社2014年）是一项中日学者长期合作的学术成果，贯穿全书最重要的一条主线是赋役财政制度的变迁，另外一条主线是明清时期江南地区市场的发育机制，以此为基础，尝试对南翔、安亭等市镇的空间历史进程进行初步的复原。

强调生活史的研究：小田的《江南场景：社会史的跨学科对话》（上海人民出版社2007年）以社会史范式演绎出令人耳目一新的区域历史场景。新兴的社会史追求历史的整体性。在整体性范式下，社群世界中普通民众的日常生活及其民间文化受到研究者的特别青睐，并以此形成与传统史学明显不同的特色，或许也标志着我国社会史研究的趋向。

以地方行政为重点的考察：冯贤亮《明清江南的州县行政与地方社会研究》（上海古籍出版社2015年）以明清时期江南地区的州县行政与社会关系为切入点，通过一系列个案研究和对行政官员的大量实践活动的考析，说明当时的州县政府作为国家行政权威下延的终点和地方意志表达的起点，对于维持地方社会安定、经济运作等方面的重大问题，是如何进行操作的。明清时期与近现代历史相衔接，其王朝统治、地方行政的制度设计与调整，对后世中国政治与社会有重要影响。该书所涉及的州县衙署建设、地方利益分割、府县秩序、地方治安与思想教化、刑事操作、民变控制、吏治问题等，既呈现出与明清时期典章制度设计之间的距离，也为现代中国基层社会的管理与官治理论提供了重要的历史借鉴。值得注意的是，刘志伟就江南区域史的超越问题，从全球史的视野发表了见解。[1]

徽州在历史上也曾属于江南。《唐力行徽学研究论稿》（商务印书馆2014年）在整体史观引领下，从徽商研究入手，运用历史地理和历史人口学、文化人类学、计量史学等多学科综合的新方法，透过具体的微观研究分析宏观的社会结构。全书分为徽州商

---

① 刘志伟：《超越江南一隅："江南核心性"与全球史视野》，《探索与争鸣》2016年第4期。

人、徽州宗族、徽州社会、徽州文化4辑。邹怡《明清以来的徽州茶业与地方社会：1368—1949》（复旦大学出版社2012年）就自然环境究竟如何影响特定区域内的产业形态和社会面貌，通过以明清及民国时期徽州茶业为中心的若干专题研究，对该影响机制进行了实证考察。徽州地区茶叶炒制的工艺流程、茶业机构的分布特点和茶业都市的兴衰历程，均可置于当地的山水结构、风俗习惯等自然、人文环境中加以解释，进一步追问风俗习惯等人文现象的决定因子；同时，我们也将看到更多发端于自然基底的链式反应。此外，该书也对海外学界的徽州研究成果作了迄今最为详尽的一份综述。李甜《明清宁国府区域格局与社会变迁》（复旦大学出版社2016年）从地理、商业、人群、认同等层面系统阐述明清时期该府的人文分化与社会变迁，探讨区域格局的形成历程以及其中的徽州因素，既拓展徽学研究的外延，丰富对皖南宗族史、商业史和区域历史地理的认知，又推动徽州与江南的地域比较研究。

与江南相近的表述是东南。吴松弟、连晓鸣、洪振宇主编《走入历史的深处》（上海人民出版社2011年）是"中国东南地域文化国际学术研讨会"论文集。主要内容分别为社会经济、建筑、宗族、信仰与地方社会。崔磊《明清皖江流域文化消费与社会生活》（合肥工业大学2015年）从明清皖江流域文化资源、文化服务、文化场域、文化创制、文化消费管理等方面，尽可能还原明清皖江流域的文化消费与社会生活的真实图景。

闽粤的华南区域。郑振满《乡族与国家——多元视野中的闽台传统社会》（三联书店2009年）收录了作者探讨闽台传统社会的16篇论文，分为四个专题：乡族组织与共有经济、家庭结构与宗族组织、民间信仰与仪式传统、地方行政与社会转型。这些论文的共同主题，在于通过考察明清时代的乡族组织与地方政治，探讨中国传统社会结构的转型。杨齐福《近代福建社会史论》（社会科学文献出版社2011年）着重探讨基督教会对近代福建社会发展的历史作用及近代福建社会之变迁，如近代福建私塾的改良、近代福建鼠疫的防治、民国时期福建社会救济、民国时期惠安女之集体自杀、1948年福州水灾等，揭示近代福建社会变化之特点，进而探寻近代福建社会变迁之规律。游海华《重构与整合——1934—1937年赣南闽西社会重建研究》（经济日报出版社2009年），从现代化转型和社会发展观层面考察了1934—1937年间赣闽边区的社会重建与整合。刘大可《田野中的地域社会与文化》（民族出版社2006年）采用人类学、历史学、社会学科际整合的方法，从横向展示某一社会的结构、当地人民的社会生活和社会运行的动力，同时又从这个横向的社会结构反映社会的发展过程和历史的变迁。

上海古籍出版社2006年出版的"暨南史学丛书"，有两种广东研究的著作，即李龙潜《明清广东社会经济研究》，内容涉及经济作物种植、农田水利事业、实物地租制的租佃关系、土地契约文书、墟市兴盛、对外贸易、三十六行、"迁海"过程、人口膨胀原因、潮州人、香港南北行等；刘正刚《广东会馆论稿》，论述了北京、上海、江苏、广东、广西、四川等省区以及海外的广东会馆，附录《清代以来广东文化在内地的传播》一文。何文平《变乱中的地方权势：清末民初广东的盗匪问题与社会秩序》（广西师范大学出版社2011年）从盗匪的规模、活动方式、群体状况等方面，考察清末民初广东的盗匪现象；着重分析晚清广东地方政权应对盗匪问题所处的"困境"状态，揭示清朝的衰微；考察盗匪问题与清末民初广东革命运动的关系，分析了政权的更替对社会控制的影响；探讨盗匪问题背景下，民国初期广东地方社会武力化的两种主要途径及其后果，分析地方社会应对盗匪问题的实际效果与社会影响。

西南区域。王东杰《国中的"异乡"：近代四川的文化、社会与地方认同》（北京师范大学出版社2016年）通过对晚清民国四川社会与文化史上几个片段的勾勒，试图对中国近代的地方、国家和认同进行更深入的思考，尤其希望凸显"全国地方性"和"地方民族主义"这两项相辅相成的文化现象的重要性。①欧阳恩良《西南袍哥与辛亥革命》（中国致公出版社2011年）立足区域史研究视角，以清末民初为历史背景，以资产阶级各派别与西南袍哥的相互关系为中心，从自然、人文环境入手，追溯西南袍哥的历史渊源，解剖西南袍哥的内部组织，阐述西南袍哥为推翻清王朝统治、建立民国做出的贡献；揭示辛亥光复后西南各省袍哥因其固有缺陷，如何成为反动势力与革命派争权夺利的工具。管彦波《中国西南民族社会生活史》（中国社会科学出版社2014年），探讨了民族社会生活史的学科属性、研究内容、对象以及民族社会生活史与其他学科的相互关系等一系列理论问题，分别以衣食住行等社会生活的重要内容为切入点，论述了西南历史上各种不同的民族共同体的经济生活与文化生活的内在规律和外在现象。周智生《商人与近代中国西南边疆社会：以丽江等滇西北地区为例》（民族出版社2015年）将商人研究与民族社会发展史研究二者结合起来，展现近代滇西北这个少数民族聚居区在近代商品经济大潮中变迁的景象。

第四节　结语

几年前我曾笔谈社会史研究的最新发展趋势，我认为，近些年来，海内外的社会史研究在取得进展的同时，寻求着某种突破。有如下趋势值得我们关注，即社会史与全球史、物质文化与日常生活的路径、历史人类学的研究取向。我以为社会史研究的趋势，或许可以概括为以下三点：首先是社会空间的扩展，强调研究中把握好社会与村落、城市、区域乃至全球化的关系；其次重视社会史与新文化史联袂，将感觉问题、日常生活、社会与文

---

① 参见谭徐锋的书评：《"四川人"是怎样炼成的》，《经济观察报》2016年10月30日。

化的建构等纳入视野；最后强调跨学科的视野，这些年历史人类学、艺术社会史、医疗社会史、法制社会史取得了令人瞩目的成就，为社会史展示出美好的学术前途。①现在我仍持这些看法。

不过，我以为值得推广的还有从"三生"的视角开展中国社会史研究。2014年举行的第十五届中国社会史学会年会，主题是"中国历史上的生命、生计与生态"，融合生命史学、环境史学、日常生活史学于一体，构成"三生"的问题意识。关于生命史学，余新忠认为，"生命史学"的核心是要在历史研究中引入生命意识，让其回到人间，聚焦健康。也就是说，我们探究的是历史上有血有肉、有理有情的生命，不仅要关注以人为中心的物质、制度和环境等外在性事务，同时更要关注个人与群体的生命认知、体验与表达。②王利华认为环境史研究除了系统地考察自然环境的历史面貌外，尤应注重生命支持系统的历史、生命护卫系统的历史、生态认知系统的历史、生态—社会组织的历史。③生态环境与人的结合，构成人与自然的关系，作为历史学重点要考察人的活动，这种活动是以生计为主的，即人的生命的生产与再生产的日常活动，属于民生活动。"三生"视角的基本逻辑在此，或许可以赋予中国社会史研究以新的学术追求。

近十年中国社会史研究仍以区域史研究最为集中，空间成为透视社会的基本视角，将社会经济、社会文化、社会生活纳入其中。相对以往的区域史研究，变化较大的是更加重视人的活动、日常生活以及生态环境，从生活切入地方社会的研究取向增多。比较而言，华北区域研究较多关注国家与社会的关系；江南区域研究比较多样化，社会经济与城乡问题成果较多；华中区域研究较多是生态史方面的；华南区域研究则较多社会经济与历史人类学色彩；东北区域多探讨移民社会，而西北、西南区域则重视

① 常建华：《社会史研究的最新发展趋势》，《安徽师范大学学报》2014年第1期。
② 余新忠：《生命史学：医疗史研究的趋向》，《人民日报》2015年6月3日。
③ 王利华：《浅议中国环境史学建构》，《历史研究》2010年第1期。

民族关系与民族问题。

环境史学迅速发展，相关的生态社会研究得到增长，灾荒社会史、水利社会史取得较多的成果，最具突破的是医疗社会史的研究。这些领域的研究，面临的最大问题，似乎是如何彰显对于人的活动的研究。

随着大量出土文献、档案文献的问世，法制社会史异军突起，成果丰富。近年来法制史与生活史开始结合，开辟了新的研究领域。

生活史借助物质文化史、民间文献的开发利用以及刑案资料的挖掘，得以扩展与深化。社会各层次的生活都有更加细化的研究，特别是普通人的生活更加受到关注，民生问题的研究越来越多，联系制度与生活的研究另辟蹊径，生活史展现出多样化的研究态势。城市生活、乡村生活概念的区分，促进了生活史研究的深化。民间信仰、社会习尚、社会慈善与保障往往成为认识人的日常生活的窗口，甚或其本身就是日常生活的一部分。

对于社会分类、社会关系的把握，除了礼法与经济因素外，研究者更多将目光投向生活与文化的因素，使得对于社会结构的把握柔软化，贵族、官员、文人的研究获得社会文化研究新的动力，艺术社会史在这方面的研究成果，给人耳目一新的感觉。家庭、宗族作为中国文化的载体，被重新认知。

附录一

传承与创新: 中国社会史
研究综述的制作及其意义

[摘　要] 学术综述是研究工作的起点, 特别是当开展一种新的史学研究之时, 不仅需要新思想、新观念、新方法, 还需要对已有的相关学术成果进行把握, 作为学术支撑。甚至可以说, 新史学在一定程度上就是在新的学术综述基础上产生的。中国社会史研究综述的制作, 就反映了这一情形。中国社会史研究情况还反映在年会、年度、专题、阶段四种类型的学术综述里。社会史研究综述是对这一领域理论与专题研究搜集大量信息资料后经综合分析而写成的, 反映当前中国社会史研究最新进展、学术见解和建议, 反映出有关问题的新动态、新趋势、新水平。中国社会史研究综述对于中国社会史学科建设意义重大, 新史学追求需要新的学术综述作为自己的研究起点。

[关键词] 中国社会史; 研究综述; 新史学

20世纪80年代以来兴起的中国社会史研究, 集中于中国古代与近现代社会历史, 对于1949年中华人民共和国成立后的当代社会史少有问津。近年来在中国社科院当代中国研究所社会史研究室倡导下,中国当代社会史研究强势兴起。[①]2012年12月29日,当代中国研究所社会史研究室举行中国当代社会史研究综述会,这种在尊重已有学术研究成果基础上努力创新的做法,笔者甚为钦佩,引为同调。20世纪80年代中国社会史研究兴起之时,我参与了当时的学术综述工作,并且坚持至今。因此,愿意借助这次综述会的机会回顾过去的工作,交流对于做学术综述的认识,探讨如何推进社会史研究综述的制作。这样以介绍自己经验为主的写作方式,如果给人以不够谦虚乃至好为人师的感觉,则是笔者不愿看到的。而对于相关综述挂一漏万的介绍,亦请同仁给予谅解。

一、新史学需要新综述

学术综述是研究工作的起点,特别是当开展一种新的史学研究之时,不仅需要新思想、新观念、新方法,还需要对已有的相关学术成果进行把握,作为学术支撑。甚至可以说,新史学在一定程度上就是在新的学术综述基础上产生的。

1986年10月,南开大学历史系与《历史研究》杂志社、天津人民出版社举行了"首届中国社会史学术讨论会",当年南开大学历史系成立了中国社会史研究室,由冯尔康教授负责,为了倡导中国社会史研究,决定举办学术研讨会并进行一系列学术工作。鉴于新的中国社会史研究强调社会生活、民众视角,有别于以往的社会形态史、社会发展史、社会经济史,而以往的历史研究成果中也有部分相关研究,南开的同仁决定编撰一部中国社会史研究的

---

① 当代中国史研究所同仁的论文有田居俭:《把当代社会史提上研究日程》,《当代中国史研究》2007年第3期;李文:《国史中的社会史:内容和框架结构》,《中国地方志》2011年第1期;姚力:《中国当代社会史研究的学术视野与问题意识》,《中共党史研究》2011年第1期。所外的论文有张静如:《关于〈中国当代社会史〉》,《党史研究与教学》2012年第4期;朱汉国:《中国当代社会史研究之我见》,《史学集刊》2012年第5期;李金铮:《借鉴与发展:中国当代社会史研究的总体运思》,《河北学刊》2012年第4期。《河北学刊》2012年第2期以"中国当代社会史研究的拓展与深化"为题,发表了一组笔谈,作者有李文海、田居俭、李文、行龙、郑清波诸先生。

综述性著作，为今后开展研究做好基础性工作。于是在冯尔康教授带领下，我们分工合作，白新良先生负责先秦两汉，张国刚先生负责魏晋隋唐五代，我负责宋元明清，李喜所先生负责近代，冯先生则写具有理论与方法性质的文章作为"代序言"。我们四人将负责的部分写成压缩版的学术综述合成一文，冯先生将"代序言"部分内容独立出来，这两篇文章提交给"首届中国社会史学术讨论会"交流，随后发表在《历史研究》1987年第1期，[①]全书则于1988年1月出版。[②]

冯先生为新的中国社会史下了定义："中国社会史是研究历史上人们社会生活的运动体系。多说几句则是：中国社会史以人们的群体生活与生活方式为研究对象，以社会结构、社会组织、人口、社区、物质与精神生活习俗为研究范畴，揭示它本身在历史上的发展变化及其在历史过程中的作用和地位。"[③]这个概念体系用于我们综述社会史的重点以及分类框架，不难看出这是吸收了当时刚刚复兴的社会学、民俗学的框架体系的结果。我们正是从新的概念去选取旧有论文的"社会史"成分，并将旧论文纳入新框架，以促进从新的视角看待问题。以我承担的"宋元明清社会史研究"部分为例，其分为四部分，即等级身份与职业生活、血缘群体与社区社会生活、人口与社会救济、生活方式与风尚。其他三个时段的综述分类框架也比较相近。我们的学术综述形成了新的中国社会史框架体系，被学界借鉴吸收并编成教材。[④]

冯先生的中国社会史定义强调"历史上人们社会生活的运动体系"，其具体可分为两个方面，即群体生活与生活方式。所谓"群体生活"实际上是指社会群体，用这一概念突破以往简单的阶级斗争分析模式，而"生活方式"主要是指人们的日常生活。

---

① 南开大学历史系中国社会史研究室：《中国社会史研究综述》，冯尔康：《开展社会史的研究》，均载《历史研究》1987年第1期。
② 冯尔康等编著：《中国社会史研究概述》，天津：天津教育出版社，1988年。
③ 冯尔康等编著：《中国社会史研究概述》，天津：天津教育出版社，1988年，第2—3页。
④ 如李泉、王云、江心力编著：《中国古代社会史通论》，天津：天津人民出版社，1994年。

以后我们分这两方面探讨中国社会史。冯先生与我著有《清人社会生活》①一书，内容包括清代社会等级、公开社团与秘密宗教及结社、宗族、家庭、衣食住行、婚姻、丧祭、娱乐、人口、社会救济以及少数民族社会生活等。冯教授主编了《中国社会结构演变》②一书，系统考察了殷商至近代中国的社会结构及其变迁，重点介绍殷周、秦汉、明清、近代四个社会变化较大的时期，研究了家庭、宗族、民间宗教、职业、少数民族、社区、皇族、士人、兵士等社会群体、社会组织、社会身份的状态和演变，强调古代社会等级结构的重要性。

经过多年的摸索后，冯先生编著了教材《中国社会史概论》，全书分为四章：第一章什么是社会史及其理论，第二章中国社会史研究的史料，第三章中国古代、近代（前期）社会结构及演变，第四章古代社会生活方式和社会风俗。冯先生在书中对社会史定义中的用语作了调整，将"群体生活"改为"社会结构"，将"生活方式"改为"日常社会生活"，并对研究范畴的论述加以完善。③

首届中国社会史学术讨论会之后，中国社会史研究迅速发展，在学术界产生了很大的影响，不断有学术成果问世，需要继续进行学术综述，为社会史的教学、研究提供方便。于是，我主持了《新时期中国社会史研究概述》一书的编写，反映1986年7月至2000年间社会史研究状况。我继续撰写"宋辽西夏金元明清社会史研究"，仍接续以往的四部分框架，但是对各部分的分类采取了新的概念，如将原来的"血缘群体与社区社会生活"改为"社会组织与地域社会"，"人口与社会救济"中增加了"环境史与医疗社会史""社会教育"的分类。④由于1986年以来学术

① 冯尔康、常建华：《清人社会生活》，天津：天津人民出版社，1990年；沈阳：沈阳出版社2002年新版。
② 冯尔康主编：《中国社会结构演变》，郑州：河南人民出版社，1994年。
③ 冯尔康：《中国社会史概论》，北京：高等教育出版社，2004年，第10页。
④ 常建华、郭玉峰、孙立群、闵杰编著：《新时期中国社会史研究概述》，天津：天津古籍出版社，2009年。

界对于社会史理论进行了热烈讨论，《新时期中国社会史研究概述》增设了"社会史理论评述"部分。上述变动反映了社会史研究的新进展。

《中国社会史研究概述》《新时期中国社会史研究概述》对于20世纪的中国社会史研究进行系统性的学术综述，建立起中国社会史研究的学术史体系，成为教学、研究的重要参考文献与工具书。这两部"概述"不仅反映了过去，也在一定程度上引领了新的史学潮流。

对于中国社会史研究的阶段性发展与新旧之别，冯尔康、田居俭先生都有高屋建瓴的评述，我也有所概括。[1]2003年11月24日—25日，南开大学中国社会史研究中心举办了"多元学科视野下的中国社会史研究"讨论会，我向会议提交了《社会科学与中国社会史研究历程》一文，在梳理了20世纪社会科学与中国社会史研究的关系后，我在文章的结尾处预测："中国社会史研究接受社会科学的影响有如下的发展趋势：一是地域社会的研究不断扩大与深入，目前地域史的层次性问题已经引起注意，研究与人类关系密切的疾病、灾害的环境史日益凸显；二是民众意识、信仰的探讨渐成风气，心态史与历史人类学的比重加强；三是探讨国家与社会、思想与社会、法制与社会这类从某一侧面强化整体历史研究的题目不断增加；四是疾病、医疗社会史这些关注生命以人为本的研究得到开展。"[2]这或许可以为新史学需要新综述再做新注脚。

二、社会史研究综述的类别

除了两部"概述"总体介绍之外，中国社会史研究情况还反

---

① 冯尔康：《中国社会史研究的回顾与展望》，《中国历史学年鉴1997》，北京：人民出版社，1988年；田居俭：《中国社会史研究的反思与展望》，《社会科学战线》1989年第3期；常建华：《中国社会史研究概况》，《文史知识》1987年第11期。
② 常建华：《社会科学与中国社会史研究历程》，载《中国社会历史评论》第10卷，天津：天津古籍出版社，2009年。

映在年会、年度、专题、阶段四种类型的学术综述里。

　　首先是中国社会史历届年会的学术综述。从1986年起中国社会史研讨会每两年举办一次，至今已经举办了14届。1992年中国社会史学会正式成立，两年一次的研讨会自然成为学会的学术年会。一般来说，每次社会史研讨会都反映了当时社会史研究的关注问题，学者提交会议的论文中不乏反映学术前沿的重要之作，历届年会的学术综述一定程度上反映了中国社会史研究的最新动态。刊发历届年会的学术综述最多的杂志是《历史研究》，宋德金、高世瑜二位有较多的写作，扩大了中国社会史研究的学术影响。

　　从历届研讨会的主题，可以了解到学术关注点。首届中国社会史研讨会在天津举办，就中国社会史的研究对象、范畴、社会史与其他学科的关系、开展社会史研究的意义进行了热烈讨论。第二届在南京，除继续讨论社会史研究的理论与方法外，重点讨论士与知识分子。第三届在成都，讨论的重点是中国宗族、家庭的历史与现实，以及社会弊端的历史考察。第四届在沈阳，主题是"社会史研究与中国农村"，研讨重点有三：社会结构与农村变迁，历史上的灾变与社会救济，社会史的理论体系、构架与功能。第五届在西安，主题为"地域社会与传统中国"。第六届在重庆，中心议题是：区域社会比较研究、中国社会传统生活方式研究、社会史的研究对象与方法。第七届在苏州，将"家庭·社区·大众心态变迁"作为主题。第八届在武汉，主题为"经济发展与社会变迁"。第九届在上海，主题是"国家、地方、民众的互动与社会变迁"。第十届在武夷山，以"礼仪、习俗与社会秩序"为主题。第十一届在黄山，主题是"地域中国：民间文献的社会史解读"。第十二届在珠海，主题为"政治变动与日常生活"。第十三届在聊城，以"区域、跨区域与文化整合"为主题。第十四届在太原，主题是"改革开放以来的中国社会史研究"。①

除了学会年会之外，从2005年起，利用社会史年会的间歇期单数年，中国社科院近代史所牵头其他单位举办"中国近代社会史国际学术研讨会"，已经成功举办4届。2005年在青岛举办的"首届中国近代社会史国际学术研讨会"，以"近代中国的城市·乡村·民间文化"为主题；2007年在乌鲁木齐举行的第二届讨论"晚清以降的经济与社会"；2009年在贵阳举行的第三届以"近代中国的社会流动、社会控制与文化传播"为主题；2011年在苏州举办的第四届讨论"近代中国的社会保障与区域社会。②

自1986年以来，学术界还举行了各种关于中国社会史的学术研讨会，重要者如中国社科院历史所1987年举办的"中国古代社会生活史讨论会"、1995年举办的"海峡两岸传统社会与当代中国社会史学术研讨会"。③2011年4月，《当代中国史研究》杂志社、当代中国研究所第四研究室与安徽师范大学举办"中国当代社会史研究现状和学科体系"专题研讨会，同年10月该室又与河北大学历史学院举办"新中国社会变迁与当代社

---

① 历届年会综述如下：首届宋德金综述载《历史研究》1987年第1期，第二届李良玉综述载《历史研究》1989年第4期，第三届宋德金、高世瑜综述载《历史研究》1991年第1期，第四届岳庆平综述载《中国史研究动态》1993年第1期，第五届周天游、葛承雍综述载《历史研究》1995年第1期，第六届李禹阶、代继华综述载《历史研究》1997年第2期，第七届唐力行、吴建华、徐茂明综述载《历史研究》1999年第1期，第八届严昌洪、彭南生综述载《历史研究》2002年第1期，第九届唐力行、吴建华、张翔凤综述载《历史研究》2003年第1期，第十届饶伟新、刘永华、张侃综述载《中国社会经济史研究》2004年第4期，第十一届卞利综述载《社会科学》（沪）2006年第11期；第十二届罗艳春综述载《中国社会历史评论》第11卷（2010年），第十三届王云、李德楠综述载《中国史研究动态》2011年第2期，第十四届张喻、郭宇综述载《历史教学》2012年第11期。
② 孙欣：《近代中国的城市·乡村·民间文化——首届中国近代社会史国际学术研讨会综述》，《东方论坛》2005年第4期；朱浒：《晚清以降的经济与社会——第二届中国近代社会史国际学术研讨会综述》，《近代史研究》2008年第1期；毕苑：《第三届中国近代社会史国际学术研讨会综述》，《近代史研究》2012年第2期；黄鸿山、朱从兵：《"近代中国的社会保障与区域社会"——第四届中国近代社会史国际学术研讨会综述》，《近代史研究》2012年第2期。
③ 浦斯：《中国古代社会生活史年会简记》，《中国史研究动态》1987年第12期；定宜庄：《海峡两岸"传统社会与当代中国社会史"学术研讨会综述》，《中国史研究动态》1995年第11期。

会史研究"学术研讨会。①社会史研讨会甚多，恕不能一一介绍。总之，会议综述是了解学术动向的重要形式。

其次是中国社会史研究的年度学术综述。从1991年起，中国历史学会组织编辑由三联书店出版的《中国历史学年鉴》，刊发年度的中国社会史研究综述，已经发表的有常建华、周天游、孟彦弘等所作1991、1992、1995、1996、1998年度的社会史研究综述。此外，陈爽、孟彦弘分别在《中国史研究动态》发表了1996、1997—1998年度的社会史研究综述。年度综述对于反映最新动向、累计学术成果十分有效，可惜这种专门性的年度社会史研究综述未能坚持下来。不过，在《中国史研究动态》发表的每一年度的断代史年度综述中都有社会史的部分，其他杂志刊发的中国近代史、现代史（民国史）、当代史的年度综述中，也有社会史的部分。中国社会史学会秘书处编辑的《社会史研究通讯》，从2002年第5期开始，每期刊发上一年度的中国社会史论文索引，已经刊发2001年至2011年11年的索引，便于掌握这些年度的中国社会史论文发表情况。

又次是中国社会史研究的专题性学术综述。社会史研究的范围广，涉及多种专题，专题性的综述很多，既有理论总结，又有大量具体问题的介绍。我研究宗族，持续性地跟踪宗族研究，写了不少研究综述。②余新忠对于医疗社会史也有系列性的学术综述，他具有强烈的问题意识，对本研究领域整体性的深入思考，成为该领域的必读文献。③王先明、池子华与我都对中国社会史

① 李文：《"中国当代社会史研究现状和学科体系"专题研讨会综述》，《当代中国史研究》2011年第4期。李文：《"新中国社会变迁与当代社会史研究"学术研讨会综述》，《当代中国史研究》2011年第6期。
② 常建华的5篇：《二十世纪的中国宗族研究》，《历史研究》1999年第5期；《宋明以来宗族制形成理论辨析》，《安徽史学》2007年第1期；《近十年宋辽金元宗族研究综述》，《安徽史学》2011年第1期；《近十年明清宗族的研究综述》，《安徽史学》2010年第1期；《近十年晚清民国以来宗族研究综述》，《安徽史学》2009年第3期。
③ 余新忠的3篇：《从社会到生命——中国疾病、医疗史探索的过去、现实与可能》，《历史研究》2003年第4期；《关注生命——海峡两岸兴起疾病医疗社会史研究》，《中国社会经济史研究》2001年第3期；《20世纪明清疾病史研究述评》，《中国史研究动态》2002年第10期。

理论研究做了综述。①经过深思的综述，会对学术研究提出建设性的意见。

再次是中国社会史研究的阶段性学术综述。此类综述不仅需要以前述三种综述为基础，还要求对于阶段性研究的特色、成绩、缺陷归纳总结，为未来的研究指引方向。这样的要求应当说对于写作者会有一定的压力，我品尝过此中的甘苦。1996年，为了总结中国社会史研究的十年发展历程，我写了《当代中国社会史研究的特征》一文，提交给在重庆举行的第六届中国社会史年会。我总结说，学者对于社会史的界定存在着三个分歧，即社会史是历史学的专门史抑或通史；社会史究竟是历史学的一个分支学科，还是一种新的视角；社会史学科体系建设及与社会学的关系问题。②此后，得到了一些同行的回应，并引起讨论，其中最具建设性的是赵世瑜教授。他从关于社会史概念的一些疑问出发，辨析各类说法，并进一步将社会史表述为史学研究的一种新范式。然后分作为历史研究范式的社会史、作为整体的社会史、属于历史学而非社会学的社会史三方面论述什么是社会史。③赵世瑜的论文发表后，又引起进一步的讨论，特别是杨念群教授质疑热门领域区域史，重提"政治史"研究，挑战时下中国社会史研究的主流，具有相当的刺激性，以致赵世瑜发出社会史研究向何处去的提问。④

2006年，中国社会史研究又经历了十年，我又写了《跨世纪的中国社会史研究》一文进行总结，提交给在安徽举行的十一届中国社会史年会，在文章的结尾处，我说："近十年来中国社会史研

---

① 常建华：《中国社会史理论问题综述》，《社会学与现代化》1986年第4期；王先明：《中国社会史理论研究概述》，《中国史研究动态》1992年第5期；常建华：《新时期中国社会史理论争鸣及其演进》（上、下），《河北学刊》2004年第1、3期；池子华：《近年来社会史理论研究述评》，《江海学刊》2004年第3期。

② 发表时题目改为《中国社会史研究十年》，刊登在《历史研究》1997年第1期。

③ 赵世瑜：《再论社会史的概念问题》，《历史研究》1999年第2期。

④ 杨念群：《重提"政治史"研究》，《历史研究》2004年第4期；赵世瑜：《社会史研究向何处去？》，《河北学刊》2005年第1期。

究在理论方面活跃，思考着一些历史学的根本性问题，社会史的具体研究也有探索精神，并取得了可观的成就；社会史学者能够从多元学科视野看问题，立足地域社会史研究，融合社会史与文化史研究，展现出社会史研究的魅力与前途。……中国社会史研究成就的取得得益于学术理念的更新，而学术理念的更新与多元学术视野有着密切关系。……社会史对于书写大历史应有独特的贡献。从生活切入反映时代变迁不失为一种方法，换言之，日常生活的研究应当展示人类社会的演变，这是社会史与国家史最大的不同。"[1]这种阶段性社会史总结，在近代史等领域有较多的综述文章，[2]这些综述都是总结几十年的研究，还有常建华、赵世瑜、邓庆平等人对于20世纪中国社会史研究的长篇综述。[3]

他山之石可以攻玉，反映国外中国社会史研究的综述也很有必要，我介绍了日本对中国明清地域社会史的研究，定宜庄则介绍了美国的中国社会史研究。[4]

三、社会史研究综述的一般规范与写作体会

社会史研究综述[5]是对这一领域理论与专题研究搜集大量信息资料后经综合分析而写成的，反映当前中国社会史研究最新进

① 常建华：《跨世纪的中国社会史研究》，载《中国社会历史评论》第8卷，天津：天津古籍出版社，2007年。

② 如蔡少卿、李良玉：《50年来的中国近代社会史研究》，《近代史研究》1999年第5期；王先明：《中国近代社会史研究的历史、现状与未来》，《晋阳学刊》2004年第1期；闵杰：《20世纪80年代以来中国近代社会史研究》，《近代史研究》2004年第2期；行龙：《二十年中国近代社会史研究之反思》，《近代史研究》2006年第1期；江沛、迟晓静：《国内抗战时期社会史研究的回顾与展望：1995—2006》，《抗日战争研究》2008年第2期；朱汉国、 王印焕：《近年来的中国近现代社会史研究》，《党史研究与教学》2002年第4期；李小蔚、朱汉国：《近年来中国当代社会史研究综述》，《重庆社会科学》2011年第3期等。

③ 常建华：《20世纪中国社会史研究》，载周积明、宋德金主编：《中国社会史论》，武汉：湖北教育出版社，2000年；赵世瑜、邓庆平：《二十世纪中国社会史研究的回顾与思考》，《历史研究》2001年第6期。

④ 常建华：《日本八十年代以来的明清地域社会研究述评》，《中国社会经济史研究》1998年第2期；定宜庄：《对美国学者近年来研究中国社会史的回顾》，《中国史研究》2000年第9期。

⑤ 本节的写作参考了网络资源中论述"综述"一般性规范的文章，如"如何写（文献）综述""综述的写作"之类。

展、学术见解和建议，反映出有关问题的新动态、新趋势、新水平。综述要求对社会史研究论著进行综合分析、归纳整理，使有关学术观点更精练明确、论述更有逻辑层次；要求对综合整理后的学术论著进行深入、系统的论述，对中国社会史研究某一方面问题的历史背景、前人工作、争论焦点、研究现状和发展前景等进行评论。

综述的写作，首先要确定选题。中国社会史研究的综述，大到整个社会史学的状况，中到古代、近代、现代、当代或某个区域、分支，小到具体问题，一般以断代史、专门史或某个问题作为选题。可以是具体问题研究的综述，也可以是理论与方法的综述，也有为某学术会议、某一年度、某一时段而写的综述。一般来说，综述多是跟踪学术进展，每隔一段时间就将本研究领域的研究现状展示出来。但是从新问题意识出发，改变路径，在新框架之下重组研究成果，可能会发现新的学术领域，介绍鲜为人知的重要信息。有学术见解的综述，从题目就可以发现学术观念的转移。①

综述的选题可根据自己的需要而定，围绕题目搜集与文题有关的文献。可以利用互联网、书刊目录、年鉴等检索论著出处，文献检索与搜集越全越好，从中选择学术性较高的研究论文和综述。阅读有关专著、论文、资料，对参考文献归纳整理，做好摘录，写下阅读时得到的体会与思想火花，为撰写综述提供必要的资料与个人见解。阅读和选择文献中可靠的、学术性强的、代表性的论著，是综述学术质量的保证。

综述的写作形式，要求向读者介绍与主题有关的详细资料、动态、进展、展望以及对以上方面的评述。综述的引言，说明写作的目的，介绍有关的概念以及综述的范围，扼要说明综述对象的研究现状或争论所在，使读者对要综述的问题有一个概要的了解。综述主体的写法没有固定的格式，可按年代顺序、不同的

---

① 常建华：《从史学论文标题的变化看学术观念的转移》，《安徽史学》2011年第3期。

问题、不同的观点，将所搜集到的文献资料归纳、整理及分析比较，加以评述，阐明有关主题的历史背景、现状和发展方向。引用、评述代表性强、具有学术性和创造性的论著，忠实表达其内容、观点。结语应将全文主题进行扼要归纳与提炼，客观评价他人的成果或论述，表达自己的看法，对社会史学科领域存在的问题、解决办法，提出中肯的意见、建议或思路，并且最好能展望未来，预测符合社会史领域发展的前景和趋势。参考文献多采取夹注或放在页下、文末的形式，作为引用文献的依据。

综述是一种重要的学术研究形式。一篇好的社会史综述，对于这一领域的学术研究和探讨，对于研究现状的把握，对于理论方法的创新与改进，都能发挥指导作用。在研究手段不断改进的今天，以各种载体形式出现的学术信息数量庞大，一篇能启迪他人的综述，也是不小的学术贡献。

综述要求在全面查阅和检索的基础上，选择其中的优秀成果、重点著作、精辟论述和最新进展，加以归纳和提炼。发表综述是为了使读者对中国社会史学科领域的问题有一个较全面的了解，文献资料查阅全面是撰写综述的基础。同时，综述也要求在主要成果和精辟观点不遗漏的前提下，用简练的文字对众多文献加以概括。综述不是泛泛罗列，不加筛选与升华。综述特别强调将有价值的最新成果介绍给学术界，新是综述的生命力之所在。

我写综述多年，体会到综述是与己与人有益的事情，与己是为研究打基础，与人是提供信息，讨论问题。我的《二十世纪的中国宗族研究》是依据多年积累写成的，结尾处有自己的思考与看法，写作《宋明以来宗族制形成理论辨析》，反思了宗族研究的理论，这两篇综述受到宗族史研究者的重视，对于推动宗族史研究发挥了一定的作用。《中国社会史研究十年》凝聚了十年的思考，是心路历程的表达。《跨世纪的中国社会史研究》属于跟踪性的研究，文中三部分的写作：社会史理论：开放性与多元化，社会史研究：探索与收获，社会史特点：机遇与挑战，力求新、全、精。

《20世纪中国社会史研究》放在20世纪中国历史学学术史以及史学史的背景与脉络下思考。《新时期中国社会史理论争鸣及其演进》篇幅虽长，贡献只在两个观点：一是指出学科认识的三个阶段，从研究对象、研究方法到问题意识；二是研究队伍的变化与学科发展的关系，新时期"新三届"的新追求。《旧领域与新视野：从风俗论看明清社会史研究》则希望从风俗论开辟出社会史研究的新境界。①

四、结语

综上所述，中国社会史研究综述对于中国社会史学科建设意义重大，新史学追求需要新的学术综述作为自己的研究起点。以国外的中国社会史研究而言，就有成功的事例，如20世纪80年代初，日本学者森正夫正是在总结地域社会与领导者关系的家族、同族基轴论，地主领导型地域社会论，士大夫领导型地域社会论，国家基轴论四种类型的基础上提出了新的地域社会论。②再如最近的2007年，美国学者彭慕兰探讨全球史（世界史），他提出可以把社会史分成日常生活史、大规模社会组织史、社会运动史三个部分，"世界史应当从具有浓厚社会史成分的不断发展的研究计划中、从宏大的社会史思维中吸收很多东西"③。综合社会史研究成果建立与世界史的联系，彭慕兰提出了自己的理论。

我最近亦有新的尝试，针对改革开放新时期中国社会史研究的特色在于关注"社会生活"，我认真梳理了中国社会生活史的学术脉络，努力挖掘"生活"研究的意义，感觉到为了推进生活史以致社会史的研究，应当转换概念，使用"日常生活"的概

---

① 常建华：《旧领域与新视野：从风俗论看明清社会史研究》，载《中国社会历史评论》第12卷，天津：天津古籍出版社，2011年。
② 〔日〕森正夫：《中国前近代史研究的地域视点——中国史研讨会（地域社会的视点——地域社会与领导者）基调报告》，载《名古屋大学文学部研究论集》83号（史学28），1982年。
③ 〔美〕彭慕兰撰：《社会史与世界史：从日常生活到变化模式》，夏继果译，收入夏继果、〔美〕杰里·H. 本特利主编：《全球史读本》，北京：北京大学出版社，2010年，第268页。

念，结合"新文化史"的理论，从社会文化史的视野推进中国社会史研究。[①]

当代社会史研究兴起不久，既是中国社会史研究的延伸与扩展，又对中国社会史研究提出新的挑战。对于一个新的研究领域或者说是学科，在新学术观念指导下首先进行学术综述工作非常必要，符合学术研究的规律。笔者相信中国当代社会史研究综述课题组的《中国当代社会史研究综述》，为撰著《中国当代社会史》打下了良好的基础。

综述贵在实事求是，不仅检视以往的学术研究，也考验写作者的治学态度、学术视野、学术眼光与学术良心，时间会证明一切。

（原载《吉林大学社会科学学报》2013年第4期）

---

① 常建华：《从社会生活到日常生活——中国社会史研究再出发》，《人民日报》2011年3月31日；常建华：《中国社会生活史上生活的意义》，《历史教学》2012年第 2期；常建华：《日常生活与社会文化史——"新文化史"观照下的中国社会文化史研究》，《史学理论研究》2012年第 1期。

附录二

近年来明清宗族研究综述

[摘　要] 本文综述了2009—2014年明清时期宗族研究的状况,首先论述了综合研究,再依次介绍北方、长江中游、江南、闽粤不同地区宗族的研究。认为学者多采取地方史的研究策略,探讨不同区域的宗族,个案研究数量最大。已有的一些宗族理论得到验证并拓展,或进入新的综合表述。明代中后期宗族迅速发展,对其原因的探讨也有新看法。"宗族建设"与"宗族组织化"的研究在增长,这是对于宗族制度研究的活化。作为地域性宗族,学者对宗族的自治性问题有着持续性关注,这与对民间社会的存在形态和社会治理的思考不无关系。

[关键词] 明清;宗族;区域;家族

有关明清时期宗族的研究状况,我做过较为系统的学术综述,[①]兹就2009年至2014年6年间的研究状况做一新的介绍,以为续篇,文中也补充个别2009年以前的未综述的研究成果。本文先就理论性的探讨与通代性论述作为综合研究介绍,再依北方、长江中游地区、江南地区、闽粤地区为序介绍对不同地区宗族的研究状况,最后作一小结,谈些对近年来明清宗族研究现

[①] 常建华:《二十世纪的中国宗族研究》,《历史研究》1999年第5期;《近十年明清宗族研究综述》,《安徽史学》2010年第1期。

状的判断。

一、综合研究

作为宋以后产生发展的新型社会形态的宗族,明清时期达到兴盛。如何解释这一社会历史现象?如何阐发其形态?恐怕是近世社会史的大问题。学者在这方面不断探索,理论思考、比较分析、实证研究的一些成果贡献良多。

关于明清宗族社会性质的思考,香港学者科大卫(David Faure)提出了对以往普遍认为宗族是落后农业经济产物看法的颠覆性观点。他的《作为公司的宗族——中国商业发展中的庇护关系与法律》(科大卫著:《近代中国商业的发展》,周琳等译,浙江大学出版社2010年)一文,从明清商业发展的角度看待宗族兴盛问题,认为在一个不存在公司法的社会中,为了强化商业合作、投资和资产控制,将血缘关系与商业运作机制结合起来是至关重要的。在商业贸易发展的背景下,宗族正是在这一历史潮流中生发出来的一种制度:明代初年国家权力的延伸、科举官僚群体的形成、书面契约的普及、习惯法的生成、地方庇护网络的形成等等,都程度不同地影响了宗族的产生和发展。明清时期的宗族之所以能长期维系,应归因于其不同程度地通过各种投资控制资产。具有讽刺意味的是,在宗族制度渐趋完善的时候,贸易正渐渐退居次要地位,所以宗族常常会给人造成与贸易相对立的印象。但实际上,宗族正是那个时代非常具有现代化意义的制度。这一新颖的观点在广东、徽州等地宗族的研究中得到一定的响应。

颠覆性观点还有日本学者滨岛敦俊的"江南无宗族"论。2010年8月15日—17日,复旦大学召开的"明清以来江南城市的发展和文化交流国际学术研讨会"上,滨岛提出了他的"江南无宗族"论,①他认为宗族是一种超越家族的概念,对内部成员拥有控制力量的父系血缘社会组织或社会集团,或者可以说是"血缘共同体",而有时兼有一种基层社会的效能,特别是兼地缘性的组织,后者可以称之为"乡族"。宗族的效能主要在于保证家族的再生产,其中包括人的再生产和生活的再生产。江南三角洲并没有父系血缘共同体的基层组织,即所谓的"江南无宗族",或者说,考究江南三角洲地方社会或乡村社会的特性、结构、效能之时,"宗族"这一概念并不是不可缺少的因素(邹振环、黄敬斌执行主编《明清以来江南城市发展与文化交流》"圆桌讨论"部分之"江南无'宗族'",复旦大学出版社2011年)。此说会上引起争论,会后讨论继续,徐茂明《江南无"宗族"与江南有"宗族"》(《史学月刊》2013年第2期)认为,滨岛敦俊的"江南无宗族"论,既有"他者"对异域文化的独特的观察视角,也有外国学者对中国历史理解的文化隔膜,其中混杂着真知与误解。看来究竟如何界定"宗族"与"宗族社会",应当引起同行的高度重视。

人类学者杜靖关注历史学界的宗族研究,对未来的宗族研究提出了新的期望。他的《"国家与地方社会"关系中的宗族研究范式及其存在的问题》(《青海民族研究》2013年第2期)指出,人类学与社会史的汉人宗族研究之主流,实际上一直放在"国家与地方社会"关系的框架内展开,以致形成了一种思维范式。这个范式的主要特点是把宗族当成国家与地方社会交流的平台。传统帝国时期,国家支持宗族的存在,以维持地方社会秩序,支撑帝国的整体运转,但现代化运动却要试图革除之,因为它阻碍了现代社会的建立。在某种意义上说,这个视角也的确合乎中国的历史实情,因而今后需要继续加以开拓和深化。但必须意识到,它也遮蔽了作为亲属制度意义上的宗族文化内涵,即宗族不仅是政治的、经济的,更主要是文化的、风俗的。回归文化的角

---

① 滨岛敦俊的有关完整论述,见他的专题论文《明代江南は「宗族社会」なりしや》,载〔日〕山本英史编:《中国近世の規範と秩序》,东京:东洋文库,2014年,第94—135页。

度理解宗族，是今后超越"国家与地方社会"关系中的宗族范式的一条可尝试的路径。

常建华承担2006年度教育部基地项目"宋以后宗族形态的演进与社会变迁"，较多从"宗族建设"与"宗族组织化"的角度探讨问题，出版了两本著作结项。常建华所著《宋以后宗族形态的形成及地域比较》（人民出版社2013年）的结论是：墓祭祖先是宋元时期普遍流行的习俗，实质是祖先崇拜，对于凝聚族人起到了非常大的作用，是宗族制度的基础。朱熹《家礼·祠堂》来源于福建民俗，而又指导民俗，影响了宋以后独立建立宗族祠堂的发展，明清时期宗族祠堂在南方迅速普及，形成祠堂族长为核心的族权。山西洪洞宗族从明代中后期开始同南方一样，修族谱、置祭田、建祠堂、设族长（或宗子）、定族约，发生组织化。洪洞宗族形成的模式一般是由商业起家，然后依靠科举成功，成为望族，在与官府的互动过程中宗族乡约化，体现出士大夫精神与商业精神的合一。也是官府与士大夫对于明代中后期风俗巨变的反应，即通过宗族组织化来移风易俗，维护社会秩序。就宗族乡约化为标志的宗族形态而言，洪洞宗族与徽州宗族相似，走过了与南方宗族同样的历史道路。元明时期形成了中国族谱学，族谱纂修普及很快，在凝聚族人、整合宗族方面作用明显，折射出宗族发展的态势。清代聚族而居地区宗族势力膨胀，国家设立族正加以控制，导致宗族保甲乡约化，闽台、江西的宗族表现得尤为明显。宗族、乡约、保甲成为基层社会的基本组织形式，是明清社会结构的有机组成部分。

常建华主编《宋以后宗族形态的演进与社会变迁》（天津人民出版社2013年）分专题论述了山西中东部地区、豫北、河北沧州、清代顺天府宝坻县、江西万载、湘乡大界曾氏宗族的发展，执笔者依次是王霞蔚、申红星、于秀萍、王洪兵、罗艳春、郭玉峰。该书的结论是：宋以后华北地区也经历了建构新宗族形态的历史过程，大致上与华南宗族经历的历史过程相同。在发展阶段上，华北宗族虽然也是在明代中后期组织化并开始普及的，但是深入民间则是在清中叶以后，民国时期宗族仍很兴盛，因此清中叶至民国是华北宗族的重要发展阶段，比起华南的宗族来说，宗族制度的大规模普及与宗族组织化稍晚一些。在宗族的发展过程中，各地宗族的形成与发展因为地域社会环境不同而具有自身特色，如元代山西的世侯、佛教信仰，明清时期的经商，都为宗族涂上了特有的色彩。豫北、沧州则由于移民以及相关的卫所军户制度，为宗族形成打上了印记。华北宗族也有宋以后宗族形态的各种制度表现，如祠堂、族长、族规、族谱、族田、族学等，当然其普及与发达程度略逊于华南地区。即使在新宗族形态制度表现不明显的地方，宗族依然依靠祖先崇拜，借助墓祭、族会、修谱等发挥作用，清代顺天府档案揭示出的宗族活动与存在形态，表明绝不能低估华北宗族的社会角色。宋以后社会文化的走向给予华北宗族深刻影响，宋元理学的宗族建设主张影响了豫北、沧州宗族的建构，明清之际大儒孙奇峰的事例尤为突出。宋至民国宗族组织化、制度化、普及化的成长过程，导致族权成为社会结构中的重要组成部分。进入民国，宗族在现代化的浪潮中，调整观念与制度建设，大致跟上了时代的步伐。

此外，冯尔康等著《中国宗族史》（上海人民出版社2009年）为浙江人民出版社1994年出版的《中国宗族社会》的增订本，明清部分增加了宗族乡约化、族规的兴起、族学与族人的教育、关于《新安程氏统宗世谱》、华北宗族的组织化等内容。

明代宗族方面。宗韵《明代家族上行流动研究——以1595篇谱牒序跋所涉家族为案例》（华东师范大学出版社2009年）对明代家族上行流动的相关问题进行研究，较多使用定量分析的方法对所搜集的谱牒序跋进行统计分析，并在此基础上对一些问题提出自己的解释。此外，张凡《明代宗祧继承制度探微——法律、观念与社会变迁》（《历史教学》2010年第11期）认为，明代的宗祧继承制度在家庭关系之外所承载的社会功能得到了强化,明代中后期宗祧继承所包含的"功利"与"人情"因素不断凸显,并带来了相应的法律变动。常建华《明代宗族组织化研究》(故宫出版社2012年)是其《明代宗族研究》(上海人民出版社2004年)的增订本,增加了宗族组织化与移风易俗、华北宗族组织的形成两编七章。赵克生《明代士人对家礼撰述与实践的理论探索》(《明清论丛》第12辑,故宫出版社2012年)论述了明代士人对家祠主祭权多元化的探讨、对族会族葬的构想与实践等问题。卜永坚《从墓志铭看明代米氏锦衣卫家族的形成及演变》(同前)论述了明代世袭武官家族的形成及文化转型等问题。

清代宗族方面。冯尔康发表了系列论文。《清代宗族祖坟述略》(《安徽史学》2009年第1期)指出,祖坟的存在令族人由观念上的祖宗认同,进到组织上的建立清明会之类的团体,令族姓的天然血缘事物变成为宗族社会群体,成为宗族的一种载体,与祠堂、祀产、族谱共同构成宗族实体元素;祖茔还能为宗族编纂族谱提供实物史料。北方宗族不被学者看重,若给祖坟以应有的地位,以之为视角观察宗族史,可知它是北方宗族存在和活动的特点。《清代宗族祭礼中反映的宗族制特点》(《历史教学(高校版)》2009年第4期)就祭祀对象、祭礼主持人、祭祖仪式后族人叙礼饮胙礼,探讨了清代宗族祭礼所显露的宗族制特点。《略述清代宗族与族人丧礼》(《安徽史学》2010年第1期)论述了清朝丧礼法规与宗族的维护态度,宗族关于丧葬过程礼仪的规范,宗族协助族人治理丧事的规范与实践,宗族极力反对的丧葬四项习俗,认为丧礼有益于家庭的传承和社会的稳定。《清代宗族的兴学助学及其历史意义》(《清史研究》2009年第2期)指出,宗族为维护和提高其社会地位,创造条件设立祠塾兴学,明定学规,期望众多人才的出现。依赖学田和其他公产的专门拨款,宗族采取多种形式助学。宗族兴学助学富有历史意义,对其自身是强化建设,形成培养人才的机制,从而有持续性和活力。《政府规制与民间舆情的互动——以清代族正制的制度内涵及存废推展为中心》(《社会科学辑刊》2011年第3期)指出,清朝族正制实行之初衷,是在保甲制不能通行之处用族正弥补之,以利维护社会治安,然在实践中扩大了预定范围,行于聚族而居、社会治安状况不良之地区,如械斗、诘讼、会党活动频繁之地,遂与保甲制并行,且扩充其职能到施行教化、监督宗族公产管理、捆送不稳定分子等诸多方面。族正由民举官定,平民承担职役。族正制设立之初清朝期望该制度由政府与宗族双方配合推行,然而实际效果并不成功。《清代宗族的社会属性——反思20世纪的宗族批判论》(《安徽史学》2012年第2期)指出,清代宗族具有大众性、自治性、互助性、民主性、宗法性、依附性诸种特性,是含有宗法成分的自治性互助团体。在20世纪,激进力量对宗族的否定乃至取缔的态度,被视为天经地义,但是作为历史宗族则是可以、需要重新研讨的对象。尊重历史,还原宗族历史的本来面貌,乃必然之理。

关注宗族与法规关系的较多。日本学者中岛乐章《宋代至清代同族共有资产的法律性保护》(《中国社会历史评论》第12卷,2011年)指出,明初对于一些同族共有资产的保护法令消失,至万历年间才禁止墓地的不当买卖、单独买卖。乾隆年间,全面禁止买卖主要坟树,同时祭产、义田等的单独买卖也被禁止。到了嘉庆年间,共同经营者单独出租山地也被限制。宋代以后经过人口增加、开发的进展等,对于支撑同族共有资产秩序的立法需求相当大。清朝也针对这些社会要求,对族产的稳定运作给予了一定的保障。史志强《伏惟尚飨:清代中期立嗣继承研究》(《中国社会历史评论》第12卷,2011年)利用刑科题本等档案材料,揭示立嗣规范与实践之间的巨大差距,包括立嗣双方亲缘关系的疏离复杂,立嗣继产时分割方式的多元变化及其背后嗣子年龄的低幼化分布、权利主体的多样性、家庭利益考量和经济因素影响;再利用笔记、方志、文集将清中期的具体情况置于社会演进的大背景下,纵向研究立嗣问题的传承与变迁,尝试探究其中的性别问题，立嗣与收养界限不断模糊、血缘观念日益淡化的历史进程。袁红丽《清代宗族组织调处的社会效力》（《历史教学》2009年第3期）认为清代宗族组织在司法权上实行有限度的自治，清代宗族调处在形成发展过程中，逐渐形成了具体的调解程序、调解原则，并以和息议约合同形式留存下来，具有很强的约束效力。刘宗棠《论清代宗族法规的文化内涵和社会功能》（《福建论坛》2009年第6期）论述清代宗族法的存在条件及其制定、执行过程，对宗族法和国家法律的异同进行了比较。此外，曹立前、张占力《试论明清宗族保障的经济支持与制度性约束机制》（《山东师范大学学报》2009年第4期）认为，明清时期宗族保障得到了空前的加强，宗族保障有其深厚的社会基础，包括经济上族产的支持以及制度上家法族规的约束，使族众能够得到一定的保障。

跨区域的宗族比较研究。王日根、仲兆宏《明清以来苏闽宗族祠堂比较研究》（《安徽史学》2013年第3期）认为江苏、福建两地宗族祠堂建设中存在诸如众力协作、推崇科第人才等共性，同时也存在兴建主体上的某些差异，譬如，江苏宗族祠堂建设中的主角是士绅，而福建宗族祠堂建设中则活跃着更多商人的身影。延续到当下社会，福建宗族祠堂建设融入了海外华人力量，于是呈现出雄伟壮观的态势，而在江苏则较难见到宗祠的踪迹。

军籍对家族形成的影响。于志嘉《异姓别籍或复姓归宗：以庐江钱氏家族为例》（《"中研院"史语所集刊》第85本4分，2014年）指出，庐江钱氏本姓何，始祖何贵四，洪武二十七年因长子何琼犯事充军，全家罚戍贵州都匀卫，为使当军者日后能得到原籍的支持，暗中将次子何玙留在原籍。何玙先是附籍三都为民籍，后于永乐元年归并归宗于钱富一户成为灶籍，并且改姓名为钱裕。钱富一为吴越武肃王之后，何玙也因此成为武肃王后裔。天顺八年，何玙冒作民籍伯父何贵三之次子。正德三年，钱裕曾孙钱琦以民籍中进士；嘉靖十一、十四、十七年，钱琦侄钱薇、三子钱萱、次子钱芹相继中进士,然而登科录中记载的三人户籍却分别是军籍、军民籍、军籍。钱琦致仕后一度积极谋求复姓,最后碍于军民异籍、避重就轻的刑责问题被迫放弃。

二、北方宗族

山东宗族的总体方面。朱亚非等《明清山东仕宦家族与家族文化》(山东人民出版社2009年)对山东临朐冯氏、诸城刘氏、无棣吴氏、日照丁氏、龙口丁氏、临沂庄氏这六个仕宦家族进行个案研究,探讨其地区分布、跨越年代、谱系源流、代表人物、科第事功、家族特征、家族文化等,以厘清这些仕宦家族的发展脉络,分析其长盛不衰的原因及其历史影响。朱亚非还发表《明清山东仕宦家族与家族文化》(《山东师范大学学报》2009年第6期)、《明清山东仕宦家族文化及其时代价值》(《齐鲁学刊》2012年第3期),作了总体论述。

运河区域宗族社会,尤其村落与宗族关系得到开展。吴欣从聊城地区入手,发表系列论文。《明清京杭运河区域仕宦宗族的社会变迁——以聊城"阁老傅、御史傅"为中心》(《东岳论丛》2009年第5期)指出,明清时期大运河畅达的漕运,促进了沿岸区域经济的繁荣,也为这一区域宗族组织的发展带来了契机。该文探讨运河区域社会的地方性特征与宗族社会组织发展、衰落之间的内在联系,揭示宗族组织的内在发展脉络。《宗族与乡村社会"自治性"研究——以明清时期苫山村落为中心》(《民俗研究》2010年第1期)认为,明清时期东阿县苫山村落中的不同宗族组织不断加强宗族建设,通过宗族凝聚纽带的变化适应社会的变迁,并进而形成了以血缘关系为主相对稳固的社区村落结构。在时空的脉络中,这种结构又通过共享的记忆、神话、价值等要素,以及建立在宗族之上得到人们认同与遵守的伦理规范及制度,维护着村落的自治性特质。这种特性的运行方式是合作与共赢,而非现代社会的竞争与公平。《村落与宗族:明清山东运河区域宗族社会研究》（《文史哲》2012年第3期）进一步强调，山东运河区域聚落的形成，既受自然环境尤其是京杭运河的影响，也是明清以来外来移民迁入定居、繁衍的结果。不同的宗族组织在有限的空间内，通过墓祭、修族谱、建祠堂等方式敬宗收族，强化各自边界，但落籍先后、资源分配、文化势力不均衡等原因，又导致大小宗族进入家族组织化和制度化的进程并不完全相同，而这种差异取决于地域族群的构成及空间环境的变化。山东运河区域的地理性空间维度及其所蕴含的文化、水利、商业因素，在一定程度上决定了村落宗族凝聚纽带的变迁和村落社会关系的构成。这表明，宗族与地域的契合是理解区域宗族社会的关键。

上面提到的苦山村落位于东阿县，王春花《明清时期东阿秦氏家族的合族与婚姻》（《农业考古》2014年第1期）指出，东阿秦氏自始迁祖秦彦良元朝时占籍东阿，世代繁衍更替，成为东阿一巨族。东阿秦氏除有秦彦良一支外，另有秦大方一支。秦氏二族占籍东阿，合族相祭，以此增强本族势力，占有更多资源。二族利用虚拟血缘关系增强竞争力的同时，保持了各自家族的独立性。与此同时，秦氏与当地新兴大族于氏相结合，巩固了秦氏在当地的地位，而于氏与当地东阿苦山刘氏结为秦晋之好。三族明代同为东阿巨族，又通过婚姻关系相互联结，巩固了各自在东阿的地位。

青州宗族的探讨。丁慧倩《社会资源与家族化进程——以明清青州回回家族为例》（赵世瑜主编《大河上下：10世纪以来的北方城乡与民众生活》，山西人民出版社2010年），考察了青州两个势力较大的回回家族自明代以来不同的家族化过程，以及这一过程在清代中后期受到内外因素的影响所呈现的新变化。常建华对青州邢氏探讨《晚明华北宗族与族谱的再造——以山东青州〈重修邢氏宗谱〉为例》（《安徽史学》2012年第1期）指出，邢氏从事宗族建设，制定并实践各种宗族制度，实现了宗族乡约化、组织化。邢氏受到宋代程颐、程颢的宗会思想很大影响，通过

"宗会"复兴"宗法",这是宋以后宗族组织化的一种重要模式。邢氏也编修了族谱,有家庙或者家堂,将御赐的祭田作为族田,还设置了宗学、义仓,族长实际上就是宗正。《明后期社会风气与士大夫家族移风易俗——以山东青州邢玠家族为例》(《安徽大学学报》2012年第4期)认为,明万历时期家居的南京兵部侍郎邢玠利用宗族制度推行教化,宗族组织应运而生,担负起移风易俗的历史责任。宗族组织对于改良社会风气、稳定社会秩序发挥了作用,成为明代历史上突出的社会现象。邢玠组织宗族、教化族人以维风导俗,显示出儒家士大夫以天下为己任的品格。

　　山东莒地宗族特别是庄氏得到研究。常建华《近世山东莒地宗族探略:以民国〈重修莒志·民社志·氏族〉为中心》(《安徽史学》2014年第1期)强调,莒州地区宗族普遍存在,流行着明清时期迁来的说法,以明初特别是洪武时期的事例为多,这与清以来明初迁民传说的建构有密切关系。宗族迁出地在州内集中于日照,外省主要是江苏的东海以及山西的洪洞。江苏东海是莒地移民来源的认同地,"十八村""当路村"是移民故事的核心与标志。迁入莒地的宗族,分成支派分衍,一般是始迁或2世分支,分衍世代集中在17至21世,以19世、20世最高。莒地宗族拥有谱牒、祠堂、族规、祭田的现象较为普遍。宗族的组织化、制度化建设主要是在清代进行的,晚清持续着这种建设,宗族在支长、族长以及祠堂管理下运作和维持秩序。这样的宗族形态与中国南方地区没有太大区别。赵树国、宋华丽《王朝鼎革·民族冲突·宗族纷争——明清之际大店庄氏族人庄调之抗清的"历史"和"历史记忆"》(《中国社会历史评论》第15卷,2014年)一文认为,明清鼎革之际,山东大店东庄氏族人庄调之举兵抗清,并杀掉部分异己族人,后在清廷镇压下失败,并被敌对族人捕获,交由朝廷正法。庄氏后人庄陔兰在民国修地方志时,刻意渲染了庄调之抗清的事迹,隐去了宗族仇杀的环节,并增加了他刺杀摄政王以及逃亡后训诫侄子的情节,意在强调其能秉持民族大义。此说随着民国《重修莒志》的出版而大行于世,是为后世对庄调之的"历史记忆"。

学界对淄博的淄川毕氏也关注较多。秦海滢《明清时期的淄川毕氏家族》(《明清论丛》第10辑,故宫出版社2010年)探讨了毕氏家族的起源发展、文化建构、分析家产与毕氏家族格局变化、毕氏与地方社会。秦海滢《试析明清时期淄川宗族祭产管理》(《故宫博物院院刊》2011年第5期)指出,淄川宗族积极对支撑祭祀的祭产予以管理,从祭产参与者与管理者模式来看,大多以一族之中为官人员为核心而运作,他们起到了沟通宗族成员、地方社会与各级官吏的重要作用。围绕着祭产保护,宗族内部、同姓与异姓、宗族和地域社会乃至传教士发生了一系列冲突。此外,王小舒《淄川毕氏家族的文学道路与历史贡献考论》(《中国文化研究》2013年第3期)从文学世家的角度探讨了淄川毕氏家族。

胶东地区宗族。周潇《明清青岛地区文化家族述论》(《青岛大学师范学院学报》2009年第4期)认为,明清胶东地区新兴的文化家族大量涌现,主要集中在即墨、胶州两地,较早的有平度官氏、即墨蓝氏、杨氏、黄氏等,兴起于明中叶,一直绵延至清代。明末清初兴起的文化世家有诸城丁氏、即墨周氏、胶州高氏、法氏等,清前期出现了即墨郭氏,清后期出现了胶州柯氏等。诸世家重视教育,诗书传家、积学力行,在政治、文学、书画、史学等领域留下了大量著述,对当地的文化与文学产生了深远的影响,促进了青岛地区文化的兴盛和发达。翟广顺《从华阳书院看即墨蓝氏家族文化的代际传承》(《东方论坛》2012年第3期)认为,蓝氏家族在明清即墨文化史上占有重要地位,由蓝章创建传十二世、历四百年的华阳书院,是蓝家诗礼传家、科甲相继、英杰代出、蜚声乡里的基础。

家族文化方面。赵克生《家礼与家族整合:明代东山葛氏的个案分析》(《求是学刊》2009年第2期)指出,明代山东德平葛氏家族因为"三朝尚书"葛守礼的崛起而成为当地的望族,葛氏家族典型地体现了科举时代新仕宦阶层家族成长和发展的一般特征。为了承家久远，葛氏家族缘俗制礼，制订了《家礼摘要》，并利用家礼来敬宗收族、凝聚人心。通过解析葛氏家礼的撰述与实践，探讨家礼如何在不同时间营造出有利于家族联谊的"关系性空间"，如何构建具有广泛包容性的血缘网络，并达成家族整合的目标。由家达乡，家礼最终是实现中国传统社会家邦和谐的"治世工具"。

河北省的宗族也有一定的研究。王洪兵《清代华北宗族与乡村社会秩序的建构——以顺天府宝坻县为例》（东北师大学报》2014年第6期）利用清朝的顺天府档案等资料，认为清代华北乡村社会虽然缺乏结构形态完整的宗族组织，但是宗族活动普遍存在于社会生活的各个领域。在处理民众纠纷的过程中，州县官重视发挥乡村宗族的作用，多将民事诉讼案件转交宗族调解；而宗族组织为协调族群利益，维护宗族秩序，将调解族内纠纷作为其基本职责。华北宗族在维护乡村社会秩序的过程中发挥着重要作用。于秀萍《移民、宗族与社会变迁——以明清以来的沧州区域为中心》（团结出版社2013年）论述了明初沧州移民与移民社会，明清时期沧州宗族的形态，晚清民国时期沧州宗族的发展与衰败。于秀萍等《明初以来沧州移民宗族形态的演进与社会变迁》（《沧州师范专科学校学报》2009年第2期）指出，明初是沧州社会秩序重建的关键时期，大量军功家族参与了沧州当时的社会重建，成为社会主导力量。发展到清代，科举制度更加成熟，沧州地方社会主导力量慢慢由军功家族变为了科举型文化家族。有关沧州移民问题，还可参阅于秀萍《明初沧州卫所军户的到来与沧州"武术之乡"的形成》（《亚洲研究》第12辑，2011年2月）。此外，周峰《史道与明代涿州史氏家族》（《河北学刊》2014年第6期）指出，明代兵部尚书史道活跃于政坛，其家族成员也多为进士出身并走上仕途，史氏家族在明代的涿州有着较高的社会地位。

山西宗族研究。常建华《明清时期华北宗族的发展——以山西洪洞刘氏为例》(《求是学刊》2010年第2期）认为，明清时期山西洪洞刘氏与当时南方的宗族一样，从明中后期开始组织化。刘氏从一个默默无闻的家族逐渐崛起，成为当地的望族，发展起宗族组织，并从明中叶维持到清末，主要原因在于科举的成功，农商结合的经济以及响应政府的教化活动，此外与大族联姻也起到一定的作用。洪洞刘氏虽然经历了明清鼎革，但是其宗族建设进程并未断裂，在清朝继续保持其优越的政治地位。刘氏宗族在清代通过进一步加强宗族建设，使宗族组织化，宗族经济增强，反映了明清华北宗族历史发展的连续性。王绍欣《祖先记忆与明清户族——以山西闻喜为个案的分析》(《历史人类学学刊》第8卷第1期，2010年4月）探讨了闻喜族谱中的祖先来历故事，闻喜里甲赋役制度的演变，闻喜县的户族，证明里甲赋役是推动人们建构宗族的一种重要原因，这类似于南方。丁慧倩《里甲、清真寺与回回家族——以山西长治回回家族为例》(《历史人类学学刊》第9卷第1期，2010年4月）探讨了里甲与回回家族的关系。韩朝建《"忠间"——元明时期代州鹿蹄涧杨氏的宗族建构》(《历史人类学学刊》第8卷第1期，2010年4月）论述了崛起于金元时期的世侯，从同居共财到宗族创立，明代鹿蹄涧杨氏的八门及其宗族设计，大宗祠与杨氏正宗的塑造，官府对"忠间"的表彰等问题。认为文化的正统性其实是与作为控产机构的实际功能紧密结合在一起的，这是杨氏宗族发展的一个基本动力。韩朝建《华北的容与宗族——以山西代县为中心》(《民俗研究》2012年5期）在孔迈隆（Myron L.Cohen）提出的宗族的华北模式基础上进一步研究，认为山西代县的宗族礼仪中很重要的组成部分是容的祭祀，容主要由祖像"影"和神主牌演变而成，且同时融合了影、神主、祠堂、族谱等诸多宗族要素的形制和功能。在其修传和管理上，能够区分和组织不同的人群。容在清代地方社会变动以及宗族庶民化的催生下得以流行，并最终成为华北宗族的重要表征。

王霞蔚《明清时期的山西代州冯氏——以〈代州冯氏族谱〉为

中心》(《中国社会历史评论》第10卷，2009年)认为，代州冯氏在明中期作为军户由山东寿光迁居山西代州，后由经营盐业积累了大量财富，为族人进行科举考试奠定了物质基础。代州冯氏从第四世开始兴起，科甲蝉联，成为代州望族。兴盛之后的冯氏族人进行续修族谱等宗族建设活动，提升冯氏宗族在当地的地位与影响力。此外，每逢朝代更替的变革时期，该宗族都能够迅速、主动地向新政权靠拢，使冯氏宗族得以绵延四百余年仍然名人辈出。冯氏宗族的物质设施不是非常完备，祭田很少，但是在族人的日常生活中，宗族观念也有相当的表现，一定程度上反映出北方宗族的某些特点。王霞蔚《金元以来山西汉人世侯的历史变迁——以平遥梁瑛家族为例》(《中国社会历史评论》第11卷，2011年)指出，北宋末年梁氏家族迁入平遥梁官村，金末四世梁瑛降蒙，被封为五路万户，子孙承继，成为平遥当时最显赫的家族之一。后由武转文，明清时期成为科举世家。梁家从元到清，曾进行过修建家佛堂、建家庙、修族谱、修祖坟等宗族建构活动，乾隆年间更是达到了宗族组织化建设的最高峰。王霞蔚《清代至民国山西平定州的宗族与社会——以李氏家族契约文书为例》(载《传统中国社会与明清时代》，天津人民出版社2013年)从宗族发展、分家文书、宗族纠纷、社会经济关系展开论述。

　　郭娟娟、张喜琴《清代晋商家族代际流动分析：以山西榆次常氏为中心的考察》(《安徽史学》2014年第4期)以代际流动这一社会学视角为切入点，研究商人家族代际流动问题，从动态的历史性角度找出影响代际流动趋势的因素。认为晋商家族代际流动具有鲜明的地域特色和时代特征，以榆次常氏家族为例，18世纪中叶至19世纪初子代多继承父业进行经商，从商人数比例远大于从事其它职业的比例，其成员通过捐纳或结交官员上行流动。嘉道年间东掌制趋于完善，财东不直接参与商业经营，家族人口产生富余，致使未从事商业的子孙转向读书科举或另谋它途。晋商家族代际流动状况还揭示了特定时代商人阶层的发展动态，19世纪末20世纪初，晋商家族商业破产，社会地位整体下降，而重视读书科举教育的家族成员转型为新精英阶层。

河南宗族研究。申红星《明清以来北方宗族发展的历程——以豫北地区为中心》（《新乡学院学报》2009年第4期）指出，伴随着明清以来豫北地区经济、文化以及人口的发展，豫北宗族自明朝中后期开始萌芽，至清朝前中期处于逐渐发展阶段，到了清朝后期至民国时期，豫北宗族发展达到了高潮。申红星《明清时期豫北地区移民问题探析——以山西洪洞大槐树移民传说为中心》（《求是学刊》2010年第2期）通过对明清迁至豫北地区的移民进行具体考察，再结合豫北族谱、方志等地方性资料的分析，认为山西洪洞大槐树移民传说的流传，不仅是移民们对其祖先历史集体记忆的反映，更为关键的是将祖先的历史定位于明初奉诏自山西洪洞迁移而来，从而使他们的合法身份得以确立，在居住地获取了更多的生存资源，反映了移民宗族对保护与维护自己实际利益的诉求。李永菊《从田野考察看明清归德府世家大族的形成与变迁》（《商丘师范学院学报》2009年第11期）探讨了明清归德府的士绅阶层与世家大族在地域社会占据的重要地位，世家大族、知识精英在当地民间留下的深刻的历史记忆，他们对地域社会演变过程的影响。李留文《村社与宗族：明清时期中原乡村社会组织的演变》（《历史人类学学刊》第8卷第1期，2010年4月）探讨了宗族在从里甲到村社的变迁过程中所扮演的角色，以及宗族同村社之间的关系。王永宽《明末至清初新安吕氏家族世系与支派考略》（《中州学刊》2012年第1期）指出，新安吕氏家族自明末至清代是豫西著名大族，从明末的吕维祺到清初的吕兆琳及吕履恒、吕谦恒，祖孙三代的地位甚为显赫，其著述也相当多。到清代中期，新安吕氏支系繁衍，族人中各代不乏著名文士。

此外，张杰《清代东北科举家族缪氏考论》（《东北史地》2011年第1期）认为，缪氏为清代汉化很深的汉军旗人，世代与满洲旗人通婚。缪氏成为东北著名的文化世家始于缪公恩。根据韩国史料的记载，缪公恩与朝鲜使臣朴来谦有着频繁的交往，缪公恩在科举、教育、书画、著述四个方面奠定了缪氏家族重视文化的传统。

三、长江中游地区

湖北、湖南的两湖地区，移民、土司问题与宗族联系在一起，学者也多从这些角度予以探讨。徐斌《明清户长考释——以鄂东地区为个案的考察》（《中国社会历史评论》第10卷，2009年）指出，明清时期，由于户籍及赋役制度等方面的影响，许多明初由单个家庭所立的户名一直被其子孙继承，并逐渐形成了同一户名下生活着众多单个家庭的局面，而且在共担赋役的过程中产生户长一职。自明代中后期开始，地方官针对里甲中各户发展不平衡，以及避免收头、吏胥等在赋役征发过程中的舞弊现象，曾利用户长作为赋役征派体系中的重要一环。在民间，户逐渐转变为户族，户长也相应地过渡到族长。随着入清之后赋役改革的不断深入，户长的赋役色彩渐淡，官府进一步赋予户长更多的责任，利用他们来控御地方社会。户及户长的演变过程，正显示出一幅官民互动的生动场景。杨国安《国家权力与民间秩序：多元视野下的明清两湖乡村社会史研究》（武汉大学出版社2012年）专章探讨移民、宗族与地域社会秩序的构建问题。谭清宣《改土归流后土家族宗族制的儒化》（《贵州社会科学》2009年第5期）指出，改土归流前土家族宗族制出现并有所发展，改土归流后土家族宗族制逐渐走向成熟、完备。土家族宗族制彻底完成儒化的过程，突出表现在土家族族谱修撰的规范化、祠堂建设的规模化、族规内容的儒家化。瞿州莲《改土归流后移民家族的建构及其意义——以湖南永顺县青龙村林氏为例》（《广西民族大学学报》2011年第2期）指出，改土归流后清政府对湘西地区实施大规模移民，这些移民家族为了争夺生存资源，建构了家族组织。在家族组织的建构中对国家正统性身份的强调具有重要的社会和文化意义,它反映了湘西地方社会发展的历史过程。

岳小国《武陵民族走廊土司宗族文化研究——以容美土司为例》(《贵州民族研究》2011年第6期)强调,武陵民族走廊土司的殊异之处,在于宗族文化与土司制的紧密契合:土司、族长双重身份合二为一,宗族文化中隐含着国家权力,土司制中渗透有宗族文化,二者的结合可谓相得益彰。此外,白丽萍《清代长江中游地区的宗族、乡绅与社仓》(《求索》2011年第2期)认为,在清代长江中游地区社仓的建设和运营中,宗族组织通过将社仓设置在各姓祠堂内、参与社谷的发放、还仓等来实现对社仓的渗透。而地方乡绅通过捐输社谷、担任社长等方式成为社仓的实际掌控者,并成为来自民间的监督者。地方官府对宗族、乡绅介入社仓持既依赖又限制的态度,这是造成清中后期长江中游地区社仓衰败的原因之一。

影响四川宗族形态的因素也较复杂。龚义龙《维系宗族共同体的硬权力:族谱记忆、祠墓祭拜与宗族通财——对清代民国期间成都及周边地区宗族的研究》(《中华文化论坛》2009年第1期)认为,宗族兼具"共同体"和"社会"两方面的特征,"宗族是一种自然历史现象,更是一种社会历史现象",宗族共同体的存在需要族类记忆的传承,需要得到国家法律、族规族约、礼仪习俗、祠墓祭拜的维护。张彦《略论"湖广填四川"后四川宗族组织的变迁》(《中华文化论坛》2009年第1期)指出,移民通常以原乡的整体搬迁以及商务、开矿、务农、考取功名等方式重建宗族,同宗同姓之家往往又通过联姻联宗的方式,建立起新的宗族组织关系,以此壮大本宗族的实力。清中期以后宗族组织在四川各地发展趋势不同,在经济发达地区宗族组织逐渐淡化,而在经济落后的地区宗族组织仍然有着强大的基础,并起着平衡农村社会关系的重要作用。姚永辉《自治与共存:清代川东北南江山区的墓祠——以马氏墓祠为中心的研究》(《民俗研究》2010年第4期）指出，清代川东北南江山区的墓祠群，既具有宗祠文化实体功能和表征意义兼具的一般特质，又在巴山老林的自然生态、移民文化、宗教传播等因素的影响下，呈现出鲜明的地域色彩。马氏墓祠无论是其空间布局、建筑装饰，抑或族内禁令、族规、四止界畔等石刻铭文，颇具代表性。陈志刚《清代四川雅安水东乡家族研究》（《社会科学研究》2014年第5期）认为，四川雅安县水东乡存在着明代以来的本地人群，这些老姓人群及其家族与佛教寺庵关系密切。清中期以来，随着清政府在西南地区开疆拓土以及水东乡入学士子的增多，水东乡老姓家族逐渐从佛教信仰中部分地分离出来，朝着儒家设计的路线靠拢，树立宗支碑，改造寺庵为祠堂乃至修建祠堂。

　　江西为宗族势力强盛地区。郑锐达《移民、户籍与宗族》（三联书店2009年）以清代移民地区——江西袁州府为研究对象，探讨里（图）甲组织对地方社会的意义及其动态发展，论述了袁州府外来移民之特点及移民进入时之社会背景、清初袁州府图甲组织及外来移民入籍状况、清初至中叶袁州府的棚民、棚籍、客籍等内容。江西吉安府宗族与儒学关系较为密切，衷海燕《儒学传承与社会实践：明清吉安府士绅研究》（世界图书出版公司2012年）探讨了士绅阶层与世家大族，士绅阶层与家族组织等问题。衷海燕《书院、王学与宗族社会——以明清安福县识仁书院为中心》（《江西教育学院学报》2009年第4期）指出，安福县西乡的识仁书院由刘元卿倡建，与乡族社会有紧密联系，其兴建端赖于当地各大宗族的积极参与。书院围绕着"化民导俗"、整合乡族秩序的宗旨而展开。清代以后识仁书院多次重建，由原来的学术教育组织完全演变为乡族社会组织。宗韵《家族崛起与地域社会资源的再分配——以明代永乐、宣德之际江西泰和为中心》（《安徽史学》2009年第6期）通过对永乐、宣德之际崛起于该县的35个代表性家族的分析，发现儒、富、贵几种社会资源不仅是家族崛起的重要条件，它们之间相互为用的关系又是崛起家族将既有资源转化为发展资源而实现再生增殖的根本机制。在家族崛起的过程中,其拓展社会资源的方式基本不受制度约束,这最终致使泰和地域社会资源分配格局呈现由分散到集中乃至垄断的样态。

郭宇昕《明代江西宗族建设个案研究——以泰和郭氏宗族为例》(《社科纵横》2012年第3期)通过明人文集中所见谱牒序文及地方志的记载,对泰和县郭氏宗族建设进行研究。施由明《论清代江西农村社会的全面宗族化》(《农业考古》2013年第1期)认为,元明时期江西的宗族得到大发展,形成了成熟而完备的宗族建设机制。清代江西农村社会走向全面宗族化,表现在聚居形式的宗族化、基层社会活动的宗族化、基层社会治理的宗族化和农村宗族势力的强大。曾小锋《传统与嬗变:明至民国时期赣南农村宗族的历史考察》(《农业考古》2014年第1期)认为,赣南农村宗族从宋元时期开始兴起,明代得到了初步的发展,清代是普遍发展和成熟时期,民国初期形成同姓联宗和逐步衰落特点。李锦伟《明清江西农民弃农经商对农村宗族制的影响》(《农业考古》2014年第6期)指出,弃农经商者并没有脱离宗族的控制,更没有导致宗族制的衰落。相反,由于这些农民经商后绝大多数回归故乡,并把大量资金投放到与农村宗族相关的事业上来,这就进一步加强了农村宗族制的发展。

四、江南(皖苏浙)地区

(一)徽州及安徽

徽州宗族研究有多种专著出版。刘道胜《明清徽州宗族文书研究》(安徽人民出版社2008年)采用文书档案与文献记载相结合、微观分析与宏观考察相结合的方法,解读文书的形式,阐释文书的内涵,对徽州宗族文书作出分类考察,进而揭示明清徽州宗族的各种社会关系。章毅《理学、士绅和宗族:宋明时期徽州的文化与社会》(香港中文大学出版社2013年)认为,明代徽州宗族社会的出现，根植于12—15世纪宋明时代的历史进程之中，深受王朝政治和地缘环境的影响，是理学价值观深入传播之下，士绅和商人等主导人群共同塑造的结果。作者对于汪、程祖先建构过程的考证，颇见解读文献的功力。陈瑞《明清徽州宗族与乡村社会控制》（安徽大学出版社2013年）分为两编：上编"明清徽州宗族的内部控制"，集中讨论明清时期徽州宗族内部的控制结构、控制实施主体、控制设施、控制手段及其运用、内部控制的主要领域和内容；下编"族权与政权互动视角下的明清徽州乡村社会控制：以保甲制推行为中心"，主要探讨明清时期徽州境内宗族与保甲的关系状态，以及二者联手实施乡村社会控制的具体情形。赵华富《徽州宗族论集》（人民出版社2011年）辑录作者对于徽州宗族问题的研究成果，也有明清时期宗族的内容，如《明代中期徽州宗族统治的强化》等。赵华富《徽州宗族调查研究》（人民出版社2014年）对歙县棠樾鲍氏，绩溪龙川胡氏，黟县南屏叶氏，休宁月潭朱氏，歙县呈坎前后罗氏，祁门渚口、伊坑、滩下、花城里倪氏宗族，黟县西递明经胡氏，婺源游山董氏宗族调查研究，涉及明清时期宗族颇多。

　　陈瑞就宗族的社会控制问题发表系列论文。陈瑞《明清时期徽州宗族内部的伦常秩序控制》（《江海学刊》2009年第3期）认为，在实施族内伦常秩序控制时，徽州宗族对明清封建政权制定的相关法律条文、宣扬的宗法伦理意识形态，采取主动效仿和接受的姿态，这是徽州宗族能动地适应明清官方正统意识形态的积极步骤，体现了徽州族权与明清封建政权之间的良性互动。陈瑞《明清时期徽州宗族中的房长及其权力》（《安徽大学学报》2010年第6期）指出，徽州宗族中房长的权力主要包括族内行政事务管理权、族内经济生活监督控制权、宗族对外交涉权等。房长尽管拥有权力，但若玩忽职守、发生闪失，要负一定的连带责任。对过失房长等宗族领导层成员的惩戒，在一定程度上有助于遏制宗族自治中的不利因素，使徽州宗族沿着稳定有序的轨道向前发展。陈瑞《明清时期徽州的宗族与保甲推行》(《中国农史》2012年第1期)指出,明清时期徽州境内的保甲推行,得到了当地宗族组织的支持与配合。徽州宗族有推行保甲的举措,这是族权与政权之间良性互动关系的一种反映。

有关宗族的社会控制问题,其他学者从不同的角度有所探讨。卞利《明清时期徽州的宗族公约研究》(《中国农史》2009年第3期)指出,明清时期徽州宗族将族规家法作为控制族人和乡村社会的基本规范,并因时、因地、因事制定约束乡村社会聚族而居宗族成员的规约。宗族公约往往经过所在地方官府的钤印认可,使单纯的民间宗族组织行为转变为地方官府的行为。胡中生《清代徽州家政与乡族社会的善治》(《安徽大学学报》2013年第2期)认为,清代徽州家族形成了一整套教化体系,家政是其中的重要一环,强调理财、周恤和家族事务性管理,从中可以看到徽州人的"收族"理念。家政的制度化及其实施,是徽州家族组织化的进一步体现,也是儒家伦理纲常世俗化的体现,从而使徽州乡族社会达到一种善治。

胡中生《清代徽州家族教化体系探讨》(《传统中国社会与明清时代》,天津人民出版社2013年)做了进一步的说明。此外,解华顶《论明清徽州宗族对徽州农村思想文化的控制》(《沧桑》2009年第1期)认为,徽州宗族主要通过对农村思想道德、社会舆论、农村习俗、宗教信仰的控制,实现了对徽州农村思想文化的控制,在一定程度上维护了明清时期徽州宗族社会秩序的稳定。王传满《明清时期徽州地区宗族势力对节烈妇女的控制》(《中华女子学院山东分院学报》2009年第6期)认为,徽州地区利用宗族的控制手段使女性的节烈观念成为一种集体意识,具体表现在家族追求旌表的荣耀使众多女性成为贞节神坛的祭品,族规家法的熏陶使节烈成为女子的自觉实践,宗族的惩治使失节女子生死无门,宗族资助为女子守节提供了一定的物质保障。刘伯山、付丁群《明清徽州宗族与乡村社会的稳定》(《徽学》第8卷，2013年）认为徽州宗族是徽州乡村社会的实际治理者，既为社会的稳定准备了基础，也为徽州人有效地处理好人与自然、人与社会、人与人的关系及人自身的问题提供了主导，还在经济和医疗上为社会的稳定与发展提供了保障。

村社与宗族关系密切。张金俊《宗族组织在乡村社会控制中的运作逻辑——以清代徽州宗族社会为中心的考察》（《江西社会科学》2011年第2期）认为，清代的族权呈现出政权化倾向，徽州宗族组织合法地成为乡村社会控制的主体。徽州宗族通过族权的政权化、集体记忆与文化权力的运作逻辑，维护了徽州乡村社会的合作与秩序。刘伯山《清代中后期徽州宗族社会的松解——以〈黟县一都榆村邱氏文书〉为中心》（《中国农史》2012年第2期）指出，黟县榆村邱氏宗族文书，反映了该宗族的近代变迁：在本土的迁徙、大量的增置财产、频繁的异姓承嗣及与其他宗族广泛的经济合作等，可见传统徽州宗族社会在清代中后期的松解及近代特征的出现，表现在宗族血缘性的松解促进了各宗族之间的融合，社会性宗族的观念得到培养；聚族而居的松解淡化了宗族的地缘性，强化了村落的社会性；经济合作的加强冲击了传统宗族及家庭的分立性，宗族之间的经济共同体意识得到强化。张小坡《明清徽州村社运作与宗族关系初探》（《安徽大学学报》2014年第6期）认为，明清时期徽州的社有两大系统，分别是官方祀典体系下的社稷与明初配合里甲制度推行的里社。徽州聚族而居的传统决定了社与宗族的关系非常密切，既有单一宗族所建的祖社，亦有多姓共同举办的村社，而由多姓共建的村社有一部分在运作过程中逐渐归于单姓控制。村社的经费主要分为银和田两种形态，在日常运作中，采取了社首轮值制，由当值社首负责春秋二祭的举办。为保证社祭的顺利进行，众多村社还制定了严格的社规，对全体成员形成约束力。

继承是宗族制度的重要问题。张爱萍《继嗣与继产：明清以来徽州宗族的族内过继》（《安徽史学》2012年第4期）指出，现存徽州过继文书再现了族内过继的具体实态，而过继文书的订立，意味着过继得到了宗族的承认，继子获得了合法地位，宗族也试图通过文书把继子应享有的权利及应履行的义务规定下来，以避免当事人日后产生纠纷，从中我们能够看到徽州宗族对乡村社会控制权的不断强化。黄忠鑫《明清徽州图甲绝户承继与宗族发展：以祁门瀛洲黄氏为中心的考察》（《安徽史学》2014年第6期）认为，明清徽州民间社会对于图甲绝户的承继，主要分为两类：一是宗族内部的承继，称为"出替"，是宗族内部对于图甲赋役制度的调适，不会导致户名族姓的变更；二是异姓承继，称为"承顶"，有时发展为总户户名变更，体现了强烈的族姓意识，是地方宗族兴衰、更替的表现。绝户的有效承继，能维持图甲体制的完整和运行。而一些小姓宗族以承顶旧户为契机，逐渐摆脱依附地位，开始产业积累和宗族发展。

祠堂与祭祖都是宗族的核心问题。林济《"专祠"与宗祠——明中期前后徽州宗祠的发展》（《中国社会历史评论》第10卷，2009年）认为，专祠原为地方名贤功德神祇崇拜场所，但在宋元时期的徽州已经包含了祖先崇拜。明前中期专祠不断宗族化，在弘治正德年间，徽州宗祠至少就已经从宗族"专祠"中蜕变成形。嘉靖年间以后的宗祠仍然延续了专祠的祭祀崇拜传统。林济《明代徽州宗族精英与祠堂制度的形成》（《安徽史学》2012年第6期）指出，明代徽州祠堂大规模地兴起，宗族精英在其中发挥了重要作用。明代徽州祠堂制度的形成是祠堂制度的变革与创新过程，它突破了古典宗法制以及朱子《家礼》的束缚，包容并反映了明代中期前后的社会分化和亲属关系的演变，从而吸引宗族精英主导祠堂建设，推动了明代徽州祠堂及宗族组织的兴起。彭卫民《"昭穆制"的历史意义与功能（四）——于心有安：〈茗洲吴氏家典〉所见"神主"排列的昭穆含义》（《社会科学论坛》2012年第3期）认为，《茗洲吴氏家典》虽然只是明清之际安徽休宁吴姓宗族的一份普通家乘，但它系统论述了神主祧迁与昭穆制度的关系。《家典》引入了明清以来礼学家关于"于心有安"的治礼观点，认为祧迁之制，庶几神人两无相怨即可，可以视为昭穆制度在明清的递嬗。

宗族的人才问题引起注意。常建华《故家文献：程敏政的宗族论与人才观》(《安徽史学》2013年第1期)指出，程敏政《篁墩文集》中较多使用"故家文献"一词，为"故家"注入"文献"的含义，即宿贤之"故家"，增添了文化内涵，"故家"作为文化传承的产物，所以具有自己的风范，包括世德、学问，传承文化是"故家文献"的特征。宋以后徽州等地的"故家文献"类型宗族，对于传承并创造中国文化与维护中国社会的稳定与发展，发挥了重要的作用，是中国传统社会人才的重要载体，人才往往离不开"故家文献"对其深刻的影响。江小角《清代徽州宗族对人才培养的重视及其影响》(《安徽史学》2013年第5期)认为，徽州地区有上千年的文化教育传统，从宗族内部到社会各界，都把发展教育和人才培养，放在非常重要的地位去认识，善于从制度、管理和投入上重视人才培养。徽州宗族注重人才培养，源于振兴宗族、立身社会、光宗耀祖的目的，但在实际过程中，收到了益于自身、功在宗族、惠及社会、利被后世的作用。

族田问题。香港学者郭锦洲《明清时期徽州宗族的发展和义田——以棠樾鲍氏为中心》(《历史人类学学刊》第7卷第1期，2009年4月)认为，徽州族田与珠江三角洲族田一样，也是宗族控产机制的物化。张明《清至民国徽州族田地权的双层分化》(《中国农史》2010年第2期)认为，清代宗祠或公堂逐渐失去了对佃农的强势地位，族田出现双层地权分化并逐步加深，单纯的宗法土地所有制被打破；民国时期族田地权分化更加普遍，宗族主要掌握族田的田底权，田面权则主要被佃农分割，徽州祠堂只能作为一个普通土地拥有者参与土地租佃和交易。

宗族职业观。徐国利《从明清徽州家谱看明清徽州宗族的职业观》(《河北学刊》2011年第6期)认为，明清徽州家谱族规家训所见之职业观与全国相比，既有其共通性，也有自己的特点。阿凤《明隆庆刊〈珰溪金氏族谱〉所见徽州人的四民观》（《安徽师范大学学报》2014年第4期）指出，一些研究者将王阳明的"新四民论"与徽州人的商业伦理结合起来，将徽州商人看成是实践"新四民论"的典范。然而，徽州人通过商业来积累财富，有了财富又开始重视教育，最终子孙又以宦业而显于乡里，这是北宋以来无数徽州人孜孜以求的成功之道。"崇士重商"是徽州人一直以来的传统。

宗族诉讼。香港学者卜永坚《明清徽州程元谭墓地的纠纷：以〈新安程氏家乘〉为中心》（《徽学》第6卷，2008年）探讨徽州程氏宗族内部因东晋太守程元谭墓地而引发的一桩重大纠纷。程氏指方氏出身庙户而冒认程氏，双方互讼，上溯明朝中叶，下迄康熙八年（1669），并且还有进一步的发展。期间，双方都利用现有文献，搜集有利自己的证据，并出版书籍，打击对手，建构自己谱系及合法性。这一案例展现了徽州宗族的文化建构过程。郑小春《从清初苏氏诉讼案看徽州宗族内部的矛盾与分化》（《史学月刊》2009年第3期）指出，雍正五年休宁苏氏诉讼案暴露了该族内部两大房之间难以调和的矛盾，为我们提供了一个有关徽州宗族内部矛盾与分化的典型案例，说明明清时期徽州宗族的发展呈现出多样性特点，即在总体上不断趋于强化和扩大的同时，有一部分却在日益走向分化、衰落甚至是瓦解。

学者还从多个角度论述了徽州宗族问题。郭锦洲《明朝徽州的合族过程——以岩镇吴氏为中心》（《徽学》第7卷，2011年）指出，15世纪末至16世纪中徽州岩镇吴氏与绍村吴氏合族，他们不仅共同修谱，共同承认同一祖先的故事和谱系，还共同打官司，争回祖坟，并共同举行墓祭。这表明16世纪的徽州社会在不断地变化，与国家的大一统有着重要的联系。魏志远《"富不废礼，商不忘儒"——对明代休宁商山吴氏宗族的解读》（《晋中学院学报》2012年第5期）认为，休宁商山吴氏自宋至明不仅有名震朝野的官宦，也有富甲一方的巨商，世代重视儒学，在经商中秉持仁义、诚信的传统美德，并将其内化为族人的行为规范。夏建圩《歙县许氏宗族若干重要人物考略》(《安徽师范大学学报》2013年第3期)指出，歙县许氏宗族不乏名人为之作谱，如欧阳修、王安石、罗愿、程敏政等，他们对歙县许氏宗族一些重要人物的记载上有明显差异，也存在疏漏与错误。王绍欣《宗族组织与户役分担——以明代祁门桃源洪氏为个案》(《明史研究论丛》第12辑，中国广播电视出版社2014年)指出，明朝的户役制度对徽州宗族发展的影响，与其他地域并无太大差异。由于里甲户籍长期保持稳定，在明中期以降，徽州地区同样产生了一种以一个里甲户或数个里甲户为宗族边界的户族。通常情况下，户族内部一般通过订立承役合同来共同分担户役。而在明中期之后，徽州地区出现大量由宗族组织订立的承役合同，即是以此为主要背景。

徽州程氏是大族，对其研究的成果较多。章毅《宋明时代徽州的程灵洗崇拜》(《安徽史学》2009年第4期)指出，作为一名载入南朝正史的豪强人物，程灵洗在南宋以降的徽州社会一直是颇具影响力的神祇。当地对程灵洗的崇拜，从宋到元经历了形式上的变化。从南宋最初的露天社祭到世忠庙的营建，从元代程元谭—程灵洗世系关联的建立到元末各地世忠行祠的兴建，崇拜形式变化的过程也是地方神祇正统化的过程，其中地方士大夫是主导力量。随着程灵洗在明初洪武礼制中祀典地位的确立，以及明代中叶徽州商人力量的勃兴，在地方社会组建宗族的潮流之下，程灵洗崇拜不仅逐渐呈现由商人主导的态势，同时也具有了明显的宗族化倾向。原先各地流行的世忠行祠最终演变成了各地的程氏宗祠，徽州早期的豪强人物程灵洗由此逐渐进入各个支派的程氏谱牒，成为了他们共同的祖先。

祁门善和程氏是徽州世家大族程氏宗族的重要支派，沈昕探讨了该支派，在《宗族联姻与明清徽州地方社会——以祁门善和程氏为中心》(《安徽大学学报》2009年第6期)指出，光绪《祁门善和程氏宗谱》等史料包含该宗族"精英"人物婚配情况的许多记载,反映出明清时期该宗族联姻圈的基本特征是婚配对象多为名门望族、聚居祁门本县、多为官宦世家、多通诗书礼仪等,鲜明地反映出明清徽州社会宗族联姻的影响因素和主要特点,如联姻范围以县境特别是邻近村落为主、世婚盛行、婚配对象标准趋于一致、对女性身心控制严重等。沈昕《明清徽州祁门善和程氏宗族结构研究》(《安徽史学》2011年第3期)从谱系结构、权力结构、祭祀结构、财产结构、社团结构五个视角,研究了祁门善和程氏的宗族结构。康健也探讨了善和程氏,他在《明代徽商程神保家世考论》(《明史研究论丛》第11辑,故宫出版社2013年)指出善和程氏主要以程承津和程承海这两派为主,而程承津这一派后又衍生出敬宗门、圭山门、学山门和仁山门四个门派,并考察了仁山门徽商程神保家世。康健《祁门善和程氏承海派考论》(《安徽师范大学学报》2013年第5期)通过对善和程氏承海派宗族的长时段考察,发现在两宋时期发达的科举是承海派宗族发展长盛不衰的重要因素,明代以后此派重视地方经营和商业发展则是维系宗族发展的主要原因。此外族人大量迁移侨寓地的负面影响和出家为僧现象也值得关注。此外,许霞《新安槐塘程氏家族医学传承初探》(载王键主编《中医药理论与应用研究——安徽中医药继承与创新博士科技论坛论文集》,安徽大学出版社2008年)阐明了新安槐塘程姓医家的内在联系及传承关系,揭示了槐塘程氏家族医学传承对医学传播、普及的启迪。

对于徽州的另一大族汪氏,也有论述其宗族意识与信仰的。魏梅《明清时期休宁西门汪氏迁浙支派宗族意识的变化》(《巢湖学院学报》2009年第1期)认为,休宁西门汪氏宗法观念极其浓厚,明末清初西门汪氏汪可镇支迁居浙江嘉兴后,宗族意识却日渐淡漠,与本宗休宁西门汪氏形成鲜明对比。造成这种变化的原因,实与徽州、嘉兴两地的自然环境、社会信仰以及宗法观念的差异有关。王昌宜《明清徽州的汪氏宗族与汪王信仰》（《宗教学研究》2012年第2期）指出，徽州汪氏宗族和汪王信仰之间有着非常紧密的联系，汪王信仰已成为本族极为重要的优势文化资源，汪氏宗族有效加强了宗族自身的凝聚力，加强了本族与官府的联系，提高了本族在地域社会中的地位。

　　李甜探讨了毗邻徽州的宁国府旌德县方氏。《旌德隐龙方氏与清代徽州宗族组织的扩大》（《安徽史学》2010年第6期）指出，旌德方氏通过重修家谱和兴建统宗祠，在清代前期完成了宗族整合。但山区开发的进程造成各支派实力的消长，使得旌德方氏的统宗行为难以维系，并推动其大宗隐龙方氏加强内部整合和寻求象征资源。隐龙方氏通过与徽州方氏联宗，在歙淳方氏真应庙会谱中占有一席之地，获得了东南区域方氏群体的认同，此举措对于维系其在旌德方氏族内的影响力产生了积极作用。《"方德让家"：从旌德方氏看明清皖南宗族的家史编纂》（《安徽史学》2014年第3期）认为。旌德方氏宗族通过编撰家史，他们将地方名人方元荡奉为始迁祖，创造出与旌德县名相关的"方德让家"传说。此举巩固了地方精英对方氏宗族的支持，得到地方社会的认可，官方志书还纳入其家史。这些都使方氏在地方社会主导权的竞争中赢得了绝对优势的地位。此外，李甜、张秀玉《地方性礼法实践与谱学知识的地域流播：以程文绣及〈九仪九诫〉为中心》（《中国社会历史评论》第15卷，2014年）结合新发掘的数十种宁国府谱牒文献，致力于展现程文绣的谱学理念及其地方性实践。

　　谈家胜探讨了池州府的宗族。他的《安徽贵池南山刘氏宗族的文化贡献考察——兼论宗族社会与文化史的关联》（《合肥师范学院学报》2011年第4期）指出，安徽贵池南山刘氏宗族元末自江西迁居贵池县元二保南山，明中叶起繁衍成八房，形成了九个自然村落。近代以来，该宗族在我国文化史上有着较为突出的贡献，表现在刘瑞芬、刘世珩父子的典籍文化建设和以刘臣余、刘逊先为代表的族人搬演傩戏,传承古傩文化等方面。

安徽省姓氏分布与区域文化方面,《学术界》2013年第4期发表了一组文章予以讨论。吴宗友《皖江流域文化特质的族群分析》认为,皖江流域上、中、下游经由了历史上不同姓氏族群的文化创造,形成了彼此相异的文化特质,可见区域文化底蕴往往是历史上人口迁移及其基础上的姓氏族群分布使然。而从文化发展的规律来看,惟有不同族群间多元文化的有机交融和有序互动,文化才能保持永久活力。张军《新安江流域文化积淀中的姓氏与宗族》指出,人口迁移背景下的姓氏分布使新安江流域文化积淀呈现为三个"面向",即经商致富与读书入仕并重,贾而好儒,习俗风尚的宗族性与民俗健讼传统共存。姚明会、王蕾《历史人类学视域下的姓氏与安徽淮河文化》强调,安徽淮河流域文化历时性地呈现出三个显著特征:其一,汉代以前,此地文化似乎过于早熟,抽象有余而才情不足;其二,汉至魏晋期间,安徽淮河流域文化总的特质是偏于刚健,失之飘逸;其三,唐以后,皖北地区的淮河流域总体而言文事凋敝,武风独盛。

(二)江苏

以"江南"为题的多种宗族专著出版。何淑宜《香火:江南士人与元明时期祭祖传统的建构》(台北稻乡出版社2009年)全书五章,后三章为明代部分,论述了明初官定祭祖礼标准的提出,明代中后期的祖先祭礼争论,王学士人的祠堂建设。作者以"思想与日常生活"作为结语的首要论点,可见其学术志趣。吴仁安《明清江南著姓望族史》(上海人民出版社2009年)研究明清时期江南著姓望族的兴起、发展、鼎盛及其衰落的历史,以及对明清时期江南政治、经济文化的影响。全书分为两编:明清时期的江南及其所属主要府州厅县著名家族概况、明清时期江南著姓望族考录。徐茂明《明清以来苏州文化世族与社会变迁》(中国社会科学出版社2011年)以"文化世族"为核心概念,全面研究了明清以来苏州文化世族与地域社会之互动关系。通过对文氏、王氏、叶氏、彭氏、潘氏等家族的深入挖掘，系统分析了家族迁徙与区域社会之间的文化互动，以及家族通过婚姻、科场、仕途、结社等途径累积的社会文化资本是如何影响苏州社会风尚的走向，扮演着"邦之桢干，里之仪型"的社会角色。马学强《江南席家：中国一个经商大族的变迁》（商务印书馆2007年）探讨了明清以来江南席家的发展史，附录二是"明清文献中有关洞庭席氏家族资料选"。

明清江南大族虽受政治打击，但是该地经济发展、学术兴盛，宗族的文化特色浓郁。陈宝良《明清易代与江南士大夫家族的衰替》（《社会科学辑刊》2011年第3期）指出，明清易代，在明代势力颇盛的江南士大夫家族，或因科第不继，或因政治权势的丧失而逐渐走向衰落。明清之际江南士大夫家族的衰替历程，无不说明明朝旧的社会秩序已经崩坏，随之而来者则是清初礼教秩序的重整，以及以"新发"科第家族为社会基础的新秩序的建立。钱慧真《清代江苏的经学世家及其家学考论》（《苏州大学学报》2010年第6期）认为，清代江苏比较典型的经学世家有18家，主要集中在扬州、常州、苏州三地。它们的内部组成结构除了代代相传的纵向关系外，还有复杂的横向联系。《左传》《周易》《尚书》《春秋》及"礼学""小学"等经学内容，在清代江苏均表现出家学化倾向。经学世家在时间上和地域上的延伸，发展为以研究汉代经学为主体的地域性学派，江苏境内的吴派、扬州学派、常州学派均是以家族为中心逐渐发展起来的。

学者注意到城市宗族的问题。叶舟《中国传统社会中的宗族与城市：以清代常州为中心》（《史林》2010年第3期）考察清代宗族尤其是江南文化望族的迁移方向，通过分析城市中宗族组织内部的巩固和分裂的二元性，研究宗族组织与城市社会之间的互动，以及宗族组织所反映的城乡关系。认为宗族的城居化是宗族城乡分化的表现，这既是宗族内部血缘和阶级分化的成果，也是城市商业发展的结果。但这种分化并不会毁坏宗族的凝聚力，反而还会加快宗族的发展,传统社会的城乡分化将城乡真正融为一体。赵红娟《晚明江南望族的编刊活动与晚明都市——以凌、闵、茅、臧四大望族为中心》(《浙江社会科学》2014年第12期)指出,晚明江南闵、凌、茅、臧四大望族的编刊活动与晚明都市关联紧密。官僚与名士云集、商品经济与出版文化繁荣的南京、北京等晚明都市,为宦游、漫游这些都市的望族成员提供了获得各种刊刻底本与名家评点及序跋的机会;望族成员不仅可以自己编刊书籍,发往这些都市销售,而且可委托这些都市的著名出版商来发行自己编撰的书籍,以提高书籍的扩散力和影响力;晚明都市丰富的人际关系资源和发达的出版讯息也诱使不少望族成员寓居这些都市,亲自开设书坊,刊书销售。罗晓翔《19世纪前期南京的新兴士绅家族》(《江南社会历史评论》第六辑,商务印书馆2014年)论述了士绅家族与城市的关系。

常州地区宗族问题还有其他研究。承载《李兆洛的宗族观与十九世纪常州地区的修谱风气》(《史林》2012年第6期)指出,小宗理论是李兆洛评判、指导如何确认族分关系、开展宗族活动的基本依据,由于受其家世的深刻影响,以父系血缘为统绪的姓号标志的伦理意义,也在李兆洛的宗族观中起了一定作用,并直接影响到他对民间宗族活动所持的态度。蒋明宏、朱露露《明代江阴徐氏家族教育活动探略——兼析徐霞客家族英才崛起的奥秘》(《教育史研究》2013年第4期)指出,梧塍徐氏家族作为"文献巨室"而久负盛名,素有诗礼传家的文教传统。徐氏家族善收藏文献书籍,有传世藏书楼,族人多畅游书海中,以读书为业。同时,徐氏"家法"代代相传,注重以诗书课子教孙,以文交友攀亲。

无锡的家族文化受到注意。罗时进、童岳敏《明清时期无锡家族文化探论——兼论顾氏家族之文学实践》(《苏州大学学报》2010年第1期)指出,明清时期锡邑典型的文化家族有顾氏、秦氏、华氏等,其文化的兴盛主要体现为对教育科举的重视、书院私塾的创办、家族印刷业的兴盛以及地域与家族文献的整理等方面。若就文学实践而言,顾氏家族极具特色。蒋明宏《清代无锡钱氏家族教育及其转型述论:以堠山派城中支、湖头派七房桥支为例》(《历史教学问题》2014年第5期)认为,无锡钱氏虽有湖头和堠山不同分派,均出入商儒,家学独特,而且家族多良师,学博而经世,源流深远,教法灵活,更在近代转型中积极突破,取得成功,名闻天下。

苏州地区的文化世族研究最盛。徐茂明《明清时期苏州的宗族观念与文化世族》(《史林》2010年第6期)指出,明清时期苏州是南方的经济与文化中心,但在宗族建设方面属于边缘,宗族观念淡漠是其最大特色。明清苏州大多数的家族组织都是由城市或市镇中的士绅或富商所建立,而且主要是在晚清获得大规模的发展,这是由国家政治与地方社会的局势所决定的。苏州宗族组织区别于其他地区宗族组织的一个显著标志,是苏州宗族强烈的文化色彩,可以称之为"文化世族",它虽然不像乡村单姓村落那样将血缘与地缘紧密结合在一起,对地方社会具有绝对的控制力,但在文化教育与地方公共事业等方面,同样发挥着不可低估的影响。蒋明宏、曾佳佳《清代苏南家训及其特色初探》(《社会科学战线》2010年第4期)认为,苏南家训具有鲜明的特色:推崇诗礼之教,作为家族追求;无论贵贱贫富,读书做人为本;强调通晓务实,不重"高远"教条。在经历演变与更新后,苏南家训更加强调"各业有分而皆本",家训的规制功能逐渐让位于化育功能,并把爱国民族意识和近代文明意识作为重要内容。苏南家训对家族教化、家族近代转型及区域社会近代化都产生了重要影响。李正春、路海洋《论清代吴地文化家族的家集编纂》(《苏州大学学报》2010年第1期)指出,清代吴地文化家族家集编纂活动空前繁荣,编纂者在家集中所投入的情感,体现出家族文化的追求。这对了解文化家族世泽绵延的重要内在原因,也有重要意义。姜蕴菡《清代江南文化世家之"文""宦"关系——以苏州陆墓云东韩氏为例》(《苏州教育学院学报》2010年第3期)认为，清代江南在文学上颇有成就的家族，会因文学上的优势而使仕途更为顺畅；而官宦显赫的家族成员也会因充足的财力、雅化的社交，使其生活趋于诗化。大多江南望族由于受地域风尚的影响，又形成了重"文"轻"宦"的特点，苏州陆墓云东韩氏就是其中典型案例。解军《文化家族与区域社会互动——以明清以来常熟庞氏为例》(《历史教学问题》2012年第6期)强调，明清时期的常熟庞氏家族在科举上取得了巨大的成功，同时在文化领域的实践创造、家族生活的自治保障、社会公共事务的积极参与等方面也发挥了积极的作用，产生了深远的影响。这种与区域社会的双向互动，根源于"士"阶层的文化责任自觉和特定的区域环境和急剧变迁的时代背景。李贵连《清代江南科举世家的典范式崛起：以吴县潘氏为例》(《北方论丛》2014年第5期)指出，吴县潘氏祖籍安徽，清初以业鹾迁徙至苏。经过数百年由儒贾立身，到专力举业的晋身之阶取换，在乾隆时期崛起为吴中著名科第艺文之家。该文梳理吴县潘氏世系及其崛起的因素，将家族崛起置于清代中后期历史文化发展演变的景深中，探究家族文化与文学典范性成长的动力与过程。

（三）浙江

宗族研究专著的出版。钟翀《北江盆地——宗族、聚落的形态与发生史研究》(商务印书馆2011年)选取了我国东南宗族发达的浙东北江盆地，充分利用该地丰富的族谱史料，探讨千年以来该地宗族的历史；梳理了数百个宗族的空间形态与发生学系谱，并以北江盆地的研究结论为模型，探索近世型宗族的源流与发展脉络，重建近世型宗族的发展发育历程，为近世型宗族演化史研究提供了比较明确、细致的时间标尺，也为探索近世型宗族的区域差异及特质等积累了研究素材。邵建东《浙中地区传统宗祠研究》(浙江大学出版社2011年)主要围绕浙中地区传统宗祠的历史演变与现状，总结宗祠发展变化对农村社会发展的影响。浙中地区乡村保存了大量传统宗祠,从该书的附录"浙中地区传统宗祠相关资料"中可知,历史上浙中共有过1182个宗祠,明以前57座,明朝205座,清朝822座,民国98座,遭毁坏270座,现存912座。钱茂伟《明代的科举家族:以宁波杨氏为中心的考察》(中华书局2014年)梳理了宁波杨氏家族在明代的发展历程,及其家族维系、家族成员的学术与诗文创作等,重点谈宁波镜川杨氏科举家族的嬗变历程及其学术贡献。

浙南石仓阙氏家族的家族研究。王媛《"香火堂":血缘的依附与独立——石仓阙盛宗家族1710—1850年的住屋史》(《史林》2011年第5期)以清代浙南石仓村阙盛宗家族的定居、兴业以及营建居屋的历史为线索,解释乡村"大屋"在家族血缘传承中的功能、意义以及主人营建大屋的动力。通过对大屋中"香火堂"的分析,说明大屋其实具有纪念碑的功能。对大屋营建的执着,体现了大屋主人力图在祖先的荫庇之下确立自身文化地位的一种努力。车群、曹树基《清中叶以降浙南乡村家族土地细碎化与人口压力:以石仓阙氏家谱、文书为核心》(《史林》2014年第2期)认为,18世纪中叶以来,伴随着冶铁业的衰落,石仓阙氏家族经济模式由工商业转变为农业。在工商业时代家族累积的大量田产被诸子不断均分,到20世纪30年代,完成了土地细碎化进程。同时,伴随着土地的细碎化,阙氏家族人口也逐渐趋向饱和。

多角度的浙江宗族研究。美国学者戴思哲《明代大学士李本为什么退休后改姓吕?——吕府与吕家史》(《中国社会历史评论》第10卷,2009年)①饶有趣味,提出明代的"复姓"问题,复姓不仅为了恢复早已折断的父系关系,而且有人用复姓来伪造亲戚关系。明代大学士李本退休后复姓吕,李本与吕光洵谋划两家合并创造更强大的宗族组织。李本故居"吕府"尚存在绍兴,2001年列入全国重点文物保护单位,可是至今吕府与绍兴地方史资料只

---

① 按:受此文一定的影响,汪维真、牛建强发表《明代士人复姓现象及其文化意涵》(《历史研究》2014年第6期)一文,全面系统地论述了明代士人复姓问题。

注意到吕府建筑,不理会吕府主人的生活与家史。吴民祥、阮美玲《明清时期宗族教育与义乌商业文化》(《广西民族大学学报》2010年第4期)认为,义乌特色的商业文化形成于明清时期,它以"勤耕好学、刚正勇为、诚信包容"为主要特征。各个宗族通过修谱读谱、设置贤田、建设教育设施、定规制训、祠堂祭祀等方式进行耕读传家、尚武和宗族伦理教育,并顺应经济发展趋势,提倡重商,"义利并举"。宗族教育传递和深化了商业文化,并使之逐步成为义乌商人共有的文化特质。常建华《元明时期义门郑氏及其规范的社会影响》(《河北学刊》2011年第2期)指出,累世同居的浙江浦江义门《郑氏规范》形成于元代,又受到明初社会的一些影响,《郑氏规范》作为早期宗族性的规范,开宋以后宗族制定族规进行宗族建设之先河,改变了宗族的日常生活。钱茂伟《明代的家族文化积累与科举中式率》(《社会科学》2011年第6期)指出,明代初期承继元朝传统,有"儒户",那是正宗的职业科举家族,享受着特殊的保护政策,在科举考试中有着明显的优势。家族教育准备充足与否,特别是能否找到擅长的一经,应是形成科举家族的一个直接因素,明代宁波杨氏家族凭借"易经"屡屡中举。晚明以后,杨氏家族科举竞争力明显下降。

著姓望族受人关注。吴仁安《浙江温州龙湾地区明代的著姓望族及其对社会经济文化之作用与影响述略》(《江南大学学报》2012年第1期)指出,浙江温州龙湾地区涌现出诸如二都黄氏、李浦王氏、永强普门张氏、七甲项氏、英桥王氏、梅头东溪姜氏和前街陈氏等众多望族,产生过重大的作用与影响。周膺、吴晶《丁丙及杭州丁氏家族家世考述》(《浙江学刊》2013年第5期)认为,以丁丙为代表的杭州丁氏家族开创了中国历史上少见的藏书、实业和慈善三大世业,丁氏家族自清初至民国世居杭州,成为较为纯粹的杭州世家。经过几代累续,形成家族世业传统,至丁丙、丁申达至高峰。丁氏世业的形成得缘于家族文化的传承和家族存在的时空条件,家族文化传承和现代西方文明的双重作用拓展了他们的眼界。丁氏家族的地域性集中繁衍和以地域为根基的事业创设是其取得成就的重要原因。

嘉兴的文化家族。周巩平《明清两代嘉兴卜氏曲学家族研究——及其与吴江沈氏的联姻》(《文献》2014年第2期)指出,明清两代,南方曲坛最负盛名的家族,莫过于吴江的沈氏家族。此外,颇具声望者尚有吴江顾氏、山阴祁氏、苏州冯氏、太仓王氏、吴中叶氏等等,这些家族群体的活跃,形成了明末清初南方曲坛乃至整个曲坛的繁荣。当时与吴江毗邻的嘉兴,也曾出现过一个重要的曲学家族——卜氏家族,族中著名的曲家至少有卜世臣、卜不矜等,还有卜二南、卜休等人可能也是曲家。卜氏家族还与吴江沈氏家族有几代的联姻,这对两个家族的曲学活动都曾发生过重要影响。冯志洁《明代江南望族谱牒中的祖先建构——以嘉兴项氏为例》(《学海》2014年第4期)认为,明中后期项元汴富甲一方,因丰富的收藏、广泛的交游而闻名,其家世也因此备受学界关注。明清时期嘉兴项氏有一个逐步建构自己祖先故事的过程,考证嘉兴项氏的源流,可以对江南家族的族谱编修形成更加鲜活的认识,也为我们研究明末收藏大家项元汴提供了新视角。

此外,曹凌云主编《明人明事:浙南明代区域文化研究》(人民出版社2012年)收录一组宗族研究的论文,即蔡克骄《明代温州祠堂祭祖述论——以温州龙湾王、项、张三族为例》、张卫中《试论明代卫所军户的地方化——以永嘉场普门张氏、李浦王氏、环川王氏、英桥王氏的通婚为例》、朱新屋等《宋明宗法庶民化的历史形态——以项乔的家族建设为例》、周元雄《嘉靖永嘉英桥王氏宗族制度的建立及其影响》等,论述了温州地区明代中后期宗族建设的情况。[1]

---

[1]　参见史献浩:《中心突出,边缘失语:温州家族史研究综述》,《温州职业技术学院学报》2014年第2期。

五、闽粤地区

(一)福建

福建宗族研究的专著以乡族、族商等为特色。陈支平《明清族商研究的倡言与思考》(《厦门大学学报》2009年第4期)认为,关于中国古代商人及商业资本历史的研究,较为忽视从商人及其资本的内部构造来探讨他们之间的相互关系。明清"族商"研究概念的提出,以及对家族、乡族商人及其资本的内部构造与商人群体、资本群体的运作模式进行考察,对其所蕴藏在文化意识之中的多元经济观念进行审视,有助于寻求多视角地认识中国传统商人及其资本的变迁之路,从而对中国传统商人与资本的内在本质及其发展前景,形成一个更为全面和客观的评价。陈支平《民间文书与明清东南族商研究》(中华书局2009年)以民间文书为研究资料,以明清时期我国东南沿海地区的族商为研究对象,剖析了他们的资产构成、经营管理、财产分割状况,兼及他们的乡土观念、思想信仰、社会参与等,多角度展现了族商的基本特征。郑振满《乡族与国家——多元视野中的闽台传统社会》(三联书店2009年)收录了作者探讨闽台传统社会乡族组织与共有经济、家庭结构与宗族组织等专题论文,考察明清时代的乡族组织与地方政治,探讨中国传统社会结构的转型。陈启钟《明清闽南宗族意识的建构与强化》(厦门大学出版社2009年)从闽南宗族的兴起背景、宗祠祭祀、族谱编纂三方面,论述了宗族内部认同意识的建构,又从宗族械斗等角度探讨了外部威胁下宗族意识的强化问题。

明代福建宗族。韩国学者元廷植《明中期福建的新县设置及宗族发展》(《中国社会历史评论》第10卷,2009年)主要分析明朝如何应对"小政府"出现,如何尽力协调宗族及其对新设县的反应。认为明中期在福建以及福建周边地区,社会经济方面的变化和矛盾集中在像平和县和宁阳县一类人口较少、相对落后的地区。国家为了安定地方,把有合作意向的宗族立为向导,而宗族也通过引入国家权力来确保自身的安全。新县的设置是其双方的交接点。宗族在参与新县设置的过程中,提供了大量的人力与财力。国家对于该地区的建设也动用了各种储备资源,在新县设置初期,国家和地方宗族间密切的关系一直持续着,新设县的主要目的就是在于维持地方稳定。宗族参与新县设置和管理也加强了宗族内部的团结。朱忠飞、温春香《国家与地方宗族社会——从〈本庙缘田碑记〉看明代九峰曾氏家族的发展》(《赣南师范学院学报》2009年第1期)分析明代九峰曾氏家族在建县后的发展情况,认为曾氏家族利用平寇、设县的有利时机,使自身从地方豪族变成士绅望族,在与国家的"合谋"中,使地方社会成功转型。陈支平《从易氏家族文书看明代福建的"投献"与族产纠纷》(《中国史研究》2014年第3期)根据《清溪钟山易氏宗谱》所收录的家族契约文书,对明代福建泉州地区的民间土地"投献"案例及其地域性特征,进行了细致考察。

社会秩序与宗族的关系。郑振满《清代闽西客家的乡族自治传统——〈培田吴氏族谱〉研究》(《学术月刊》2012年第4期)指出,所谓乡族自治,是指在国家法律和官府授权之下,对乡族事务实行自我管理。在聚族而居的社会环境中,乡族自治主要表现为家族自治。解读福建长汀县培田吴氏家族的族谱资料,可以发现闽西客家的乡族自治传统,与晚清地方自治有历史渊源。培田吴氏的家训、家法与族规,体现了家族自治的理想模式。培田吴氏的各大支派和社团组织,对乡族公共事务和公益事业实行了有效的管理。清末新政期间成立的"培田公益社",取代了乡约的行政职能,实现了从家族自治向地方自治的历史转型。张凤英《明末清初闽西的社会秩序重建——以泉上镇李氏家族为中心》(《赣南师范学院学报》2011年第2期)认为,明末清初,福建省宁化县泉上镇屡次遭受兵灾。泉上镇李氏家族通过修建土堡、山寨,倡建乡兵、保民会,以及家族精英的政治优势保障了家族和泉上地区在明清盗乱中的相对安定,同时李氏家族在明清动乱之际完成了宗族的收族活动。胥文玲《明清闽北家训的教育思想及现代启示》(《东南学术》2014年第5期)认为,从闽北现存的明清族谱中,可发掘出大量家训文化内涵,其中所蕴含的修身立德、励志勉学、治家教子、涉世从政等内容,对当代家庭教育和社会主义核心价值观培育可提供有益的借鉴和启示。

海洋环境与家族发展的关系是较新的课题。王日根《清代闽南海洋环境与家族发展——龙溪壶山黄氏家族的个案分析》(《安徽史学》2011年第1期)认为,清代海洋环境历经变化,身处沿海区域的人们或深受其害,家业荡尽,或顺势而为,获得发展。有的走向了海外贸易的道路,赢得丰厚的商业利润;有的则干脆留居海外,继续保持着与家乡的密切联系。经济地位提高后的人们大多选择遵循儒家思想规范,建立家族,致意于科举,实现了对主流价值的依归。海洋文化因子也逐渐进入主流文化体系,乃至对清代各级政策的制定与修改产生着程度不同的影响。苏惠苹《明中叶至清前期闽南海洋环境与家族发展:圭海许氏家族的个案分析》(《安徽史学》2014年第1期)以圭海许氏家族为例,分析其在明中叶至清前期闽南海洋环境中生存与发展的应对之策,以及海洋社会中许氏族人的经济活动,进而探讨海洋环境与家族发展之间的关系。

其他角度的宗族研究。宗族与意识形态、地方社会有密切关系,郑振满《莆田平原的宗族与宗教——福建兴化府历代碑铭解析》(《历史人类学学刊》第4卷第1期,2006年第4月)探讨唐宋佛教、宋明理学与明清里社制度对莆田地区的宗族和民间宗教组织的影响,认为莆田地区的传统社会组织,主要是宗族与宗教组织。明以后的里社系统又与民间神庙系统直接结合,促成了各种超宗族的社会联盟的发展。在宗族和民间宗教组织的发展中,佛教、宋明理学和王朝制度对宗族和神庙一类地方社会组织的规范和制约,并非只是直接在地方推行,而是与本地的社会文化传统有机结合,形成本地的社会规范。在这个过程中,士绅阶层发挥着关键性的主导作用。祖先画像是祖先崇拜的一部分,刘永华《明清时期华南地区的祖先画像崇拜习俗》(《厦大史学》第2辑,厦门大学出版社2006年)论述了历代的祖先画像崇拜,祖先画像崇拜的形制及制作时机,崇拜祖先画像的时间、场所及仪式,宋明以来士大夫对画像及其崇拜的正统性的各种讨论。叶锦花《明代灶户宗族生计变革与祖先故事演变——以石狮铺锦黄氏为例》(《社会科学辑刊》2013年第1期)指出,明代灶户宗族祖先故事演变与灶户生计变化以及由此引发的地方势力格局变动密切相关。该族明初时以晒盐为主要生计,在地方社会中处于弱势地位。而正统年间盐政制度变革之后,获得食盐销售权利的铺锦黄氏灶户支派逐渐兴起,并于嘉靖二十一年(1542年)首次编修族谱时,以有功于地方庙宇的廿八公为始祖,以便提高威望,重建地域秩序。然而,明中期的盐课折米迫使灶户将精力投入到粮食种植,铺锦黄氏灶户更为重视与当地农业有关的重要水利设施——龟湖塘,并因此时兴起的中镇黄氏对其龟湖塘管理权造成威胁,而修改始祖之说,认定曾有功于龟湖塘修建的"黄里正"为其始祖,以此证明铺锦黄享有陂首之位的"正统性"。明清鼎革之后,经营闽台贸易成为铺锦黄和中镇黄最为重要的生计,龟湖塘的经济地位开始下降,且中镇黄在当地势力衰落,铺锦黄陂首之位得到巩固,因而黄里正为始祖之说也被否定。

值得注意的是宗族史与医疗社会史结合的尝试。刘希洋、余新忠《新文化史视野下家族的病因认识、疾病应对与病患叙事——以福建螺江陈氏家族为例》(《安徽史学》2014年第3期)指出,从福建《螺江陈氏家谱》来看,疾病与医疗贯穿陈氏家族史始终。陈氏族人及其亲朋好友往往将病患置于具体的社会文化境况中加以认识,而非一味追究医学上的解释,具有强烈的人文性;陈氏族人应对疾病的方式主要有割股疗亲、诉诸超自然力量、求助于医生和药物等,具有多样性和复杂性的特征,但没有明显的主次之分和高下之别。当把病因认识、疾病应对放在文本叙事的整体语境中进行解读时，我们会发现福建《螺江陈氏家谱》这一文本中的病患叙事，隐藏着陈氏家族彰显儒家价值观念与强化家族文化认同的努力。

（二）广东

多种专著出版，体现了广东宗族研究的特色。科大卫《皇帝和祖宗——华南的国家与宗族》（卜永坚译，江苏人民出版社2009年），探讨了朝廷的法典条文、民间的礼仪习俗如何交织在一起，指导着"华南"这个有意识的、历时数百年的地域建构进程。认为历代王朝都致力于华南的政治整合，要培养出敬畏官府、纳粮当差、安分守己的良民。随着王朝在华南的军事征讨、行政规划，一套关于权力的文化语言也渗透到华南。这套语言有两个互相发明的关键词："皇帝""宗族"。它们渗透到一切礼节、身份、地位、财产权、商业习惯、社会流动、社区构建之中。华南与王朝中央之间的正统纽带，不仅建立于里甲与祀典之上，也建立在"宗族"这套语言上。贺喜《亦神亦祖：广东西南地区的地方信仰与区域社会》（三联书店2011年）从超越地方史的着眼点，研究粤西南一带亦神亦祖的祭祀现象。认为神与祖先的形象与拜祭模式，关乎在大一统的礼仪与文化推广的过程中，不同时期的地方社会如何利用国家的礼仪来塑造国家形象与表达自身认同。石坚平《创造祖荫：广州沥滘村两个宗族的故事》（广东人民出版社2013年）讲述的沥滘村的故事，在珠江三角洲乡村历史叙事的基本结构中展开，从当地人在现实生活中所应对的政治经济关系着手，通过几百年间沥滘村不同群体的历史活动，对这种历史叙事模式进行了诠释和解构。

上述学者还发表了论文。科大卫《祠堂与家庙——从宋末到明中叶宗族礼仪的演变》（《历史人类学学刊》第1卷第2期，2003年10月）指出，要理解宗族在明中期至清中期的功能，及其何以成为维系社会和推进经济的制度，就必须与礼仪的运作联

系起来,了解礼仪在同一时期的发展。我们研究礼仪变化的历史
材料,除了文献上有关礼仪程式的记载外,尤其值得重视的,是
地方社会建筑象征的演变。华南的所谓大族,不只是通过修族
谱、控族产,更通过张扬的家族礼仪来维系。家族礼仪的中心,
就是后来人们一般所称的"祠堂",而在明代制度上称为"家
庙"的建筑物。家庙成为地方社会建筑象征的过程,对于我们了
解明代以后宗族发展具有重要的意义。贺喜《土酋归附的传说
与华南宗族社会的创造——以高州冼夫人信仰为中心的考察》
(《历史人类学学刊》第6卷 第1、2期合刊,2008年10月)指出,
从明到清,国家的制度渗透到乡村的层面,一方面越来越多的冯
氏人以冯宝和冼夫人为祖先,并通过文字以及依托文字为载体
的制度(例如编修族谱),把地方的传统与中央联系起来;另一
方面,地方历史的塑造者用中央对当地的地方政策,重构自己的
传统。冯氏联宗的不断扩充与土人受征服的形象创造就是同一
个过程的两面。

宗族祠堂还受到建筑、地理等方面学者的关注。冯江《祖
先之翼:明清广州府的开垦、聚族而居与宗族祠堂的衍变》(中
国建筑工业出版社2010年)在地域建筑史学研究中引入了历史
人类学方法,将对聚落和宗祠的研究置于更广阔的动态历史语
境之中。梳理了广州府祠堂发展和演变的历程,阐释了地理环
境、社会变迁、聚落格局与宗祠之间的关联,揭示了重要的历史
事件、人物和文献对宗祠及村落形态的影响。李凡、朱竑、黄维
《从祠堂视角看明至民国初期佛山宗族文化景观的流变和社会
文化空间分异》(《地理科学》2009年第6期)指出,明以来佛山
逐渐形成八图土著宗族文化景观和侨寓宗族文化景观并存的格
局,对佛山城市空间发展产生影响。通过从古地图和文献中提取
历史时期基本空间数据和祠堂等文化景观地理信息,建立佛山
历史GIS数据库。以此为基础,通过景观复原、地图再现、空间分
析和景观分析等方法,以祠堂景观为视角,解读明至民国初期佛

山宗族文化景观时空演变及其所意涵的社会文化空间意义。结果表明：宋元时期祠堂主要集中在佛山南部大塘涌沿岸，反映出宋代涌入佛山的移民早期多定居在南部；明代佛山镇祠堂数量激增，表现出聚落空间由南部向中部扩展的趋势，祠堂景观基本形成了以南部的锦澜、东头、栅下铺和中部的祖庙、黄伞铺为中心的空间格局；清以后祠堂景观总体空间格局没有大变化，但八图土著宗族内部产生的裂变促使土著祠堂景观发生空间扩散。土著祠堂与侨寓祠堂景观空间上既互补又相互混杂，说明随着侨寓的大量进入，土著传统血缘空间被打破，地缘、业缘等因素增强，这正适应了佛山城市化发展的大趋势。夏远鸣《从家族碑刻分析清代粤东宗族运作与祠堂管理》（《赣南师范学院学报》2009年第1期）探讨清代粤东地区的祠堂兴修、宗族偿产的创立、日常管理与运作等问题，从而了解宗族制度在清代粤东地区推行时的实际运作情况。

珠江三角洲宗族的士大夫性质突出。日本学者井上彻《明末珠江三角洲的乡绅与宗族》（《中国社会历史评论》第10卷，2009年）利用崇祯年间刊行的《盟水斋存牍》考察明末珠江三角洲社会，认为宗族之间的竞争变得激烈。拥有乡绅的话，其宗族（宦族）就可以宗祠为中心强化向心力，不仅仅有族人，也会吸引来奴仆、无赖等各种各样的人，多方面开展利权争夺。无法辈出乡绅，就意味着无法强固地维持宗族体制，于是会在利权争夺的竞争中败北。产生宦族和弱小宗族之间差距的理由就在于此。常建华《儒家文明与社会现实：明代霍韬〈家训〉的历史定位》（温春来主编《"中华文明视野下的西樵文化"国际学术研讨会论文集》，广西师范大学出版社2012年）指出，霍韬《家训》反映出一个受到儒家思想渗透的基层社会家族，在经济上升期，特别是出现高官引起朝野重视的家族，如何保持不败，如何从经济富有家族转变为文化家族，或者说成为望族的努力过程。霍韬怀着"作个好样子与乡邦视效"的理想，为佛山宗族建设提供了一种模式。16世纪以后的明代,正处于社会转型过程中,商品经济发展,儒学普及,人们的生活发生了很大的变化,霍韬《家训》面对转变的经济、社会与文化,作出了回应。

灶户宗族探讨具有鲜明的区域史特色。李晓龙《灶户家族与明清盐场的运作——广东靖康盐场凤冈陈氏的个案研究》(《中山大学学报》2013年第3期)通过对广东靖康盐场灶户家族凤冈陈氏的考察,自下而上地展示盐场灶户群体为争取家族利益最大化而与王朝国家进行博弈的动态场景,凤冈陈氏的个案研究立足于区域史脉络,重新审视制度变迁,表明盐场制度的建立和运作过程交织着制度改革与家族利益的互动,灶户家族影响盐场运作的根本目的,在于努力维系盐场和国家间的一种平衡关系,并在其中寻求自身的利益庇护。

潮州的宗族分类则有世族与豪强大族之别。黄挺《世族与豪强大族之辨:明清之际潮州的宗族与社会》(《传统中国研究集刊》第6辑,上海人民出版社2009年)指出,清雍正朝以后,潮州的官员们非常清楚地把地方宗族分成世族和豪强之族两类。本文讨论了潮州地方宗族普遍化,世族和豪强之族分野的出现,特别是豪强之族形成的过程和因由,强调已经成为地方文化传统的风土习气因素。

此外,广西、贵州等其他省份的宗族问题也有一些文章涉及。广西方面,杜树海《钦州西部的地方历史与都峒之民祖先记忆的创制》(《民族研究》2009年第2期)指出,宋代广南西路钦州西部七峒是以地方酋领为核心的社会,明代里甲制度的推行以及宣德年间的弃交趾事件,使七峒中的四峒叛附安南。嘉靖间四峒一事成为知州林希元主张讨取安南的重要理由。四峒之民也急于归正复业,"汉将后裔"的记忆得到创制。蒋俊《明清时期桂西壮族土司的宗族制度》(《史学月刊》2011年第8期)认为,在唐宋以来的桂西地方历史中,统治阶层演化的历程是以姓氏集团为中心的,这一脉络在明清时期的土司制度下被延续并得以强化。

明中期以后,随着全新宗法思想在帝国内的兴盛,桂西边陲的土司阶层亦经历了一次明显的宗族化过程,既满足了朝廷重视系谱的需要,也为其统治提供了新的组织架构。更重要的是,宗族话语已成为土司表达国家认同、创制汉人族群身份、控制地方不可或缺的手段。

随着贵州清水江流域田野调查的开展以及文书的发现,对该地研究得到加强。张应强《"弃龙就姜"——清代黔东南地区一个苗族村寨的改姓与宗族的演变》(《历史人类学学刊》第2卷2期,2004年10月)认为,可以较为普遍看到,家族公有山场的确定,或者某一先祖所有山场在后代子裔的股份化以及股份的不断析分和细化,在一定程度上对地权观念、社会关系乃至社会结构的稳定起到了积极作用。这在当地发现的一些略显粗糙的主要记录谱系关系的族谱,以及相关契约文书特别是分股和分银的文书中得到清晰的反映。粟坪《清水江下游宗祠的修建探析——以三门塘刘氏宗祠为中心的考察》(《教育文化论坛》2011年第2期)指出,在贵州清水江流域,宗祠的出现意味着中原王朝对当地控制的加强,同时也是外来文化与当地文化的一种融合,主要基于清水江流域的开发和有赖于较深厚的文化教育基础,与清水江下游的历史发展和社会变迁密不可分。

六、结语

综上所述,近年来的明清宗族研究多采取地方史的研究策略来探讨不同地区的宗族。令人欣喜的是北方宗族的研究进展很大,尤其以山西、山东、河北、河南明显,许多研究不仅寻找南北方的差异性,更看到南北方宗族的相同性以及与历史潮流的相关性。徽州宗族的研究因为资料的丰富性,研究成果最多也较细致。闽粤宗族研究的社会经济史与区域史的特色鲜明。

与地域性宗族探讨联系在一起,个案研究也数量最大。许多学者相信个案研究的方法更具有研究对象的整体性,藉此可以深入认识地域宗族的内在结构与生活常态,个案研究也可以得到对于社会一般性的认识。

已有的一些宗族理论得到验证并得到拓展或进入新的综合表述。如里甲赋役中户籍制约宗族的看法产生于广东、福建的宗族研究,近年来湖北、山西的宗族研究进一步证实了它的普遍性。灶户宗族的研究扩展到社会下层,并有效展示了宗族与区域社会的关系。军户宗族的研究,对于体会制度与生活提供了鲜活的例证。

明代中后期宗族迅速发展,对其原因的探讨也有不少新看法。或认为由商业贸易的发展而生发,或作为士大夫移风易俗的产物。族商的概念对于理解宗族的性质也很有助益。

宗族建设与宗族组织化的研究在增长,这是对于宗族制度研究的活化,更加关注社会行动者的主动性与行为,反映社会历史动态。

作为地域性宗族,学者对宗族的自治性问题有着持续性关注,这与对民间社会的存在形态和社会治理的思考不无关系。

宗族研究中祖先崇拜问题占据重要地位。将祖先传说与世系建构置于区域社会历史中予以解释,每有新见。对于祖容的研究,不仅借鉴图像研究理论,而且强调与地方社会历史的联系。

宗族的跨学科研究在加强。宗族的医疗问题有探索,医学与史学的学者关注到徽州程氏、福建陈氏的健康;还有学者对于祠堂建筑展开研究。

（原载《安徽史学》2016 年第 1 期）

后 记

1978年金秋十月，我因恢复高考，考入南开大学历史系。12月18日—22日，中共十一届三中全会在北京举行，全会果断地停止了"以阶级斗争为纲"的错误方针，明确指出党在新时期的历史任务是把我国建设成为社会主义现代化强国，揭开了中国改革开放的序幕。历史学界在思想解放的背景下，拨乱反正，学术研究开始繁荣。1986年10月，研究生毕业留校的我，参加了首届中国社会史学术研讨会，正式走上了社会史研究之路。此后社会史学术研讨会每两年举行一次，至今已经举办了十六届。我除两次因在海外而缺席，其余都参加了。

我与新时期中国社会史学一起成长，这部书可以说是历史的见证。也可以说，这部书写了三十多年！

本书是在我以往所发表的有关中国社会史研究学术评述基础上重新整合形成的。序言与导论主要出自《中国社会史经典精读》《中国日常生活史读本》两部书的前言，还有《改革开放40年以来的中国社会史研究》（《中国史研究动态》2018年第2期）一文。正文三章主要由以下文章构成：《中国社会史研究十年》（《历史研究》1997年第1期）；《二十世纪的中国社会史研究》（载《社会生活的历史学》，北京师范大学出版社2004年）；《跨世纪的中国社会史研究》（《中国社会历史评论》第8卷，2007年）；《开放与多元：新世纪中国社会史理论探讨与学科建设》（《南京社会科学》2017年第2期）；《新世纪的中国社会史研究》(《中国社会历史评论》第18卷上，2017年)。

这部书的构想是在连续性学术评述基础上自然形成的，同时也是基于天津人民出版社文史编辑室韩玉霞主任的邀约，回想该社也是首届中国社会史学术研讨会的发起单位，觉得这是我们合作与友谊的又一个成果。在此，我要感谢韩玉霞主任，感谢天津人民出版社！

这部书不仅记录了新时期中国社会史学，也记录了我的人生！

常建华

2017年国庆节

天津人民出版社
社会史丛书

晚清上海社会的变迁：生活与伦理的近代化

　　　　　　　　　　　　　　　李长莉著　　2002年

国家、社会与弱势群体：民国时期的社会救济（1927—1949）

　　　　　　　　　　　　　　　蔡勤禹著　　2003年

先秦士人与社会　　　　　　　　刘泽华著　　2004年

近代天津盐商与社会　　　　　　关文斌著　　2010年

民国以来慈善救济事业研究　　　蔡勤禹著　　2010年

晚清上海　　　　　　　　　　　李长莉著　　2010年

中国社会史研究　　　　　　　　冯尔康著　　2010年

新世纪南开社会史文集

　　　　　　　南开大学中国社会史研究中心编　　2010年

"区域、跨区域与文化整合"社会史国际学术研讨会论文集

　　　　　　　　　　　王云、马亮宽主编　　2012年

传统中国社会与明清时代　　　本书编辑组编　　2013年

宋以后的宗族形态与社会变迁　常建华主编　　2013年

新时期中国社会史学　　　　　　常建华著　　2018年